技术调查官制度研究
编委会

Research on Technical Investigator Regime

技术调查官 制度研究

技术调查官制度研究和实践基地 编

暨南大学出版社
JINAN UNIVERSITY PRESS

中国·广州

图书在版编目（CIP）数据

技术调查官制度研究 ／ 技术调查官制度研究和实践
基地编. -- 广州 ： 暨南大学出版社，2024. 11.
ISBN 978-7-5668-4030-1

Ⅰ. D923.404

中国国家版本馆 CIP 数据核字第 20240XE879 号

技术调查官制度研究

JISHU DIAOCHAGUAN ZHIDU YANJIU

编　　者：技术调查官制度研究和实践基地

- -

出 版 人：阳　翼
策划编辑：姚晓莉
责任编辑：苏　洁
责任校对：刘舜怡　王雪琳　何江琳
责任印制：周一丹　郑玉婷

出版发行：暨南大学出版社（511434）
电　　话：总编室（8620）31105261
　　　　　营销部（8620）37331682　37331689
传　　真：（8620）31105289（办公室）　37331684（营销部）
网　　址：http：//www. jnupress. com
排　　版：广州市新晨文化发展有限公司
印　　刷：佛山市浩文彩色印刷有限公司
开　　本：787mm×1092mm　1/16
印　　张：25. 75
字　　数：450 千
版　　次：2024 年 11 月第 1 版
印　　次：2024 年 11 月第 1 次
定　　价：98. 00 元

（暨大版图书如有印装质量问题，请与出版社总编室联系调换）

代 序

技术调查官制度是我国社会主义法律体系百花园中的一棵新苗，恰如意气风发的小小少年，栉风沐雨，九度春秋，让人欢喜，让人期待。

实行技术调查官制度是我国知识产权审判工作改革创新取得的一项重要成果，并在深化认识和把握知识产权案件规律的过程中逐步发展完善。这是加强知识产权法治保障的重要基础制度，其意义垂范久远，对于提升知识产权审判的质效，增强我国司法公信力与国际影响力，促进国际交流互鉴，营造良好的知识产权法治环境、市场环境、文化环境，都有不可替代的重要作用。

最高人民法院高度重视技术调查官制度建设，2014 年颁布《关于知识产权法院技术调查官参与诉讼活动若干问题的暂行规定》，2019 年颁布《关于技术调查官参与知识产权案件诉讼活动的若干规定》，反映了我国国家层面的技术调查官制度从无到有，逐步发展完善的过程。这项制度成果，凝聚着各级法院技术调查官的实践经验，凝聚着社会上广大技术调查专家的实践经验，也凝聚着理论界学术研究的真知灼见。

应该看到，我国知识产权审判发展历程不过四十年，技术调查官制度施行不足十年，无论是制度构建上所遇到的问题，还是制度施行中所遇到的问题，都亟待深化研究。当前要重点研究技术调查工作与知识产权案件规律更好相适应的问题，研究技术调查官制度与知识产权诉讼特别程序法律制度更好相协调的问题，努力以中国智慧破解中国难题。令人欣喜的是，广州知识产权法院与暨南大学携手合作，分别于 2017 年、2020 年、2023 年成功举办了三届全国性的技术调查官制度研讨会，来自德国、日本、韩国等国家和地区的专家学者，以及来自国内各地法院的法官、技术调查官和检察机关、行政机关、科研院校的专家，通过总结实践经验、探讨现实困惑、分享理论成果，为全国法院技术调查官制度的实施和完善搭建起一个很好的研究交流平台，取得了很好的效果。

广州知识产权法院经过多年实践形塑的"广州样本"是可供借鉴学习的范本。如果借用专利术语来阐释，那么"广州样本"的特征在于：①它在全国首次指派技术调查官参与诉讼活动；②它建立了全国首家技术调查实验室，帮助法官和技术调查官以"看得见"的方式加深对技术问题的理解；③它定期向社会发布"广州知识产权法院技术调查十大典型案例"；④它建立了"粤港澳大湾区技术专家人才库"，为省内外法院提供技术调查资源共享；⑤它以广州知识产权法院技术调查官制度的探索和实践为核心所形成的"广东省完善技术事实查明，护航科技强国建设"案例入选2021年国务院知识产权强国建设第一批典型案例，并荣获"首届广东法院改革创新奖"。这是五项"独立权利要求"，体现了"广州样本"的新颖性、创造性。这些成绩和经验，是广州本土的，也是中国特色的，具有国际交流互鉴的价值意义。

技术问题包罗万象，生生不息，各行各业的技术专家后浪推前浪。由于诉讼程序上工作分工的特点，广大技术调查官以及其他技术调查专家总是在幕后施展才华。在2022年底召开的第五次全国知识产权审判工作会议上，最高人民法院院长张军要求"全面加强知识产权审判工作，服务保障知识产权强国建设"，我们在技术调查工作中要认真学习贯彻。希望技术调查官们恪尽职责，做到无偏、无邪、无惧，鼎力协助法官，正确查明技术事实，不让技术的迷雾遮蔽了公平正义的光芒，不许侵权的恶行搅浑了创新创造的清流，确保知识产权权利人与社会公众对于技术利益各得其所，不断开辟技术调查工作的新境界，以知识产权审判工作现代化支撑和服务中国式现代化！

林广海

（注：本文是中国法学会知识产权法学研究会副会长、中国版权协会副理事长、最高人民法院民三庭原庭长林广海在2023年12月19日召开的第三届技术调查官制度研讨会上的致辞。征得林广海同志的同意，用作本书的代序。）

　　知识产权法院在我国设立转眼已近十载，与知识产权法院成立同步建立的技术调查官制度亦迎来"十年之考"。十年来，广州知识产权法院在技术调查官制度上持续探索、大胆实践，不仅开创了多项创新机制——首次指派技术调查官参与诉讼活动，建立全国首家技术调查实验室等；取得了扎实的成绩——入选2021年国务院知识产权强国建设第一批典型案例等；更是联合暨南大学法学院（知识产权研究院）每三年举办一届全国性技术调查官制度研讨会，邀请全国各界关注知识产权制度发展的学者和从业人员对技术调查官制度展开广泛而深入的讨论，碰撞出思想的火花，这些火花又闪现在制度探索的实践之中，发出更加耀眼的光芒。

　　借助于广州知识产权法院、暨南大学合作建立的"技术调查官制度研究和实践基地"平台，我们将前三届研讨会部分获奖的论文分类整理，在逐一征得作者授权后，聚焦制度建设的主要方面，以制度运行、角色定位、选任管理、职责边界、意见效力、查明路径等六个主题，编撰形成《技术调查官制度研究》一书。全书既囊括了技术调查官制度的各个要点，又充分展现了各主题焦点的多种声音，也在字里行间看到业界对技术调查官制度的重要方面逐渐达成的共识，展现技术调查官制度在更高起点上广阔的发展前景和举足轻重的制度价值。

　　三届研讨会，我们共收到来自全国审判机关、检察机关、行政机关、高等院校及其他社会机构的专家学者和从业人员研讨论文 280 余篇，但限于篇幅，本书仅收录其中部分作品供读者阅读参考。在此，我们向所有论文作者和参加研讨会的专家学者表示衷心的感谢！

编　者
2024 年 10 月

目录
CONTENTS

1

制度运行篇

1

我国技术调查官制度设计的法律逻辑构造及反思

2014 年 12 月 31 日，最高人民法院发布了《关于知识产权法院技术调查官参与诉讼活动若干问题的暂行规定》（以下简称《暂行规定》），标志着我国技术调查官制度的正式确立。纵观我国知识产权制度的发展历程，随着 21 世纪以来高新科学技术的跨越式发展，知识产权案件的诉讼活动中涉及高精尖科学技术的复杂案情的认定也愈来愈繁多、愈来愈艰深。这种新情况的不断涌现，使得我国大部分不具有科技类学科背景的法官们在参与知识产权案件的诉讼活动时，特别是需要在诉讼活动中判断上述案情的时候，变得愈来愈难以准确把握事实问题中的技术问题，从而影响到对法律适用问题的判断，最终不利于法官做出准确无误的裁判。正是在这种法治大环境下，知识产权学界对于在审理涉及专业技术性较强的知识产权案件时是否引进有相关技术背景的司法人员的制度的探讨也变得越来越热烈。

在讨论此项问题的过程中，我国知识产权学界的专家学者们首先是从境内外的各种实践经验入手进行调查和分析。

在境外，解决这个难题的方法主要分为三类。第一类是主张引入具有技术背景和相关学识的司法审判人员参与诉讼活动，最典型的就是德国所设置的"技术法官"一职；第二类是主张引入具有技术背景和相关学识的司法辅助人员参与诉讼活动，如美国的"法官助理"、日本的"调查官"、韩国和我国台湾地区的"技术审查（理）官"；第三类是主张引入各个不同技术领域的专家以第三方身份参与到诉讼活动之中，并且建立起一个有效的负责统筹协调的组织来主持这项工作，方便法院可以随时随地联系到自己所需要的第三方专家，如日本的"专家委员会"和"专家委员"。

我国在未设立技术调查官制度之前，也探索过三种模式，第一种是招募能达到审判人员任职资格的司法技术人员，将其调入审判业务庭中参与诉讼活动；第二种也是招募能达到审判人员任职资格的司法技术人员，不过，在遇到上述知识产权案件的时候，基于审判人力资源利用效率最大化的考虑，不直接将其调入审判业务庭中参与诉讼活动，而是让其临时加入审判业务庭的合议庭，参与到个别案件的诉讼活动之中；第三种就是引入不同技术背景的人民陪审员、专家辅助人员、专门学科的咨询专家、司法鉴定人员等具有第三方身份的专业人员参与到诉讼活动之中。

上述的这些解决方法，固然有各自不同的可取之处，但总体而言，仍然在不同程度上，包括在参与度、中立性、司法成本等方面具有一定的局限性。我国在基于调查、探讨、试点实践的研究基础之上，选择了采用上述中境外的第二类做法（美、日、韩及我国台湾地区的专职司法辅助人员）和境内的第三种现存模式（第三方专家）相结合的方式，最后在现如今的法治大背景下形成了具有在编公职身份的技术类司法辅助人员和外部技术专家共同在上述知识产权案件的诉讼活动中帮助法官判明技术问题的、相辅相成的、独特的司法辅助制度。

随附我国"技术调查官制度"在论证时所设计的"三段论"框架：

大前提：法律规范（法官确定）

小前提：案件事实——技术问题（技术调查官帮助认定，法官最终拍板）

        ——其余部分（法官认定）

结论：判决或裁定（法官确定）

一、在认定"小前提"的识别活动中，技术调查官的角色模糊

由上文的叙述可知，技术调查官是作为拥有在编公职身份的司法辅助人员而存在于知识产权案件的诉讼活动之中。《暂行规定》里明确了其是作为法官的辅助性角色，帮助那些没有技术背景或者遇到对专业技术要求较高的技术问题的法官，去理解和掌握涉案的技术问题以及争议焦点。在此，笔者提出以下疑问：技术调查官有没有那么大的能耐可以独立解决上述技术问题的阐明工作呢？若答案是肯定的，那么技术调查官的角色担当是否和"第三方专家"的角色担当相冲突？若答案是否定的，那么技术调查官的角色担当是否和"法官助理"的角色

担当相冲突？

（一）技术调查官与第三方专家、法官助理在诉讼活动中的角色冲突

首先，要明确这里的"第三方专家"指的是辅助法官的角色，即在知识产权案件诉讼活动中法院所引入的具有不同技术背景的人民陪审员、专家辅助人员、专门学科的咨询专家、司法鉴定人员等，而不包括原告、被告双方自行聘请的鉴定机构或者具有专门知识的人员。

在经过试点实践之后，我们知道在面对知识产权案件中对专业技术要求较高的技术问题的认定时，技术调查官可以迅速整理案情，发现争议焦点，而后围绕着这个争议焦点展开调查，并为没有技术背景或者在审限内无法独自完全理解和掌握涉案技术的法官梳理好案件中涉及的技术问题的脉络，帮助法官弄懂争议焦点中的技术问题，甚至可以在庭审过程中就技术问题而言潜移默化地引导法官。这对于法官而言，的确在判案的时候会方便许多。

但上述的这些事情，在技术调查官未出现之前就无法做到吗？法院聘请的第三方专家，一般来说都是较为精通各自技术领域的专家，其技术水平不会比技术调查官差，甚至更好，在面对事实问题中那些对专业技术要求较高的技术问题的认定时，第三方专家可以在围绕这个技术问题开展调查的基础上帮助法官梳理争议焦点和理解技术问题，法官也可以在对技术问题存疑的时候随时随地去咨询第三方专家。如果在诉讼活动过程中法院引入第三方专家参与陪审或者旁听，并允许第三方专家可以在陪审或者旁听的过程中向法官提出建议，并要求其在庭审过程中随时为法官释疑，那么其在知识产权案件的诉讼活动中的角色担当和技术调查官的角色担当还有什么区别呢？可以说，技术调查官制度的优越性在这种对比中是不明显的。

在现实生活中我们可知，法院所招聘的技术调查官不可能囊括行业中最精英的技术人员群体，因为最精英的技术人员群体在人力资源市场中有着稀缺性，而且他们是当今世界上先进生产力的代表之一，会积极参与到先进的生产关系之中（例如自己创业，或者加入高新技术企业，或者开展学术科研活动），是故，很少有人会主动去谋求在法院全职担任"技术调查官"一职。这也恰恰能够说明，技术调查官掌握的各种不同的技术信息，各行各业中能担当"第三方专家"的专业人员（当然也包括上述这些最精英的技术人员群体）也能掌握，而且往往比技术调查官掌握得更多更深入。

另外，精英技术人员群体所掌握的、涉及前沿的高新科学技术一般是作为机密（无论是国家机密、商业秘密，抑或是个人秘密）而存在的，再加上它超越了一般技术的复杂程度，这些因素的叠加，使得其不是那么容易为技术调查官所查询和掌握。所以，技术调查官不容易掌握的或者无法接触、无法轻易理解的前沿技术，都可以在各行各业的"第三方专家"人群中找到能向法官解释清楚的人。

正因如此，当技术调查官在面对知识产权案件中一些不仅仅是专业性较强而且是错综复杂或者上述那些不能轻易被查询和掌握的涉及前沿科技的问题时，他们只能像法官求助自己那样去向"第三方专家"求助，然后用自己的话语将向"第三方专家"求助所得来的意见建议整合归纳起来，最终呈递给法官。在这种情况下，技术调查官的做法实际上就是变相地承担了当前"法官助理"这个角色在诉讼活动中的辅助任务（仅仅是归纳总结"第三方专家"的意见和建议来协助法官理解和掌握涉案技术问题）。总的来说，技术调查官制度在这种对比之中也无明显的优越性可言。

（二）技术调查官的角色模糊之处

综上所述，技术调查官在诉讼活动中角色担当的模糊之处，实际上源于它在参与知识产权案件的诉讼活动中的角色设置所起到的功能作用并没有超越原来已存在的角色。换句话说，法院试图从诉讼活动的实践经验里面构想、创制出"技术调查官"这么一个角色的时候，并没有克服原来已存在角色的缺陷和局限性，只是单纯地将这些已存在角色的功能"复制粘贴"并整合汇总进这个新创制的角色的功能设置里面。正因为如此，技术调查官在实际参与知识产权案件的诉讼活动过程中，其角色的定位在人们眼里才显得如此另类和尴尬。

二、在影响"大前提"适用的担忧下，技术调查官的地位争议

与技术调查官模糊的角色定位息息相关的，就是其在知识产权案件诉讼活动中所处的地位。对于这个争议的焦点，笔者认为不妨简单地先从"技术调查官"这个词语的文义来管中窥豹。在这方面，笔者着重探讨的是"技术调查官"中的这个"官"字。

《暂行规定》中明确规定了技术调查官是司法辅助人员，在参与知识产权案件诉讼活动时其所处地位与书记员、法官助理一致。既然如此，那为什么不直接

将其叫作"技术调查'员'"或者"技术调查'助理'",而是要叫作"技术调查'官'"呢?在我国的传统词义中,当位处同一个层面的时候,"官"的地位一般要比"员"或"助理"的地位要高,其中一个重要的原因在于"官"有着"员"和"助理"所没有的职权和影响力,技术调查官这个角色所隐藏的职权影响力亦是如此。从其职位名称所赋予的名义地位和现阶段所处的实际地位之间的不相称这个最浅显的外在表现矛盾来看,不难想象技术调查官在知识产权案件的诉讼活动中所处的地位是争议不断的。

(一)技术调查官与法官在诉讼活动中的地位之争

技术调查官虽然在《暂行规定》中被定位为司法辅助人员,对案件的裁判结果不具有表决权,但是诉讼活动中的原告、被告双方,以及我国知识产权学界部分专家学者们对于法官在审理知识产权案件时会变相让渡司法裁判权的担心是一直存在的。

究其担忧的根本原因,笔者认为在于技术调查官在参与知识产权案件诉讼活动中的模糊角色担当,还叠加上法院起用技术调查官的首要前提是法官在审理案件时不具有技术背景或者是难以在规定审案时限内完全理解和掌握涉案技术,再叠加上技术调查官的在编公职身份。这些要素的相互叠加,使得法官在面对专业技术要求较高的技术问题的时候,会潜意识地或者只能够信赖和依赖技术调查官,从而在上述技术问题的认定方面,无法独立、审慎、准确地对技术调查官所作出的审查意见进行判断、扬弃。

其实这种对于变相让渡司法裁判权的担忧,实质上是对于技术调查官对法官的影响力过大的担忧,本质上源于技术调查官制度的首要前提方面,该首要前提也同样隐含着该制度的"天然缺陷"——法官不具有技术背景或者无法在规定审案时限内完全理解和掌握涉案技术以及争议焦点。这个首要前提既决定了技术调查官在现行法治大环境下存在的合理性和必要性,也决定了技术调查官在参与知识产权案件诉讼活动中所处地位的争议性。笔者认为,这个首要前提再叠加上技术调查官的身份模糊性和公职性,导致技术调查官与法官在上述知识产权案件的诉讼活动中各自所处的地位以及两者之间的关系会一直存在较大的争议。

(二)技术问题、除技术问题之外的事实问题,以及法律适用问题,这三者的担当分置,无法有效解决上述所提到的地位之争问题

从《暂行规定》中我们看到,除了对裁判结果不具有表决权之外,技术调

查官比起书记员和法官助理而言，几乎可以更加深入地参与到知识产权案件诉讼活动中的每一个环节，特别是可以在庭审中经法官许可后就技术问题进行发问，甚至可以直接向法官提出技术审查意见。

在此认识基础之上，有很多专家学者提出了下面这种观点：在知识产权案件的诉讼活动中，将案件的事实问题和法律适用问题相分离，而且将事实问题也分解成技术问题和除技术问题之外的事实问题。事实问题中的技术问题的认定由技术调查官来负责弄清楚，而除技术问题之外的事实问题，以及针对法律适用问题的认定则由法官来负责，最后由法官来综合考虑并拍板定论，这样就可以有效排解那些对"变相让渡司法裁判权"问题的担忧。

上述这种观点为现在主流所接受并在《暂行规定》中有所体现。但笔者认为这种所谓的主流观点忽视了两个重要的因素，因而不能完全成立：

1. 技术问题和法律适用问题虽然可以分开看待但必然是相互联系、相互影响的，不能完全分离开来

在上述知识产权案件的诉讼活动中，对于技术问题的认定是非常重要的。因为在上述知识产权案件中的绝大多数案情里面，其最为重要、最具有参考价值的标的物就是技术本身。技术调查官对于专业技术要求较高的技术问题的认定往往就是涉案的争议焦点所在。是故，技术调查官所作出的技术审查意见在很大程度上会影响到法官在选择法律适用和认定产权或者责任归属的考量。

2. 在首要前提（或称为"天然缺陷"）依然存在的情况下，法官在最后拍板定论时无法做到综合考虑和有效判断

正如上文所述，法院起用技术调查官的首要前提在于，法官在审理案件时不具有技术背景或者是难以在规定审案时限内完全理解和掌握涉案技术，这也是技术调查官制度的天然缺陷所在。正因为这个首要前提和天然缺陷的存在，法官无法保证能够准确判断出技术调查官所给出的技术审查意见是否能够正确反映涉案的技术问题，再加上考虑到技术调查官与法官自己的身份较为相近，最后只能在技术问题上听从技术调查官的意见，也使得法官只能围绕着技术调查官针对技术问题所给出的意见来进行法律适用的选择和做出最终判断。也正因为这种较大的影响力，使得技术调查官在参与上述知识产权案件的诉讼活动的时候，变相拥有了对案件的决定权，间接地影响了法官行使最后的表决权。

（三）技术调查官所处地位的争议之处

技术调查官虽然名义上与书记员、法官助理处于同一地位，都属于司法辅助

人员，但是和书记员、法官助理相比，技术调查官所拥有的权威和所起的作用更大，对法官的影响力也更深，对案件最后的审判结果也有相当大的隐形话语权。正因为如此，技术调查官才会在参与知识产权案件的诉讼活动的时候，因其所处地位的超然而备受各方争议。

三、在"三段论"框架下，技术调查官不应该长期存在

正如上文所述，技术调查官具有模糊的角色担当和备受争议的地位。这些要素的相互叠加，造成了技术调查官不可能成为知识产权案件诉讼活动中一个新的常驻角色，而必然只能是一个过渡性角色。因为技术调查官既无法解决已存在角色所暴露出来的缺陷和局限性，也无法彻底革新那些涉及知识产权案件的程序法制度，其存在的意义充其量就是减轻了法官的业务量和减少了法官因需要进行技术类学习而大量的时间消耗和精神消耗。从表面上看起来好像提高了司法效率、减少了司法成本，但实际上所付出的代价却不小，而且从长远来看，对我国知识产权诉讼制度的革新与发展并无太大益处。

说到这里，相信读者们其实已经意识到了我们无法再回避一个问题，即法官在大部分情况下能够胜任知识产权案件的审理吗？或者说，涉及技术问题的知识产权案件都有需要或者有可能把技术问题弄得一清二楚才能进行审判活动吗？（即针对"小前提"认定和识别的深度和广度会对"大前提"的适用产生多大影响？）

笔者认为，从现阶段来看，其实并不是完全需要，也不可能完全做到。原告、被告在进行知识产权案件的诉讼活动时，双方需要法官在诉讼活动中进行认定或者是做出评判的技术问题，并不是特别涉及技术的原理、功能、创新、本质，而是聚焦于技术的使用、表征、来源及其带来的效果和后果。这种对技术问题的使用、表征、来源、效果和后果的认知与判定其实并不需要法官有非常强的专业技术水平，而是只需要法官有着日常生活的经验和一定的理工知识修养。当然，也就并不特别需要具有非常强的专业技术水平的人员来进行贴身辅助。但是，即使如此，纵观现阶段我国的法学教育制度与法官培养和继续教育制度，能够拥有足够的生活经验和一定的理工知识修养的人的确是凤毛麟角，导致如何对技术的多种问题进行认知活动都成了一个较大的问题。笔者认为，这也是我国的法官培养和继续教育制度所应该反思的。

　　当然，在我国现有的法治大环境之下，参与知识产权案件诉讼活动的法官的技术水平有限和日常工作繁重，再加上知识产权诉讼制度、法官培养和继续教育制度仍然有待进一步完善，特别是当今诉讼法相关理论中针对"对专业技术性要求较高的技术问题的认定"这个难题仍然没有较优的，能让法律人、社会大众所普遍接受的解决方案，是故，技术调查官制度在一定时期内仍然有继续存在的合理性和必要性。但是，这种合理性和必要性会随着法律工作者们不断积累的理论探讨和实践活动经验而逐步趋向于无，在较优方案被提出并被法律人、社会大众所接受之后，可以预计到技术调查官将失去存在价值。

　　综上所述，技术调查官在司法"三段论"的论证框架下，只能担当一个过渡性的角色，不可能作为常驻角色而长期存在于法庭之上。同样地，技术调查官制度也只能成为一种具有过渡性质的制度。是故，笔者认为应该重新考虑运用司法"三段论"来简单论证技术调查官制度所带来的局限性和论证不足，鼓励尝试使用不同的法律论证方法来针对技术调查官制度进行相关的调查、研究和论证。

（广州市第三市政工程有限公司　陈龙彪）

2

技术调查官制度的理论设计及现实困惑

技术调查官制度在我国制定实施已五年有余，从 2014 年最初版最高人民法院《关于知识产权法院技术调查官参与诉讼活动若干问题的暂行规定》到 2017 年《知识产权法院技术调查官选任工作指导意见（试行）》，再到 2019 年最高人民法院《关于技术调查官参与知识产权案件诉讼活动的若干规定》，我国国家层面的技术调查官制度逐步丰富和完善。与此同步，北京、上海、广州三家知识产权法院以及后来设立的南京、苏州等知识产权法庭也结合各自实际积极进行工作机制和队伍构建方面的探索，分别形成了北京知识产权法院技术调查的"北京模式"、广州知识产权法院技术调查的"广州模式"以及南京中院知识产权法庭的"南京模式"，这些制度规定和实践探索无疑对我国的技术调查官制度的形成和发展产生了非常重大的影响，发挥了十分重要的作用。但是，在多年的实践中，笔者真切地感受到，我国的技术调查官制度无论是理论设计还是工作机制，都还有不少需要继续丰富和完善的地方。本文中，笔者谨以制度理论设计与实践探索的差异为切入点，从六个方面与专家们共同思考和分析探讨。

一、技术调查官制度与技术法官制度

知识产权诉讼技术事实查明机制，在不同诉讼模式下各有不同。如英美法系当事人主义诉讼模式下的专家证人制度，大陆法系德国的技术法官制度，以及韩国、日本和我国台湾地区的技术调查官（技术调查员、司法审查官）制度。我国的技术调查官制度是随着知识产权保护中技术事实查明需求的迅猛增长，经过法院长期不断探索，"主要借鉴日本、韩国及我国台湾地区有关技术调查官的立法和成熟经验，结合我国司法实践中采用的专家辅助人、司法鉴定、专家咨询等事实查明机制"①，而首先在知识产权法院建立的新的科学的制度。

（一）技术调查官制度

技术调查（审查）官（员）制度发源于日本。法院技术调查员制度（judicial research officials system）是日本东京高等法院于1949年4月最初建立的，至今已有七十余年的历史，已经作为知识产权诉讼中的组成部分得到广泛认同。根据日本《民事诉讼法》第92条第8款规定，在审理专利、实用新型、计算机软件等工业产权案件时，凡涉及技术问题，法官均可要求调查员调查取证。技术调查员根据主审法官的指令，负责以下事务：①在口头辩论、听证、证据交换安排、决定是否存在提交相关文件的法律义务以及其他与庭审程序进展有关证据或问题的决定程序中，向诉讼当事人提问或督促当事人提供证据证明有关事实或法律问题；②在审查证据时直接向证人、当事人或专家证人提问；③在和解程序中基于专业知识发表意见；④向法官陈述对案件的意见。技术调查员可以遵照审判长之命令，在法庭辩论中向当事人进行询问。

韩国借鉴日本的做法在专利法院设技术审理官，韩国《专利法》第186条第1款、《实用新型法》第55条、《外观设计保护法》第75条规定，技术审理官受院长指示，就商标案件以外的知识产权案件中涉及的专业技术问题提供咨询和建议。在韩国，担任技术审理官和调查官必须具备在特许厅长期工作的经验或者在科学技术领域具有一定资格，技术审理官在特许权、实用新案权有关的审决撤销诉讼中，就裁判部有关技术性事项的咨询进行答复，在裁判部认为有必要的情况下，技术审理官参与准备程序和辩论程序，基于裁判长的许可，可向诉讼有关人员提问，在裁判部合议过程中可对技术内容陈述意见。目前，韩国特许法院有包括院长在内的法官17名，同时配备技术审理官27名。其中，20名来自特许厅，7名为法院自行招聘。

出于对专家参审制融合过渡的考虑，中国台湾地区"智慧财产法院组织法"采用日本立法例，在第三章明确智慧财产法院设技术审查官"承法官之命，办理

---

① 宋晓明、王闯、吴蓉：《〈关于知识产权法院技术调查官参与诉讼活动若干问题的暂行规定〉的理解与适用》，《人民司法》2015年第7期，第32页。

案件之技术判断、技术资料之收集、分析及提供技术之意见；并依法参与诉讼程序"①。"智慧财产案件审理法"第 4 条规定："法院于必要时，得命技术审查官执行下列职务：①为使诉讼关系明确，就事实上及法律上之事项，基于专业知识对当事人为说明或发问。②对证人或鉴定人为直接发问。③就本案向法官为意见之陈述。④于证据保全时协助调查证据。"技术审查官属于智财法官的辅助人员，相当于技术顾问或技术幕僚。在诉讼过程中，技术审查官协助法官处理案件有关专业技术上的争议点，但不直接参与裁判。技术审查官向法官所作的陈述不是证据资料，当事人就其主张仍应负举证责任，不得直接引用技术审查官的陈述作为证据，法院也不得在判决书中直接援引技术审查官的意见作为裁判基础。法官如赞同技术审查官的意见，可在裁判文书中将意见以自由心证的理由出现。关于技术审查官的任职条件，"智慧财产法院组织法"第 16 条从专业学历与曾任职经历两方面着手作出明确而严格的规定，以确保技术审查官的专业素养。技术审查官的来源主要为聘任与借调两种途径。目前，智财法院共有 13 位技术审查官，其中 11 位是从"经济事务主管部门"智慧财产局借调的资深专利审查官，另两位由智财法院分别于 2016 年 1 月及 2017 年 5 月聘任。②

（二）技术法官制度

技术法官是德国专利法院审判组织设置中独有的。德国设有特殊法院——联邦专利法院是法院体系的组成部分，享有司法权。联邦专利法院又设上诉法院和专利法院，其成员精通法律，同时具有专业技术背景和经历。与法律法官相同，德国技术法官也被赋予了终身称号，有着与法律法官相同的权利和义务。根据德国《专利法》第 26 条第 2 款和第 56 条之规定，被任用为技术法官的人必须是在德国或者欧盟境内的大学或者相关科研机构毕业并通过了技术或自然科学相关方面的国家级或学院级考试，且至少在自然科学或技术领域有 5 年以上的工作经历。此外技术法官仍必须经历其他法官所经历的专业学习（尤其在专利法方面）与专业考核历程。由于对技术领域和法律领域都有较高的要求，技术法官一般从德国专利与商标局的资深技术审查员中选任。

① 吴蓉：《知识产权法院技术调查官制度初探——评〈最高人民法院关于知识产权法院技术调查官参与诉讼活动若干问题的暂行规定〉》，《中国版权》2015 年第 2 期，第 10 页。
② 以上内容参考中国法官协会知识产权考察交流团《关于中国法官协会知识产权代表团赴台湾考察交流情况的报告》，报告落款时间为 2018 年 6 月 7 日。

（三）技术调查官制度、技术法官制度之取舍

在德国独有的技术法官制度中，如此严谨到近乎严苛的选任条件，令技术法官在深奥难解的知识产权案件面前，无须其他角色（如技术审查官、专家证人等）介入即可单独完成审判。因此其审判权高度集中，职权与一般的法律法官无异。其制度价值主要体现在：①法庭指定的专家辅助人和技术鉴定机构所作出的鉴定结论，实际是属于证据，并不能直接成为法庭判案的依据，但是具备相关技术的法官，其对技术的理解，可以帮助其认定技术事实。②知识产权科学技术的争议焦点是庭审中的难点，若法官不具备理解专业知识的能力，则难以评价鉴定结论和专家意见。因此，具备一定的专业技术的法官能较好地理解争议焦点，在庭审中将发挥更大的作用。

然而每个硬币都有正反两面，制度也不例外。严苛的选任条件成就了高度集中的审判权，却也会导致相应问题的产生：一方面，人才培育难度增大。法学是偏向文科类的一门专业，而自然科学与技术类通常是属于理工学科的范畴，虽非完全对立，却也并非人人都能在二者之间找到令它们在大脑里和平相处的办法。德国技术法官选任的高要求，不仅会导致人才难以快速培育的问题，还有可能会出现在职人员离职后，新血液无法及时补给的状况。另一方面，法官专业知识有局限。技术法官固然在科学与技术领域有一定的知识储备与工作经验，但纵观知识产权方面的案例，大多都与电子、化工、计算机、建筑等方面有关。案件涉及面之广泛，即便是经过严格筛选出来的技术法官也无法面面俱到、游刃有余，在面对不同种类的案件时，也依然会碰到与自己所学不同专业领域的问题而出现束手无策的状况。由于我国知识产权法院管辖范围广，从具体制度的成本和收益角度衡量等方面综合考虑，最终决定借鉴日、韩及中国台湾地区的技术审查官模式，建立和实施具有中国特色的技术调查官制度。2014 年 8 月 31 日，第十二届全国人大常委会第十次会议通过《关于在北京、上海、广州设立知识产权法院的决定》，北京、上海、广州知识产权法院于 2014 年 11 月至 12 月陆续成立运行。为提高技术事实查明的科学性、专业性和中立性，保证技术类案件审理的公正与高效，上述决定的审议说明中明确提出要探索建立技术事实调查制度。根据中共中央《关于司法体制改革试点若干问题的框架意见》有关设置技术调查官的要求，最终确定在知识产权法院中围绕技术类案件的审理，建立符合中国国情、具有中国特色的技术调查官制度。据此，《关于知识产权法院技术调查官参与诉讼

活动若干问题的暂行规定》（以下简称《暂行规定》）就知识产权法院技术调查官参与诉讼活动的程序规则予以明确和规范。

由于当前我国技术调查官制度尚处于初创阶段，相对于虽仍有不足但已经相对完善的技术法官制度，其在未来制度实施中是否会面临更多的问题和挑战，仍需要相当长的时间来检验。

二、法官的工具与技术调查官的事业

我国的技术调查官制度是在当前技术迅猛发展、知识产权保护日益迫切和重要的情况下，为适应知识产权审判工作面临大量案件，需要快速、高效解决知识产权纠纷，提高对相关技术事实的查明和认定速度而诞生的一项制度。如何设计这项制度？作为制度的唯一设计者，从事知识产权审判的法官群体无疑会从自身需要出发，以经济、实用、附从为宗旨，制定出相关规定。但随着技术调查官制度正式实施、技术调查官进入公众视野，技术调查官制度作为法官的工具与技术调查官视其为毕生事业之间的矛盾就逐步呈现出来。这个矛盾因多种因素的影响而形成，因此，需要通过系统地丰富和完善这一制度来消弭矛盾。

（一）需求的主导性优势

在技术调查官制度成立以前，我国在审理知识产权案件时，审判人员的配备与其他刑民商事案件并无任何不同。但由于知识产权案件涉及了大量的科学技术类知识，导致法官在审判中存在一定难度，因此才逐渐产生需要相应的技术性人才参与知识产权案件审判的想法。如何构建制度模型？需求主体的主导性优势在这里得到了充分呈现：制度首先是因法官而生，技术事实查明所需专业知识的无限性与法官专业认知的有限性之间的矛盾，决定了法官需要有专业的辅助人员帮助其理解相关专业知识，以准确查明技术事实，更好地确定案件的争议焦点，提高庭审的效率。所以制度设立的需求是由法官提出的，制度怎么设计，技术调查官要承担哪些工作任务、需要赋予其什么样的权利等，首先考虑的都是怎么满足法官自身的需要。同时，制度也是由法官来设立，在国内除知识产权法官群体外，在无人了解和关注的情况下，技术调查官制度的理论设计、框架模型、规定条文自然均由这一法官群体一手操办，一锤定音。甚至可能连听取外界意见的程序都可以省去，因为此前几乎没人接触过这一新事物，更没人对此有过深入思考。

（二）法官的实用性选择

经济实用是任何制度措施制定都必须重点考虑的因素，因此，现有技术调查官的制度设计本身具有的强实用性无可厚非，特别是制度建立初期，首先考虑是让制度尽快运转起来，为法官审理技术类案件所用。从模式的选择看，技术法官制度会对法官的技术知识储备提出前所未有的挑战，自然不是现有法官们愿意去经历的，而若是重新开始专门培养集技术与法律于一体的新人才，除却耗时长、难培育以外，也会对现有法官的去留造成极大的冲击。从对技术调查官的赋权看，将技术调查官制度作为一种审判辅助制度，不赋予技术调查官裁判结果表决权，既不会对原有的法律制度造成任何影响，还能够帮助法官们处理解决难学、难懂的技术类问题。两者比较下孰优孰劣，自不待言，因此，现有制度设计便理所当然地成为法官的不二选择。从制度的运行维护看，目前国家层面并未制定技术调查官制度的相关法律，法院系统内部也未明确技术调查官的职务称谓，制度保障的配套措施几乎仍是空白，将技术调查官制度视为简单工具的意味较浓。忽视制度的维护保养，不利于技术调查官队伍的成长稳定，必定会影响技术调查官制度的可持续发展。

（三）技术调查官的成长性考量

世界各国的技术调查官制度从设想、制定到完善有一个漫长的过程，从其他国家几十年的实践经验看，技术调查官制度的设立在我国也一定不会只是一项临时措施，技术调查官作为一项全新的职务称谓，必将在未来数十年甚至几百年长期存在。因此，技术调查官制度的维护完善、技术调查官的选任管理是制度设计层面必须考虑和解决的问题。首先，支撑制度实施的组织架构需要可持续发展。尽管北京、上海、广州三家知识产权法院均设立了技术调查室，而且最高人民法院也鼓励其他有条件的中高级人民法院设置技术调查机构，但从目前的运作情况看，北京知识产权法院技术调查室主任由员额法官兼任，没有一个在编的技术调查官，该院的技术调查官全部为院外兼职或交流人员，技术调查室仅被赋予了联系协调职能；上海知识产权法院技术调查室虽配备了一名专职副主任，但跟北京知识产权法院一样，没有一个在编的技术调查官，除2名临聘技术调查官外，其他全部为院外兼职人员；广州知识产权法院技术调查室相对而言完备得多，除配备了专职的主任、副主任外，还在编制内选调了2名专职的技术调查官，但人员配备严重不足，根本无法满足审判需要。这样的状况，不仅在法院内部设立专门的技术调查机构的价值并未得以充分呈现，相反，当初设立专门机构的必要性也受到了外界甚至法院内部的质疑。其次，承担具体职责的技术调查官需要成长进步。目前全国范围内技术调查官的任职时间不长，且就职的人数也只有区区几百人，却已然形成了一个相对完整的体系。据笔者了解，在这个群体中，尽管各自的诉求不尽相同，但无论是委任的技术调查官、交流的技术调查官还是聘任的技术调查官，他们都已经开始关心自己未来的出路和发展，在国家一直未出台技术调查官职业保障相关政策的情况下，他们或多或少开始对自己的前途产生迷茫甚至对自己当初的选择产生动摇，这无疑会影响技术调查官队伍的稳定，不利于技术调查官制度的长远发展。

（四）制度的综合性平衡

需求方与供给方是一对天然的矛盾体。需求方要求优质、经济、快捷、方便，而供给方则更多地考虑付出和收益。双方站在各自的立场，提出自己的最优方案，这都是合情理的，但在制度设计层面，则不能失之偏颇，必须兼顾各方面因素，进行综合平衡。一是要制定并完善技术调查官使用管理规定。要规范技术调查官参与诉讼活动的申请审批流程，细化技术调查官参与诉讼活动的具体规程，减少随意性。二是要提高技术调查官在诉讼活动中的地位。尽管技术调查官在人员分类中属于审判辅助人员，与法官助理一样都归入法官助理的大类，但作为法官的技术助手，技术调查官需要帮助法官理解技术问题，其提供的技术审查意见能对法官的判决结果产生影响，有时甚至会成为法官判决的依据。与法官助理仅仅协助法官处理日常事务性工作不同，技术调查官在参与诉讼活动中大多扮演了"法官技术之师"的角色。因此，技术调查官在诉讼活动中的地位应介于法官和法官助理之间，略低于法官，略高于法官助理。三是要充分考虑在编技术调查官的诉求。应制定出台保持队伍稳定、促进事业发展的配套措施，如设立技术调查官单独职务序列、建立技术调查官技术等级制度等。

三、法官的审判权让渡与法院的审判权让渡

从 2014 年技术调查官制度拟在我国开始实施直至现在，业界和学术界对引入技术调查官后，法官的审判权是否存在让渡问题、技术调查官是否会成为"影子法官"的讨论一直不绝于耳。在笔者看来，相对于法官的审判权让渡，更值得讨论的是兼职技术调查官的引入会不会导致法院审判权让渡的问题。

(一) 概念里，审判权的含义非常丰富，从来就没有划出过权力边界

在法律理论中，审判权是指审理权和裁决权的合称，它是法院所专有的一种排他性的基本权力，除法院之外其他任何机关不享有这种权力。对此，各国皆以立法的形式明确加以规定。① 在我国，宪法规定法院是国家的审判机关，人民法院依照法律独立行使审判权。法律解释权、裁判权是审判权实现的表现形式，要对审判权限制和范围作划分和辨认只能通过分析审判权的性质及其表现形式才能确定。② 审判权的范围通常由三个层次的关系划定：第一，国家与社会 (公权力与私权力) 的界限，即哪些矛盾冲突纳入司法管辖范围，哪些纠纷留给社会自治解决。第二，审判机关与其他国家机关 (公权力与公权力) 的界限，通过分权制衡的方式划定司法权在国家权力结构中的具体份额，这一份额取决于政府和社会对司法权的依赖程度以及为其提供的资源支持，并反过来决定审判权解决社会矛盾冲突的能力。第三，法院与法院之间的界限，即各法院之间在案件管辖权方面的具体分工。第一层次的内容目前宪法和法律都尚无规定，对于案件受理的条件未作任何界定或限制。第二层次的内容基于行政化的国家权力一元化的理念，国家机构之间只有职责的相对分工而没有分权，因而对司法权的范围也只作概括性规定。而相对于刑事审判中公安机关实施刑事侦查查明案件事实，技术调查官在知识产权审判中协助法官查明技术事实，其所扮演的角色其实与刑事警察基本相同。

(二) 理论上，引入技术调查官制度，确实不存在审判权让渡的问题

2019 年 1 月 28 日，由最高人民法院审判委员会第 1 760 次会议通过的《关于技术调查官参与知识产权案件诉讼活动的若干规定》 (以下简称《若干规定》)，是目前国家层面唯一也是最高、最权威的关于技术调查官制度的法律性文件。《若干规定》除对技术调查官参与诉讼活动的案件范围、程序、职责、回避、责任等作出具体规定外，在三个相关条款中从制度层面解决了法官审判权让渡的问题：第一，将技术调查官定位为审判辅助人员。《若干规定》第二条明确规定，技术调查官属于审判辅助人员。技术调查官的身份定位直接决定了其在诉讼活动中的工作职责、技术调查意见的法律效力。根据《中华人民共和国人民法

---

① 左卫民主编：《中国司法制度》(第三版)，北京：中国政法大学出版社 2012 年版。

② 《浅析审判权与执行权关系之构建》，江苏法院网，http://www.jsfy.gov.cn/，2013 年 11 月 15 日。

院组织法》的相关规定，技术调查官不同于德国等国家专利法院中设置的技术法官，不属于审判人员。[1] 不是法官，当然不具有审判权。作为审判辅助人员中的司法技术人员，技术调查官在具体的诉讼活动中仅仅是协助法官理解和查明案件所涉的专业技术问题，为技术类案件的审理提供技术支持。第二，规定技术调查意见只是作为合议庭认定技术事实的参考。《若干规定》第十一条明确规定，技术调查官提出的技术调查意见可以作为合议庭认定技术事实的参考。合议庭对技术事实认定依法承担责任。也就是说，技术调查意见仅对合议庭认定技术事实起到参考作用，意见可以被采纳，也可以不被采纳，即裁判文书对技术事实的最终认定有可能与技术调查意见的结论不一致。即使意见被采纳，其也是转换为合议庭的意见体现在裁判文书中，对技术事实的认定仍由合议庭决定，并由合议庭依法承担责任。[2] 第三，技术调查官对案件裁判结果不具有表决权。《若干规定》第十条明确规定，技术调查官列席案件评议时，其提出的意见应当记入评议笔录，并由其签名。技术调查官对案件裁判结果不具有表决权。参与诉讼活动的案件，技术调查官应主办法官的要求可以列席案件评议，并就案件所涉技术问题进行说明，当然也可以就技术事实认定提出意见，但在包括人民陪审员在内的 3 人合议庭进行表决时，技术调查官的意见不计入统计范围。

（三）实践中，技术事实的查明环节，法官作用弱化的问题难以避免

众所周知，客观事实的判断查明是法律适用的前提和基础。特别是在知识产权审判中，多数案件都涉及技术问题，因此技术事实的查明往往会成为案件审理的关键，而对于不能理解案件所涉技术的法官来说，技术调查官给出的技术调查意见，就成为法官判定侵权与否的重要参考，尤其是在处理通信、化工、计算机软件类案件中，因为难以理解，法官对技术调查意见的采信和依赖程度会更高。一方面，法官在科学与技术方面并未拥有相应的知识储备与经验积累。对于某些浅显易懂的机械方面的问题，法官可能有一定的理解度与判断力，但他们的这种理解判断和一般大众相差无几。而事实上随着近些年来科学技术的迅猛发展，目前就算是机械类专利也大多与电子技术相联系，技术复杂程度与过去相比已不可

---

[1] 《全面施行技术调查官制度　提升技术类案件审理质效——最高人民法院民三庭（知识产权审判庭）负责人就技术调查官司法解释答记者问》，《人民法院报》，2019 年 4 月 26 日。

[2] 《全面施行技术调查官制度　提升技术类案件审理质效——最高人民法院民三庭（知识产权审判庭）负责人就技术调查官司法解释答记者问》，《人民法院报》，2019 年 4 月 26 日。

同日而语，更别说化工及其他高新技术，对于纯文科出身的法官来说，因为没有相关的专业基础，即使经技术调查官讲解说明，对于专利说明书也可能只是一知半解，根本达不到真正熟悉理解的程度。另一方面，知识产权审判"案多人少"的矛盾异常突出，法官根本没时间精力去学习理解技术问题。以广州知识产权法院为例（见表1），该院成立前，上级法院根据当时的实际情况，预估该院年收案量应在4 500～5 000件，所以以法官人均年办案量150宗为标准，确定配备法官30名。但是成立5年来，特别是2016年后，该院的收结案件数量及法官人均办案数量几乎每年都以平均30%的速度增长，到2019年年收案量达到原预设收案量的近3倍，法官年人均结案数499件，相当于法官每个工作日平均需办结约3宗案件。在这种情况下，法官根本不可能消化理解不同案件所涉的不同的专业问题甚至同一专业的不同技术问题。

表1　广州知识产权法院2015—2019年收、结案数，法官人均结案数　　单位：件

	2015 年	2016 年	2017 年	2018 年	2019 年
收案	4 940	4 752	9 214	10 086	12 896
结案	3 393	4 907	7 804	9 408	13 488
法官人均结案	261	196	289	376	499

（四）本质上，法官权力的内部溢出不是问题，审判权让渡出法院才是问题

按照少数学者的理解，虽说该制度在实际运用中发生了显而易见所谓的法官审判权让渡问题，但笔者认为这个问题并非在建立了技术调查官制度的今天才出现，也不会因技术调查官制度的建立而加重。

首先，法官审判权让渡问题并非知识产权审判独有。事实上，在包括刑事等其他类型案件的审理中，我们早就已经见识过审判权让渡的情形发生。例如判断是否存在伤人、杀人的事实，对案件事实的判断基本交由公安进行甄别；面对伤害等级等其他客观事实法院和法官无法作出准确判断的案件时，交由司法鉴定机构提供司法鉴定意见。如果按照部分学者的理解，这些其实都已然发生了审判权的让渡。

其次，我国的法律制度只规定了审判权为人民法院所专有。《中华人民共和国宪法》和《中华人民共和国人民法院组织法》均只规定了"人民法院依法独

立行使审判权"，所以审判权是人民法院的专属权力，严格意义上讲，只有法院的审判权存在是否让渡的问题，根本不存在法官审判权让渡不让渡的问题。在知识产权审判实践中，作为法院内部的审判辅助人员，技术调查官本质上属于法官的外脑，与法官一起构成法官团队的一体两面，共同承担起技术事实认定的责任，被授予技术调查职权的在编技术调查官参与诉讼活动，审判权自始至终牢牢掌握在人民法院，根本不存在审判权让渡的问题。

最后，非人民法院人员介入才真正造成审判权的让渡。笔者认为，审判权让渡的重点不在权力如何让渡，而在于审判权让渡给了谁。说得直白些便是，与其去纠结审判权是否有让渡给技术调查官，不如把关注点放在人民法院是否把审判权让渡给了社会。此前，笔者曾在《沿依我国技术调查官制度的设计初衷探索技术调查官的身份定位——以广州知识产权法院司法实践为例》一文中，详细讨论过技术调查官的身份定位问题，尽管因为各种原因，我们可能做不到像日本、韩国那样技术调查官全部由法院内部的公务员担任，但至少不能由社会人员甚至可能与案件有利害关系的人员兼任。

四、技术调查室与技术调查团队

《暂行规定》要求"知识产权法院设置技术调查室，负责技术调查官的日常管理"，《若干规定》明确规定，"人民法院可以设置技术调查室，负责技术调查官的日常管理，指派技术调查官参与知识产权案件诉讼活动、提供技术咨询"，单从字面理解，文件似乎给技术调查室的定位仅仅就是设立在人民法院内部用于管理、指派技术调查官参与诉讼活动、提供技术咨询的管理协调机构；而最高人民法院《知识产权法院技术调查官选任工作指导意见（试行）》似乎也指向性明确，技术调查官的主要来源除了合同制聘任、专利行政部门交流外，就是社会人员兼职。笔者不清楚这是上级法院的设计本意，还是当前情况下的无奈之举，但是，站在我国技术调查官制度最近距离审视人和最长时间亲历者的角度，笔者愿意相信，明确技术调查室负责技术调查官的日常管理，只是明确技术调查官的管理主体，并不意味管理协调就是技术调查室的全部职能。因为如果设置技术调查室的目的仅仅是对技术调查官进行日常管理、调配、考核的话，这项工作倒更应该划归综合办公室，而在知识产权法院这一机构高度精简的新型法院设置技术调查室这一专门机构，只能说明它不是一个单纯的管理协调部门，而应该是如其他审判庭一样的业务部门，主要的技术调查任务应通过本室人员完成。基于这样的认识，笔者认为对技术调查室和技术调查团队应作如下定位：

（1）技术调查室。

技术调查室应当是法官查明技术事实的"顾问团"，是学习理解高新技术的"消化器"，是接收分析外来信息的"过滤网"。首先，对内也就是对法官，技术调查室要成为法官的"顾问团"，为法官提供咨询，参与案件勘验、保全、庭审等活动，帮助法官理解案件所涉技术问题，必要时出具书面意见，为法官办理技术类案件提供参考。其次，对辅助团队也就是对技术调查官助理和技术咨询专家，技术调查官要成为学习理解相关高新技术的"消化器"，向他们学习包括自己本专业之外等其他不熟悉、了解不透彻的知识，消化理解他们对相关技术问题的分析判断，最终确定他们的意见能不能成为技术调查意见。最后，对外也就是对双方当事人和中介机构，技术调查室要成为筛选和排除各种技术信息干扰的"过滤网"，消除双方当事人在相关技术问题上对法官的误导，对司法鉴定意见进行分析解释，协助法官作出鉴定报告是否可以采信的判断，将技术调查室作为法官办理技术类案件获取技术支持唯一的出入口。

（2）技术调查官。

技术调查团队是一个包括技术调查官、技术调查官助理和技术咨询专家在内的技术调查人才集合体，他们都受聘和服务于技术调查室。具体案件的技术调查工作，可以由单个技术调查官实施，也可以由技术调查官助理或技术咨询专家协助技术调查官实施，还可以由技术调查官、技术调查官助理和技术咨询专家共同实施。但是，不管是哪一种团队组合，技术调查官永远是团队的核心，技术调查官助理和技术咨询专家都是为技术调查官服务的。

应当明确技术调查官的公务员属性。在刑事公诉案件审判中，公安机关的刑事警察扮演的是案件客观事实查明者的角色；在知识产权案件审理中，技术调查官扮演的是涉案技术事实查明者的角色。二者履行的都是案件定性基础性的事实查明职责，角色相同，在案件定性中发挥的作用一致，因此，技术调查官理应与刑事警察一样由公务员担任。技术调查官与刑事警察一样，行使的都是国家的公权力，是司法权，非经法律授权非公务员不应履行此职责和权力。当然，除了这种正常情况之外，也可以参照政法高校教师到法院交流任职当法官的做法，从行政机关、工科院校和科研机构选派专业技术人员交流到知识产权法院任技术调查官。

应当保证人案相适应的技术调查官数量。要协调好快速满足审判需要与用人成本之间的平衡，解决好目前普遍存在的技术调查官来源渠道不畅通、技术调查力量严重不足的问题。据笔者考察了解，目前世界上实行技术调（审）查官制度的国家和地区中，全都将法官和技术调查官的配备比控制在 1∶2 至 2∶1 之间，如日本，法官和技术调查官配备的比例为 1∶1 至 2∶1 之间（东京高等法院 17 个法官、11 个技术调查官；东京地方法院 16 个法官、8 个技术调查官；大阪地方法院 5 个法官、3 个技术调查官），而韩国则为 1∶1.6（韩国特许法院包括院长在内共有法官 17 名，技术调查官 27 名）。而我国技术调查官的配备比例明显偏低，以广州知识产权法院为例，目前，该院有员额法官 27 名，却仅仅配备了 4 名技术调查官，技术调查官的配备比例仅为国际最低配备比的 1/4。

应当赋予技术调查官案件评议的表决权。如前所述，在相当数量的技术类案件中，技术事实认定往往是案件定性的核心和基础，而碍于专业局限和人案矛盾，法官既无心也无力去消化理解案件所涉每一个技术问题。在法官采纳技术调查意见的情况下，要求法官独自承担错案的全部责任，既不客观，也不公平；如果法官不采纳技术调查意见，则又容易因法官对技术问题理解上的偏差，导致法院错案率的提高。因此笔者认为，不如赋予技术调查官以人民陪审员相类似的案件评议表决权，并承担相应的责任。广州知识产权法院近期出台的《关于技术调查官参与诉讼活动案件范围及技术调查意见效力的规定》，明确"合议庭对技术调查意见不予采纳的，应当将案件提交专业法官会议讨论；专业法官会议不采纳技术调查意见，而技术调查官仍坚持本人意见正确的，经由技术调查室主任审批后，逐级报请院长将案件提交审判委员会讨论决定"。这就是朝着这个方向改革一个不错的尝试。

（3）技术调查官助理和技术咨询专家。

由于技术调查官编制数量有限，而技术类的案件和其中所涉及的专业门类却非常多，有的还非常复杂，所谓隔行如隔山，技术调查官对本专业之外的其他领域技术基本无法做到融会贯通、一专多能。因此，仅凭有限几个编制内技术调查官远远不能满足知识产权审判对涉案技术的无限需求。在此情况下，引入技术调查官助理和技术咨询专家协助技术调查官工作，拓展技术调查官专业领域的广度和深度就成为丰富和完善技术调查官制度的必然选择。

技术调查官助理和技术咨询专家是技术调查官团队的重要组成部分，分别在团队中发挥助手和顾问的作用，协助技术调查官就其自身难以理解和把握的技术问题形成思路、作出判断。技术调查官助理分常任助理和非常任助理。常任助理原则上服务于与自己所学专业相同的技术调查官，如同法官助理之于法官，主要任务是帮助技术调查官梳理双方当事人对技术事实争议的焦点问题、草拟技术调查意见书等事务性工作，帮助技术调查官提高办案效率；非常任助理可以是兼职人员，也可以以合同形式向社会购买服务，在案件审理需要时，临时性协助技术调查官工作，弥补技术调查官专业上的不足。技术咨询专家作为技术调查官处理高新技术、疑难复杂问题的技术顾问，是对技术调查官专业技术更高层次的补充，一般应当为所在专业领域内具有副高以上职称、有权威有影响的人员，在案件审理特别需要时，以专家个人或专家组的形式为技术调查官提供技术咨询，帮助技术调查官分析判断技术难题。

尽管技术调查官助理和技术咨询专家是技术调查工作的两支重要力量，在开展技术调查工作中会发挥重大作用，但他们毕竟不是技术调查官，不可以赋予其技术调查官的实质权力与职能。老师可以指导学生作业，但答卷必须由学生自己完成，技术调查官给合议庭出具的技术调查意见必须由技术调查官独立提出。

五、技术调查官的任职条件与职务边界

经中央组织部、人力资源和社会保障部同意，最高人民法院 2017 年制定并下发了《知识产权法院技术调查官选任工作指导意见（试行）》，对担任技术调查官的资格条件已经作出了明确具体的规定，其中，对学历要求是"具有普通高等院校理工科专业本科及以上学历"，对工作经历的要求是"具有中级以上专业技术资格"和"具有 5 年以上相关专业领域生产、管理、审查或研究工作经验"。兴许是该文件的知悉范围偏窄，也或者是公众对其关注度不够，当然也不排除个别人对此规定本身存有质疑，总之，目前在理论界和实务界对技术调查官的任职资格仍有不少争议。有观点认为，技术调查官仅具备中级专业技术资格不够，应当具有国家认定的高级以上职称；还有观点认为，技术调查官除理工科专业本科以上学历外，还应当具备相当的法律专业知识，甚至必须通过法律职业资格考试。

技术调查官职务边界问题是近年在知识产权法院技术调查官制度实施过程中

碰到的新问题。这个问题涉及两个方面：一个方面是技术调查官与法官的权力边界。有法官提出，技术调查官只是法官的技术助手，在法官审理技术类案件时为法官提供技术咨询、帮助法官理解相关技术问题即可，不应当向法官提供结论性的技术调查意见，特别是越俎代庖向法官提供相同、等同甚至侵权、不侵权的意见。另一个方面是技术调查官与司法鉴定等社会机构的职责边界。基于同样的理由，有法官提出，受人员编制和专业能力的限制，技术调查官只需为法官提供专业术语、简单的技术咨询即可，凡涉及需要通过测试、计算、实验等方式才能解决的问题，则超出了技术调查官的职责范围，应委托相关社会机构去处理。

对于技术调查官的任职条件和职务边界问题，笔者认为：

（1）技术调查官应当是本专业的普通技术人员。首先，普通技术人员即能满足技术调查官的职责要求。《若干规定》规定参与知识产权案件诉讼活动的技术调查官就案件所涉技术问题履行对技术事实的争议焦点以及调查范围、顺序、方法等提出建议；参与调查取证、勘验、保全；参与询问、听证、庭前会议、开庭审理；提出技术调查意见等职责。而履行这些职责只需要相关人员能看懂专利的权利要求书、听懂双方争论的技术问题、分清其争议焦点、熟悉相关领域的工作原理和操作流程，不要求相关人员具备科学研究、探索发现等创造性能力。实际上，世界各国对"本领域技术人员"的定义，本身也排除了顶尖的、高超的意思，不包括具有高学术能力的技术人员。因此，具有相关专业大学本科以上学历、5年以上工作经历和中级以上专业技术资格的人员是能够胜任技术调查官工作的，能帮助法官解决大多数案件所涉技术问题的。其次，普通技术人员更适合做技术调查官。发明是否具有创造性，应当基于所属技术领域的技术人员的知识和能力进行评价。我国对于创造性的判断方法类似于《欧洲专利公约》和德国的"问题—解决准则"，先确定最接近的现有技术，再找出发明与现有技术之间的区别技术特征和发明实际所要解决的技术问题，最后判断对于本领域的技术人员来说被要求保护的发明是否显而易见。这就要求技术人员在该领域应该仅仅具有中等的或平均的专业知识，站在一个普通技术人员的角度来分析专利的创造性。[①] 出于不同的认知，专业水平太低的技术人员往往容易降低创造性的判断标准，而专业水平太高的技术人员则往往会对创造性提出更高的要求。最后，技术

[①] 易玲、魏小栋：《多维度视角下的"本领域技术人员"之界定》，《知识产权》2016年第7期，第60－60页。

调查并不是查明技术事实的唯一手段。在我国知识产权案件审理中，一直存在多种技术事实查明机制，技术调查官制度的实施，并不影响专家咨询、专家陪审、司法鉴定等其他技术事实查明机制的应用，在技术调查官力所不能及的情况下，仍然可以通过这些机制发挥作用。

（2）技术调查官既不是法律素人之技术控，也不是技术背景的法律人。技术调查官是法官的技术助手，是审判辅助人员，他们最主要的工作就是帮助法官理解、解决技术类案件中的技术问题，提供技术调查意见。若是我们要求其除具有相当的专业技术水平外，还应当具备专业的法律素养，甚至于要通过国家统一的法律资格考试，依笔者拙见，这类人才就应当直接任命为技术法官，仅仅作为技术调查官未免有点大材小用。同时，要求技术调查官既精通技术又深研法律，也更容易导致审判权大幅让渡的问题，甚至引发技术调查官与法官之间的矛盾。当然，无论如何技术调查官团队毕竟是法院体系内的审判辅助人员，尤其是技术调查官时常如同法官一样，需要参与庭审，并向当事人询问相关的技术问题，与当事人进行交流沟通，因此也应当具备基础性的法律知识，尤其是知识产权方面的基础法律知识。

（3）技术调查官应当在法律规定范围内做力所能及的事。《若干规定》是目前我国以司法解释形式确定的唯一的关于技术调查官参与诉讼活动的规范性文件，是技术调查官依法履行职责的唯一依据，尽管没有用具体的条文划定诉讼活动中技术调查官与法官的权力边界，但是第二条明确"技术调查官属于审判辅助人员"，第十一条明确"技术调查官提出的技术调查意见可以作为合议庭认定技术事实的参考"。因此，我们完全可以理解为，在参与诉讼活动时，技术调查官之于法官是辅助和从属关系，技术调查官提出的技术调查意见仅仅是一个参考意见。所以法官与技术调查官的权力边界其实是清晰和明确的。在实际工作中，我们一般都会要求技术调查官提出技术调查意见时尽量不给出相同或等同和侵权或不侵权等结论性意见，但是笔者个人认为，由于技术调查意见仅仅是供合议庭参考，即使技术调查官给出明确的结论性意见，也不存在法官权力受到技术调查官侵蚀的问题。至于是否应当划清技术调查官与司法鉴定等社会机构责任边界的问题，据笔者了解，欧洲专利局上诉委员会在案例法中就要求"平均技术人员"能知晓在相关日期前本领域公知常识，能获得所有的现有技术知识和技能，能熟练地使用各种工具并能进行常规的工作和实验。我国《专利审查指南（2010）》

规定，尽管"本领域技术人员"不具有创造力，但具有能够获知该领域在申请日或优先权日之前的现有技术，并能从其他技术领域获知相关现有技术、普通技术知识和常规实验手段的能力。最高人民法院《关于人民法院民事诉讼中委托鉴定审查工作若干问题的规定》（法〔2020〕202号）明确，通过生活常识、经验法则可以推定的事实以及通过法庭调查、勘验等方法可以查明的事实等情形人民法院不予委托鉴定，通知要求"对可以通过勘验、调查等解决的问题及在现有条件下难以通过鉴定解决的事项等，要积极寻求替代办法，防止有请必鉴"。综上，无论是从国外经验、国内做法还是最高人民法院的规定，我们都不难得出这样的结论：技术调查官不仅应当具备本专业推导、实验能力，也应当努力做好力所能及的事，在条件允许的情况下，能够通过自身解决的问题，就不要假手于社会机构。

六、技术调查官的被动响应与主动作为

《暂行规定》第三条明确，法官根据案件审理需要，可以书面通知技术调查室指派技术调查官参与诉讼活动，技术调查官参与诉讼活动完全是应法官的要求而被动响应的。尽管2019年修订后的《若干规定》删除了"法官根据案件审理需要"的表述，修改为"人民法院审理专利、植物新品种、集成电路布图设计、技术秘密、计算机软件、垄断等专业技术性较强的知识产权案件时，可以指派技术调查官参与诉讼活动"，但在司法实践中，各地法院基本仍沿袭了过去"应法官需要"的做法。2020年7月，广州知识产权法院制定了《关于技术调查官参与审理案件范围的规定（试行）》，其中规定五种重大疑难复杂的技术类案件，立案后由技术调查室指派技术调查官参与诉讼活动或提供技术咨询，打破了此前应法官要求技术调查官被动响应的惯例，形成了部分案件技术调查官提前介入、主动作为的局面，在法院内部引发了强烈的反响和诸多争议。争议的焦点主要集中在强加给法官的技术服务是否影响了法官自由选择，"法官需要"之外新增的案件量在技术调查官数量原本就不足的情况下会不会加剧技术调查室人少案多的矛盾，在技术调查官不能及时参与诉讼活动或不能及时给出技术调查意见的情况下会不会影响法官的办案效率三个方面。对此，笔者认为，任何事物都有两面性，尽管该规定的实施确实带来了一些新的矛盾和问题，在技术调查官应当参与审理的案件范围等方面还存在可以修改完善的地方，但总体来说瑕不掩瑜，其至

少具有以下三个方面的积极意义：

一是有利于提升法院办理技术类知识产权案件的公信力。技术调查官在参与技术比对、庭前调解等诸多环节时，案件在承办法官、技术调查官与当事人之间流转传递案件信息所展现的办案过程，有助于提升司法的公开度和透明度。同时，技术调查官参与诉讼活动，向社会展现的除了工作上的密切协作，还有相互间的监督制约，有助于提升法院技术类案件办理的社会公信力。

二是有利于及时发现法官技术事实判断中的似是而非。技术类案件的纷繁复杂，不仅仅在于其涉及的范围广，还在于其涉及的问题难度大。有的涉案技术问题看似简单平常，似乎没有相关专业背景的人也能清楚理解，但其实有时看似相同的东西，只需微不足道的变化，却已使技术的性质发生根本性的改变，并非平常人就可以判断其中的区别。对于敏感和社会关注度高的技术类案件，技术调查官的主动介入，有利于技术类案件审判的精确度与专业度，减少和避免因法官对简单技术问题似是而非的理解而形成对整个案件的错误判决，从而提高办案质量。

三是有利于技术调查官对疑难复杂技术问题的深化理解。很多技术问题并非某些法官所能理解的，但本专业的技术调查官一眼就能看明白和即时作出判断。技术问题千变万化，技术调查官对技术问题的分析判断通常需要经历翻阅相关材料、分析技术方案甚至进行推演测算等一系列过程。从立案阶段就指派技术调查官参与案件诉讼，让他们有足够的时间消化理解技术问题，避免当前经常出现的开庭前一两天法官才提出指派技术调查的申请，有时甚至庭审活动进行到一半才要求技术调查官参与的情况，有利于提高技术调查官参与诉讼活动的质量和效率。

（广州知识产权法院　邹享球；广东省广州市黄埔区人民法院　邹　忻）

3

专业法庭视角下的知识产权技术调查官机制重构

——基于设立"技术调查官流动站"的制度构想

高质量科技创新在国家转型重要阶段持续为大国博弈、区域竞争提供不竭动力。多年来，涉高新技术的知识产权审判一直面临技术事实查明困境，科技与法律交织导致的举证难、效率低已成为困扰全国知识产权审判重大的、普遍的难题。

2014 年，最高人民法院首次在知识产权审判领域引入"技术调查官"制度，用于解决知识产权案件技术事实查明困境，并于 2019 年开始向全国具有知识产权管辖权的人民法院进行推广。作为当事人与审判人员之间的"技术翻译"，技术调查官为合议庭查明技术相关事实提供专业辅助意见，为技术类知识产权案件的司法审判工作提供了极大助力。目前，全国 27 家知识产权专业法庭中大部分已建立了技术调查官制度，制度建设广泛、运行前景良好。[①] 但就目前司法实践状况而言，知识产权技术事实查明困境并未因此完全消解。2020 年至 2022 年，上诉至最高人民法院的技术类知识产权案件数量从 3 177 件增长至 6 168 件[②]，涨幅近一倍。与此同时，最高人民法院知识产权法庭民事二审实体案件改发率持续多年维持在 19% 左右的高位。[③] 查明难、查明慢导致的上诉频繁、改发不断致使司法程序往复延长，严重加大一、二审法院审判压力，也抑制了在全国创新驱动

---

① 根据各地知识产权专业法庭互联网公开信息查询。

② 参见《最高人民法院知识产权法庭年度报告（2020 年）》第 5 页、《最高人民法院知识产权法庭年度报告（2022 年）》第 2 页。

③ 根据 2020 年至 2022 年《最高人民法院知识产权法庭年度报告》，2020 年至 2022 年最高人民法院知识产权法民事二审实体案件改发率分别为 19%、18.8%、18.8%。

发展战略推进中司法引领效能的发挥。究其原因，主要在于目前全国各地技术调查官制度并未形成统一、高效、科学、可复制的普遍运行机制模板，导致技术调查官制度难以真正发挥其预设制度效果。

一、现状：知识产权专业法庭建设中的技术调查官制度失衡判断

作为司法保障创新的重要底层设计，全国 27 个知识产权专业法庭一直面临高受案量、高一审量和高关注度的审判压力。与此同时，知识产权复合性、专业性壁垒也造成专业审判人才缺失、资源匮乏、质效不足等司法审判现状。在此高压之下，各知识产权专业法庭难以针对技术调查官制度建设、运行投入过多时间精力，仅能依靠尚未细化、完善的现有机制进行初步推演，造成普遍难点长期无法解决。

（一）统筹难：以"技术调查室"统筹工作存在建制矛盾

2014 年，最高人民法院《关于知识产权法院技术调查官参与诉讼活动若干问题的暂行规定》（以下简称《暂行规定》）在知识产权专门法院建制中引入"技术调查室"，作为独立部门统筹技术调查官事务。2019 年，最高人民法院《关于技术调查官参与知识产权案件诉讼活动的若干规定》（以下简称《若干规定》）将"技术调查室"扩展至全国具有知识产权管辖权的人民法院。但就非知识产权专业法院而言，建设"技术调查室"作为业务统筹部门存在建制上的矛盾。《中华人民共和国人民法院组织法》（以下简称《人民法院组织法》）未赋权人民法院在法庭之下再增设科级部门，故实践中多地中院将"技术调查室"设为法院独立部门或在其他审判辅助机构内设科室进行管理。在此情况下，本应专为知识产权审判服务的"技术调查室"与法院分行运转，难以解决行政管理的繁复交涉与冗杂程序等问题，难以与知识产权法庭形成高效、顺畅的工作沟通往来，效率普遍不高。

（二）选任难：技术调查官多元选任方式均存在程序弊端

全国各知识产权专业法庭普遍采取公招、聘用、交流、指派四种模式进行技术调查官选任，但四种模式的弊端也日益凸显。公招及聘用式技术调查官远离技术行业前沿，技术知识迭代不及时、技术领域覆盖不全面；交流式技术调查官人员管理不便，且更替流动频繁；指派式技术调查官响应不及时，且易滋生廉政问题。在此情况下，各地技术调查官选任逐渐形成来源不一、条件不同的局面，如

广州知识产权法院主用公招式，南京知识产权法庭建立聘用式，苏州知识产权法庭则采取指派式。但各地始终未形成设计完备、运行顺畅、安全可靠的选任模式，导致技术调查官来源问题长期被外界诟病。

（三）运转难：非自动化、非区分性机制设计加大运转成本

目前，各地知识产权专业法庭的技术调查官制度主要在选任方式上进行了个性化设计，但均未在整体建制上形成分线推进、机制响应、自动运转的查明链条，导致制度在全国铺展快速，但制度运行效率不高。以成都知识产权法庭运行情况为例，2022 年成都中院集中受理全省技术类知识产权案件共计 1 424 件，其中适用技术调查官的案件仅有 36 件。[①] 究其原因，现有技术调查官制度往往存在技术事实查明与审判工作交织的问题，审判人员在负责案件审判的同时需承担技术调查官选任的发函往来、流程沟通等程序事项，以致审判人员在案件准入判断、程序运转响应、结果反馈校准等程序阶段不断往复，消磨审判人员工作积极性的同时致使制度不能发挥应有效率，当事人"赢了官司，输了市场"成为一大司法痛点。

（四）管理难：制度构建趋势易引发公正性、准确性质疑

就当前技术调查官制度普遍发展趋势而言，非司法系统的调查官准入愈发常见，但非法院审判人员进入诉讼不可避免将增加管理盲点。一方面，对于交流式、指派式技术调查官难以通过考核评估进行约束，易滋生公正、廉洁问题，从而影响查明结果的准确度；另一方面，技术事实查明的庭审推进、争点披露、意见公开等配套机制尚不完善，以"调查"代"审判"的疑虑不能消除。由此，往往会导致当事人频频启动上诉程序，相较于普通知识产权案件，技术类知识产权案件服判息诉率低、改判发回率高已成常态。

二、破局：以"技术调查官流动站"为构想的制度革新

"技术调查官流动站"是成都知识产权法庭在全国范围内首创的技术调查官管理模式，系针对目前知识产权专业法庭建设中的技术调查官事务现状所专门构建的技术调查官制度。其通过整体剥离技术调查官事务性工作，辅以精细的内部管理机制、广泛的对外合作，从而全面统筹保障技术调查官工作，针对知识产权

---

① 参见《2022 年成都法院知识产权司法保护状况白皮书》第 5 页。

专业法庭司法实践现状提供具有可复制性的技术调查官管理思路。

(一) 统筹方式：以"小微组织"形制消解法院建制困惑

针对技术调查官事务管理与知识产权专业法庭间的工作衔接，通过扁平化组织的设置进行解决。以法庭内设最小审判辅助单元的方式设置"审判辅助小微组织"，将实体与程序分线运行。将技术调查官流动站以小微组织形式设立在知识产权专业法庭之下，使得技术调查官事务统筹工作能够全链条接入知识产权专业审判流程，在有力回应"技术调查室"建制困惑的同时，实现技术调查官机制的程序相连、职责相扣、快速运转。

(二) 选任模式：建立"技术调查官人才库"实现人才供给

资源优势的集中将实现事半功倍的效果，技术调查官流动站建设需充分挖掘地区技术人才富矿。一方面，国家知识产权局专利局专利审查协作中心的发明专利实审审查员作为专利审查的一线人员，不仅同时具有技术与法律背景，还具有丰富实践经验，是作为技术调查官的最佳人选，也是实践中各地知识产权专业法庭最青睐的技术调查官选任对象。另一方面，地方高校、科研机构、企业技术专家亦是重要的支撑力量。技术调查官流动站可综合考虑上述两方面人才，建立"技术调查官人才库"，吸纳覆盖常见技术领域的技术调查官进入人才库并建立名录，作为技术调查官流动站的调查官供给源。

此外，为确保入库专家可以胜任技术调查官工作，可设置如技术背景、职称、技术工作年限等准入门槛。与此同时，人才库的定期更新可保证技术调查官供给的源头活水不竭，避免技术人员长期担任技术调查官而产生的廉政问题。

(三) 案件匹配：以"驻点＋选派"实现事实查明零秒反应

现有的技术调查官选派模式各有弊端，多方式结合的选派途径已成为发展趋势。就流动站建设而言，需重点考虑技术调查官选派的便利性以及其与人民法院普遍人力资源的契合度，在双向满足条件下可实现资源利用效率的最大化。在该考量下，交流式、指派式技术调查官的组合在不占用法院编制的情况下可实现覆盖高技术领域、高灵活工作方式效果，可作为法院较好的选择。

在制度耦合设计上，创新提出了"驻点＋选派"双选派模式，以充分发挥交流式、指派式制度各自的优势（见图1）。一方面，与合作单位共建交流机制，日常由1～2名技术调查官至流动站进行轮换驻点办公，实现审判人员普遍技术问题的随时咨询、及时反馈、随案运转。另一方面，针对技术复杂案件，可根据案件需求从"技术调查官人才库"中选派匹配技术领域的调查官，实现"技术咨询随时、技术人员随地、技术保障全程"的制度设计目标。

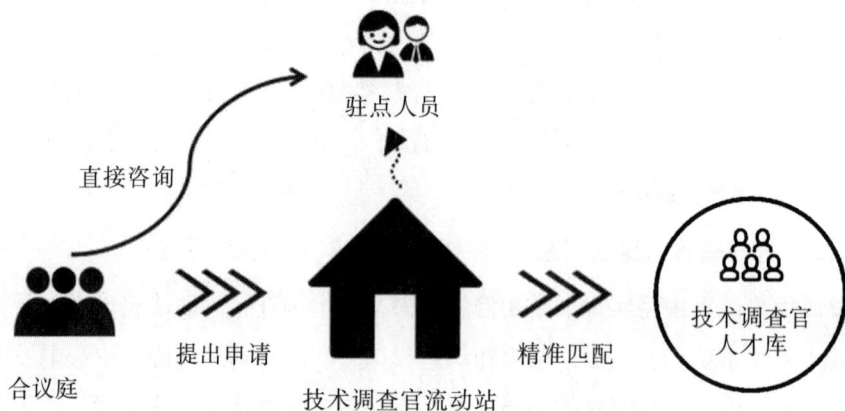

图1　"驻点+选派"双选派模式示意图

（四）运行机制：建立从立案到结案的全流程剥离机制

程序的高精度剥离与资源的扁平化分配可实现效率的最大释放。在技术事实查明领域，"程序"与"实体"可实现剥离，以便让审判人员真正从技术调查的烦琐程序中解脱，全身心投入法律判断的实体工作中（见图2）。针对技术查明程序可划分流程节点管理，并按照法律法规规定及程序要求就上述节点进行管理，将从立案到结案的全部技术调查相关程序工作剥离至流动站管理。此后，法官仅需"派单"提出需求，即可得到来自技术调查官的良好反馈，实现审判效率的提升。

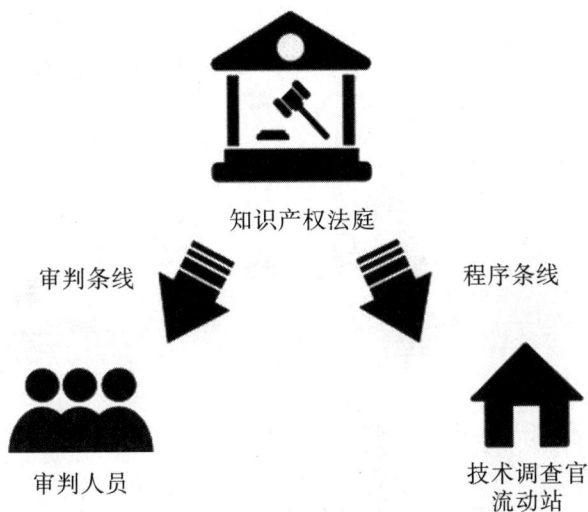

图2　全流程剥离机制运行示意图

（五）管理制度：以"查明校准"与"查明披露"作双向保障

技术调查结果的准确性是制度建设的最终目的，其关键在于技术调查官技术事实查明工作的准确性。

一方面，建立"查明校准"机制，从客观上保障技术查明结果的精确可信。针对复杂案件，设立双技术调查官"两级校准"机制，在第一级校准中，同时启用两名同领域技术调查官"背靠背"出具事实查明意见，并就两份意见进行验证查明，在偏差过大时，启用第二级校准，即将两份意见提交至技术调查官委员会，由专家组出具专业评估意见（见图3）。

另一方面，建立严格"查明披露"机制，从制度上保障技术调查官的中立、公正、廉洁。《若干规定》第四条规定，参照适用刑事诉讼法、民事诉讼法、行政诉讼法等有关其他人员回避的相关要求设置技术调查官的回避制度，并在审判程序中保障当事人知悉及其提请回避的权利；同时，将对技术调查官的考核方式以共建协议的方式在流动站建设中进行确定，通过与各方合作单位达成合作意向以解决技术调查官人员的管理难题，进一步提升非法院干警技术调查官的公正性与可信度。

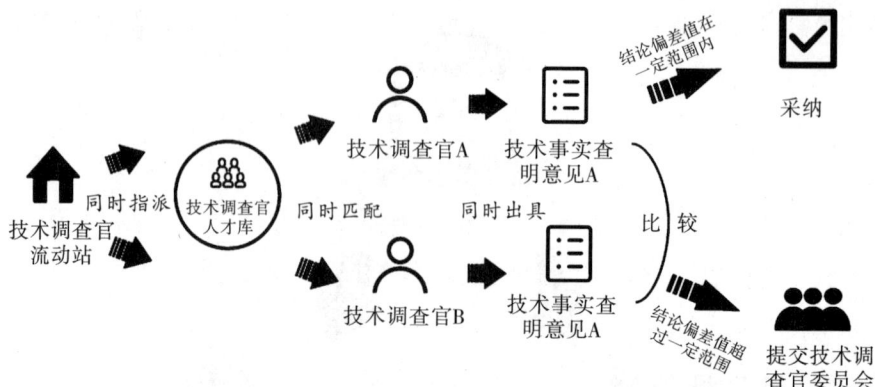

图3 双技术调查官"两级校准"机制示意图

（六）智慧赋能：以信息化系统支撑区域技术资源融通

最高人民法院于2016年首次提出"智慧法院"概念，并将其提至"车之两轮、鸟之两翼"高度，智慧赋能建设已成为司法系统改革不可逆趋势，同时借助信息前沿技术，保障司法工作的快速、自动、畅通运行。

技术调查官流动站可构建覆盖人民法院与合作单位的信息化配套系统，以实体机制为依托搭建资源管理全覆盖、案件信息全记录、入库人员全管理、查明流程全监控的智慧映射体系，通过系统支撑实现技术调查官事务从立案到结案的全智慧监管、运行，以便缓解目前各地法院人力资源捉襟见肘的现状。此外，该智慧系统可与各流动站合作单位进行接口对接，实现技术资源共享、信息数据共建，促进信息资源的全区域流通，以此为构建知识产权领域的大保护格局提供技术支撑。

三、检视：以实际运行数据为基础的制度成效分析

目前，成都知识产权法庭已开始在全国范围内首先运行"技术调查官流动站"机制。成都法院技术调查官流动站于2023年7月5日挂牌，在运行期间，中国（成都）知识产权保护中心的预审员在流动站进行驻点办公，仅一个月时间就接收处理技术调查案件申请14件，调派技术调查官8人次，增幅约为去年同期的300％，运行效果良好。

（一）提升资源聚合度，化解效率之忧

效率是创新期盼，技术类知识产权案件审理期限相较于普通知识产权案件往

往多出数月时间，技术事实查明用时过长是其中重要的原因。技术调查官派出的手续烦琐、来回耗时；技术调查官身处异地，难以与办案法官开展面对面高效交流；技术调查官专业知识领域不适当，难以满足案件审理需要都是导致用时过长的重要原因。

为提升技术事实查明效率，在技术调查官流动站的建设过程中，成都知识产权法庭与审协四川中心开展流动站驻点项目合作。流动站的工作人员由成都知识产权法庭的专职人员和审协四川中心的流动驻点人员共同组成，以此为基础，形成了"驻点＋选派"的技术调查官双选任模式。

对于简单案件，由流动站的办案法官直接向驻点的技术调查官面对面咨询，及时给出咨询意见，免去了烦琐的手续往来，节省了沟通交流的时间，提高了效率。对于复杂的案件，由驻点的技术调查官协助参与技术调查官的选派工作。驻点的技术调查官为审协四川中心的发明专利实审审查员，均为理工科背景，熟悉分类号划分原则，熟练掌握检索技巧，通过使用相应的检索工具，准确界定涉案技术所属技术领域，协助选派专业知识领域适当的技术调查官，避免了因技术调查官专业知识领域不当造成技术事实查明时间的过度延长，实现了知识产权审判的效率提高。目前，成都法院技术调查官流动站完成技术调查官指派、当事人告知、调查官阅卷平均仅需 3～4 个工作日，较于此前已缩短近一半时间，效率大幅提升。

（二）提升当事人满意度，化解质量之痛

根据不完全统计，全国技术类知识产权案件近七成改发原因在于技术事实查明不清，该问题已成创新保护普遍症结。[①] 如何更精准地为涉案件匹配技术领域适当、熟悉知识产权相关法律法规、责任感强的技术调查官，对技术事实查明工作的高质量开展具有重要意义。

为建立一支契合成都知识产权法庭事实查明工作需要的技术调查官队伍，成都法院技术调查官流动站从审协四川中心、四川省农业科学院、四川大学、电子科技大学、西南交通大学等五家地区事业单位、科研院所、知名高校中选拔 100 名技术专家，建立"成都法院技术调查官人才库"，形成覆盖机械制造、生物化学、交通运输等技术领域的技术调查官供给源。此外，入库技术专家将根据法院

---

① 北京知识产权法院编：《技术调查官制度创新与实践》，北京：知识产权出版社 2019 年版，第 26 页。

事实查明工作的需要，以三年为期进行轮换，通过定期的人员流转，保障不同领域技术调查官高质量供给，为技术事实查明工作打下了坚实的基础。

在建立技术调查官人才库的基础上，流动站还进一步完善了技术调查官考核机制，以技术调查官综合考核表的形式，由办案法官从工作质量、工作效率、工作成效、法律知识水平、文字表达能力等多个维度对技术调查官的工作质量进行考核，并将考核结果作为确定继续任职、评先评优、绩效奖金或者酬劳发放的基本依据，以适当的奖惩机制促进技术事实查明工作质量的提升。

（三）提升程序衔接度，化解公正之疑

《若干规定》第二条第一款规定："技术调查官属于审判辅助人员"；第九条第二款规定："技术调查意见由技术调查官独立出具并签名，不对外公开。"作为审判辅助人员的技术调查官意见往往对案件审判起到关键作用，但鉴于技术调查官多为兼职人员而调查意见不能为当事人知悉，故如何保证技术调查官作为审判辅助人员的中立性、廉洁性是决定案件能否得到公正裁判的关键因素，也是创新主体关注的重点。

成都法院技术调查官流动站成立后设立专门管理岗位负责站内事务统筹，复杂案件的技术调查官选派由专门管理人员从技术调查官人才库中匹配。流动站梳理并完成《技术调查官信息告知书》，在完成技术调查官选派后向双方当事人及其委托代理人送达以进行审前答疑，双方当事人均有权在规定时间内对技术调查官提出回避申请，有效保证当事人的程序性权利。同时，接受选派的技术调查官需签订《技术调查官回避承诺书》，降低了发生廉政风险的可能性。此外，通过建立技术事实判后释明机制，以消解技术调查官查明结果不向当事人公开所产生的部分知情权疑虑。运行一个月以来，成都法院技术调查官流动站已发出 27 份《技术调查官信息告知书》，完成判后回应 8 次，当事人反馈良好，服判息诉率有所提升。

通过上述程序的设置，一方面使得入库技术调查官经过了推荐单位和成都知识产权法庭双重审核，其中立性、公正性能够得到基本保障；另一方面以站点统管的方式集中调查官选派渠道，从源头杜绝分散式、单线式指派技术调查官的廉政风险，进一步确保了调查官立场公正、查明客观。

（四）提升共同体亲密度，化解协作之困

知识产权保护不能单靠一家之力，着力构建机制共建，信息、成果共享的知

识产权大保护格局是未来发展的必然趋势。从目前实践来看，技术调查官多采用兼职聘任制，首批成都法院技术调查官人才库入库专家也均为兼职，他们虽是技术专家，但对于案件审理工作不甚了解。因此，使入库专家尽快了解技术调查官工作，并在实践中不断提升业务水平，进而打造一支精通技术、知晓法律的技术调查官队伍具有重要意义。

就工作保障而言，流动站设有单独的办公场地，可以为技术调查官履职尽责创造良好环境，提供必要的保障和支持。就能力提升而言，流动站不定期地组织入库技术调查官开展线上、线下培训，帮助技术调查官了解技术事实查明工作的工作内容、工作流程、工作规范、注意事项，使得来自不同科研院所、事业单位的技术专家能够尽快熟悉，并参与到技术类知识产权案件的审理中。此外，流动站的设立也为技术调查官之间的沟通、交流提供了平台，通过资深技术调查官开展经验分享等形式，帮助入库技术调查官快速提升专业水平，保障技术事实查明工作的质量。

技术调查官流动站建设后，一方面以"技术调查官人才库"的建设为基础汇集区域技术前沿力量；另一方面以流动站的物理场所为支撑，为知识产权保护相关单位在本单位外创设可自由沟通、深度交流、相互理解的支点，以在知识产权保护工作中形成携手并进局面。

四、结语

目前，"技术调查官流动站"制度在成都知识产权法庭运行良好，但实践过程中也存在部分问题，如技术调查官费用标准制定、技术调查官制度与鉴定、专家辅助人等技术事实查明常见制度间的衔接问题，这都需在进一步实践中予以更新完善。在我国创新驱动战略不断深入实施的大背景下，高质量创新保护需求必将不断增强，持续加强技术类知识产权保护是应有之义。以"技术调查官"制度为代表的技术事实查明机制是加强高精技术知识产权保护的重要抓手，如何在创新中完善现有机制，是亟待知识产权保护共同体协同合作的重要方向。

（成都市中级人民法院 曾笑雨；国家知识产权局专利局专利审查协作四川中心 李定远）

4

知识产权审判中的技术事实查明机制研究

一、引言

在知识产权案件的审判中对技术事实及争议的短板是各国法官共同面临的难题。比林斯·勒恩德·汉德（Billings Learned Hand）法官早在 1911 年的 Parke-Davis 案中就提出在没有权威的科学辅助的情况下由法官对技术性的发明作出外行的主观评价是错误的。1946 年，在 General Elec 案中，汉德法官再次指出法官所面临的困难，即在专利案件中，法院的法官在技术方面都是外行，却要在审判中合理评估发明的可专利性。

在我国，法官大多是法学出身，没有自然科学的学术背景和技术知识储备，而且，即便是有技术背景，也不可能要求一个法官对所有技术领域都了解，但法官在其审判工作中可能会遇到各个技术领域的专利案件，因此我国知识产权法官存在的技术短板问题尤为突出。北京市高级人民法院知识产权庭通过对 2015 年二审改判案件的分析发现，被改判发回的专利纠纷案件中七成以上均涉及技术事实未查明的情形，原因主要是全市知识产权法官多数不具有技术背景，缺乏有效的手段查明技术事实。因此，有必要分析目前我国知识产权审判中的技术事实查明机制，研究知识产权审判中促进技术事实查明的机制。

二、影响知识产权审判中技术事实查明的因素分析

（一）当事人或者代理人的举证和阐释

知识产权案件中的当事人往往是涉案所属技术领域的践行者或从业者，熟知

所属技术领域的普通技术知识并具有熟练应用所属技术领域的常规实验手段的能力，了解所属技术领域当前面对的技术难题及相关的已有手段。而专利案件一旦进入诉讼阶段，那么至少在一定程度上意味着涉案专利对当事人来说具有一定的经济价值，当事人或者其专利代理人、律师从其利益出发最希望法官能够理解涉案专利和相关现有技术，因此会尽其所能地向法官解释清楚其所主张的技术事实。当然，也由于当事人各方都在追求各自的利益，在某些技术问题上有可能会有偏向、隐瞒，甚至误导的情况。但是，不可否认的是，在法官查明技术事实的过程中，各方当事人通过举证、法庭陈述等方式在使法官尽快地趋近于"所属技术领域的技术人员"过程中发挥着最重要的作用。至少法官通过阅读书面证据、查看电子影像证据和勘验实物证据，并结合庭审过程中各方当事人的陈述和辩论，可以尽快了解涉案所属技术领域的一些无争议技术事实，这对于争议技术事实问题的查明也起着至关重要的作用。在此基础上，通过法庭辩论中各方当事人对争议技术事实的对抗式讨论，法官亦能查明大多数技术争议。

（二）裁判者自身的自然科学技术背景

1. 法官

虽然说法官即便有相关理工科教育背景，也不可能了解所有的技术领域，但是，理工科教育背景可以帮助法官建立技术人员的逻辑思维方式，首先有助于其透彻理解案卷相关证据的内容，对于普通技术类案件，法官自己就能理解案件相关技术内容，再结合当事人的举证、陈述等，法官不需要借助外力即可完成技术事实查明。在此基础上有助于法官把握并判断案件争议技术焦点，展开法庭调查和法庭辩论，并最终在综合技术事实查明和法律判断的基础上形成心证。

2. 人民陪审员

在知识产权审判中得到广泛实践的机制是选择案件所属技术领域的专业人民陪审员。首先应该肯定的是，有针对性地选择案件所属技术领域的专业人民陪审员对于该案件技术事实查明起着积极的推动作用。作为合议庭成员，人民陪审员可以基于自身对行业及发展、运作等方面的宏观专业优势，在庭审时向当事人提出更贴近生产研发实践的技术问题，这将使得当事人或者其代理人尽可能追求其所阐述技术问题的正确性、准确性，不能为了自身利益随意发表误导法官的陈述，否则将出现因其诚实信用受到质疑将影响其陈述的观点被采信的程度的现象，最终有可能会影响法官心证的形成。

同时，不可否认的是，具有专业技术知识的人民陪审员和普通的人民陪审员一样存在陪而不审或者参与度不高的现象，另外，由于其对相关法律知识和司法经验的欠缺，对所需查明的技术事实是否能够在相应法律的框架下进行并得出结论也值得商榷。

（三）技术事实查明辅助机制

目前我国主要的技术事实查明辅助机制主要包括专家辅助人、技术鉴定、专家咨询和技术调查官。

1. 专家辅助人

专家辅助人，也称为专家证人，严格意义上讲，这两种称呼都不是规范的法定名词，在 2001 年最高人民法院《关于民事诉讼证据的若干规定》和 2012 年《中华人民共和国民事诉讼法》中都使用了"有专门知识的人"这一称呼。[①] 专家辅助人通常是相关技术领域的专家，因此有利于基本技术事实查明和确认，从而能够迅速确定技术争议焦点，但是由于其通常由当事人聘请，难免被对方当事人质疑其客观性。

从实践来看，尽管专家辅助人由于其身份而导致陈述观点的客观性、中立性可能存在问题，可能遭受对方当事人的质疑，但是基于其专业优势，专家辅助人可以把其所代表一方的观点充分表达、发挥出来，逻辑性强，观点、证据之间能够相互印证，使法官能更好地听清一方当事人意见。当这种辅助机制能扩展到另一方当事人，甚至第三人时，有利于使中立的倾听者、裁判者能够更加全方位地听清各方当事人的意见，作出更加准确、客观的判断。

2. 技术鉴定

技术鉴定相对于专家辅助人来说客观性、中立性较强，属于法定证据，公信力相对较高，而且技术鉴定涉及技术领域范围广泛，可以解决需要专业仪器设备等检测分析才能作出判断的争议技术问题或者完成内容固定但工作量巨大的技术事实查明工作，因此在各技术事实查明辅助机制中仍然具有不可或缺的重要地位。但由于其成本高、进度慢，并不为法院所广泛采用。另外，技术鉴定仅对预先设定的当事人争议问题给出意见，并不能实时对法官需要查明的技术事实给出意见。

[①] 张玲玲：《我国知识产权诉讼中多元化技术事实查明机制的构建——以北京知识产权法院司法实践为切入点》，《知识产权》2016 年第 12 期，第 32－37、57 页。

3. 专家咨询

目前，最高人民法院和一些地方人民法院先后组建了知识产权审判技术咨询专家库，通常是法官主动找相关技术领域的技术咨询专家，他们通常是所属技术领域的专家或者权威人士，咨询形式多样，专家咨询意见可以作为法官认定技术事实的参考，会对法官技术事实的认定产生一定影响。由于技术咨询专家在所属行业的独特地位，对于一些极为专业或者属于高精尖技术的疑难案件，在其他辅助机制不能够完全查明技术争议问题，或者不能够使得法官形成内心确认的情况下，专家则可以给出权威且符合该行业生产研发实践及发展前景的意见，对于解决知识产权案件中涉及的疑难技术问题起着重要作用。但是，一般认为专家高于普通技术人员的水平，且当事人并不能获得法官咨询的问题及专家的相关答复，专家咨询制度立法上的缺位导致其公正性、推广性同样受到质疑。

4. 技术调查官

相对于前面几种传统的技术事实查明机制，技术调查官制度是在知识产权法院成立后才得到实施的技术事实查明机制。根据 2014 年 12 月 31 日最高人民法院发布的《关于知识产权法院技术调查官参与诉讼活动若干问题的暂行规定》（以下简称《暂行规定》），技术调查官的定位是司法辅助人员，其可以参与的诉讼活动主要是专业技术性较强的知识产权民事和行政案件，并且明确了其职责主要是针对技术问题开展各项工作。基于《暂行规定》，广州、北京、上海知识产权法院相继成立技术调查室并聘任了数量不等的技术调查官。其中，北京知识产权法院还根据自身情况先后制定并发布了《北京知识产权法院技术调查官工作规则（试行）》、《北京知识产权法院技术调查官管理办法（试行）》、《北京知识产权法院技术类案件咨询费用管理办法（试行）》、《北京知识产权法院技术调查官回避实施细则（试行）》（以下简称《回避实施细则》），对技术调查官参与诉讼活动的各方面事项进行了更具有针对性、更加具体和更具有可操作性的规定，向内规范了技术调查官参与诉讼活动的流程、工作内容和责任等，保障了技术调查官参与诉讼活动时的中立性、专业性，向外则保障了技术调查官参与技术事实查明过程中当事人的认识权、陈述权、证明权，彰显了技术调查官参与诉讼活动的公开性、公平性、公正性。

根据当前的实践，技术调查官受技术调查室指派参与诉讼活动，并在法官的法律思维引领下结合案卷、庭审以及勘验等情况进行技术事实查明，能帮助法官解决绝大多数技术方面的问题，主要是对案件中涉及的具体的、独立的技术问题进行判断。由于技术调查官已经具备了相关技术领域的普通技术知识，所以其工作具有高效性。同时，属于法院内部编制的技术调查官或者到法院交流的技术调查官因为日常工作在法院，因此，其工作还具有便捷性。但由于担任技术调查官的人员来源不同，且技术审查意见并不向当事人公开，因此这一制度也在一定程度上受到质疑。此外，技术调查官制度与其他几种技术事实查明辅助机制之间的协调关系也受到业界的普遍关注。

三、境外技术事实查明机制及对我国的借鉴意义

（一）德国的技术法官模式

1. 技术法官参与知识产权案件审理工作机制

德国联邦专利法院除了设置法律法官，还设置技术法官，共同负责审理技术类的知识产权案件，这是一种典型的采用技术法官查明技术事实的模式。技术法官应当具备一定的技术资质并同时具有法律专业知识、专利法职业培训及职业经验，一般从专利局的资深审查员中选任，与法律法官一样可以终身任职，并具有与其同等的权力。

根据德国联邦专利法院网站公布的信息，2014 年 12 月 31 日该法院拥有约112 名法官，其中 65 名技术法官、47 名法律法官，分属于 29 个审判庭，除商标上诉审判庭和法律上诉审判庭外均设技术法官，但是其中合议庭成员人数、技术法官人数和职责不同，（专利）无效庭由 5 名法官组成合议庭，审判长由 1 名法律法官担任，另外由 1 名法律法官和 3 名于存在争议的发明所处的技术领域中特别内行的技术法官参审；技术上诉审判庭由 4 名法官组成，审判长由 1 名技术法官担任，另外由 2 名技术法官和 1 名法律法官参审；实用新型上诉审判庭也由 3 名法官构成，法律法官担任审判长，并根据上诉涉及的是技术问题还是法律问题这一内容来决定另外 2 名法官的构成；植物品种保护上诉审判庭根据被诉裁决作出单位由 3~4 名法官构成。在由 4 名法官组成合议庭并且表决数相等时由审判长作出最终裁决。可见（专利）无效庭、实用新型上诉审判庭和植物品种保护上

诉审判庭均由法律法官担任审判长，只有技术上诉审判庭由技术法官担任审判长。①

通过表 1 中德国联邦专利法院 2006—2014 年的结案情况可以看出，技术法官与法律法官组成合议庭参与审判的这种模式在德国联邦专利法院中发挥着重要作用，这种通过技术法官解决法律法官在实践"所属技术领域的技术人员"过程中的问题的方式也是目前非常典型的一种方式。

表 1　德国联邦专利法院 2006—2014 年各庭案件审结情况②

年份	无效庭	法律上诉审判庭	技术上诉审判庭	商标上诉审判庭	实用新型上诉审判庭	植物品种上诉审判庭	合计	专利案件占比
2006	199	65	1 039	1 895	82	—	3 280	40.2%
2007	235	54	998	1 704	79	—	3 070	42.7%
2008	237	44	1 062	1 471	85	—	2 899	47.7%
2009	227	57	1 013	1 190	83	—	2 570	51.5%
2010	242	30	1 008	1 196	121	—	2 597	52.8%
2011	276	40	790	1 133	58	—	2 297	48.9%
2012	258	54	742	1 334	42	1	2 431	42.9%
2013	262	86	722	1 188	62	—	2 320	45.1%
2014	261	65	757	944	59	1	2 087	51.6%
2015	242	42	663	621	47	—	1 615	58.9%
2016	206	36	601	856	41	—	1 740	48.7%

2. 借鉴意义或启示

德国的这种技术法官与法律法官共同负责审理技术类知识产权案件的模式有

---

① 《组织机构图》，德国联邦专利法院官网，https：//www. bundespatentgericht. de/cms/media/Das_ Gericht/Organisation/organigramm_ en. pdf，2017 年 6 月 14 日；《联邦专利法院：任务丨组织架构丨展望》，德国联邦专利法院官网，https：//www. bundespatentgericht. de/cms/media/Oeffentlichkeitsarbeit/Veroeffentli-chungen/Informationsbroschueren/infobroschuere_ chin. pdf，2017 年 6 月 14 日；郭寿康、李剑：《我国知识产权审判组织专门化问题研究：以德国联邦专利法院为视角》，《法学家》2008 年第 3 期，第 59 - 65 页。
② 表中数据根据德国联邦专利法院的统计年报数据整理而得，统计年报目录页网址为 https：// www. bundespatentgericht. de/cms/index. php? option = com_ content&view = article&id = 29&Itemid = 18&lang = en。

利于准确认定技术事实，保障了高质量的审判效果，充分体现了专利法制为技术发展服务的理念，使得德国专利制度及专利品质得到了广泛认可。但是，这种模式对技术法官的资质要求较高，既要有技术能力又要有法律素养，选任难度较大；此外，技术法官数量有限，所覆盖的技术范围有限，故技术法官制度在具备科学性的同时也存在着一定局限性，这也是这种模式没有在世界范围内得到广泛推广的一个重要原因。

我国虽然没有推行技术法官模式，但是这种模式所带来的高质量审判效果不容忽视。第一，技术法官本身兼具一定技术资质和法律知识是准确查明技术事实的基础，在我国当前的知识产权审判中虽然不能要求法官都具有理工科教育背景，但是至少可以要求技术类知识产权案件的承办法官或者法官助理具有技术背景，比如，既可以是具有理工科教育背景，也可以是曾经多年从事技术类案件审判工作的人员，尤其是在遴选新任法官或法官助理时应该考虑其技术背景。第二，在技术法官与法律法官共同审理知识产权案件时，技术法官的参与程度和数量根据案件类型以及案件争议焦点来决定，专利无效案件和技术上诉案件的5人合议庭中均有3名技术法官参与，而且技术上诉案件由技术法官担任审判长。我国在采用技术调查官查明技术事实过程中也可以考虑根据案件情况调整技术调查官的数量，以保障对技术事实认定结果的正确性、准确性。第三，技术法官选任有难度是因为其对一个人的技术能力和法律素养两方面均有要求，但是对于技术调查官而言，其主要任务是在法官法律思维的引导下进行技术事实查明，因此仅具备专业技术知识即可完成技术事实查明的工作任务。只是如果其同时具备法律知识，则能在与法官的沟通中更好地领会争议的技术焦点问题以及需要查明的技术事实，因此，知识产权法院在聘任技术调查官时既可以聘任具备专业技术知识和相关法律知识的人，也可以聘任仅具备专业技术知识的人，如果同时聘任了这两种技术调查官的话，还可以在具体技术类知识产权案件的诉讼中同时指定这两种技术调查官进行技术事实查明，这种方式将可以避免当前仅指定一名来自专利局的审查员作技术调查官时社会上对其身份所产生的中立性质疑。

（二）美国专业法官与技术助理协同下的专家介入模式

1. 专业法官与技术助理协同下的专家介入工作方式

在美国多元化的教育体系下，法律硕士和法律博士教育必须首先经历非法学教育，加之美国联邦法院的法官都经过严格的遴选程序，因此法官本身具有一定的专业技术背景。另外，法官技术助理又可以帮助法官处理技术事实认定问题。因此，在知识产权案件的审判中解决技术问题时，最基本的方法是通过双方当事人的主张和说明，法官和法官技术助理即可查明技术事实并对争议问题作出认定。除此之外，可以协助法官查明技术事实、帮助其准确站位"所属技术领域的技术人员"的方法还有：①专家证词（testimony by experts）。美国具有典型的证据开示制度，各方当事人均可以提交专家证词。②专家证人（court-appointed experts）。双方当事人可以聘请专家证人，法官可以依职权或依申请选任专家证人。该专家证人可以应双方当事人的要求在庭外接受询问、出庭作证，还要接受双方当事人的交互诘问。③特别专家。依据联邦民事程序法，法院可以指定专家（或称为"特别专家"）来协助参与诉讼，但需要双方当事人同意。按照法院指定的范围，并且在双方当事人同意的权限内，该专家可以接受证据并听证，在此基础上制作报告并向法官提出建议。双方当事人有权对该专家制作的报告提出异议或提出更正请求。此外，美国联邦巡回上诉法院认为，对于例外的高科技案件，法官为了发现真相，可以寻求技术顾问的帮助，从而帮助其进行技术事实查明、明确和解决技术争议，但技术顾问在法官心证形成过程中所起的作用遭到了业界的质疑。①

2. 借鉴意义或启示

从美国专业法官协同技术助理的工作模式中，我们可以看出法官以及技术助理的专业技术背景对于查明技术事实的积极意义。另外，从各种专家参与查明技术事实的方式可以看出技术专家的重要作用，专家证词是在其证据开示制度下可以引入的证据，强调了当事人的举证责任，而专家证人和特别专家在参与案件诉讼过程中的工作都受到当事人的监督，从其专家的身份和给出的建议内容来看，专家的参与仅限于对技术事实的认定，应当给予当事人帮助法官找出事实真相的机会，这是对当事人权利的保障。

在我国知识产权教育以及复合型人才培养越来越受到重视的情况下，提高对技术类知识产权案件的承办法官及法官助理的技术背景要求具有一定可行性。另外，可以考虑对于技术调查官给出的技术审查意见中仅涉及技术事实认定的意见向当事人公开，而对于涉及法律含义下某个技术问题的认定，比如某特征是否为

---

① 易玲、熊英灼：《认同中的抵抗：当技术与专利审判相遇时——对美、德、台应对举措的反思》，《科技与法律》2015 年第 5 期，第 1056－1077 页。

公知常识，对比文件之间是否有结合的动机和启示等，则应该在庭审过程中通过提问的方式给予当事人充分发表技术和法律观点的机会。

（三）亚洲技术调查官模式

1. 存在些微差异的技术调查官工作方式

韩国于 1998 年 3 月 1 日在首尔成立专利法院，是亚洲最早设立专利法院的国家。为了强化专利案件中的技术专业性，韩国专利法院设技术审理官，目前共有 17 名技术审理官。韩国《法院组织法》对技术审理官的任用资格根据其工作背景作了规定。在韩国专利法院，技术审理官只能参与案件审理，没有最终决定权。技术审理官在技术类案件审理过程中，根据案情需要，或者提供技术咨询，或者参与准备程序及开庭审理，在庭审过程中可以向当事人询问技术方面的问题。由于技术审理官在实际专利案件审判中发挥的重要作用，日本的调查官制度根据韩国技术审理官制度进行了改革。①

在日本，为了实现知识产权案件的审判专业化，于 2005 年 4 月 1 日在东京高等法院内设立了知识产权高等法院，专属管辖日本特许厅作出决定的诉讼案件和知识产权民事诉讼二审案件，相应的知识产权民事诉讼一审案件由东京地方法院和大阪地方法院专属管辖。为了解决专利案件的技术问题，依据日本《裁判所法》和《民事诉讼法》的规定，在这 3 个法院设立了调查官制度和专家委员制度，并分别以常勤公务员的方式配置有 11 名、7 名、3 名技术调查官，截至 2009年 7 月 1 日专家委员的人数达到了 200 名以上。调查官属于法院内部的人员，主要从日本专利局的专利审查员中选任，也可以从资深的专利代理人中选任。与调查官的身份和来源不同，专家委员不属于法院内部人员，是最高法院任命的兼职官员，主要是大学教授、研究机构和私人企业中的研究人员、专利律师等。调查官应法官的要求参与案件审理的各个程序，一方面可以向当事人询问涉案技术事实，另一方面需要向法官陈述技术方面的问题，并作出报告、提出建议。另外，专家委员的工作是到庭向法官说明技术问题，即需要在当事人在场的情况下开展工作。② 需要提出的是，法官在判断技术事实时虽然会参考调查官和专家委员所

---

① 金珉徹：《韩国专利法院的建立、现状与未来》，国家知识产权局官网，http：//www.cnipa.gov.cn/art/2015/12/22/art_ 1415_ 133087. html，2015 年 12 月 22 日。

② 郄中林：《境外知识产权专门法院制度对我国的启示与借鉴》，《法律适用》2010 年第 11 期，第 84 - 88 页。

作的技术审查意见或报告，但仍然有可能会持有与其不同的观点，因而对于技术事实的认定法官可以根据案情酌情决定；而且为避免当事人对调查官的观点产生不必要的争议或对诉讼不必要的拖延，当事人并不能看到其出具的报告。从调查官和专家委员的来源、工作方式可以看出，虽然都是帮助法官解决技术问题，但其着力解决的问题不同，调查官由于具有专利法方面的法律素养，能够更容易地帮助法官梳理确定技术争议焦点并解决基本的技术争议问题，而专家委员可以帮助解决技术争议中较为疑难的问题，因此这种调查官与专家委员并存的模式产生的合力较强。但对于调查官与专家委员的工作方式、调查官的选任条件、技术意见是否接受当事人质询等，在学界也存在争议。

我国台湾地区智慧财产法院借鉴了韩国和日本的经验，也设置了技术审查官帮助法官解决技术事实认定方面的问题。

2. 借鉴意义或启示

多国或地区的实践已经证明，技术调查官制度的基础是中立性、专业性和公开性。技术调查官或者再结合技术专家是一种容易施行并且行之有效的帮助法官查明技术事实的方式，在技术类知识产权案件的审理中发挥了积极的推动作用。日本的调查官结合专家委员的工作模式解决了疑难复杂技术事实查明的问题，且专家委员需要在当事人在场的情况下工作，保障当事人对纯技术问题发表意见的机会。不过调查官和专家委员所作的技术审查意见或报告不向当事人提前公开的做法虽然一致，但都受到了社会质疑。一方面是针对具体案件中调查官参与诉讼活动的质疑，主要包括调查官针对哪些关键争议问题发表了技术审查意见，技术审查意见是否客观、准确，技术审查意见对相关争议技术问题的解释和认定是否足够充分以能被法官准确理解等；另一方面是针对规定本身合法性的质疑，主要是技术审查意见的不公开是否会使当事人丧失听审请求权，是否会造成突袭裁判，比如我国台湾智慧财产法院的"智慧财产案件审理细则"第十六条关于"技术审查官制作的报告书，不予公开"的规定，是否违背了母法"智慧财产案件审理法"第八条关于"法院已知的特殊专业知识，应给予当事人有辩论的机会，方可以作为裁判的基础"的规定。[①] 因此，至少对于纯技术问题的认定应该给予当事人针对其发表意见的机会，以保证法官在对技术问题不发生明显错误的情况下形成心证。

---

① 黎淑兰、陈惠珍、凌宗亮：《技术调查官在知识产权审判中的职能定位与体系协调——兼论"四位一体"技术事实调查认定体系的构建》，中国知识产权论坛（2015）暨中国知识产权法学研究年会。

四、对我国知识产权审判中技术事实查明机制的意见建议

（一）提高当事人举证责任意识，保证出庭人员专业技术水平

1. 鼓励当事人积极举证

对于当事人所主张的技术事实，鼓励其根据所主张的观点来丰富其举证形式，具体来说，应该结合案件争议问题提交与争议技术事实有关的各种证据，而不仅仅限于已有对比文件的罗列。让当事人意识到充分举证可以提高其观点得到认可的可能性，并通过判决中对相关技术问题的判断过程体现其举证的重要性，从而不断提高当事人举证的责任意识和积极性。

2. 鼓励当事人选择具有相关专业技术知识的人出庭

通过笔者作为技术调查官以及其他技术调查官的实践经验可知，在庭审过程中就争议技术焦点问题进行法庭调查和法庭辩论时，如果参与出庭的人具有相关专业技术知识，尤其是具有案件所属行业的技术从业背景，那么围绕争议技术焦点问题展开的讨论更有针对性。对于技术调查官所提出的问题，虽然有可能因为代表当事人一方的利益有所偏向，但是立足于其所掌握的专业技术水平，大多数专业技术人员能够更加准确、有效地回答需要调查的技术问题。对于处于中立地位的倾听者、裁判者而言，并不担心一方当事人对其所主张观点的夸大或偏向，在各方当事人都能够充分表达其所主张观点的前提下，会更有利于倾听者、裁判者作出更加客观、准确的判断。因此，应当鼓励当事人选择具有相关专业技术知识的人出庭，或者必要的情况下鼓励当事人聘请专家辅助人。

（二）进一步完善技术调查官制度，加大技术调查官参与力度

1. 调整技术调查官的数量和组合方式

按照目前的实践来看，技术调查官参与诉讼活动的方式主要是技术调查室根据案件所属技术领域指派 1 名技术调查官进行技术事实查明工作，只在涉及交叉技术领域或者重大、疑难专利案件中指派 2 名技术调查官。面对社会上一部分人对于技术调查官来源身份的质疑，北京知识产权法院还制定了《回避实施细则》，尽可能避免由此可能产生的不公正问题。从德国专利法院参与审理的技术法官数量对其审判质量的影响得到广泛认可的角度来看，在条件允许的情况下可以采取每个案件指派 2~3 名技术调查官且其来源不同的方式。通过国家知识产权局审查员作为技术调查官，可以为其他仅具有专业技术知识的技术调查官解释

需要查明的技术事实，多个技术调查官对同一个技术问题进行调查、讨论并最终形成结论，既保障了技术事实认定的正确性、准确性，又能打消技术调查官来源身份给当事人带来的疑虑。

2. 确立技术领域覆盖广、数量充足的技术调查官选择范围

虽然到法院交流的技术调查官数量受到各种因素的限制，但是在专门的知识产权法院和国家知识产权局之间可以签署框架协议，以专利局的审查员专业技术覆盖范围广的优势解决交流和兼职技术调查官所不能解决的技术领域覆盖问题，同时能够解决实践中只懂技术不懂专利法的技术调查官在技术事实查明过程中和给出技术审查意见时与法官的交流障碍问题。此外，建议通过行业协会扩充来自生产一线、科研一线、大专院校教学一线的专业技术人才作为技术调查官，从多个维度扩充技术调查官来源的人员类型，一方面，使得技术调查官的来源身份多样化，消除专利行政案件中当事人对来自国家知识产权局审查员的技术调查官身份的疑虑；另一方面，也可以在很大程度上弥补一些审查员同样缺少行业一线从业经验的缺憾，使得对技术事实的认定更符合行业发展现状。

3. 充分发挥技术调查官在技术事实查明机制中的桥梁纽带作用

技术调查官在协助法官进行技术事实查明中起到的积极推动作用已经得到各方认可，尤其是在当事人提出保全申请时，技术调查官可以对保全申请进行评估，帮助法官判断当事人是否已经满足其举证责任以及是否同意进行保全，同时对于具体的保全措施及注意事项给出专业建议；在勘验过程中其还可以对勘验的具体方案提出合理化建议。但是，仍然有些疑难案件或者需要查明的技术事实涉及新兴技术领域，更新速度特别快，仅通过技术调查官对案卷的阅读和庭审时对当事人进行询问无法对技术问题作出认定，这就需要相关领域的专家给出更为专业的解答，因此，技术调查官可以对是否同意当事人聘请专家辅助人的申请或者法官是否需要咨询技术专家给出合理建议；或者有些需要查明的技术事实需要借助特殊设备或者需要相对长的时间才能得出结论，这就需要通过技术鉴定的手段来对争议的技术问题作出技术鉴定。不管是对于询问专家辅助人、技术专家，还是对于采用技术鉴定，相对于当事人来说，技术调查官均能够给予法官更为客观的意见建议，而且可以对需要咨询技术专家的问题或者对需要进行技术鉴定的问题给出合理建议。对于需要询问的专家辅助人、需要咨询的技术专家或技术调查官可以在技术层面上提出更为专业、准确的问题。因此，在采用其他技术事实查明手段的过程中，应该充分发挥技术调查官的桥梁纽带作用。

4. 重视技术调查官参与诉讼活动时当事人的程序权利

《暂行规定》并未规定技术审查意见是否提前向当事人公开。根据当前实践，各国由于技术审查意见不向当事人提前公开而产生各种质疑。然而，技术审查意见可能会对法官自由心证的形成产生重要影响，甚至直接影响裁判结果。因此，除了让当事人知晓参与诉讼活动的技术调查官及其所进行的技术事实查明工作，还应当对其适时、适度公开技术审查意见，以充分保障当事人的程序权利，避免造成突袭性裁判。

技术调查官出具的技术审查意见中涉及的纯技术问题可以提前向当事人公开。美国知识产权审判中特别专家出具的技术意见提前向当事人公开，日本的专家委员向法官说明技术问题时需要受到当事人监督，这些都保证了技术专家对纯技术问题发表意见时当事人的知情权和其纠正错误的权利。因此，面对技术审查意见不向当事人提前公开而产生的各种质疑，同时考虑到法官的法律判断需要在对技术事实正确认定的基础上进行，可以将技术调查官出具的技术审查意见中涉及的纯技术问题提前向当事人公开，给予当事人质疑的机会，以共同追求技术事实真相，保障法官适用法律基础的正确性。尽管需要考虑技术审查意见公开的形式以及效力，但不管采取哪种形式，都需要至少在庭上给予当事人足够的陈述意见和争辩的机会。

技术调查官出具的技术审查意见中对争议焦点技术问题的认定均应以当事人提交的证据以及庭审陈述为基础。技术类知识产权案件，尤其是专利案件涉及的争议焦点技术问题往往并非单纯的技术问题，例如在对 2016 年北京知识产权法院技术调查官参与机械领域案件诉讼活动出具的技术审查意见的分析后发现，其中涉及的焦点技术问题通常涉及技术术语解释、公知常识、区别特征认定、对比文件结合的技术启示判断以及是否超范围、是否清楚所解决的技术问题等，公知常识、对比文件结合的技术启示都不是单纯的技术问题，而对比文件结合的技术启示问题占比最高。为了避免当事人遭突袭性裁判，技术调查官应当在庭审时围绕所争议的问题进行提问，让当事人对其作出认定所依据的关键点有所预期，给予当事人充分发表意见的权利，最终所作出的技术审查意见中对争议技术焦点问题的认定应该以当事人提交的证据和庭审陈述为基础。技术调查官可以自行查阅相关技术资料，但仅能用于向法官解释涉案专利所属领域的技术发展状况、发明内容、证据公开的内容等，至多是用于说明对技术问题认定的正确性，不能依据自行查找的资料对争议技术问题作出认定。

（三）加强审判主体专业化程度，法律、技术两手都要硬

1. 法官或者法官助理的技术背景

虽然业界有人认为法官不必懂技术①，但是法官直接决定着案件的最终判决结果，作为技术事实查明第一责任主体，具有技术背景则能够使得法官具有一定的技术思维，更容易理解专利案件相关技术的内容和争议，而且从德国技术法官和美国专业法官协同技术助理的工作模式可以看出，裁判者自身的技术背景对于技术类知识产权案件中技术事实查明有积极意义。从我国知识产权复合型人才教育来看，这种要求也是具有一定可行性的。从目前阶段来看，可以考虑技术类知识产权案件的承办法官或者法官助理具有技术背景，比如，既可以是具有理工科教育背景的人员，也可以是曾经多年从事技术类案件审判工作的人员，尤其是在遴选新任法官或法官助理时，在满足其他条件的情况下可以考虑向具有技术背景的人员倾斜。同时，还可以通过培训、交流等手段使得法官、法官助理在一定时间段内能保有其具有技术背景的这种优势。

2. 加强有专业技术知识的陪审员的参与有效性

一方面，应该通过对案件审理过程的管理加强具有专业技术知识的人民陪审员的参与程度。知识产权法院在任命人民陪审员时应考虑其技术背景；应该根据案件的技术领域分配具有该领域专业技术知识的人民陪审员；通过开庭笔录、庭后合议记录等材料评价人民陪审员在案件审理过程中所发挥的专业作用。

另一方面，应该对参与技术类知识产权案件的人民陪审员进行相关法律法规的培训，使其了解基本的相关法律知识，或者通过人民陪审员校对判决文书来让其理解法官对案件争议焦点问题的判断思路，从而能够很好地理解法官需要查明的技术事实并在庭审时能够有针对性地提问。

（北京知识产权法院　仪　军；国家知识产权局专利局　陈存敬）

---

① 孔立明：《关于重建知产案件技术事实查明机制的构想》，"中国知识产权杂志"微信公众号，2017 年 6 月 14 日。

5

论技术调查官事实查明机制的完善研究

最高人民法院为解决知识产权审判中鉴定专业技术事实难的问题，规定在我国知识产权审判中实行技术调查官制度。我国技术调查官制度在立法层面逐步丰富和完善，对技术调查官参与案件的范围、参与程序、技术调查意见的效力、工作职责等内容在 2019 年最高人民法院《关于技术调查官参与知识产权案件诉讼活动的若干规定》（以下简称《若干规定》）中均有详细规定。北京、上海、广州、南京、苏州等多个知识产权法院（庭）结合各自实际，结合创新事实认定机制，探索对我国知识产权审判产生积极影响的制度规定和实践创新，在实践层面出台了技术调查官参与知识产权案件管理办法。然而，目前我国的技术调查官体系仍有待完善，比如技术调查意见，技术调查官提出的技术调查意见是法官认定事实的基础，必然会给法官自由心证带来拘束，从而对案件裁判造成直接的影响。而《若干规定》则明确规定不公开技术调查意见，这会使法官把技术事实认定权让渡到技术调查官，违反公开的原则，所以技术调查意见是否公开还需要进一步探讨。本文谨以技术调查意见的性质和效力为切入点，分析技术调查官事实查明机制存在的不足，进而提出技术调查官调查案件事实的完善举措。

一、现行技术调查官事实查明机制的主要内容

（一）技术调查官的工作职责

《若干规定》将技术调查官定位为审判辅助人员，其中第六条为解决法官缺乏相关专业知识与其行使审查技术事实之间的矛盾，规定了技术调查官的具体职责，为法官讲解科学技术知识，保证法官在认识科学技术的基础上，对技术事实

进行正确的认定。技术调查官厘清技术事实顺序、范围、使用方法等，帮助法官审理技术类知识产权案件的争议焦点。在庭前准备阶段，技术调查官可协助法官选择鉴定机构，拟定鉴定命题，事先查阅有关技术资料，参与诉讼程序，如询问、听证、庭前会议等调查取证、勘验、保全的方法、步骤和注意事项；在开庭审理过程中，协助法官审查鉴定意见、相关技术领域的专业人员意见的正确性等，在征得法官同意的情况下，可以向诉讼参与人提出质询；在案件合议阶段，就案件所涉及的技术性问题提出技术调查意见，并列席相关会议。① 通过分析技术调查官的职责可知，在技术调查官制度的详细设计和职责执行中，技术调查官的角色定位虽然是技术辅助人员，但在客观程序上会影响法官对技术事实的判断，其主要职责是解决技术事实问题，而这一工作内容往往与案件法律适用和法律关系的判断相联系，间接导致法官可能成为"影子法官"。②

（二）技术调查意见的法律效力

技术调查意见是技术调查官对案件中相关技术问题的分析意见，属于技术调查官执行职务的工作成果。"技术调查意见由技术调查官独立出具并签名，不对外公开"，这是《若干规定》第九条第二款的规定。第十一条第一款规定："技术调查官提出的技术调查意见可以作为合议庭认定技术事实的参考。"我国现行法律仅规定技术调查意见可供参考，而"参考"二字语义模糊，不能准确表达技术调查意见的法律效力状态，法官或因过度依赖技术调查意见而导致审判权让渡，考虑到法官缺乏技术知识，可能存在违反独立行使审判权的情形。虽然规定了技术调查意见的作用，但技术调查意见的性质并不明确，它应该是一种专家咨询意见，供合议庭作为技术实施的认定参考，还是法定的技术事实认定证据，专家学者们对两种看法各执一词。③ 即使技术调查意见作为专家意见，也应当保障当事人的知情权，给予当事人及其代理人查阅的权利；若技术调查意见作为诉讼中的法定证据，更应当经过法庭调查、法庭质证辩论，讨论技术调查意见的客观性和真实性。④ 技

---

① 李昌超：《我国技术调查官制度的逻辑生成及制度前景》，《河南大学学报（社会科学版）》2017年第4期，第74-80页

② 郑志柱、林奕濠：《论技术调查官在知识产权诉讼中的角色定位》，《知识产权》2018年第8期，第8-14页。

③ 李菊丹：《中日技术调查官制度比较研究》，《知识产权》2017年第8期，第96-105页。

④ 杨秀清：《我国知识产权诉讼中技术调查官制度的完善》，《法商研究》2020年第6期，第166-180页。

术调查意见的不公开，不仅不能保证当事人的程序权，反而会影响司法裁判的效率，与制度设计的初衷相悖，而且根据裁判的统一规则也不能形成同案同判。

二、技术调查官主动调查案件事实的不足

（一）技术事实查明环节法官作用弱化

在知识产权审判中，大多数案件都涉及技术问题，认定和判断客观事实是适用法律的前提和基础，所以认定技术事实往往会成为案件审理的关键。技术调查官全程参与案件审理，从庭前准备到开庭审理都有他们的身影，便于法官就涉案技术事实问题进行沟通和交流，技术调查官提出的技术调查意见对于不善于了解案件所涉技术的法官来说，也成为判断被告是否侵权的重要参考依据。尤其是在处理通信、化工、计算机类案件中，相关技术争议难以理解，法官对技术调查官出具的技术调查意见的采信和依赖程度会更高。[①] 一方面，法官欠缺科学与技术方面的知识储备与经验积累，对于某些形象易懂的机械方面的问题具有一定的理解力和培养力，但也与一般大众无异，看得懂已实属不易，再判断其中的差距更是难上加难。近年来，科技发展十分迅猛，机械类的技术类案件也与化工、计算机等专业相结合，技术复杂度与日俱增，权利要求书、专利说明书晦涩难懂，即使经过当事人和技术调查官的讲解，法官也可能因为没有相关的知识储备而一知半解，根本无法对相关技术问题进行充分的学习和理解。另一方面，知识产权审判面临着"案多人少"的矛盾，随着法律知识的普及，专利申请越来越频繁，需要审理的专利纠纷越来越多，法官办案压力大，根本没有多余的时间去学习相应的技术知识，也没有充足的时间去了解专利说明书和权利书的具体内容，在这种情况下，不同案件所涉不同的专业问题、技术问题，法官根本没有时间消化理解。因此，为了技术调查官能随时随地参与案件，提供技术事实指导，法律规定其享有事实调查和庭审质询的权力，这超越了其他审判辅助人员与一般技术人员拥有的权力，显示出技术调查官地位的唯一性，但也致使法官在技术事实认定环节的作用在一定程度上受到削弱。

（二）法官审判权与主导权发生偏向

在实际操作中，技术调查官制度中法官让渡审判权的问题已经显现出来。一

---

① 邹享球：《技术调查官制度的理论设计及现实困惑》，《知识产权》2021年第4期，第45-57页。

是技术调查官在技术事实认定方面权责不明，在行使案件调查权方面的法律条款还不够规范和系统化。虽然《若干规定》明确了技术调查官具体履行的职责，如参与调查取证、勘验、保全等原则性条款，但在技术调查官能否参与案件调解、如何询问案件事实，参与调查的规范、流程、保障等方面都没有明确规定，技术调查官具体履行哪些职责目前还没有明确的说法。而如何追究技术调查官的法律责任，也让人摸不着头脑。① 实践中，不同知识产权法院规定了技术调查官管理办法、技术调查官涉诉执行细则等，这是法院在司法改革过程中的创新做法和亮点工作，但还没有上升到法律层面，具有不稳定性、不统一性。② 二是专利等技术性案件的诉讼，本是由当事人主导的诉讼，转变为以技术调查官存在的职权主义诉讼，技术调查官在技术事实认定环节，特别是取证、保全申请阶段，帮助法官判断技术难点，给出专业建议，这一点是值得肯定的。然而，技术调查官往往会在当事人双方主张的事实或证据之外，就自己陈述的观点和建议向法官进行必要的技术咨询。这些事实主张和证据，双方可能都没有提出，也没有对此进行辩论，法院会以当事人不主张的事实作为裁判依据，对当事人不主张的证据进行调查取证，技术调查官客观上成为第三方，引导法官关注双方不主张的事实，而这些事实对一方当事人可能是有利的。技术调查官的介入无形中帮了其中一方当事人，对塑造当事人平等原则是不利的。三是技术调查官行使调查权，导致在技术事实认定机制单一。③ 从我国现行诉讼制度的实际来看，理想的诉讼结构应该是当事人阐述基本事实，合议庭主导案件审理，技术调查官、专家陪审员或委员会辅助举证、探索技术事实争议焦点、提供技术鉴定作为补充，技术事实认定机制的多样化使技术事实与专利要求得到全方位的解析，这才是一个理想的诉讼结构。而目前技术类案件中享有调查权且保持中立诉讼地位的只有技术调查官，他们的意见和建议具有片面性、主观性和非常重要的影响力，是法官认定技术事实的基础，所以技术调查官"一家独大"的现状使得法官对审判过程的掌控和行使审判权的力度减弱。

---

① 陈存敬、仪军：《知识产权审判中的技术事实查明机制研究》，《知识产权》2018 年第 1 期，第 41 – 49 页。

② 姚志坚、刘方辉：《聘用制专职技术调查官制度的构建与完善——基于南京知识产权法庭的实践》，《法律适用》2019 年第 13 期，第 96 – 104 页。

③ 陈磊：《技术调查官制度之实务运作及精进措施——当事人诉讼程序保障之维度》，《新疆大学学报（哲学社会科学版）》2017 年第 1 期，第 45 – 54 页。

（三）违反公开审判原则

程序保障是指对参与诉讼的当事人给予程序上的权利和照顾，使当事人能够主动主张权利，保证法院对案件事实的判断和裁判程序的公正，从而对案件的处理结果起到实质性的作用。① 从理论上讲，法院裁判的正当性来源于程序的正当性，保证程序正当性的重要原则就是遵守公开审判原则。公开审判是指对裁判进行公开审判，将整个审判过程公之于众。公开审判是公民知情权在民事诉讼领域的必然要求和延伸，也是我国宪法和法律规定的权利，这种公开不是仅仅停留在裁判文书的公开，法官采信证据、推定事实的证明资料等事项也应该公开，同时还应该公开法官的心证过程，自由心证的公开有利于防止形成突袭性裁判，有利于当事人，给予当事人辩论质证的机会。② 而在审理技术类知识产权案件的过程中，技术调查官几乎全程参与了审理过程，其观点涵盖的范围也十分广泛，既有对权利诉求的解释，也有对争议技术问题的比较分析说明，还有对是否属于该领域的公众常识或惯用手段、涉案专利无效的可能性的认定等。这些基本涵盖了专利侵权案件所涉及的所有关键技术事实问题，如被诉侵权产品是否等同侵权或是否落入专利保护范围、现有技术抗辩是否成立等。技术调查官向法官所作的陈述会不同程度地影响法官的自由心证，无论是口头上的意见，还是调查取证时的书面调查意见，技术事实的判断在专利侵权案件中并不是一个绝对的技术专业问题，也不是一个绝对的法律问题。因此如果不在法庭上接受当事人的质证辩论，对任何一方当事人都有失公平公正，当事人无法得知技术调查官对技术事实的判断，无法得知技术调查官向法官陈述的意见，会导致其对庭审产生信任危机，影响其对判决的接受程度。

三、技术调查官调查案件事实的改进措施

（一）公开技术调查意见

一是有利于维护司法公开、公正原则。技术调查具有中立、高效、专业的特点，相对于专家辅助人、鉴定人等具有无可比拟的优势，是现代知识产权法律制度的产物。但技术调查官在程序上存在一定的风险和弊端，在追求审判效率的同

---

① 黄姗姗：《技术调查官制度研究》，《学海》2021 年第 1 期，第 167－173 页。
② 张爱国：《评技术调查意见的不公开：以民事诉讼法的基本原理为视角》，《知识产权》2019 年第 6 期，第 16－24 页。

时，也不能忽视程序公正可能面临的威胁，技术调查意见不公开违背了司法公开的基本原则，因此不公开技术调查意见不能"一刀切"，即使不作为证据，也至少要向当事人公开，即使不进行质证，也至少要让当事人进行口头或书面的辩论后再进行裁判，这样才能兼顾公正和效率。作为司法辅助人员，技术调查官应当保证其诉讼地位的中立性，能够客观公正地出具技术调查意见，与所有当事人无任何利害关系。同时，技术调查官不得出席与技术事实争议焦点无关的技术咨询活动，其参与诉讼活动的情况应为当事人所知晓，当事人享有申请技术调查官回避的权利；在庭审前应向当事人公开技术调查官姓名、工作单位等有关情况，并公开技术背景等资料；庭审活动尽量由技术调查官亲自参与，对当事人的诉辩进行面对面的听取。因此，技术调查意见的公开既有利于保证技术调查官工作的中立性，也有利于技术事实的公开。通过公开的方式，让技术调查意见得到当事人的检验，增强技术调查意见的客观性。例如，在专利行政案件中，技术调查官大多来自行政系统，如国家知识产权局等，对技术调查官的中立性、所出具的技术调查意见是否客观等问题产生怀疑。技术调查意见的适度公开，对当事人和社会公众的认同度都有好处，有利于增强技术调查意见的中立性、专业性、公开性和独立性。

二是有利于形成客观准确的技术调查意见。[①] 知识产权法院集中管辖专利、植物新品种、集成电路布图设计、技术秘密、计算机软件等案件，技术调查官是为了解决知识产权法官通常不具有科学背景的困境。技术调查官的技术调查意见作为重要审判资料的一部分，如果不公开，技术调查官的意见就无从在法庭上由当事人进行询问和辩论，技术调查官的认定是否存在错误也未可知，法官也很难做到心中有数地了解事实，当事人也很难信服法官的判词。因此，让当事人信服的关键在于，在知识产权审判中公开技术调查意见，让技术调查意见在法庭上有被当事人辩论的机会。通过向当事人公开技术调查意见，使当事人能够更加充分地围绕技术调查官关注的争议焦点问题进行论证，同时为技术调查官明确方向、拓展思路，获得更加全面的资料和依据，法官能对各方的观点和论据进行梳理，能够更加详细地分析技术事实。法官在判断技术争议焦点问题时，能够得出比较全面的参考结论，从而对该案件的技术事实和适用法律的认定更加客观、公正、

---

① 仪军、李青、温国永等：《我国知识产权审判中技术审查意见公开机制的研究》，《电子知识产权》2019 年第 6 期，第 78－87 页。

公平。

三是公开技术调查意见与法官心证公开的司法理念一致。技术调查意见是法官在审理技术案件时，通过辅助法官对技术事实的认定，从而影响最终判决结果的参考依据。现代法学理论认为，自由心证制度解除了法官受法定证据制度所制定的机械的、刚性的规则束缚，但也面临着法官自由心证不能公开的难题，法官自由心证不公开会导致当事人质疑裁判结果。心证公开体现的是防止和抑制法官在程序上认定事实的主观随意性，有利于增强司法裁判的权威性和公信力，有利于发现案件的真实性，提高诉讼效率，也有利于提高当事人对裁判结果的服从程度。尽管法官的心证公开制度在我国现行法律中没有明确规定，但在民事诉讼法等法律中规定法官在裁判文书中要有充分的说理论证，这实际上从本质上反映了这种精神，学界对这种精神也是认可的，而裁判文书在实践中"晓之以理、动之以情"的写作方式，也起到了很好的引导和教育作用。技术调查意见是法官自由心证的重要参考文件，辅助法官自由心证的形成，所以公开技术调查意见是符合我国立法理念和司法实践的。

（二）构建技术事实的多元化查明机制

一是查清技术事实，以合议庭为主导。合议庭应当审理查明的事实，不管是技术性事实，还是其他一般性事实，都是审判权的应有之义。合议庭最终应当对事实作出判断，并承担法律责任。所以，在技术事实认定机制上，合议庭应该处于支配地位。二是实现法官知识结构再设计。以技术调查官为外脑，技术调查官的专长可以帮助法官弥补技术问题、技术方案、专利要求等专业知识的缺陷，作为专门负责鉴定技术事实的司法辅助人员，帮助法官综合判断案件。技术调查官通过梳理归纳技术事实问题，使法官更快地消化、理解、吸收案件，从而在短期内大幅度提高技术事实认定阶段的效率，达到优化知识结构的目的。为解决难度大、技术新的前沿技术案件常规难题，在技术问题解决上将专家咨询纳入非常规途径。是否采取专家咨询的方式，以及专家咨询的具体方式，合议庭可根据具体案情灵活选择。① 同时，专家的专业技术知识比一般技术人员在本领域的专业技术知识要深，具体案例如何与专家的咨询意见相结合，需要经过合议和讨论才能完成，并且需保证专家咨询仅仅是针对技术问题发表自己的观点。

---

① 蔡学恩：《技术调查官与鉴定专家的分殊与共存》，《法律适用》2015 年第 5 期，第 90－93 页。

（三）优化与其他技术事实查明机制的衔接

在我国技术类知识产权案件中，创设性地增加了技术调查官制度，在其他诉讼的技术查明事实机制中，一般包括司法鉴定、专家辅助人、专家陪审员等制度，需要进一步完善技术调查官与其他技术事实查明机制的衔接，以保证诉讼过程的流畅性。首先技术类知识产权一审案件审理中应限制专家陪审员参与。技术类知识产权案件纠纷所涉及的争议焦点不仅是技术事实，还包括是否构成侵权、法律适用以及损失计算等法律问题，作为技术专家的专家陪审员对此类案件并无专业知识，参与到案件中可能会影响裁判结果的客观性。由于法律事实和法律关系的存在，应当限制专家陪审员参与，除非是重大的、复杂的技术类案件。其次，明确技术调查官的技术调查意见比鉴定人的司法鉴定意见和专家证人证言的调查意见效力要高。司法鉴定机构作为以营利为目的的社会中介服务机构，在一方申请鉴定的案件中，其鉴定意见不具有客观性和中立性，而具有利益偏向性，致使司法鉴定结果和鉴定意见不能服众。专家辅助人是对鉴定意见或专业问题提出意见，但当事人聘请的专家辅助人在司法实践中带有利益倾向性，其所发表的意见难以说服对方当事人，也难以说服法官。技术调查官作为司法辅助人员，诉讼地位中立，不具有利益纠葛，其发表的书面意见或口头意见具有客观性、公正性。因此，如果当事人同时申请司法鉴定或通知有关专家证人出庭作证，法官又通知技术调查官参与诉讼审理过程，那么，在意见不一致的情况下，技术调查官的意见效力应当认定高于司法鉴定意见和专家证人的意见效力。

（四）完善技术调查官参加诉讼的程序

一是完善技术调查官选聘条件，健全职业资格认证工作流程。技术调查官的选任条件在我国相关法律制度中并没有明确规定，各地知识产权法院根据司法实践制定各自的选任条件，这的确是一种创新举措，但不可避免地会造成条件不统一、操作性不强、不具备参考性的缺点。[①] 因此立法应采用罗列加概括的办法，统一选任条件。遴选条件主要涵盖两个方面：必要条件和禁止条件。必要条件主要包括教育背景、专业经验等情况，禁止条件主要包括是否受过刑事处罚、个人征信是否存在风险等问题。同时，健全技术调查官职业资格认证流程，根据专业

---

① 王志雄：《技术调查官的社会分工意蕴与制度完善研究》，《贵州社会科学》2017年第8期，第59－63页。

领域划分资格评定与认证，建立健全技术调查官专家库，实现技术调查官专业全覆盖。

二是完善诉讼过程中技术调查官参与的管理模式和规范。按照技术调查官的身份属性，推进分类管理。技术调查官主要包括专职、兼职两种类型，针对专职技术调查官，应将其纳入专业技术类公务员管理，分级定责定酬；针对兼职技术调查官，应详细规定其选任条件与任期期限，并在诉讼启动、回避、庭审、评议等环节发表意见后署名，限制其参与诉讼的流程、会见当事人及法官的次数等，最大限度保证其公正、独立、客观。[①]

四、结语

引进技术调查官，对知识产权案件的审理产生了重要影响，也影响着知识产权法院能否运行成功。如何完善技术调查官参与诉讼的制度，使其发挥能动作用，进行恰当的专业判断，成为知识产权审判中亟须讨论的问题。技术调查官参与审理技术类案件，在提高诉讼效率、查清技术事实等方面取得的成效有目共睹，但在实际操作中，技术调查官制度仍有值得探讨和改进之处。我国知识产权法院在审理过程中虽有技术调查官参与诉讼，但法院不能因此而省略技术事实的查明过程，应完善技术事实查明机制，利用鉴定人、专家辅助人、专家陪审员建立健全技术事实协作机制，帮助法官对技术事实有更全面、客观的了解；同时，确保诉讼程序公开透明，适度向当事人公开技术调查官选聘条件，让当事人双方有机会行使回避权，还应适度公开技术调查意见，让当事人有机会进行观点辩论陈述。保障当事人的程序权，确保公开、公正、透明的司法审判是技术调查官制度运行的重点。

（河北雄安新区中级人民法院　仝玉叶）

---

① 黄玉烨、李青文：《知识产权审判中技术调查官的困境与出路——兼评〈最高人民法院关于技术调查官参与知识产权案件诉讼活动的若干规定〉》，《电子知识产权》2019 年第 8 期，第 67 - 76 页。

6

技术调查官制度的反思与完善

技术类知识产权案件具有专业技术性强、涉案领域宽、审理难度大的特点，相较于传统民商事案件的事实查明，技术类知识产权案件的事实查明更加复杂，鉴于我国的审判人员大多缺乏理工科学历背景，因而需要借助技术调查官制度辅助技术类案件的事实查明。为此，2014 年最高人民法院发布《关于知识产权法院技术调查官参与诉讼活动若干问题的暂行规定》（以下简称《暂行规定》），该规定为技术调查官制度的司法应用提供依据，规定中明确"技术调查官属于司法辅助人员"，其职权包括参与庭审、合议等诉讼环节。2019 年，最高人民法院发布《关于技术调查官参与知识产权案件诉讼活动的若干规定》（以下简称《若干规定》），该规定将技术调查官由"司法辅助人员"变更为"审判辅助人员"，同时将技术调查官的适用范围由专门的知识产权法院扩大至受理知识产权案件的所有法院，此外明确了技术调查官在事实查明中的职责为"提出建议"，以防止技术调查官的职权入侵法官的审判权，造成技术调查官成为事实上的法官。

技术调查官制度的孕育与发展离不开技术类知识产权审判体制的改革，两者具有同一性。纵观技术调查官的发展路径可以发现，技术调查官制度脱胎于司法鉴定制度，随司法鉴定人员定位于司法辅助人员，技术调查官伊始被定位于司法辅助人员；随着知识产权专门法院的设立，技术调查官的定位转变为审判辅助人员，解决了司法辅助人员语境下的书记员、法警等的定位混同问题。至于技术调查官的诉讼地位，现有的规定尚未予以明确，致使司法实践中技术调查官的事实查明机制形态各异，调查意见中所涉及的内容也存在边界模糊不清的问题。同时，技术调查意见的高采用率也是值得思考的问题。基于此，厘清技术调查官的诉讼地位与采用何种方式管理技术调查官，以及技术调查意见的采用与否的判定问题为本文的研究内容。

一、技术调查官制度之实践检视

我国现有的知识产权审判体制包括最高人民法院知识产权法庭、三个知识产权专业法院以及二十多个专门的知识产权法庭，各级审判机关的实践为探索技术调查官制度积累了有益经验。

（一）知识产权法院技术调查官选任模式的实践探索

北京、上海、广州知识产权法院依据《暂行规定》均成立了技术调查室作为管理技术调查官的专门机关，并相应地制定了有关技术调查官制度的规范性文件，例如北京知识产权法院制定的《技术调查官管理办法》和《技术调查官工作规则》。在技术调查官任用方式上，北京和广州知识产权法院均采用"编制型＋非编制型"技术调查官，编制型技术调查官具有公务员编制，非编制型技术调查官包括聘用技术调查官、交流技术调查官和兼职技术调查官。广州知识产权法院的非编制型技术调查官仅有交流技术调查官一种。无论是编制型技术调查官还是非编制型技术调查官都应当定位于审判辅助人员，其职责是为审判人员提供技术咨询意见。

知识产权法院在技术事实查明方面均采用多元化查明机制。北京知识产权法院采用"技术调查官＋技术专家委员会"的技术事实查明机制；上海知识产权法院采用"技术调查官＋技术咨询＋专家陪审＋技术鉴定"四位一体的技术事实查明机制①；广州知识产权法院采用"技术调查官＋技术顾问"的技术事实查明机制，技术顾问的适用扩展了广州知识产权法院技术调查官所涉的技术领域，解决了技术调查官人员不足以及其涉及技术领域狭小的问题。②

（二）知识产权法庭技术调查官选任模式的实践探索

除了专业的知识产权法院之外，各省市的知识产权法庭也在积极探索适合本

---

① 在知识产权诉讼中，对于本领域普通技术人员能够解释说明的问题，通过咨询技术调查官解决；对于所述领域疑难、复杂的技术问题，通过咨询权威的技术专家或者专家陪审员解决；对于需要借助一定的仪器设备或者搭建一定的环境进行分析、检测、鉴别的技术事实，由专业人员提供技术鉴定意见。

② 姜旭、曾于津：《广州知识产权法院"技术调查官＋技术顾问"模式正逐步兴起，具体都做些什么?》，《中国知识产权报》，2017 年 9 月 30 日。

地实际情况的技术事实查明机制。例如南京知识产权法庭采用聘任制的技术调查官模式；苏州知识产权法庭依托国家知识产权局专利局专利审查协作江苏中心的优势，选任审协中心的审查员兼职担任技术调查官；同样，郑州知识产权法庭依托国家知识产权局专利局专利审查协作河南中心的优势，采用非常设聘任制技术调查官的选任模式；长春知识产权法庭采用兼职技术调查官模式，技术调查官候选人由吉林省市场监督管理厅等有关单位或行业协会推荐，由长春知识产权法庭审核，聘任期三年。

（三）技术调查官参与诉讼的司法变革

技术调查官的表达方式由裁判文书首部挪至裁判文书尾部的署名部分，具体署名位置为法官助理之下、书记员之上。由首部移至尾部这一表达方式的变化，虽然在案件审理中并无实质性改变，但对于技术调查官的制度定位却具有重大意义。首部表达方式体现出对技术调查官的程序性描述，而尾部表达方式体现出对技术调查官全程参与案件审理的事实性描述，迎合了《若干规定》将《暂行规定》中司法辅助人员转变为审判辅助人员的制度意蕴。但此种表达方式的转变仅具有形式化意义，技术调查官具体参与了哪些技术性工作在裁判文书中仍无体现。

固然技术调查官的调查意见不予公开具有制度支持，但调查意见的不予公开和技术调查官参与诉讼的程序性公开并非等同。技术调查官的调查意见可以作为合议庭认定技术事实的参考，"参考"意味着调查意见不是可供当事人质证的证据，不具有证据的效力，但其在查明技术事实方面却具有决定性的作用，因此，对于技术调查官的调查意见体现出对裁判结果的实质贡献和诉讼中程序性价值。由程序转变为实质性价值，重视技术调查官的程序性告知意义，即须在首位概括性表述技术调查官参与了哪些技术事实的认定工作，例如"本院兼职/聘任制技术调查官××参与了本案询问、听证、开庭审理的程序，并提出了技术调查意见"。如此表述可弥补调查意见事实上意义重大却不予公开的问题，同时又可增加裁判文书的可信性。

二、技术调查官制度存在的问题

《若干规定》仅有 15 个条文，经归纳后可以分为管理性规定、程序性规定和权责性规定。管理性规定解决技术调查官由谁管理和如何管理的问题，程序性规定解决技术调查官如何参与诉讼的问题，权责性规定解决技术调查官的职权和责任问题。其中权责性规定具有决定性价值，即技术调查官具有哪些权利。

（一）技术调查官职权性规定存在不协调和不清楚的问题

技术调查官的辅助性定位与其权责的不协调问题。《若干规定》第二条明确技术调查官为审判辅助人员，如何理解"辅助"是问题之一。按照文意解释，辅助即为从旁帮助、协助，结合《若干规定》第六条对于技术调查官具体职责的规定，其中第（一）、（四）、（五）款中的"建议""意见"体现出帮助与协助的意蕴，而第（二）、（三）、（六）款规定的"调查取证、勘验、保全""评议"均属于民事诉讼规定的参与审判的实体性行为，尚未体现出帮助与协助的制度意蕴。虽然"参与""列席"等用词对于技术调查官的实体性参与审判程序具有限定作用，但仍可推知技术调查官的辅助性地位。

技术调查官的相关规定条文数量有限，内容过于笼统。纵观《若干规定》的条文，可以发现其内容大多为框架性规定，无法适应技术事实查明的实践需求。具体来说，对于技术事实争议焦点的确定不仅关涉当事人行使辩论权，而且直接影响法院的审理范围和裁判对象，但《若干规定》也仅笼统地规定了技术调查官提出建议的权利，至于依据什么提出建议以及何时提出建议未予明确规定。此外，《若干规定》明确技术调查官具有提出调查意见的权利，但对于技术调查意见的性质、内容及其边界，以及与法院判决中认定事实的关系等重要问题均未有明确规定。①

（二）技术调查官选任模式与调查意见的关系

实践中，知识产权法院与技术调查官的关系以编制型技术调查官为主，非编制型技术调查官为辅，其他知识产权法庭均以非编制型技术调查官为主。理论上，编制型技术调查官和非编制型技术调查官仅与管理机关存在形式差异，在出具调查意见时不应有所区别，然而在实践中，技术调查官的来源不同，受其工作经验以及职业思维影响，其对同一技术事实的判断可能并不相同。例如，来源于行政管理部门以及审协中心的技术调查官，其技术知识和法律思维与来源于大专院校的科研人员具有的单一技术领域的科学思维必然有所差异。因此，按照传统

---

① 杨秀清：《我国知识产权诉讼中技术调查官制度的完善》，《法商研究》2020 年第 6 期，第 166 – 180 页。

法律思维的三段论逻辑，专利法的法律规定的大前提具有确定性，而技术事实的认定却因逻辑思维和技术知识的差异导致小前提的差异，其裁判结论必然受制于小前提而有所差异，其结论很可能是大相径庭。因此，技术调查官的来源和性质与技术调查意见的结论呈正相关关系。

（三）技术调查官的"技术性事实查明"定位与法律适用的混同问题

依据《若干规定》第六条对于技术调查官职责的规定，技术调查官的职责被限定为就技术问题提供调查意见。此规定在理论上将技术类审判问题区分为技术问题和法律适用问题，技术调查官仅有对技术问题提出意见的权利。此种区分模式仅在理论上具有意义，在司法实践中，何为技术问题，何为法律问题，往往交织在一起，难以区分。例如，对于权利要求所涉及的技术术语的界定、技术方案与技术手段的具体内容、背景技术等纯技术问题，技术调查官尚且能够依据其技术知识提出调查意见，但当涉及改进发明是否属于本领域技术人员无须创造性劳动即可想到的、技术特征是否等同以及是否落入专利权保护范围等兼有技术问题与法律问题时，技术与法律的混同即成为技术调查官出具调查意见的制度障碍。技术调查官制度旨在协助欠缺专业技术知识背景的法官查明技术事实，而非为法官回避技术问题困难提供替代途径。[①] 实践中，当技术问题与法律问题混同时，因技术调查官具有的技术知识优势，使得技术调查官可能逾越技术事实查明的边界而作出法律判断，同样法官因为对技术事实查明问题的让渡，使得案件必然依赖技术调查官提出的调查意见，由此，技术调查官成为事实上的"法官"。

三、技术调查官制度的完善

技术事实的证明和法院对技术事实的认定是技术类案件审理的两个基本诉讼行为，诉讼程序的公正理念要求法院不仅正当地认定事实，而且保障当事人正当地行使诉讼权利。故只有合理地锚定技术调查官的诉讼地位，才能准确地框定技术调查官的具体职权。

（一）技术调查官审判辅助人员定位之否定论

《若干规定》将技术调查官定位为审判辅助人员，如何界定审判辅助人员成

---

① 杨秀清：《我国知识产权诉讼中技术调查官制度的完善》，《法商研究》2020年第6期，第166 – 180页。

为后续框定技术调查官职权的基础。辅助，即帮助、协助。审判辅助人员即帮助、协助法庭审理案件的人员。按此解释，技术调查官为帮助、协助审判案件的人员，而非审判员的辅助人员，也就与《若干规定》第九条"技术调查官应当在案件评议前就案件所涉技术问题提出技术调查意见"相吻合。但是，技术调查官设立的初衷是基于法官技术知识欠缺而给法官提供技术术语的解释与说明、技术方案或者技术特征的相同或等同的界定，以保证法官在查明技术事实的基础上履行审判职能。因此，技术调查官并非案件的审判辅助人员，其不具有独立从事辅助案件审判的诉讼地位，将技术调查官定性为审判辅助人员实为定性错误。

我国的技术调查官制度主要借鉴日本、韩国及我国台湾地区有关技术调查官的立法和成熟经验，结合我国司法实践中采用的专家辅助人、司法鉴定、专家咨询等事实查明机制。[①] 然而在借鉴的过程中却出现了制度基础与实践的悖论。在日本，"法院调查员制度是一项调查知识产权案件的审理、审判所需的技术性事项，辅佐审判员的制度"[②]，技术调查官就像"车子的两个车轮一样支持裁判官"[③]。由此可见，日本对于调查官的定位是协助法官审理技术类知识产权案件，是法官的技术专家，而非审判辅助人员。同样，我国台湾地区"智慧财产案件审理法"第4条规定，法院于必要时，得命技术审查官执行下列职务：为使诉讼关系明确，就事实上及法律上之事项，基于专业知识对当事人为说明或发问；对证人或鉴定人为直接发问；就本案向法官为意见之陈述；于证据保全时协助调查证据。技术审查官属于智财法官的辅助人员，相当于技术顾问或技术幕僚。[④]

我国设立技术调查官制度的初衷是协助法官理解技术知识继而认定技术事实，保障判断的客观性与公正性。此与日本设立调查官制度的初衷相吻合，因此，转移日本对于调查官的定位于我国适用，不存在水土不服的问题。据此，我国对于技术调查官的诉讼定位不应当为审判辅助人员，相比较而言，将其作为审判人员的辅助人员，似乎更为妥当。如此，方可体现辅助人员的帮助、协助色彩与审判人员的主体性地位。

---

① 宋晓明、王闯、吴蓉：《〈关于知识产权法院技术调查官参与诉讼活动若干问题的暂行规定〉的理解与适用》，《人民司法》2015年第7期，第32–34页。

② 李菊丹：《中日技术调查官制度比较研究》，《知识产权》2017年第8期，第96–105页。

③ 李菊丹：《中日技术调查官制度比较研究》，《知识产权》2017年第8期，第96–105页。

④ 邹享球：《技术调查官制度的理论设计及现实困惑》，《知识产权》2021年第4期，第45–57页。

（二）因地制宜，采用多样化的任职模式

关于技术调查官的选任问题，最高人民法院于 2017 年发布了《知识产权法院技术调查官选任工作指导意见（试行）》（以下简称《选任指导意见》），该意见的内容包括聘任方式、选任条件、评审条件、聘用期限等方面。三家知识产权法院进行了任职模式的有益实践，基本形成"在编技术调查官＋聘任制技术调查官＋兼职制技术调查官"的任职模式。各地知识产权法庭在遵循《选任指导意见》的基础上，尝试采用"聘任制＋兼职制"的任职模式。究竟哪种模式更为适应并不存在放之四海而皆准的统一标准。因此，综合考量各地案件数量、技术事实查明需求状况、经济能力等多方面标准，因地制宜、因事制宜采用适合本地技术、经济发展状况的任职模式为最优解。

除最高人民法院知识产权法庭和三家专业的知识产权法院之外，南京、苏州等东部沿海发达地区的技术类案件数量较大，相应地对于技术调查官的需求也更为强烈，因此，上述知识产权法院或者知识产权法庭采用在编型技术调查官模式较为适宜，经济性也较高。例如南京中院知识产权法庭采用聘任制技术调查官模式，公开向社会招录 5 名技术调查官，每名技术调查官的年薪设定为 20 万～30 万元，需要财政支出 100 万～150 万元。[1] 5 名技术调查官参与技术类案件审理 129 件，折合费用每件 7 750～11 600 元，[2] 当然随着受理案件的增多，折合每件案件所耗的费用会逐渐下降。

对于其他受理技术类知识产权案件的法院来说，如果受案数量不够多，采用在编型技术调查官必然会导致每件案件的费用畸高，有违经济性原则。因此，这些法院采用兼任制较为适宜，即按照选任标准建立技术调查官人才库，按照技术领域的不同选择一至二名技术调查官。技术调查官的薪酬按照参与的诉讼环节为费用计算标准，例如每名技术调查官每参加一次诉讼活动，则按照次数予以计费，例如长春中院知识产权法庭按照每参与一个诉讼环节给予薪酬 500 元，每个案件最多不超过 1 500 元，相较于南京知识产权法庭 7 000～10 000 元的每案标准更为经济。此外，对于技术调查官的管理，《若干规定》中明确可以设立技术调

---

[1] 姚志坚、刘方辉：《聘用制专职技术调查官制度的构建与完善：基于南京知识产权法庭的实践》，《法律适用》2019 年第 13 期，第 96－104 页。

[2] 姚志坚、刘方辉：《聘用制专职技术调查官制度的构建与完善：基于南京知识产权法庭的实践》，《法律适用》2019 年第 13 期，第 96－104 页。

查室，如果受理案件较少，无须成立技术调查室的，各家法院可以设立在原有的司法技术管理部门。总而言之，对于技术调查官的选任模式各有利弊，可以根据本地的具体情况，进一步尝试多样化的选任模式。

（三）构建多层次性的技术调查官制度模式

按照《选任指导意见》中对于技术调查官的资格条件为"理工科本科以上学历＋中级以上专业技术资格＋5年以上工作经验"，应当说任职条件还是比较宽松的，这就为各法院自主聘任技术调查官留出了足够的选择空间。根据技术类知识产权审理的不同需求和技术调查官的职称，可将技术调查官分为技术专家、科研人员、技术人员。技术专家一般是指在领域内有重要影响力的人员，科研人员一般是指在高等院校、科研院所工作的人员，技术人员一般是指在企业从事技术工作的人员。同时，参照《专业技术类公务员管理规定》中对应的十一个层次，按照职务序列分级、分类招聘，以适应不同技术案件的审理需求。例如，对于专利创造性的判断需要以本领域普通技术人员为审查视角，此时选用技术人员即可。而当技术类案件涉及前沿的科学技术时，技术专家可提供更为适当的调查意见。总之，以技术类审判的实际需求为导向，以多样化的技术人才储备为基础，以扩宽技术调查官的选任为途径，形成多层次性的技术调查官选任制度。

（四）明确技术调查意见的性质与边界

《若干规定》第九条至第十一条是关于技术调查意见的规定，三个条文规定了技术调查意见的时间要件、意见范围、规范性要素以及效力，但对于调查意见的性质却未予明确规定。根据《若干规定》中所采用的"技术调查意见不予公开"以及"技术调查意见可以作为合议庭认定技术事实的参考"的表述方式，可以明确调查意见的不公开不符合证据的开示性，其不是认定技术事实的证据。承接前文对于技术调查官作为审判人员的辅助人员的定位，与此相对应，其提出的技术调查意见属于一种供审判人员认定技术事实参考的专家咨询意见。据此，即使审判人员采纳技术调查意见，也只能将调查意见的内容转化为判决书中的事实理由，因此，是否采纳技术调查意见由审判人员决定，相应的责任也由其承担。

技术事实和法律问题的边界在理论上尚可以区分，而在具体的案件中，技术事实和法律解释的问题常常杂糅在一起，例如对于专利要求的解释，看似是一个法律问题，但法律规定以本领域的普通技术人员的角度进行解释，如此必然涉及技术事实的认定，由此法律问题中便融入技术问题，需要技术调查官的参与。此外，对于是否落入专利保护范围的判定、技术特征是否等同的认定以及专利无效宣告的可能性判定，均涉及法律与技术的杂糅问题，难以划定清晰的边界。因此为了防止技术调查官成为事实上的"法官"，应当明确技术调查意见的内容边界。如前所述，力图清晰地划定技术问题与法律问题的边界终归是徒劳的，因此需要转换思路，可行的办法是通过对技术调查官的定性来化解，即技术调查官为审判人员的辅助人员，技术调查官应当根据审判人员的具体要求对案件发表技术调查意见，且其意见内容是对技术事实进行描述、说明或者解释。进一步说，技术调查官只能就技术特征、技术方案等技术问题予以描述、解释或者说明，而对于技术方案是否落入专利权的保护范围、现有技术抗辩是否能够成立以及等同侵权的认定是否超越了技术问题的范畴等问题，法官应有独立判断。如此，一方面通过审判人员的要求在主观上限定技术调查问题的范围；另一方面通过描述、解释、说明等行为在客观上限定技术调查官的调查内容。

四、结语

科技发展的日新月异是推动法官智识能力提高的外部动因，跨领域、多学科、前沿性是技术类审判的内部动因。技术调查官制度的建立弥补了法官技术知识的欠缺，在查明技术事实方面具有举足轻重的作用。技术调查官制度作为迎合司法改革要求的新生制度，很难避免制度理论构建不完善、规范不健全、规则不清晰以及实践探索多样化的问题。为此，本文从既有制度、规范存在的问题为切入点，以重新界定技术调查官的诉讼地位为视角，探讨了技术调查官的选任模式和构建多层次性的技术调查官来源模式以及如何界定调查意见的性质和边界的问题。鉴于技术调查官制度的重要性和实践探索的多样性，本文对既有制度存在的问题予以反思，并提出完善意见，希望对进一步研究、探索技术调查官制度有所裨益。行文至此，仍有一个问题值得思考，现有规定均将技术调查官提出调查意见的范围限定为技术事实，而在实践中技术事实和法律问题的边界并非清晰明确，那么此种限定的意义就仅具有规范意义。我国台湾地区"智慧财产案件审理法"第 4 条规定"就事实上及法律上之事项"就包括法律上的事项，并未区分技术事实和法律问题，而只要将技术调查官定位于审判人员的技术专家，则无论是技术问题是否掺杂法律问题，最后的决策者仍是审判人员，在此视角下，是否有必要再区分技术事实和法律问题值得进一步研究。

（哈尔滨市中级人民法院　关　冰　刘子铭　朱晓彤）

角色定位篇

7

论技术调查官在知识产权诉讼中的角色定位

伴随着知识产权法院的建设，技术调查官被引入知识产权诉讼中，备受关注。2014 年最高人民法院颁布实施了《关于知识产权法院技术调查官参与诉讼活动若干问题的暂行规定》，北京、上海和广州三家知识产权法院也出台相应规定，形成了中国特色的技术调查官制度基本框架。目前，技术调查官的身影从最高人民法院和三家知识产权法院的密集出场，逐渐拓展至成都、南京、苏州、武汉等地的知识产权法庭。然而，无论在规范文本上还是在司法实践中，关于技术调查官的角色定位并不明确，可以说尚处于"名不正"的争议中，以至于有"言不顺"的尴尬，甚至有"事不成"的危险。① 本文试图从诉讼制度变迁、实践检测等方面探讨技术调查官的应然角色，为技术调查官"正名"。

一、技术调查官与法官

（一）技术调查官是法官的技术助手

按照我国的民事诉讼制度，当事人可以申请法院通知具有专门知识的人出庭，就鉴定人作出的鉴定意见或专业问题提出意见，具有专门知识的人的意见视为当事人的陈述，法院和当事人可以向其进行询问，当事人各自的具有专门知识

---

① "名不正"是指有些法院没有正式任命技术调查官或没有明确任命条件，"言不顺"表现在将技术调查官的意见作为证据交由当事人质证，"事不成"的危险则可能由于逆向选择导致技术调查官发表意见时畏首畏尾。

的人也可以对质。"具有专门知识的人"类似于英美法系的专家证人①，但是又不同于专家证人，他不具有证人的诉讼地位，其意见也不是证人证言，不能成为证据，而是视为当事人的陈述。具有专门知识的人对于当事人来说，犹如当事人的技术助手，故而在学术研究中也被称为专家辅助人。

以此视角看，技术调查官之于法官，正如专家辅助人之于当事人，是给法官提供辅助工作，是法官的技术助手。面对纷繁复杂的技术类案件，法官显然不是通才，但有了对应专业技术调查官的辅助，在分析、吸收技术调查官的意见后，他读懂了作为权利"脸谱"的专利技术方案，能初步判定涉案专利权的稳定性；他有了对技术事实进行认定、对比的能力，避免被当事人或专家辅助人误导。技术调查官在案件中的价值在于辅助法官进行技术认定和技术判断。

技术调查官之所以被称为"官"，因其是代表法院的官方技术专家，主要是协助法官认定和理解案件的技术事实，辅助法官行使的是公权力——审判权。这种"官"的定位，是其行为性质、效果使然。至于技术调查官是否必然为"领公家俸禄的人"，是管理学上的范畴，本文无意细究；但本文坚持的观点是，在强调高效行政管理的现代国家中，技术调查官在职位上的设置、管理与其行为性质、效果并无因果联系。

随着司法改革的深入，目前各地法院审判权运行机制逐渐形成了"主审法官＋法官助理＋书记员"的模式，也就是法官专职于审判，法官助理承担法律辅助工作，书记员承担司法事务性工作。技术调查官的出现，是法官在此团队架构中多了技术助手，与法官助理并驾齐驱，形成了法官的左膀右臂。在知识产权诉讼中，他们形成相互合作、分工明确、缺一不可、协作监督的关系，犹如机器人的双臂，共同构成了知识产权审判机制中的主要要素，保证案件的公平、高效和公正。正因如此，技术调查官作为定位于解决技术问题的司法辅助人员，其具备专业领域知识的角色能力能弥补和完善法官技术知识的缺乏，通过画图、打比方、举例子等各种方式协助法官快捷、高效地理解案件技术知识信息，这是其角色权力和角色责任的体现。② 法官通过技术调查官这只不可替代的"臂膀"，可

---

① 齐树洁、洪秀娟：《英国专家证人制度改革的启示与借鉴》，《中国司法》2006 年第 5 期，第 86 - 90 页。

② 不可替代性是角色定位的根本特征，在一定组织环境下和特定的时间段，体制系统基于角色能力、角色权力和角色责任决定了角色的不可替代性。

以迅速且准确地理解技术知识，并将其和法律知识相结合，从而对案件作出综合判断。

（二）技术调查官不是"影子法官"

技术事实的认定是知识产权诉讼的基础，技术调查官出具的技术意见一般会直接左右最后的审判结果，因此学界担忧技术调查官会成为"影子法官"，导致法院在审理知识产权案件中的主导权本末倒置。为此，在技术调查官制度的详细设计和具体落实中，必须对技术调查官的角色定位给予清晰的界定，并在客观程序上给予一定的限制，从而克服技术调查官可能成为"影子法官"的现实困难。具体地，技术调查官在参与诉讼活动时，应当恪守"有限参与"原则，止于事实认定领域的边界，避免越俎代庖而踏入法律适用的领域。例如技术调查官在出具技术审查意见时，不宜直接给出是否落入保护范围、是否构成等同侵权、现有技术抗辩是否成立等问题的结论，而是只针对专利涉及的争议技术事实焦点问题给出意见，必要时结合专利知识予以综合分析，但是最终的结论应当由法官结合法律剖析和技术审查意见进行综合判定。

事实上，由于技术调查官并不具备法官的专业法律知识，其出具的技术审查意见只是站在技术人员立场上给出的技术分析，可能与法律的具体适用并不一致，而且法官可能只针对案件中的一小部分疑难技术问题要求技术调查官出庭或给出意见，这种意见并不能作为整个案件的审判依据，更不可能直接左右审判结果。与此相对应的制度逻辑是，技术调查官不具有证人的诉讼地位，其意见不是证人证言，不成为证据，故而技术调查官不应当庭阐述或表达其技术意见或主张，其意见或主张不接受质证，也不应当对外公示。

在司法实务中，事实认定问题与法律适用问题往往交织在一起，不排除个别"懒政"的法官将涉及技术的问题一股脑推卸给技术调查官。针对这种倾向，技术调查官作为法官技术助手之角色定位契合"审理者裁判、裁判者负责"的司法责任制改革方向。担当责任主体的确定性使得技术调查官更加超脱。

二、技术事实认定机制的"帕累托改进"

帕累托最优（Pareto Efficiency）、帕累托改进（Pareto Improvement）是微观经济学特别是福利经济学上常用的分析工具，是以意大利经济学家帕累托（Vilfredo Pareto）命名的。帕累托最优是指资源分配的一种理想状态，在该状态下如果不损害一方利益，则另外一方利益就不可能增加。帕累托改进就是达到帕累托最优的路径和方法①，从一种分配状态到另一种状态的变化中，在没有使任何人境况变坏的前提下，使得至少一个人变得更好。在帕累托最优状态下，不可能再有更多的改进余地；如未达到帕累托最优状态，则有可能存在帕累托改进。在知识产权诉讼中的相关各方，诸如权利人、被诉侵权人、裁判者，甚至社会公众可视为因权利独占引起的纠纷"博弈"的参与者②，在事实认定环节，现有的技术事实认定手段包括司法技术鉴定、技术专家陪审和当事人的专家辅助等，但这些手段都存在可以提升优化的空间，尚未达到帕累托最优状态，即存在帕累托改进的余地。

现有的技术事实认定手段，一是司法鉴定的优越性在于其覆盖专业领域范围广泛，但是也存在容易出现多头鉴定、鉴定意见科学性不高、鉴定费用过高和耗时较长等问题③；二是专家陪审虽已在全国各地法院试行，但在制度设计上也存在专业领域契合率不高、选任机制不合理、审判权让渡等诸多问题；三是专家辅助人能提高审判专业辩论对抗性，但其服务于一方当事人的意见使得本来陌生的争议"水域"变得更加"浑浊"，法官在"兼听"之余更加"难断"。

相比于现有的技术事实认定模式，技术调查官制度以服务于法官为直接目的，协助法官进行技术事实审查，组织和解读分析鉴定报告，启动灵活方便，效率高，且不涉及法律意见的协助，其技术意见仅供法官参考，具有严格的中立性。正是在此意义上，有的法院提出了基于技术调查官、技术咨询专家、专家陪审员、技术鉴定人的"四位一体"技术事实调查认定体系，以提高知识产权案件技术事实认定的客观、准确和高效。④ 对比技术调查官设置前后的现有技术认定制度，我们分明可以看到，现有制度存在着改进的空间。技术调查官的参与，填补了上述诸手段存在的问题空间，不损害任何一方利益，反而与司法技术鉴定、技术专家陪审和当事人的专家辅助等制度联动，法官有了如同臂膀的"技术助手"，当事人可以节省诉讼开支，提高了司法效率和公信力，从新制度经济学

---

① 朱富强：《帕累托改进原则能否应用于社会改革实践的可行性和内在的保守性》，《学术月刊》2011 年第 10 期，第 82–90 页。

② 利用研究具有斗争或竞争性质现象的理论和方法，考虑诉讼中各方个体的预测行为和实际行为，并研究它们的优化策略。

③ 郭华：《鉴定意见证明论》，北京：中国检察出版社 2008 年版，第 46 页。

④ 黎淑兰、陈惠珍、凌宗亮：《技术调查官在知识产权审判中的职能定位与体系协调——兼论"四位一体"技术事实调查认定体系的构建》，出自中国知识产权论坛（2015）暨中国知识产权法学研究年会。

角度看，它实现了帕累托改进。该制度的推行使得参与各方均受益，基本不受到推行的阻力和干扰①，反面印证了帕累托改进的实现。将技术调查官角色定位于法官的"技术助手"正是这种改进的产物。

按照新制度经济学的观点，制度是一个社会的博弈规则，或者更规范地说，是人为设计的约束，组织着人类的相互交往。在新制度经济学视野中的规则包括正式规则和非正式规则。正式规则为政治权力、经济提供法律和秩序，包括政治规则、经济规则和契约。非正式规则诸如宗教规范、礼尚往来风俗、道德观念和荣誉伦理等②。在实施技术调查官制度之前，法官在知识产权诉讼中遇到技术问题时，除了上述现有的技术认定辅助手段外，法官还会通过向法院内部技术人员、亲朋好友、同学等咨询来理解和分析技术问题。现在实施的技术调查官制度，毋宁看作是将这部分人"招安"为正式的技术调查官，正是从非正式规则到正式规则的转变。

综上，无论是制度的改进还是规则的转变，都可以看作是制度的变迁。制度变迁就是高效率制度对另一制度的替代过程。由于制度安排决定了经济效率，一种制度安排的效率就可能不同于另一种，制度变迁涉及制度创新。在广泛涉及技术进步的知识产权审判领域引入技术调查官制度创新，呈现了制度创新对技术创新的正向联动效应。

三、技术调查官制度与我国民事诉讼制度的契合

英美法系国家和大陆法系国家采取不同的制度来实现对于技术事实的审查认定，我国法律体系属大陆法系，技术调查官制度与我国民事诉讼制度有着天然的契合。

（一）境外技术事实认定辅助角色定位

1. 英美法系国家

英美法系国家辅助法官进行技术事实认定主要是采用专家证人制度，兼用技术顾问和技术陪审员制度。美国主要在专业法官的基础上辅以专家证人、技术顾

---

① 杨永：《法律的法律效果与社会效果的帕累托最优：基于婚龄的研究》，《经济师》2010 年第 10 期，第 81 - 85 页。

② 郑志柱：《专利侵权的等同判定原则及其与技术进步的互动性研究》，广州：暨南大学博士学位论文，2014 年。

问和有技术背景的法官助理进行协助，专业法官同时具备技术和法律教育背景，专家证人是由当事人提供并经法院严格审查后任命的技术专家，技术顾问是接受法院针对个案临时咨询的外部专家，不是司法辅助人员也不是证人。① 英国专利法院可以选择的技术辅助角色有专家证人、外聘技术顾问和技术陪审员，技术陪审员是法院委任的并由当事人支付报酬，当事人可以质疑其资质，其向法官提供的技术报告应送达双方当事人，但其不出庭也不接受询问。②

英美法系国家的当事人主义诉讼模式决定了其多用外部的技术辅助角色来认定技术事实。如双方聘请的专家证人当庭抗辩使技术事实"越辩越明"，技术陪审员和专家证人的结合保障了当事人在技术事实认定过程中的基本权利，对法官认定技术事实有积极作用。然而，专家证人和技术陪审员制度存在难以区分技术事实和法律事实、诉讼效率不高、专家证人立场不够中立等问题。

2. 大陆法系国家

大陆法系国家对于技术事实的认定通常采用的是技术法官、技术调查官、技术审查官或技术专家制度。德国联邦专利法院设置了技术法官，其与法律法官地位等同，共同审理涉技术知识产权案件，负责技术事实的认定，与法律法官在法律适用方面有相同的表决权，对于少数技术法官不能解决的复杂案件则需要技术专家到庭作证。③ 日本法院于1949年设置了调查官和专家委员会来解决专业技术问题，调查官定位于司法辅助人员，专家委员是非常任职员，他们的意见对法官仅具有参考作用且不对外公开。韩国专利法院于1998年设立了技术审理官，其根据法庭需要提供技术参考辅助法官审判。我国台湾地区智慧财产法院参照日本和韩国设置了技术审查官制度，同样定位于司法辅助人员，对裁判结果不具有表决权。④

大陆法系国家的职权主义模式决定了其多用内部的技术辅助角色来认定技术事实。德国因特殊历史原因而设立了技术法官，起初德国专利局分法律人员和技术人员，两者配合才能对专利确权授权作出认定，后来技术人员认为其已经能独

---

① 黄琨：《论我国知识产权审判中技术调查官制度的再造》，石家庄：河北经贸大学硕士学位论文，2016年。

② 徐昕：《英国民事诉讼规则》，北京：中国法制出版社2001年版，第182页。

③ 郭寿康、李剑：《我国知识产权审判组织专门化问题研究：以德国联邦专利法院为视角》，《法学家》2008年第4期，第59–65页。

④ 马浥菲、韩元牧：《简述技术事实之审查——从我国知识产权法院设立技术调查官制度谈起》，《中国发明与专利》2015年第5期，第53页。

立解决法律问题而逐渐不愿意与法律人员一起工作，且在专利法院建立前专利局决定并不受司法审查，技术法官的设置提高了审判效率，但对技术法官资质要求较高导致选任困难，且技术法官也不可能覆盖所有技术领域。日本的专家委员会弥补了技术调查官技术领域覆盖不全面的问题，但两者如何进行分工协调以及技术审查意见是否对外公开等问题在日本学界仍有争议。韩国和我国台湾地区的技术审查官对协助法官认定技术事实大有裨益，但也存在法官过于依赖技术审查官意见，技术审查官演化为"影子法官"，法官对技术审查意见是否采纳、心证公开难以实现等问题。

（二）技术调查官于我国诉讼制度中的角色定位

基于我国以职权主义为基础的民事诉讼制度，结合我国三家知识产权法院民行二合一的管辖方式，从具体制度的收益和成本角度衡量，中国技术调查官应定位于法官的"技术助手"，在各项具体职责中基于"有限参与"原则，止于技术事实认定边界。

1. 庭审前的预备工作

英美法系民事诉讼分为事实审理前的程序和事实审理程序①，事实审理前的程序并不是审理程序，由双方当事人主导通过各种方法发现和明确与案件有关的事实，法官不主导该程序也不认定事实。大陆法系法官在运用法律作出裁判时必须严格忠于立法原意，无权摆脱法律规则约束，法官在开庭前就大量接触证据和案件材料，在开庭过程中拥有宽泛的主动调查询问权，法官从始至终都要参与案件事实的发现和认定，可以有充足的时间和手段来认定案件事实。在大陆法系诉讼制度下，技术调查官作为法官的"技术助手"，也应当全程参与到案件诉讼中，在庭审前通过查阅卷宗材料、必要时检索相关专利及背景技术知识等方法，提炼出案件存在的技术问题和争议焦点。

2. 庭审中的参与模式

大陆法系诉讼采用职权主义模式，是从成文法出发，其民事诉讼制度以法官在诉讼中的主导权为基础，法官依照职权控制整个诉讼运行，对诉讼程序的全过程拥有绝对的主导权。② 我国技术调查官作为法官的"技术助手"，应当遵循法

---

① 姜启波、张力：《民事审前准备》，北京：人民法院出版社2008年版，第234页。

② 陈磊：《技术调查官制度之实务运作及精进措施——当事人诉讼程序保障之维度》，《新疆大学学报（哲学社会科学版）》2017年第1期，第45－54页。

官的主导权定位,主动积极介入涉案技术事实的调查,引导技术事实调查的进行以保证实体公正的实现,进而提高诉讼效率。在庭审中设置固定的技术事实认定环节,并强制要求技术调查官参与并引导该环节,技术调查官经法官同意后,可以对双方当事人进行发问,引导双方对争议的技术焦点问题展开论述,但技术调查官不受当事人的质问,在此环节上,技术调查官的地位如同法官,是居于当事人之上的技术裁判者。

3. 庭审外的合议制技术评议

大陆法系重视实体,除轻微案件由独任制审判外都采用合议制,由多个法官共同组成合议庭审理案件。合议制可以提供的信息和方案较丰富,在容易出错的复杂案件上可以有更多的校正和检验。① 目前的司法实践中很多知识产权案件只指派一名技术调查官参与案件,虽然部分疑难复杂案件可能还有技术咨询专家的协助,但是有些技术问题依然存在争议,且每个知识产权案件涉技术问题的领域和复杂程序均不相同,故独任制技术调查官不能保障技术审查意见的充分说服力;同时由于技术意见一般对案件事实认定有决定性作用,独立前也会给技术调查官带来较大压力。因此,技术调查官可以参照法官设置合议制度,对于涉案技术较为复杂前沿或争议较大的,应当设立多个技术调查官同时参与案件,或者由技术咨询专家和技术顾问以技术调查官助理身份协同技术调查官开展工作,并经充分讨论协商后以多数人意见给出最终的技术审查意见。

四、技术调查官在知识产权诉讼中角色定位的实践检测

本部分以广州知识产权法院的历年案件数据为论据,从技术调查官在实践中效益的发挥,结合实际案例展开分析,实证论述技术调查官在知识产权诉讼中的角色定位。

(一)广州知识产权法院技术调查案件运行数据分析

广州知识产权法院成立于 2014 年底,也是全国最早启用技术调查官的法院,因此将该院成立以来的前两年数据作为分析范例足够说明问题。从表 1 可以知道,该院 2015 年技术类案件②结案数为 1 686 件,2016 年技术类案件结案数为

---

① 姜梅:《现行合议制的变革与完善》,《人民司法》2013 年第 11 期,第 62 – 65 页。
② 技术类案件主要包括涉专利案件、计算机软件案件、信息网络传播权案件及其他。

3 387件，同比增长 100.89%，技术类案件占所有案件比重也从 49.66% 增长至 68.84%，增速明显。此外，技术类案件的平均审理时间也从 2015 年的 136 天增长至 2016 年的 185 天，同比增长 36.03%，这与技术类案件数以及该院新收案数剧增有关。广州知识产权法院成立前预计年收案为 5 000 件，员额法官为 30 名，但 2017 年上半年收案就已超过 3 000 件，法官人均结案数远高于全省人均结案数，案多人少问题突出。即使这样，技术类案件增长比例 100.89%，远高于技术类案件的平均审理时间增长比例 36.03%，可以看出在案多人少矛盾突出的情况下，有了技术调查官的协助，该院技术类案件的审理效率还是得到了显著的提高。

表 1   技术类案件数及审理天数情况表

年份	总结案数/件	技术类案件结案数/件	技术类案件比例/%	技术类案件平均审理时间/天
2015	3 395	1 686	49.66	136
2016	4 920	3 387	68.84	185

2015 年该院启用技术调查官案件总计 16 件，2016 年为 94 件，同比增长 487.5%。在 2016 年的 104 件案件中，其中参与庭审 25 件、证据保全或勘验 18 件、技术比对或咨询 61 件；已结 83 件，其中调解撤诉结案 20 件，调撤率为 24.1%，高于全院 21.7% 的调撤率；在 63 件判决结案的案件中，出具书面技术审查意见 25 份，采纳率为 100%。2016 年全院案件发回重审改判率为 7.21%，技术调查案件发改率为 0%。技术调查官的参与，促使了一批疑难复杂、长期未结案件高效地案结事了，显著提高了知识产权审判的质效。

（二）技术调查官在知识产权诉讼中的具体职责

按照《广州知识产权法院技术调查工作规程（试行）》，技术调查官履行对原告权利所涉技术方案、被诉侵权技术方案以及当事人提出的其他技术方案进行分析和研究，熟悉和理解相关技术原理，协助法官进行调查取证、勘验、保全和技术比对工作，并就技术方案之间是否构成相同或者等同提出意见等职责，根据案件涉及的技术难点在以下若干方面发挥辅助作用。

1. 专利权利要求的解释

知识产权诉讼中通常都同时涉及法律问题和技术问题，虽然两者之间有其各自的特性，但是也存在共性，对技术争议焦点的认定必须结合两者同时考量才能得出科学的结论。① 例如专利侵权诉讼的第一步就是专利权保护范围的确定，即对权利要求作出解释，在传统的专利诉讼实务中一般认为该问题是属于法律问题。但是，由于专利本身的技术性特点，在对专利权利要求进行解释时应当从所属技术领域的普通技术人员的角度进行，这就必然涉及技术问题，那么就离不开作为本领域普通技术人员的技术调查官的协助。

技术调查官可以针对争议的技术特征为法官提供一个从本领域普通技术人员所理解到的字面意思，同时提供一个在阅读说明书以及附图后对该技术特征产生的另外一个意思②，特殊情况下还可以结合专利审查档案或 PCT 专利的优先权文本或同族专利来进行解释，这种情况通常是因翻译出错而导致的争议，最终由法官决定采取哪种解释方案。

例如在广州知识产权法院审理的一起侵害发明专利权纠纷案件中，涉案专利为"糖果玩具及其生产方法"，原告保护专利权利的要求为：一种糖果玩具，它是由许多基本上平行并列的且由泡沫糖和果胶构成的浇注片或片型件构成的。被告认为其产品中除了果胶还包含明胶和琼脂，不同于专利限定的由泡沫糖和果胶构成。技术调查官针对本案权利要求中"泡沫糖和果胶"的解释以及"明胶和琼脂"的定义给出意见，包括本领域通常理解、中文字面理解、PCT 专利外文含义。法官根据技术调查官意见，结合法律意见进行综合分析，最后采纳其中一种解释并作出不构成等同侵权的判决。

2. 是否落入专利保护范围的判定

完成权利要求解释的工作后，下一步是将被诉侵权产品的技术方案与涉案专利的技术方案进行比对，判定其是否落入保护范围。根据"全面覆盖"的对比原则，应当将被诉侵权技术方案中的每一个技术特征与专利技术方案中的相应技术特征进行比对，这本质上是技术问题，因此技术审查意见应当明确给出是否落入保护范围的结论。本文认为是否落入保护范围虽然表面上涉及技术问题，但是其实质上属于法律问题，应由法官结合技术调查官给出的意见，并综合其他各种

---

① 周璨：《比较法视角下我国技术调查官制度的完善》，《法制博览》2017 年第 14 期，第 118 - 119 页。

② 我国采用的是折中解释原则，即解释权利要求时应以权利要求记载的技术内容为准，根据说明书以及附图合理确定保护范围。

因素作出判定。技术调查官应只对技术比对中双方存在争议的技术问题给出意见，例如被诉侵权产品是否具备某个技术特征以及对被诉侵权产品的技术手段、功能和效果的认定等。

3. 是否构成等同侵权的认定

在认定被诉侵权产品与涉案专利"字面不相同"的情况下，可能还要进一步判断两者是否构成等同侵权，其判定步骤为先对比两个技术方案获得区别技术特征，再分析其是否属于"以基本相同的手段，实现基本相同的功能，达到基本相同的效果"，最后再判定其是否无须经过本领域的普通技术人员通过创造性劳动就能够想到，这一判定应属于法律问题。在这个问题上，技术调查官可同时利用其专利专长和技术专长为法官提供协助。不过，技术调查官的意见应仅限于两个方案的技术手段、技术功能和效果差异，以及这种改进是否属于本领域的公知常识或惯用手段等，必要时可以利用专利检索结果辅证以增加法官采纳的确信度，但不应直接给出是否构成等同侵权的结论。

4. 是否支持现有技术抗辩的判定

现有技术抗辩会涉及将被诉落入专利权利保护范围的全部技术特征与一项现有技术方案中的相应技术特征进行比对，判定是否构成相同或等同，同时是被诉侵权技术方案还可能是一项现有技术与公知常识的简单结合。参照是否落入保护范围以及是否构成等同侵权的判定，技术调查官在现有技术抗辩中，应当对法官提供涉及具体技术特征的争议以及对被诉侵权产品的技术手段、功能和效果判定的技术意见，不应直接提出现有技术抗辩是否成立的结论。

5. 涉案专利权被宣告无效的可能性判定

专利侵权诉讼中被告方向复审委提出专利无效的申请是很常见的手段，此时法官面临的"两难"处境为是否中止案件审理。如果中止审理，那么必须等待专利无效的行政审查，司法审判一审、二审，甚至再审程序后才能恢复审理，诉讼期间被不可控地无限拉长；如果不中止审理，那么侵权判定结果将可能与最终的专利效力审查结果不一致，损害当事人的合法权益。[①] 在这种情况下，法官寄期望于技术调查官，希望其能给出一个专利无效概率的初步判断。即使专利无效本应属于专利确权程序中的事项，但是对于部分具备专利审查或无效经验的技术

---

① 易玲：《我国专利诉讼中技术法官制度面临的挑战》，《湘潭大学学报（哲学社会科学版）》2014年第3期，第81-83页。

调查官，其给出的初步意见能促进司法审判的效率和公正，所以这并无不妥。但是，技术调查官应对当事人提供的无效证据材料进行初步审查，针对仅限诸如缺乏必要技术特征、不属于专利授权范围、违反法律和社会公德等明显无效的情形，为法官提供专利无效可能性的意见，作为法官是否中止案件审理的参考依据，以便节约司法效率和司法资源，提升司法公信力。

五、结语

当前，司法改革正如火如荼进行着。技术调查官制度的设置正是司法改革大工程中的一部分，是知识产权诉讼制度变迁的结果。冠其以"官"字，暗含着改革者、制度设计者对司法权威的期待，可以理解为"代表官家说话"。在"审理者裁判，裁判者负责"的法官司法责任制语境中，技术调查官是法官的臂膀，其与法官助理联袂列成法官的"王朝""马汉"，共同辅助法官认定事实、适用法律，在技术创新领域叠加制度创新，为创新驱动发展战略的保障制度锦上添花。

(广州知识产权法院　郑志柱　林奕濠)

8

沿依我国技术调查官制度的设计初衷
探索技术调查官的身份定位

——以广州知识产权法院司法实践为例

2014 年 8 月 31 日，第十二届全国人大常委会通过《关于在北京、上海、广州设立知识产权法院的决定》，同年，北京、上海、广州知识产权法院相继挂牌成立。与其他两家知识产权法院一样，广州知识产权法院不仅承担着完善知识产权司法保护制度、提高知识产权保护效果的任务，还肩负司法体制改革先行者和探索者的重要使命。知识产权法院成立伊始，万众瞩目，在知识产权法院的众多制度创新中，最为人们所关注的莫过于技术调查官制度。笔者作为全国第一个参与诉讼活动的法院在编技术调查官，从履职第一天开始，就一直在思考和实践我国技术调查官制度的相关问题，并依据最高人民法院发布的《关于知识产权法院技术调查官参与诉讼活动若干问题的暂行规定》（以下简称《暂行规定》），开全国之先河，先后起草并经本院研究制定了《广州知识产权法院关于技术调查官参与诉讼活动的暂行办法》《广州知识产权法院技术调查官选任和管理暂行办法》《广州知识产权法院技术调查工作规程（试行）》等技术调查官制度落地实施的三个规范性文件，初步解决了技术调查工作"做什么""谁来做"和"怎么做"的问题。技术调查官制度在我国实施近三年来，各地法院在技术调查工作"做什么"和"怎么做"的问题上，认识和做法基本趋于一致，但在"谁来做"的问题上，各方意见仍不统一，而最高人民法院也一直未正式出台相应的文件规定。因此，笔者希望沿依我国技术调查官制度的设计初衷，并结合技术调查官制度在广州知识产权法院的实践，对技术调查官的身份定位这一问题谈谈个人的粗浅认识。

一、角色定位决定了技术调查官的非社会化属性

2014 年 12 月 31 日最高人民法院发布了《暂行规定》，其中第一条第一款明确，"知识产权法院配备技术调查官，技术调查官属于司法辅助人员"。对此，本人将从以下几个方面进行解读：

（一）技术调查官应当是法院内部人员

什么是司法辅助人员？根据权威解释，人民法院的司法辅助人员称为审判辅助人员，是法院内部除法官外从事审判辅助工作的其他工作人员，主要包括法官助理、书记员、司法警察和执行员等。[①] 按照目前法院用人制度，法院内部工作人员包括在编干部和聘用制人员，而"技术调查官属于司法辅助人员"，暂不论其是否应属于在编干部，但至少应该是法院内部工作人员，其任职资格、程序、管理等都要参照法院内部的相关规定执行，任命后非经严格的法定程序不得免职。因此，应当排除其他社会人员到法院任兼职技术调查官的情形，而且兼职技术调查官与咨询专家只是名称不同，其所发挥的作用没有多大区别，这种做法本身也有悖于我国技术调查官制度的设计初衷。

（二）技术调查官应该是法院在编干部

技术调查官为什么叫技术调查官，而不是叫技术调查员或者技术调查师？从字面上理解，在《辞海》中，"官"字的解释是担任国家或政府职务的人员。[②] 从引申义来看，"宀"表示区域、范围，"𠂤"则有盛、多之意，"𠂤"居于"宀"之下，形成一个"官"字，表示在一定范围内管理众人，是为国家和君主管理相关事务的人员。因此技术调查官是"官"，应当属于国家工作人员，也就是法院在编干部。

（三）技术调查官的地位应该高于或至少等同于法官助理

技术调查官制度是针对知识产权技术类案件专业性较强的特点所设立的特有制度。目前我国法官多不具备理工科专业背景，在知识产权技术类案件审理中引入技术调查官的目的是弥补法官专业技术知识的不足，作为法官的技术助手，在

---

① 江必新：《法院人员分类改革的现实背景与理想模式》，《法官职业化建设指导与研究》2007 年第 1 期，第 14、16 页。

② 夏征农、陈至立主编：《辞海》（第六版普及本），上海：上海辞书出版社 2010 年版，第 256 页。

案件涉及技术问题时由技术调查官提供技术审查意见供法官参考。技术调查官虽然不具有审判权，但其辅助行为与法官助理协助法官处理事务性的工作不同，技术调查官的工作成果能对法官的判决结果产生影响，有时甚至会成为法官判决的依据。对于有人将技术调查官定位为翻译、桥梁、导游、船工等，即法官通过技术调查官这一桥梁、导游或船工的承载、指引可到达彼岸，这一说法笔者不敢苟同。一方面，在专业技术案件审判中，涉及大量的专业术语和相关专业理论知识，法官在短期内根本无法理解和掌握，更不用说对一些复杂技术问题形成全面而深刻的认识；另一方面，在当前案多人少的背景下，知识产权法院的法官清案任务很重，即使是一个"最强大脑"和"跨界达人"法官，也不可能有那么多的时间对每一件案件的专业信息通过技术调查官这一"桥梁"就能学习和掌握，从而到达专业领域的"彼岸"。因此，在法官分身乏术以及缺乏专业背景的情况下，法官更多的只是需要技术调查官从目的地带来真实、可靠的结果而非亲历探访目的地的过程。如果说法官对案件的审理包括事实审和法律审两个部分，那么知识产权审判法官对专利等技术类案件的审理同样也包括两个部分，一个是技术审，一个是法律审，知识产权审判法官为对案件的技术问题形成专业和客观的判断所进行的技术审部分，则主要通过技术调查官来实现。[①] 因此，技术调查官在参与诉讼活动中所发挥的作用和产生的影响要高于法官助理。

二、职能定位决定了技术调查官的工作职权属于司法权

在《暂行规定》中，明确规定知识产权法院审理有关专利、植物新品种、集成电路布图设计、技术秘密、计算机软件等专业技术性较强的民事和行政案件时，可以指派技术调查官参与诉讼活动。技术调查官根据法官的要求，就案件有关技术问题履行下列职责：①通过查阅诉讼文书和证据材料，明确技术事实的争议焦点；②对技术事实的调查范围、顺序、方法提出建议；③参与调查取证、勘验、保全，并对其方法、步骤等提出建议；④参与询问、听证、庭审活动；⑤提出技术审查意见，列席合议庭评议；⑥必要时，协助法官组织鉴定人、相关技术领域的专业人员提出鉴定意见、咨询意见；⑦完成法官指派的其他相关工作。由此，我们可以得出以下结论：

---

① 廖真：《我国知识产权技术调查官制度设置相关研究》，暨南大学硕士学位论文，2014 年，第26 页。

（一）技术调查官行使的是国家公权力

技术调查官的基本职能，是协助法官理解和查明案件所涉的专业技术问题，列席案件评议时，针对案件有关技术问题提出意见，接受法官对技术问题的询问。如果单纯从其基本职能来看，似乎技术调查官只是法官的技术顾问，与专家证人、专家辅助人、专家咨询没有太大区别，但从技术调查官的具体职责中，我们可以看出，技术调查官在参与诉讼活动时，他们的职责与专家证人等有着本质的区别，一方面，他们从幕后走到了台前，技术调查官坐上了审判法庭的审判辅助席位，直接向争议双方当事人发问，并要列席合议庭讨论就案件涉及的技术问题接受法官的咨询，发表技术审查意见，参与了审理和裁判的全过程，在技术问题上协助法官行使审判权；① 另一方面，技术调查官需要在庭审记录上签字，需要在裁判文书上具名，为技术审查意见的后果承担责任。

（二）目前国家并无对人民陪审员外的其他非国家公务人员行使国家公权力进行赋权

我国自 2005 年 5 月 1 日开始实施人民陪审员制度以来，人民陪审员在体现人民当家作主，提高司法透明度，缓解人案矛盾，提高办案效率等方面发挥了非常重要的作用，对促进人民法院公正司法、增强司法权威、改善司法环境等具有十分重要的意义。② 人民陪审员在参与法院办案时，享有法官同等权力，而就他们的身份来说，人民陪审员不是法院内部工作人员，更不是国家公务员。因此，有人认为，人民陪审员不是法院工作人员，却能行使与法官同等的审判权，临时聘用人员、外聘兼职人员同样可以作为技术调查官履行审判辅助职能。殊不知，人民陪审员制度是国家司法制度，人民陪审员的职权是国家法律赋予的，而目前国家并无对除人民陪审员之外的其他非国家公务人员参与诉讼活动进行司法赋权。

（三）技术调查官的职务行为多数时候对案件定性起决定作用

知识产权侵权诉讼大多涉及技术的判断，技术问题的结论往往又直接影响着法律事实的认定，而在多数情况下，法官对于专业技术领域不熟悉，因此，技术

---

① 周璨：《比较法视角下我国技术调查官制度的完善》，《法制博览》2017 年第 14 期，118 – 119 页。
② 苗炎：《司法民主：完善人民陪审员制度的价值依归》，《法商研究》2015 年第 1 期，第 121 – 128 页。

调查官出具的技术审查意见便成为法官裁决的重要依据，有时甚至左右最终的判决结果。广州知识产权法院成立近三年来，技术调查官为法官提供的技术审查意见被法官采纳的情况足以说明这个问题。据统计，截至2017年6月30日，广州知识产权法院技术调查官共参与208件案件的诉讼活动，其中，参与庭审57件、证据保全或勘验50件、技术比对或咨询101件，出具书面技术审查意见书48份，在所有判决结案的案件中技术审查意见的采纳率为100%。

三、机构设置决定了技术调查室不仅是职能部门更是业务部门

《暂行规定》第一条第二款明确规定，"知识产权法院设置技术调查室，负责技术调查官的日常管理"。机构设置原本是机构编制部门管理的事项，但在最高人民法院的司法解释中专门用一个条款来明确机构设置事项实属少见，可见技术调查室对于知识产权法院的重要性和必要性。

（一）设置技术调查室对于知识产权法院来说是"刚需"

对于全国设立的三家知识产权法院，全国人大和最高人民法院要求，作为新型法院，知识产权法院要为人民法院司法体制改革树立样板，在扁平化管理方面为全国法院提供可复制的经验。因此，即使不跟传统中级人民法院比较，仅相对于其他专门法院十几个内设机构而言，中央编办、最高人民法院对知识产权法院的机构设置和人员编制也给予了法院设置史上最严格的控制，明确其只能设立6个内设机构，而把传统法院包括政治部、办公室、行政后勤、纪检监察在内的十余个职能部门的工作整合成一个内设机构——综合办公室。就是在这样的情况下，仍将其中的一个内设机构用于设置技术调查室，其对知识产权法院的重要性不言而喻。

（二）单独的管理职能不需要通过设置专门机构来实现

《暂行规定》明确技术调查室负责技术调查官的日常管理，这只是明确技术调查官的管理主体，并不意味管理职能就是技术调查室的全部职能。如果设置技术调查室的目的仅仅是对技术调查官进行日常管理、调配、考核的话，这项工作更应该划归综合办公室。我们知道，人民陪审员在人民法院的司法实践中承担了十分重要的任务，按照最高人民法院实施的人民陪审员倍增计划，基层法院人民

陪审员数量与法官数量的比将达到 1 : 1 以上①，也就是说全国法院人民陪审员的数量应该超过 20 万人。如果技术调查室仅限于对技术调查官的管理，那么数量不小的人民陪审员更应该设立专门机构负责管理，但实践中除最高人民法院设立了人民陪审员管理办公室负责全国法院人民陪审员制度的研究和指导外，地方各级法院几乎无一例外地将人民陪审员的管理纳入了政工人事部门的职责范畴，没有为人民陪审员的管理设置专门机构。以人民陪审员制度之重、人民陪审员数量之众，在机构数量数倍于知识产权法院的地方各级人民法院尚且没有为其设置专门的管理机构，而在知识产权法院设置技术调查室，只能说明，知识产权法院的技术调查室不是单纯的管理部门，还应该是业务部门。

（三）事实上绝大多数技术案件可由法院内部的技术调查官解决

目前，广州知识产权法院技术调查室共有 6 名技术调查官，其中，学士 3 名、硕士 2 名、博士 1 名，专业领域包括计算机、通信、化学、化工、机械、自动化等，主要来自省内各级人民法院，少数来自法院系统外的科研机构，均为政法编公务员。2016 年，在当时仅有 3 名技术调查官的情况下，受理技术调查案件 94 件（不包括口头咨询），其中，专利案件 34 件（发明专利 18 件，外观专利 3 件，实用新型专利 13 件），计算机软件案件 28 件，办结的 94 件案件中，仅有 20 件案件动用技术咨询专家或商请审协广东中心派审查员协助工作，将近 80% 的案件均由该院在编技术调查官独立完成。2017 年上半年，尽管受案件数量激增、新增人员未全面正式到岗的影响，技术调查官独立完成技术调查案件的占比略有降低，但在受理的 98 件技术调查案件中，也仅有 28 件案件由审协广东中心派审查员协助完成，该院在编技术调查官独立完成技术调查任务的占比仍然高达 71.4%。

四、技术调查官的身份定位及优劣势分析

综合以上分析，我们可以对技术调查官的身份定位给出结论，但是如同任何事物都有两面性一样，笔者根据我国技术调查官制度的设计初衷推定的技术调查官身份定位既有其优势，也存在先天不足。扬其所长，仅取决于决策者的认识和态度，而如何避短，则是执行者需要思考和解决的问题。

---

① 最高人民法院、司法部《关于印发〈人民陪审员制度改革试点方案〉的通知》法〔2015〕100 号。

（一）技术调查官的身份应当为有专业技术背景的在编公务员

从角色定位看，技术调查官应当是法院的在编干部，其地位应当高于或至少等同于法官助理；从职能定位看，技术调查官行使的是国家的公权力，是司法权，非经法律授权非公务员不应履职；从机构设置看，技术调查室是业务部门，不是外聘和兼职人员的管理机构，应当"自己的事情自己做"。技术调查官的身份必须符合以上三个定位，而能够同时满足以上定位条件的只能是有专业技术背景的在编公务员。当然，除了这种正常情况之外，也可以参照政法高校教师到法院交流任职当法官的做法，从行政机关、工科院校和科研机构选派专业技术人员交流到知识产权法院任技术调查官。

当然，这只是担任技术调查官的基本条件，除此之外，技术调查官还应该具备什么样的资格条件，笔者将另行撰文进行探讨。但笔者认为有两点应该可以确定：一个是高级职称不是担任技术调查官的必要条件。在知识产权审判实践中，涉及技术问题的绝大多数为实用新型专利案件和著作权中与计算机软件及网络传播相关的案件。据统计，2016年，广州知识产权法院技术调查官参与诉讼活动的所有案件中，发明专利14件，实用新型22件，计算机软件相关的24件，侵害作品信息网络传播权纠纷33件，发明专利占比仅为15.05%。由于我国对实用新型专利申报门槛偏低，因此，垃圾专利较多，除了发明专利外，其他专利和著作权案件技术含量普遍都不是太高[1]，一般情况下，相关专业本科文化程度的专业技术人员就能够弄懂并帮助法官理解相关技术问题。广州知识产权法院现有的技术调查官没有一个具备高级技术职称，更没有一个全省乃至全国知名的专家，但绝大多数技术案件通过他们都得到了很好的处理。有观点认为，由于技术调查官的专业性要求，技术调查官应当是院士或知名专家等具有较高专业素养的人员。[2] 当然，理想主义者追求之纯粹永远是值得尊敬的，但现实才是我们探讨的出发点。在当前情势下，知识产权法院恐怕很难吸引到知名专家来担任技术调查官，更不论院士了。同时可以确定的是法官资格也不应当是担任技术调查官的必要条件。在德国专利法院设置有技术法官，技术法官除了熟悉专利法、具备法官资格外，还必须同时是某一专业技术的专门人才，而且他们也只办理自己熟悉专

---

① 杜颖、李晨瑶：《技术调查官定位及其作用分析》，《知识产权》2016年第1期，第57－62页。
② 易玲：《我国专利诉讼中技术法官制度面临的挑战》，《湘潭大学学报（哲学社会科学版）》2014年第3期，第81－83页。

业的专利案件，对于不熟悉专业的案件仍然由法律法官通过技术法官的协助来处理。① 我国的技术调查官不是技术法官，我们对技术调查官可以有技术要求，而不应该有对法律背景的硬性要求，否则形式上的技术法官就变成了实质上的技术法官，在案件审理中，容易形成技术调查官喧宾夺主、越俎代庖的局面。

（二）编制内人员担任技术调查官的优势分析

在建立技术调查官制度之前，我国知识产权审判技术事实查明途径主要有专家证人、司法鉴定、专家咨询以及专家陪审等，② 而技术调查官制度同属技术事实查明机制的一部分，为何在上述技术事实查明途径存在的情况下还特设技术调查官，而且其还应当由公务员担任？其优势主要体现在以下方面：①中立性。《暂行规定》第五条明确技术调查官参照民事诉讼法、行政诉讼等有关审判人员回避的规定，同时，技术调查官作为法院内部工作人员，法律地位决定了其相对于专家辅助人或专家鉴定人具有更高的超然性和客观公正性，不会受制于任何一方当事人，能够保持不偏不倚的诉讼态度，不偏袒任何一方，也不对另外一方产生偏见和歧视，其意见具有更高的参考价值。②权威性。由公务员担任技术调查官，除对那些试图混淆视听、故意混乱法官判断、在技术问题上无理纠缠的当事人产生一定的专业震慑力之外，其公务员身份所代表的公信力和权威性相对于临聘或兼职的社会人员更容易得到当事人和社会的接受和认可。对于法官来说，公务员技术调查官配合起来会更放心，他们给出的技术审查意见更值得信赖。③高效性。审判实践中采用的技术事实查明手段很多，如技术鉴定、技术咨询、专家陪审等，但是这些手段都普遍存在效率不高、时间冗长等严重影响审判进程的问题。③ 技术调查官制度的设置可以极大地缓解这些问题，法官可以随时随地与技术调查官进行简单的或深度的技术沟通和咨询，技术调查官也可以高效快捷地查看有关技术材料和证物，而兼职的技术调查官鉴于其身份往往是公务繁忙的社会专业人士，很难发挥其对法官的高效协助功能。④制约性。依照大陆法系国家奉行的法官职权主义原则，技术调查官职能的履行授权源于法官，根据法官要求参与诉讼活动，并对其自身的行为负责。作为行使国家公权力的技术调查官，如果

---

① 范长军：《德国专利法研究》，北京：科学出版社 2010 年版，第 85 页。

② 《最高法公布对网民 31 个意见建议答复情况》，中新网，http://www.chinanews.com/gn/news/2009/12‑23/2034783.shtml，2009 年 12 月 23 日。

③ 陈磊：《技术调查官制度之实务运作及精进措施——当事人诉讼程序保障之维度（哲学社会科学版）》，《新疆大学学报》2017 年第 1 期，第 45‑54 页。

由兼职或临时外聘人员担任，其自身的责任感和使命感难以与普通国家公务员相比，由于不受公务员法约束，违纪被查处所付出的成本相对较小，对其监督和奖惩也难以真正落实。

（三）劣势分析及完善措施

在编技术调查官固然有其身份优势，但也确实存在一些问题。一方面，人员编制和专业结构受限，存在技术调查官提供技术服务的有限性与法官对专业要求无限性的矛盾；另一方面，人员流动和知识更新偏慢，可能存在专业知识老化和科技发展日新月异的矛盾。知识产权案件的技术问题涉及领域广泛，发展日新月异，技术调查官的专业水准能否跟上技术发展现状是完善技术调查官制度的重要课题。因此，有人认为技术调查官应从生产一线技术人员中选任。但笔者认为，技术调查官本身就是一线技术人员，知识产权法院有充足的技术类案件资源，技术调查官长期接触各类技术类案件，办案需要必然迫使其主动进行专业知识更新。而且知识更新也不是技术调查官独有的问题，更不是"不治之症"，完全可以通过一些具体措施来弥补和完善，如：①建立与国家相关行政机关、科研院所的人员交流机制。我国的技术调查官制度借鉴日本、韩国、我国台湾地区等，在人员来源上，上述国家或地区实务操作中均倚重行政机关或科研院所人员。[1] 目前，北京、上海知识产权法院与国家专利局、市知识产权局开展合作，由行政机关派遣编内人员到法院挂职任技术调查官的做法，值得其他法院借鉴。②建立和完善技术调查官助理等相关配套制度。为有效化解在技术调查官人员编制和专业构成受限的情况下技术调查官提供技术服务的有限性与案件对专业要求无限性的矛盾，可以通过招录聘任制的技术人才或交流合同制专利审查员到法院工作，担任技术调查官助理，以扩大专业领域覆盖面，协助技术调查官开展技术调查工作。2017年以来，广州知识产权法院与审协广东中心合作，由中心派遣22名审查员协助技术调查官开展技术调查工作，取得了良好的效果。③完善技术调查官脱产学习和业务培训机制。借助国家知识产权局专利局专利审查协作中心或域内相关高新科技企业成熟的人员培训机制，派遣技术调查官参加培训和跟班学习，

---

① 根据2015年初及之前相关资料统计，台湾地区"智慧财产法院"的13名技术调查员均来自"经济部"知识产权局专利第三组；韩国专利法院的17名技术调查员中的15名从韩国知识产权局任公职5年以上的审查员中选任；日本大阪地方法院、东京地方法院、东京知识产权高等法院的知识产权调查员多由知识产权局审查员或专利商标代理人担任。参见徐雁：《论我国知识产权专家参市制度之完善》，《东南司法评论》2012年第1期，第312-322页。

使技术调查官得到一线专业技术知识的更新与培训，了解行业前沿技术和发展趋势，使之成为真正的"本领域技术人员"，为提高技术事实查明效率提供坚实的技术支撑。④充分发挥技术专家咨询委员会的作用。技术调查官有编制员额限定，单凭技术调查官自身的技术能力难以满足技术调查工作的实际需要。因此，要充分利用社会资源，成立技术专家咨询委员会，建立技术专家库，在技术调查官碰到自身无法解决的问题时，能及时得到专家的指导和帮助。

（广州知识产权法院　邹享球）

9

检视与完善：当前技术类案件审理背景下技术调查官的职责定位及管理机制探析

子曰："三人行，必有我师焉。"设置技术调查官，为法官厘清专业术语、理解技术方案进而查明技术事实提供了人力与智力支持，也为强化判断理由、支撑心证过程并提升司法效率提供了保障和参谋。本文试以当前技术类知识产权案件的审理现状及特点为背景展开实证解读，探究技术调查官制度落地之实现方式，直面制度困境并探究破解进路，以期对更充分地发挥司法保护知识产权的主导作用、完善创新驱动发展战略有所裨益。

一、价值剖析：技术调查官制度积极意义的正当性证成

在现行技术类案件审理模式的背景下，技术调查官制度的理想落地方式主要体现为如下三种价值。

（一）技术助手功能，增强审判质效的公信力和公正性

庭审前，技术调查官可通过阅卷，确定涉案技术事实的调查范围及方法，并协助审判人员整理庭审提纲；庭审中，可通过参与技术比对环节，固定需要调查的技术事实、提炼和归纳争议焦点，也可就案件所涉技术问题向当事人和其他诉讼参与人进行询问，协助法官更精准地理解及认识相关技术问题；庭审结束后，还可列席案件评议过程，就技术方面的疑难问题为承办法官释疑解惑，提交书面技术调查意见供法官参考，或在裁判文书起草过程中，针对技术事实的争议性表述进行检视修正。在证据保全及现场勘验等程序启动前，还可利用技术知识开展必要性分析，并在保全及勘验过程中结合技术优势深化可行性论证，以便更精准地获取各项技术细节，为法官查明事实提供技术参考。

（二）防腐隔离功能，提升审判过程的公开度和透明度

法官和技术调查官之间，不仅需相互协作、默契配合，更应彼此制约、加强监督，防止司法专断。部分高精尖知识产权案件事实认定复杂，设置有独立的证据交换程序，还囊括了技术比对、庭前调解等诸多环节，而承办法官、技术调查官与当事人之间流转传递案件信息所展现的办案过程，有助于提升司法的公开度和透明度。同时，技术调查官制度有助于在法官与当事人之间设置一条隔离带，避免法官产生先入为主的判断，影响案件事实认定及法律适用。

（三）专业智库功能，推进审判组织的专业化和职业化

司法改革制度全面推行后，形成了"以员额法官为中心、扁平化的团队结构，进一步凸显法官的办案主体地位"。基于员额法官遴选条件的设置，以及额度比例的严格控制，大多数员额法官不具备理工科背景，或囿于相对狭窄的专业知识结构，无法全然理解错综复杂的技术事实。在此背景下，技术调查官成为缓冲人员分类管理影响、促进人力资源优化配置的调节器。而技术调查官跟随法官参与证据保全、案件调解、庭审并出具技术调查意见，既锻炼了他们的沟通技巧，也积累了开展群众工作的经验，有助于提升审理专利类案件的司法职业素养，并丰富未来法官助理的人员储备力量。

二、现实图景：技术调查官制度运行情况的实证研究

（一）多元思辨——当前技术类知识产权案件审理现状及特点

以 Z 省 N 市中级人民法院当前的知识产权审判实践为例，具体的审判方式、审理流程、审判队伍现状均存在一定特点。

1. 审判方式技术性与法律性融汇

庭审前，员额法官通常会安排法官助理先行调解，若调解不成，则由其主持证据交换。专利权人和被控侵权人出示各自的证据，进行举证、质证，并安排有单独的技术比对环节。在完成庭审前的证据交换后，需进入员额法官主持的正式庭审阶段。庭审中，双方当事人需围绕案件争议焦点展开诉辩攻防，审判方式的技术性与法律性相互重叠交织，无法作出清晰区分。

2. 审理流程繁杂化与简易化趋同

知识产权纠纷经常以系列案的形式出现，如原告基于同一专利起诉不同被

告、原告基于不同专利起诉同一被告等，此类案件事实认定部分大同小异，法律适用亦基本相同，故宜简化审理流程，以节约司法资源和诉讼成本。鉴于专利类案件一审管辖权在中级以上人民法院，而上述法院一般不适用简易程序，故而该类案件除了排庭时间相对紧凑，在具体审理过程方面与普通案件并无二致。审理流程的繁杂化与简易化趋同，使得"繁简分流""简案快审"尚未真正落到实处。

3. 审判队伍稳定性与流动性并存

同样以 Z 省 N 市中级人民法院为例，该院于 2017 年 9 月成立了知识产权法庭，跨区域管辖部分地区的专利技术类案件，故员额法官和法官助理人数在保持稳定的基础上有所增加。然而，根据目前的员额法官遴选机制，中级以上法院的初任法官应从下级法院遴选。相应地，中级以上法院不具备初任法官身份的法官助理，必须先到基层法院任职，具有一定年限办案资历后，才有资格参加中级人民法院员额法官遴选。针对专业性较强的技术类纠纷，基层法院并无管辖权，如 Z 省 N 市中级人民法院知识产权法庭 80% 以上的案件均为一审案件。如此可能造成的客观后果便是，从基层法院遴选上来的法官，短期内无法适应中级人民法院案件审判的实际需要；而中级人民法院的法官助理，到基层法院办理其他案件数年后再回到中级人民法院，也往往存在其知识老旧、不能适应最新形势的弊端。审判队伍的稳定性与流动性并存，限制了队伍人员专业化水平的进一步提升。

（二）多面探索——境内外技术调查官制度的比较研究

关于技术事实的查明与认定，境内外地区采用的具体模式均有不同，相关亮点内容及创新之处可主要梳理如下。

1. 我国现行技术调查官运行机制简介

最高人民法院于 2014 年发布《关于知识产权法院技术调查官参与诉讼活动若干问题的暂行规定》（法〔2014〕360 号），对技术调查官身份、参与诉讼程序的方式、职责、效力等问题作出具体规定；于 2017 年发布《知识产权法院技术调查官选任工作指导意见（试行）》（法发〔2017〕24 号），内容包括技术调查官的来源、类型、任职资格、任职期限、薪酬待遇等；于 2019 年发布《院关于技术调查官参与知识产权案件诉讼活动的若干规定》（法释〔2019〕2 号），将文件的适用范围从法院扩大至法庭，对技术调查官的署名、追责、调派等作出新规定。[①] 最高人民法院知识产权法庭技术调查室还于同年 11 月牵头组织北京、上海、广州等多地法院编写完成了《技术调查官工作手册（2019）》，涵盖技术调查官的调派和指派，参与调查取证、保全和勘验，参与询问、听证、庭前会议和开庭审理，技术调查意见撰写指引，技术调查官的考核，多元化技术事实查明机制中的技术调查官等六章内容，并附有 8 个工作模板。在司法实践中，以 Z 省 N 市中级人民法院为例，2019 年 11 月该院面向社会公开招聘 2 名技术调查官，机械类及计算机类专业各 1 名，要求在相关领域内接受过系统的教育和训练，具有 3 年以上该技术领域工作经验，具有该技术领域中级以上技术职称；或获得机械、计算机专业硕士学位，并在该技术领域从事实践或研究工作 5 年以上，工作业绩优良；技术调查官采用合同聘用制，与经人社部门许可的第三方订立劳动合同，聘期为 2～3 年。岗位职责为协助法官在知识产权专利技术类案件中查明相关技术事实，具体包括：对技术事实的争议焦点以及调查范围、顺序、方法等提出建议；参与调查取证、勘验、保全；参与询问、听证、庭前会议、开庭审理；提出技术调查意见；协助法官组织鉴定人、相关技术领域的专业人士提出意见；列席合议庭评议；完成法官指派的其他工作。

2. 境外地区技术事实查明机制示例

纵观境外地区知识产权诉讼中的技术事实查明机制，主要有以德国为代表的技术法官模式，以日本为代表的调查官与专家委员会并存模式，以中国台湾地区为典型的普通法官与技术审查官协同模式，以美国为代表的专业法官与技术助理协同模式，还有以英国为代表的技术陪审员模式。[②] 如在德国，专利授权、确权、侵权案件由不同法院审理，在德国的专利法院，技术法官的地位并非司法辅助人员，而是等同于职业法官，享有终身任职的权限。[③] 又如在日本，调查官被定位为司法辅助人员，通过辅助法官查明技术性较强的专业问题，弥补法官在技术知识方面的不足，并提高审理效率。再如在中国台湾地区，智慧财产法院除设置法官外还另设技术审查官，承担案件技术判断、资料收集和分析、提供技术意见及依法参与诉讼程序等职责。而在美国，为克服专业法官数量较少、无法覆盖

---

① 马世忠主编：《司法体制综合配套改革中重大风险防范与化解》，北京：人民法院出版社 2020 年版，第 1323 页。

② 宋汉林：《知识产权诉讼中的技术事实认定——兼论我国知识产权诉讼技术调查官制度》，《西部法学评论》2015 年第 5 期，第 12 – 14 页。

③ 周璨：《比较法视角下我国技术调查官制度的完善》，《法制博览》2017 年第 5 期，第 119 页。

各类技术领域等诸多局限，采用专业法官与技术助理协同模式，二者相辅相成处理各项技术事实认定问题。至于在英国，法院可在专家证人之外，委任一名或多名人士担任技术陪审员，协助法官查明技术事实，其委任程序需保障当事人知情及质疑等程序参与权，其报酬由法院决定并构成诉讼费组成部分，还可向当事人转嫁。

3. 不同机制的综合比较与借鉴

德国对于技术法官的资质要求较高，需兼具技术能力和法律素养，故而在提升审判效率的同时，亦存有人员选任难度较大、后备力量不足等局限性。日本实行的并存模式有利于凝聚多方合力，但也存在调查官与专家委员二者在技术分工和运行协调等方面的问题。中国台湾地区智慧财产法院在借鉴日本调查官制度和韩国技术审理官制度的基础上形成的协同模式对于辅助法官查明技术事实虽大有裨益，但在避免过度依赖咨询意见、克服技术审查官人数有限与技术领域宽泛之间的矛盾等方面均有不足。美国的法学专业植根于非法本方向的法律硕士及博士教育，加之严格的法官遴选制度，使得法院有条件选任兼具技术背景和法律背景者担任专业化法官及技术法官助理，更好地查明案件所涉技术事实。英国的技术陪审员模式将专家证人与技术陪审员相结合，充分彰显当事人主义的诉讼模式，对于准确查明技术事实具有积极意义，但其技术陪审员制度同样存在效率不高、技术事实与法律事实难以界分的弊端。

（三）多方考察——当前技术调查官制度的潜在问题初探

针对技术调查官的职权定位、职责范围与职能效力问题，在司法实践中仍然存在诸多困境。

1. 影子法官还是技术助手：职权定位之问

鉴于相关领域专业背景的匮乏及技术知识的欠缺，而法院又不能拒绝裁判，故法官在技术类纠纷的审理过程中，往往倾向于采纳专业人员出具的审查意见。以Z省N市中级人民法院为例，两位技术调查官分别于2020年3月及4月中旬入职，截至目前共参与勘验5次，技术咨询6次，证据保全8次，出具技术调查意见15份，庭审16次，相应的技术调查意见均获采纳。由此，亦产生了法官变相让渡审判权，技术调查官可能异化为"影子法官"的种种质疑。

2. 技术事实还是法律事实：职责范围之问

通常认为，技术调查官的工作职责应被严格限定在仅与案件事实相关的范围内。① 在司法实践中，对于特定技术背景、术语或者技术方案的理解尚属技术事实范畴；而对于相关技术方案是否属于公知常识、技术改进是否显而易见或容易联想得到、相应技术特征是否构成等同、被控侵权人的现有技术抗辩是否成立的判定等，则往往技术事实与法律问题相互交织、难以界分。在此背景下，技术调查官发挥司法辅助作用查明技术事实的方式及程度，以及如何有效避免形式上的技术调查意见异化为实质上的判决书，都将考验我们的审判经验与司法智慧。

3. 秘而不宣还是适度公开：意见公开之问

关于技术调查官撰写的技术调查意见是否应当公开，包括以何种形式公开的问题，一直以来存有争议。② 支持公开的观点认为，技术调查意见的公开有助于引导当事人围绕争议焦点开展更充分、深入的辩论，防止诉讼突袭，系对当事人诉讼权利的保障，同时也有助于提升现行技术事实查明机制的中立性、公开性与司法公信力，并与法官心证公开的司法理念相契合。反对公开的观点认为，技术调查意见的公开在一定程度上会降低此类案件的审理效率，部分简单的技术调查意见缺乏公开的必要，且出具多份观点相左的技术调查意见也可能有损司法公信力，从而影响案件审理工作的正常开展。认为技术调查意见应适度公开的观点则认为，可以将相应意见的实质性内容总结为更具有针对性的技术事实争议焦点，在此基础上引导当事人更有针对性地进行陈述，进一步提高技术事实查明的客观性，节约诉讼成本并提升审理效率。

三、破解途径：完善现行技术调查官制度的进路探析

在分析现存问题的基础上，如何完善技术调查官制度，可从如下四方面着手切入。

（一）职能定位清晰化

作为司法辅助人员，技术调查官的根本职能是法官查明技术事实的助手，其履职的基本方式是利用专业技术优势中立地参与诉讼活动，为审判人员查清技术

---

① 许波、仪军：《我国技术调查官制度的构建与完善》，《知识产权》2016 年第 3 期，第 80 页。

② 仪军、李青、温国永等：《我国知识产权审判中技术审查意见公开机制的研究》，《电子知识产权》2019 年第 6 期，第 82 – 84 页。

事实、进行法律适用提供辅助。申言之，审判权乃法定职责，法官需依法公正地审理案件，其他人员不可越俎代庖。故此，不论是单独履职、协助履职还是在员额法官指导、委托授权下履职，技术调查官均不享有形式意义上的裁判权和结果意义上的决定权，更不应成为"影子法官"。

（二）职责范围合理化

一方面，技术调查官应当严格遵守有限参与原则，对诉讼活动的参与须止步于事实认定的边界，避免侵入法律适用的领域。如在撰写技术调查意见时，不宜直接出具是否构成侵权、是否落入专利保护范围等结论，而应集中于对涉案技术争议焦点的分析梳理，相关技术背景的介绍、具体术语的理解及技术特征的认定等。另一方面，员额法官应当秉持勤于钻研、善于思考、勇于担当的态度，积极主导案件审理进程，避免将技术问题一股脑地抛给技术调查官，甚至在裁判文书中照搬照抄技术调查意见，从而在根本上杜绝核心审判权限的让渡；与此同时，法官须结合专业问题的复杂程度及查明难度等，合理确定选派技术调查官的人数及所涉领域，促进诉讼资源合理分配，并积极开展彼此间的互动交流，不断提升审判人员的技术知识和专业水平，亦促进技术调查官深化法律思维、锤炼职业素养。

（三）意见效力科学化

尽管存在一定弊端，但我们也不难发现，技术调查意见的公开仍具备一定的积极意义，在尊重并顺应审判规律的基础上，尚需构建相应的技术调查意见公开机制。也即"允许法官以最大限度地查明技术事实、充分保障当事人诉讼权利为目的，有选择性地、以适当方式将技术调查意见的内容向各方当事人公开"①。首先，确定公开主体。鉴于技术调查官意见的核心作用在于为法官查明技术事实提供辅助，并为法官自由心证的形成提供参考，故意见应由技术事实的最终认定者（即案件承办法官）选择向各方当事人公开，而不应由技术调查官予以公开。其次，确定是否公开及公开内容。可根据案件不同情况，当事人陈述以及法官内心确信程度，选择是否公开。如针对案件所涉技术事实的争议焦点问题，当事人已充分发表诉辩意见，技术调查意见所陈述的事实、开展的分析及得出的结论亦

---

① 仪军、李青、温国永等：《我国知识产权审判中技术审查意见公开机制的研究》，《电子知识产权》2019年第6期，第85页。

有相关证据佐证，且法官已形成足够的内心确信，则技术调查意见可选择不予公开；倘若法官对于技术调查意见给出的初步结论仍然心存疑虑，就还需引导各方当事人就此开展更具针对性的陈述，明确含糊之处、填补遗漏事实，并补充询问其他与技术事实相关的问题。另外，如有数份意见相左的技术调查意见，法官可选择公开据以形成初步结论的最终意见。最后，确定公开形式。一言以蔽之，适度公开方式需将技术调查意见中的实质性内容总结为更具针对性的争议焦点，并引导各方当事人就争议的技术事实进一步发表意见。通过反复检验和修正，紧密围绕核心争议点精准把脉，不仅有助于增强法官的内心确信并提高审判效率，对于切实回应当事人诉求和节约诉讼成本也有所助益。

（四）绩效考核制度化

秉持"权、责、利"相统一的总基调与"绩、质、效"相平衡的总原则，强化考核主体、考核节点、考核指标、考核应用等四个维度的构建，有助于充分调动技术调查官的工作积极性与主观能动性。一是明确考核主体。庭室层面，由技术调查官所在业务庭室的庭长、所在审判团队的员额法官等评鉴技术调查官的日常工作；院级层面，由政工部门统筹建立业绩档案并负责绩效考评。二是细化工作节点。在业务工作量测算层面，由于个案繁简程度不同、难易系数不一，很难通过制定统一的标准予以量化。而"个案是审判节点的结合"，故而相应的案件审理节点可以作为制定考核指标的最小元素。如庭前阶段的阅卷数量，庭审阶段参与技术比对及归纳关于技术事实争议焦点的次数，庭后阶段列席案件评议过程的次数，提交书面技术调查意见的份数，以及参与证据保全和现场技术勘验的次数等，均可作为相应的考核指标进行细化统计。三是量化具体指标。在传统的德、能、勤、绩、廉这五大维度指引下，可强化德、勤、廉为共性考核指标，细化能、绩为个性考核指标，通过专业知识、文字表达、沟通技巧、应变能力等予以细化。技术调查官从事信息、宣传、综合材料的撰写，以及内勤工作等，亦应折抵相应的工作量。四是强化结果运用。首先需制定并规范相应的考评办法，强化公开透明、公正有序的考核程序，使得相应的考评机制有章可循。其次，相应的考核结果应当公示，并征求院政工部门、技术调查官所在庭室领导、同事及本人意见，促使其查缺补欠、不断进步。最后，应当注重考核结果的评价运用，将相应结果与工资薪酬制度挂钩，充分激发工作积极性。

四、结语

"求木之长者，必固其根本；欲流之远者，必浚其泉源。"作为司法人力资源供给的技术调查官队伍，既是发挥司法保护知识产权主导作用的题中应有之义，也是夯实司法建设事业根基的重要支撑。诚然，任何一项制度都不可能完美无缺，未来我国技术调查官群体的队伍建设仍需孜孜不倦地探索，唯有在复杂深刻的司法实践中久久为功，方能日臻完善。

（浙江省宁波市中级人民法院　洪　婧）

论技术调查官制度中的审判权让渡

一、问题的提出

2014 年 6 月中央全面深化改革领导小组审议通过的《关于司法体制改革试点若干问题的框架意见》明确提出要"在知识产权法院中围绕技术案件的审理，建立符合中国国情具有中国特色的技术调查官制度"，同年年底最高人民法院《关于知识产权法院技术调查官参与诉讼活动若干问题的暂行规定》（以下简称《暂行规定》）颁布实施，正式确立了我国的技术调查官制度，其第一条第一款①、第九条②明确了技术调查官的身份为司法辅助人员，其所出具的技术审查意见可以作为法官认定技术事实的参考。2019 年最高人民法院《关于技术调查官参与知识产权案件诉讼活动的若干规定》（以下简称《若干规定》）基本上延续了上述规定，并在此基础上指明"合议庭对技术事实认定依法承担责任"③。可以看出，无论是《暂行规定》还是《若干规定》均明确了技术调查官的身份定位为审判辅助人员，其所出具的技术调查意见仅能起到参考作用而无决定作用，技术事实的认定仍然由法官决定。换言之，技术调查官在知识产权案件中所充当的角色仅为法官的技术翻译，协助法官理解和查明案件所涉的专业技术问题，有建议权而无决定权，其并不能越俎代庖行使法官的审判权。

---

① 《暂行规定》第一条第一款："知识产权法院配备技术调查官，技术调查官属于司法辅助人员。"

② 《暂行规定》第九条："技术调查官提出的技术审查意见可以作为法官认定技术事实的参考。"

③ 《若干规定》第二条第一款："技术调查官属于审判辅助人员。"第十一条："技术调查官提出的技术调查意见可以作为合议庭认定技术事实的参考。合议庭对技术事实认定依法承担责任。"

如此的定位与职能在纸面上似乎是匹配的，然而仅靠"辅助"与"参考"之类的字眼，并不能在技术事实的查明过程中对技术调查官起到确切的指导和有效的规制。知识产权案件中涉及的技术问题往往具有复杂程度高、涉及范围广、更新速度快的特点，法官囿于其知识背景在实践中往往过于依赖技术调查意见，或是因为巨大的知识失衡而"无法拒绝"技术调查意见，这使得技术调查官查明的事实与法官据以作出裁判的事实高度一致。具体如表1所示。

表1　北京、上海、广州、南京知识产权法院（庭）技术调查意见采纳率一览表

	时间	技术调查意见份数	采纳数	采纳率
北京知识产权法院①	2016 年	70	69	98.6%
广州知识产权法院②	2016 年	18	18	100%
上海知识产权法院③	2016—2019 年	87	87	100%
南京知识产权法庭④	2017—2018 年	56	56	100%

技术调查意见畸高的采信率不免让人产生审判权让渡之质疑：技术调查官是否凭借其知识优势实质上攫取了事实认定权，进而成为所谓的"影子法官"？如若其间接地行使了审判权，而又由合议庭对技术事实的认定依法承担责任，这是否违背了"让审理者裁判、让裁判者负责"的司法责任制改革方向？同时，《若干规定》第九条⑤关于技术调查意见不公开的规定使得当事人无从得知法官对技

---

①　轩云龙、陈存敬、陈晓华、刘秀艳、温国永等撰写《2016 年技术调查工作分析》：将 2016 年已结案件的判决书与相应的 70 件技术审查意见的对比发现，绝大多数案件的承办法官采纳了技术调查官关于技术事实的认定意见，从判决书的撰写情况来看，有 20 件案件判决书的相关表述与技术审查意见基本一致，49 件案件对技术审查意见的相关表述进行了适当调整，仅 1 件与判决书的认定不一致。转引自仪军、李青、温国永等：《我国知识产权审判中技术调查意见公开机制的研究》，《电子知识产权》2019 年第 6 期，第 81 页。

②　参见章宁旦、肖晟程：《广州知识产权法院强化案件技术事实查明工作》，《法制日报》2017 年 5 月 2 日。

③　参见《上海知产法院分析技术调查官参与审理的专利案件呈现四个特点》，http：//www.shzcfy.gov.cn/detail.jhtml？id=10014092，2020 年 11 月 14 日。

④　参见姚志坚、刘方辉：《聘用制专职技术调查官制度的构建与完善——基于南京知识产权法庭的实践》，《法律适用》2019 年第 13 期，第 98 – 99 页。

⑤　《若干规定》第九条："技术调查官应当在案件评议前就案件所涉技术问题提出技术调查意见。技术调查意见由技术调查官独立出具并签名，不对外公开。"

术调查意见采纳与否，无疑剥夺了当事人对技术调查意见的采信机制进行监督的可能性，这是否会加剧实务中审判权向技术调查官让渡的趋势？

本文将从技术事实自身的特点、法官的心证困境、技术调查官制度的效益追求这三个角度出发，分析技术调查官在知识产权技术类案件中对法官各个阶段的自由心证所起到的具体作用，进而归纳出技术调查官制度中出现审判权让渡的缘由，并试图提出相应的精进措施对此进行规制，以技术调查官的功能归位确保法官对审判权的独立行使。

二、技术调查官制度中的审判权让渡之深层分析

技术调查意见畸高的采信率仅仅是技术调查官制度中审判权让渡现象在数据层面的外在表现，若对其进行深层次的分析，技术调查官制度中的审判权让渡实际上包含多项内容。有关审判权的具体内容，学界有多种观点，但无论哪种观点基本上都认可审判权包括事实认定权、法律适用权两项权能。① 这两项权能也是审判权在技术事实查明过程中易于向技术调查官让渡且其让渡对"法官依法独立行使审判权"这一诉讼理念挑战最大的两项内容，因此，限于篇幅，本文主要论述此两项权能在技术调查官制度中的让渡，至于询问权、调查取证权、证据审查权、释明权以及某些程序事项裁决权等内容则不是本文论述重点。

技术调查官制度之所以在运行过程中出现事实认定与法律适用这两个层面的审判权让渡乃是由技术事实自身的特点、法官的心证困境、技术调查官制度的效益追求这三个角度的原因所导致的，因此要想对技术调查官制度中的审判权让渡现象进行有效规制，就必须要理清审判权让渡在这两个层面、三个角度上的逻辑关系。

（一）技术事实自身的特点所致的审判权让渡

1. 技术事实认定的界限不易把控

技术事实的认定既是知识产权案件裁判的关键，亦是其难点所在。根据《若

① 有关审判权内容的具体观点可参见张卫平：《民事诉讼法》，北京：法律出版社 2005 年版，第 54 页；李浩：《民事诉讼法学》，北京：法律出版社 2011 年版，第 59 页；谭兵、李浩主编：《民事诉讼法学》，北京：法律出版社 2009 年版，第 32 - 33 页；江伟主编：《民事诉讼法学》（第二版），上海：复旦大学出版社 2005 年版，第 139 - 140 页；王圣诵、王成儒《中国司法制度研究》，北京：人民出版社 2006 年版，第 32 页；黄松友：《中国现代民事审判权论——为民服务型民事审判权的构筑与实践》，北京：法律出版社 2003 年版，第 91 页；张卫平：《转换的逻辑：民事诉讼体制转型分析》，北京：法律出版社 2004 年版，第 319 - 364 页。

干规定》第一条之规定①，技术调查官可以参与审理涉及专利、植物新品种、集成电路布图设计、技术秘密、计算机软件、垄断等多种类型的知识产权案件，其范围不可谓不广，加之现代科学技术知识爆炸式的快速发展，法官囿于其单一的知识背景在技术事实的查明与认定过程中往往显得力不从心。在法官自己欠缺此技术领域基本知识基础的情况下，其很难拥有足够的自信与洞察力准确把握技术调查官在技术事实认定上的合理界限。

具体来讲，此时将会出现三种情况：其一，技术调查官在技术事实认定上的作用不到位，此时其自不会形成对审判权的攫取，但是法官仍然无法完成对技术事实的认定，技术调查官制度的功能落空。其二，技术调查官在技术事实的认定上到位而未越位，既协助法官理解和查明了案件所涉的专业技术问题，同时又未形成审判权的让渡，技术事实认定的结论由法官综合全案自由心证得出。其三，技术调查官在技术事实的认定上越位给出结论或与结论只有一步之遥，此乃典型的事实认定层面的审判权让渡。此时又可细分为法官明知或不知两种情况，前者指个别法官因不自信或"懒政"一股脑地将技术事实的认定推卸给技术调查官，后者指技术调查官虽然越界染指了审判权，但法官囿于其知识缺陷并未能予以分辨。

2. 技术问题与法律问题的交叉性

知识产权案件中的技术问题与法律问题往往相互交叉，某一问题虽然被认为主要是技术问题却又难免涉及法律意义上的认识问题，或者说知识产权技术类纠纷一旦走到诉讼程序本身就很少存在纯粹的客观技术问题，反之亦然。举例而言，专利诉讼中判定被诉侵权产品是否落入专利保护范围一般认为属于法律问题，应由法官进行判定，而后据此结果进行法律适用，然而根据"全面覆盖"的比对原则，在进行此项判定时应当将被诉侵权技术方案中的每一个技术特征与专利技术方案中的相应技术特征进行比对，这就不可避免地需要技术调查官的介入，协助进行技术比对。② 在这个意义上，技术调查官在进行技术比对的过程中很有可能就会触碰到法律判断的问题，而法律判断属于法官审判权的一部分。因

---

① 《若干规定》第一条："人民法院审理专利、植物新品种、集成电路布图设计、技术秘密、计算机软件、垄断等专业技术性较强的知识产权案件时，可以指派技术调查官参与诉讼活动。"

② 郑志柱、林奕濠：《论技术调查官在知识产权诉讼中的角色定位》，《知识产权》2018 年第 8 期，第 14 页。

此，由于法律问题与技术问题的交叉性，技术调查官制度在运行过程中极易通过"技术协助—法律判断—法律适用"这一过程产生法律适用层面的审判权让渡问题。

（二）法官的心证困境所致的审判权让渡

虽然根据自由心证主义的意旨，法官的心证贯穿案件始终，但若从法官自由心证的具体过程分析，法官的自由心证主要在两个阶段集中体现，也即法官首先在斟酌辩论全趣旨和证据调查结果的基础上进行自由心证，完成对事实的认定，而后在已认定的事实基础上再次进行自由心证，完成法律适用，进而作出判决。换言之，在简单案件中，由于法官不存在因知识缺陷而生的心证困境，理想情况下其主要在两个层次分明的阶段先后进行事实认定的心证和法律适用的心证，即可作出判决（见图1）。

然而在技术类案件的审理过程中，法官囿于其知识缺陷，自由心证的过程并不会如此顺利。以专利侵权诉讼为例，法官首先要进行专利保护范围的确定，由技术调查官给出本领域通常理解、阅读说明书和附图理解以及PCT专利外文含义后的理解等不同的解释交由法官作出最终的判断；而后判断被诉侵权专利是否落入专利保护范围、是否构成等同侵权，由技术调查官协助进行技术比对，并交由法官作最终判断，如结果为否定，则可直接进行法律适用作出判决；如结果为肯定，则还要进行是否支持现有技术抗辩的判定、涉案专利权被宣告无效的可能性判定，这一步也需要技术调查官进行技术比对或专利无效可能性的判断，之后由法官作最终判断并进行法律适用作出判决（见图2）。[①] 可以看出，这个过程中每一步几乎都要同时涉及技术事实的认定和法律的适用，也就意味着法官在整个诉讼的推进过程中，要交替进行事实认定的自由心证和法律适用的自由心证，换言之，法官此时的自由心证并不能呈现层次鲜明的阶段化特征，而是彼此交融，呈现"你中有我、我中有你"的特点。并且，法官每一步的心证都是由上一步的心证结果来决定是否以及如何进行的。与此相对应，技术调查官在法官每一步事实认定的心证过程中都将产生重要作用，并可能间接对法官法律适用的心证过程产生重要影响。如此一来，由于法官的心证困境，在其交替进行的自由心证过程

[①] 郑志柱、林奕濠：《论技术调查官在知识产权诉讼中的角色定位》，《知识产权》2018年第8期，第13–14页。

中则不但有可能出现对技术调查官事实认定层面的审判权让渡，而且有可能出现对技术调查官法律适用层面的审判权让渡。

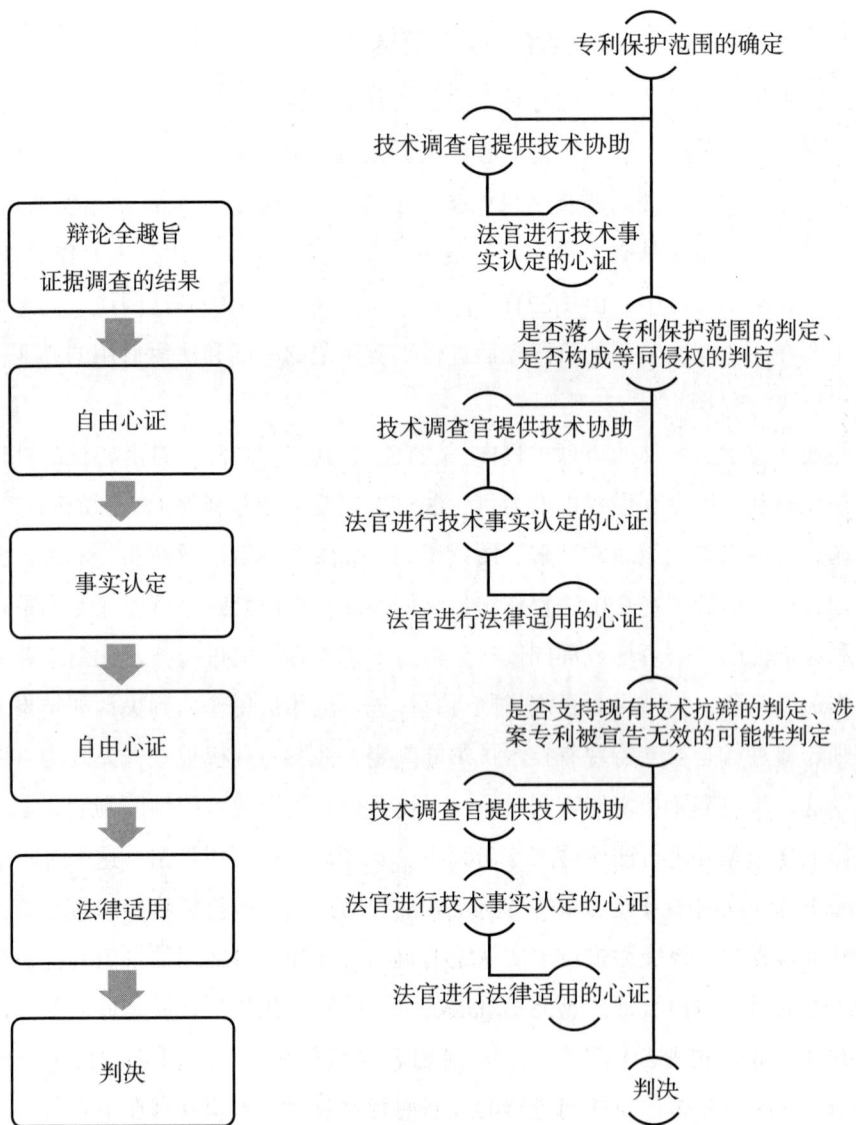

图1

图2

（三）技术调查官制度的效益追求所致的审判权让渡

若对技术调查官制度进行价值溯源，无论是从其自身的制度逻辑出发，还是从我国的移植缘由入手，其首要的价值都应当是效益而不是公正。从制度逻辑的角度而言：其一，技术调查官的定位为法院内的司法辅助人员，其受法院的指派辅助法官行使公权性质的审判权，几乎全程深入地参与诉讼，天然地具有职权主义属性下的效率追求。其二，技术调查官的目的在于通过法院内部自给的形式对合议庭所欠缺的专业知识进行快速的知识补充，使得其能够在短时间内理解涉案技术领域的普通技术知识，而不必另行耗费司法资源查找学习或忍受动辄启动鉴定制度等外部技术事实查明机制的高成本。从移植缘由的角度而言：其一，相对于鉴定制度、专家证人制度、技术法官制度等其他技术事实查明机制，技术调查官制度在建构成本和使用成本上都具有明显优势。鉴定制度和专家证人制度不仅需要当事人负担高额的费用，而且其仅对预先设定的当事人争议问题给出意见，并不能与法官形成实时充分有效的沟通，更不能奢望其能够对法官就涉案技术领域的公知常识进行普及性的背景知识介绍。技术法官制度虽然在运行效果和使用成本上不存在问题，但培养一个既懂技术又懂法律的技术法官显然不是一日之功，这甚至要从高等教育体制的改革做起，并且即便是训练有素的技术法官，仅就法律以外的某一技术领域达到精通已十分难得，不可能苛求其做到对所有技术领域全知全能，因此从成本和收益的转化率衡量，专设技术法官并不经济。而技术调查官仅须具备技术知识，可以从知识产权局、高校、科研院所等既有资源进行选任，并且其属于法院内部人员，法官随时可以向其咨询，不但自身的沟通成本低，而且可以充当法官与鉴定专家、专家证人的沟通桥梁，充分消解法官与外部技术事实查明机制的沟通障碍。其二，我国的技术调查官制度本是以我国台湾地区、日本及韩国的相关体例为模板建立起来的，与脱胎于英美法系当事人主义诉讼模式下的专家证人制度相比，产自日韩等具有威权主义传统国家的技术调查官制度更具有亲缘优势，法官显然对同样身为法院内部人员且受自己指派和掌控而参与诉讼活动的技术调查官更加信赖。①

综上，可以说我国的技术调查官制度从一开始就是一个充分考虑效益的功利性选择，相较于公正，效益乃是其制度的根本价值追求。如技术调查官制度在运行过程中并不存在其他问题，那么对效益的追求本无伤大雅。但上文已论述，由于技术事实自身的特点、法官的心证困境等原因，技术调查官制度在运行过程中

---

① 李响：《知识产权审判中的技术调查官制度刍议》，《南京大学学报（哲学·人文科学·社会科学）》2017 年第 6 期，第 40 页。

已然越位侵蚀了法官的审判权，此时其对效益的追求则极易加剧审判权让渡的趋势。具体来讲，法官此时由于存在心证困境，出于诉讼效益的考虑，其很有可能有意或无意地将技术事实的认定交由技术调查官进行，进而形成审判权之让渡。

三、技术调查官制度中的审判权让渡之规制

（一）技术调查官的权限边界之明确

技术调查官在参与技术事实的查明时应当恪守"到位而不越位"的准则，止步于技术事实认定边界。所谓"技术事实认定边界"有三点需要注意：其一，技术调查官只可涉足于事实认定领域，而绝不可染指法律适用领域；其二，技术调查官所涉足的事实认定领域仅指技术事实认定领域，至于案件所涉的非技术事实的认定则不属于技术调查官的职责范畴，应当由法官依照通常的事实认定程序进行；其三，技术事实认定的边界不包括边界本身，也即技术事实的最终认定仍应当由法官进行，而不能由技术调查官越俎代庖给出结论。

在具体操作上，首先，虽然诸如"到位而不越位""技术事实认定边界"之类的抽象准则难以作为一种具体的行为规范存在，但作为一种裁判理念，还是应当强调法官和技术调查官要将其作为一种主观自律切实地体现在诉讼过程中，而不能因囿于知识缺陷或出于诉讼效益的考量，就随意地将技术事实的认定交由技术调查官主导。法官在技术事实的认定与查明过程中要充分行使诉讼指挥权发挥主导作用，最大程度地促使技术调查官功能归位，更好地发挥其"技术翻译"功能。其次，从对技术调查意见的内容规制入手，技术调查室要充分发挥其管理与监督职责，确保技术调查官所出具的技术调查意见只针对涉案技术事实争议焦点给出意见，而不能直接给出结论，最终的结论应当由法官综合全案给出。

（二）释明权的合理运用对法官心证之开示

虽然释明权最早是作为对古典辩论主义的修正与补充而存在的，但就其内容而言，在没有对当事人造成突袭裁判的合理范围内，应当允许法官通过发问的方式质询当事人的主张或敦促当事人进行举证，这实际上也间接地起到了向当事人开示其心证状态的客观作用。[①] 从规制技术调查官制度中的审判权让渡出发，法

---

① ［日］高桥宏志著，林剑锋译：《民事诉讼法制度与理论的深层分析》，北京：法律出版社2003年版，第357-364页。

官在诉讼过程中合理地行使释明权将会起到两方面的作用：其一，通过释明权的行使开示法官的心证状态，使当事人得以间接窥探技术调查官在技术事实的查明过程中所起到的作用，进而对法官与技术调查官之间的权限划分状态形成监督。从法官的角度而言，因为其要向当事人开示其心证状态，所以其在技术事实的查明过程中不能随意地置身事外，进而敦促其充分且独立地行使审判权。其二，审判权之所以向技术调查官让渡，很大程度上是因为法官囿于心证困境而不得不向技术调查官求助，如果在法官行使释明权之后，当事人对法官心证的困惑之处有针对性地进行了说明或举证，那么此时其向技术调查官求助或让渡审判权的意愿和程度便会大为缩减。

（三）证明责任判决对效益追求之修正

由于我国《最高人民法院关于适用〈中华人民共和国民事诉讼法〉的解释》（2022年修正）（以下简称《民诉法解释》）并未使用学界常用的"证明责任"或"举证责任"概念，而是新创"举证证明责任"[①] 一词，因此有必要对此处的证明责任概念予以明晰。证明责任判决是在客观证明责任的语境下产生的，所谓客观证明责任是指作为法律适用前提的必要事实处于诉讼上的真伪不明状态时，应当由主张适用该法律而发生相应法律效果的当事人所负担的责任。[②] 也就是说，在诉讼过程中，当事人穷尽了所有举证手段之后，法官在斟酌辩论全趣旨和证据调查结果的基础上进行自由心证，仍然无法确定待证事实真伪的情况下，由于法官不能拒绝裁判而又不能主观臆断，因而以证明责任规范判令何方当事人承担败诉结果。

正是出于对诉讼效益的不当追求，在技术类案件的诉讼过程中才出现了以审判权让渡为代价的审理弊端，而证明责任判决的合理启用无形中给技术调查官制

[①] 《民诉法解释》第九十条："当事人对自己提出的诉讼请求所依据的事实或者反驳对方诉讼请求所依据的事实，应当提供证据加以证明，但法律另有规定的除外。在作出判决前，当事人未能提供证据或者证据不足以证明其事实主张的，由负有举证证明责任的当事人承担不利的后果。"《民诉法解释》第九十一条："人民法院应当依照下列原则确定举证证明责任的承担，但法律另有规定的除外：（一）主张法律关系存在的当事人，应当对产生该法律关系的基本事实承担举证证明责任；（二）主张法律关系变更、消灭或者权利受到妨害的当事人，应当对该法律关系变更、消灭或者权利受到妨害的基本事实承担举证证明责任。"

[②] 有关客观证明责任的概念内涵及其与主观证明责任之区别可参见［德］莱奥·罗森贝克著，庄敬华译：《证明责任论——以德国民法典和民事诉讼法典为基础撰写》（第四版），北京：中国法制出版社2002年版，第12-45页；［德］普维庭著，吴越译：《现代证明责任问题》，北京：法律出版社2006年版，第10-12页。

度运行过程中的效益追求画上了一道终点线。根据罗森贝克的观点，每一方当事人均必须主张和证明对自己有利的规范的条件。[①] 如果其穷尽了所有举证手段之后，法官对待证事实的心证状态仍真伪不明，那么法官就应当根据证明责任规范作出判决，而不是借助于技术调查官之手继续进行技术事实的查明以追求所谓的客观真实，那么此时便有利地遏制了审判权的让渡趋势。

（四）多元技术事实查明机制之配合

为了防止法官在技术事实的查明过程中过度依赖技术调查官，应当充分发挥其他技术事实查明机制的作用，最大程度地促进庭审的实质化进行，从而保障法官独立地行使审判权。具体来讲，在技术类案件的审理过程中，应当由双方当事人通过专家辅助人和鉴定制度进行充分的主张与举证，法官则回到居中裁判的地位，通过聆听和询问双方当事人之间对专业技术问题的认识和辩论来形成自己的心证，特殊情况下则运用专家咨询来突破技术难题。[②] 在此过程中，技术调查官应且只应充当法官与鉴定人、专家辅助人以及技术专家之间沟通的技术翻译。如此一来，通过多元技术事实查明机制间的配合，则可以实现对技术调查官制度的监督与修正，有效地消除了法官对技术调查官过分的单方技术依赖，有利于法官综合各方意见对案件技术事实作出最终的判断。

（青岛市市北区人民检察院　闫　炯）

[①] ［德］莱奥·罗森贝克著，庄敬华译：《证明责任论——以德国民法典和民事诉讼法典为基础撰写》（第四版），北京：中国法制出版社 2002 年版，第 121 页。

[②] 张玲玲：《我国知识产权诉讼中多元化技术事实查明机制的构建——以北京知识产权法院司法实践为切入点》，《知识产权》2016 年第 12 期，第 36－38 页。

11

论技术调查官在诉讼中的角色定位

技术事实查明是知识产权诉讼案件裁判之关键，尤其在涉及专利、植物新品种、集成电路布图设计等所谓知识产权技术类案件的审理过程当中，技术事实认定通常对裁判结果有着决定性的影响。而技术调查官是法官认定和查明技术事实的"眼睛"。[①] 如何让这双眼睛穿越"影子法官""审判权让渡"等诸多黑暗，我们要从技术调查官在诉讼中的角色定位出发，全面审视技术调查官制度设计本身。[②]

一、技术调查官角色定位实然状态之梳理

（一）立法层面的实践：从司法辅助到审判辅助的变迁

技术调查官制度并非自然创设，而是先有立法上的设计，再有全面的实施。在梳理技术调查官的立法历程时，我们能清晰看到这项制度在我国的立法变迁。

2014 年 8 月 31 日，全国人大常委会审议通过《关于在北京、上海、广州成立知识产权法院的决定》。为配合知识产权法院的建设，同时应对知识产权技术类案件专业性较强的特点，最高人民法院《关于知识产权法院技术调查官参与诉讼活动若干问题的暂行规定》（以下简称《暂行规定》）于同年 12 月 31 日出台，明确知识产权法院配备技术调查官，技术调查官属于司法辅助人员。知识产权法

---

① 李响：《知识产权审判中的技术调查官制度刍议》，《南京大学学报（哲学·人文科学·社会科学）》2017 年第 6 期。

② 黄玉烨、李青文：《知识产权审判中技术调查官的困境与出路——兼评〈最高人民法院关于技术调查官参与知识产权案件诉讼活动的若干规定〉》，《电子知识产权》2019 年第 8 期。

院设置技术调查室，负责技术调查官的日常管理。《暂行规定》同时对技术调查官的职责作出列举。这是立法首次明确提出"技术调查官"的概念，并正式将其归属于司法辅助人员。

2014年7月9日，为进一步深化司法体制改革，最高人民法院研究制定了"四五改革纲要"，推动法院人员分类管理制度改革，将法院人员分为法官、审判辅助人员和司法行政人员。随着改革逐步推进，2019年最高人民法院《关于技术调查官参与知识产权案件诉讼活动的若干规定》（以下简称《若干规定》）出台，明确人民法院审理专利、植物新品种、集成电路布图设计、技术秘密、计算机软件、垄断等专业技术性较强的知识产权案件时，可以指派技术调查官参与诉讼活动。技术调查官属于审判辅助人员。

从《暂行规定》到《若干规定》，司法解释随着实践不断完善，技术调查官制度从知识产权法院推广到有知识产权审判业务的全国法院，其在立法上的地位完成了从司法辅助人员到审判辅助人员的调整。

（二）司法层面的实践：从模糊到清晰的摸寻探索

法律的生命在于实施。随着技术调查官法律规定的出台，我国各级法院在知识产权审判中陆续实施，在文书中对技术调查官工作内容的描述可以直观看出司法实务对技术调查官角色定位的态度。

为直观了解技术调查官在诉讼程序中担任的角色和承担的职责，本文对各级法院涉及技术调查官的裁判文书进行了统计。通过在法信网输入关键词"技术调查官"，检索出含"技术调查官"字样的民事裁判文书906件，其中最高人民法院指导性案例1篇、最高人民法院公报案例2篇、最高人民法院公布案例3篇、人民法院案例选案1篇、人民司法案例2篇、地方法院公布案例3篇、出版案例2篇、其他案例12篇。公开案例因更具代表性，为行文需要，本文对上述26篇典型案例中涉技术调查官的行文位置和行文描述进行了统计，得到统计图表各一张，具体如图1、表1所示。

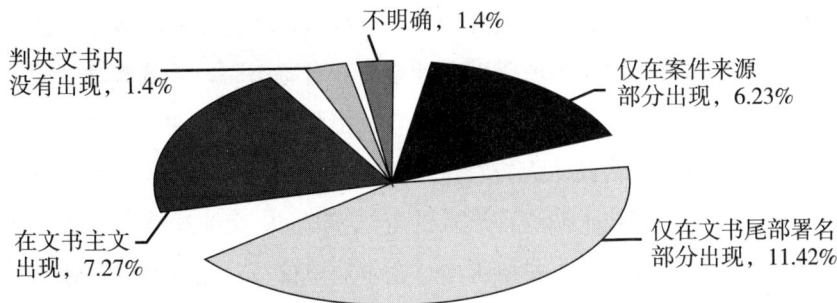

图 1　技术调查官在不同行文位置的案例数量

表 1　技术调查官在不同行文位置的不同表述

行文位置	行文描述
仅在案件来源部分出现	本院依法组成合议庭，指派××作为技术调查官参与本案诉讼活动
仅在文书尾部署名部分出现	技术调查官 ××，排序在法官助理之后
在文书主文出现	1. 笼统表述："首次指派技术调查官出庭，就相关技术问题与各方当事人分别询问了专家辅助人" 2. 详细表述："原审法院指派技术调查官参与诉讼，并对安美微客公司提交的计算机软件代码与岭博科技公司计算机软件代码进行版本勘验、编译和抽样比对，确认事实如下"①
判决文书内没有出现	法官在案例撰写中写道"法庭有兼职技术调查官，方便法官理解双方逐步细化的技术特征争议点，让法官能够有效引导当事人对基础事实进行确认，对分歧事由充分阐明"，但在判决书中没有出现技术调查官的任何信息②
不明确	以案例评论方式行文，未看到原始判决文书

（三）政策层面的实践：从附属到独立的意见不一

技术调查官作为重要的诉讼参加者，政策层面对其来源及任职资质的要求，直接决定了其能力与担当的水平，也直接影响了其在诉讼中承担责任的大小、范围及程度。

从各地知识产权审判司法实践来看，目前我国技术调查官的选任方式主要有在编型、聘用型、交流型和兼职型。在编型技术调查官由法院按公务员招聘流程

---

① 详见（2020）最高法知民终 1099 号判决书。
② 详见（2016）苏 05 民初 605 号判决书。

自主选拔选任，如广州知识产权法院就以在编技术调查官为核心成立了技术调查团队。聘用型技术调查官则由法院面向社会公开自主招聘，签署劳动合同，如南京知识产权法庭就率先公开招聘技术调查官，招聘形式、条件、程序等均与最高人民法院《知识产权法院技术调查官选任工作指导意见（试行）》高度契合且严格相符，可谓公开招聘技术调查官形式的首试实例。[①] 交流型技术调查官由国家机关、行业协会、大专院校、科研机构、企事业单位等向法院派驻，任命后组织人事关系不变，薪酬待遇由原单位保障。兼职型技术调查官则由法院通过单位推荐、自我推荐等形式，从相关领域的技术人员中选聘，聘用后组织关系不变的，薪酬待遇由原单位保障。如贵州省高院与贵州省市场监督管理局联合建立"贵州省专利侵权纠纷案件技术调查官专家库"，从符合条件的科研院所、高等院校等单位中选聘技术调查官入库。此种模式这也是目前大多数知识产权法庭采用的技术调查官选任模式。

二、技术调查官角色定位实然状态之三重困境

（一）困境一：立法的简易使得技术调查官法律定位模棱两可

根据《若干规定》，技术调查官属于审判辅助人员。对于审判辅助设立的目的，"四五改革纲要"言明健全审判辅助人员管理制度，是为了切实减轻法官事务性工作负担。根据中央组织部与最高人民法院联合印发的《人民法院工作人员分类管理制度改革意见》有关要求，审判辅助人员包括执行员、法官助理、书记员、司法警察和司法技术人员。技术调查官究竟属于哪一类的审判辅助人员呢？

我们先看看《中华人民共和国人民法院组织法》第五十一条的规定，人民法院根据审判工作需要，可以设司法技术人员，负责与审判有关的事项。法院司法技术人员包括为审判提供法庭科学技术支持的法医、文痕、工程、审计等专业技术人员及被聘用或任命的技术调查官。[②] 从这里可以分析出技术调查官可以归为司法技术人员。但司法技术人员在民事诉讼法上又处于何种地位呢？其参与诉讼的程序是什么？

---

① 姚志坚、刘芳辉：《聘用制专职技术调查官制度的构建与完善——基于南京知识产权法庭的实践》，《法律适用》2019 年第 13 期。

② 最高人民法院研究室编著：《〈中华人民共和国人民法院组织法〉条文理解与适用》，北京：人民法院出版社 2019 年版，第 340 页。

回归到我国的程序法。我国现行民事诉讼法并无司法技术人员的任何文字。于 2024 年 1 月 1 日生效的《中华人民共和国民事诉讼法》（2023 年修正）在此前修正草案中新增了如下条款："人民法院可以指派司法技术人员参与询问、调查取证、勘验、保全、开庭审理等诉讼活动，协助查明专业技术事实。"宪法和法律委员会认为"该条是关于司法技术人员职责的规定，在民事诉讼法中规定这一内容尚有不同认识，建议删除该规定"①。正式发布的法律确实将该条款删除了，但在第四十七条第四款审判人员回避的范围中增加了司法技术人员，此外并未提及司法技术人员。

我国的技术事实查明主要依靠鉴定人、有专门知识的人和勘验人，有时也会有专家陪审员参与合议庭。这几类人员在我国民事诉讼法中都有明确的规定，在诉讼中担任的角色也很清晰，以至庭审中的坐座、出场次序、意见表达都有严格的程序可供遵守。但技术调查官却没有相应的诉讼法规引领，这也导致实践中对其参与诉讼环节的流程不尽清晰。

（二）困境二：司法的摇摆致使技术调查官程序定位不甚明晰

从上文司法统计结果来看，各级法院大多是在裁判文书文始及文末审判组织人员构成处出现了技术调查官的名称，少数在技术事实查明环节中对其从事的工作进行了简单描述，其余未有更多涉及。《若干规定》列明参与知识产权案件诉讼活动的技术调查官就案件所涉技术问题履行下列职责：①对技术事实的争议焦点以及调查范围、顺序、方法等提出建议；②参与调查取证、勘验、保全；③参与询问、听证、庭前会议、开庭审理；④提出技术调查意见；⑤协助法官组织鉴定人、相关技术领域的专业人员提出意见；⑥列席合议庭评议等有关会议；⑦完成其他相关工作。其职责如此繁重，为何我们的法律文书中却对技术调查官的上述活动内容避而不谈呢？细细思考上述内容，不难发现前三项是辅助第四项工作的完成，但第五项至七项似乎又超越了技术调查官工作的范畴。

需要强调的是，因技术调查官参与的技术类案件审理要点往往在于技术事实，一旦该事实得到查清，案件的审判结果即已明确，故技术调查官的意见显得弥足珍贵。会有一些声音认为"基于技术调查官和技术调查意见的这些特点，不

---

① 《全国人民代表大会宪法和法律委员会关于〈中华人民共和国民事诉讼法（修正草案）〉审议结果的报告》，中国人大网，http://www.npc.gov.cn/npc/c2/c30834/202309/t20230901_431421.html，2023 年 9 月 10 日。

予公开有违司法公开和自由心证的要求"①，这也让司法产生了摇摆。我们究竟要将技术调查官放在何种程序地位，赋予其何种诉讼权利，限制其何种义务，才能让法官放下疑虑，放心让该制度服务于审判？

（三）困境三：政策的松散使得技术调查官社会定位问题再生

《若干规定》第二条规定，技术调查官属于审判辅助人员，人民法院可以设置技术调查室，负责技术调查官的日常管理。从上述文字含义来看，技术调查官应为法院技术调查室的工作人员，即行政在编或在聘人员。但从各地技术调查官的实际构成情况来看，由于现行公务员行政编制有限，以在编形式招募的技术调查官数量少之又少，反而更多的是以兼职型人员为主。实务中也通常是遇到特定的案件，即从技术专家库中挑选资历相符的专家进行逐个匹配，再综合考虑专家时间，安排技术调查活动。对其个人出具的技术调查意见书并无审核过程。

诚然，兼职技术调查官能够扩充技术调查官所涵盖的技术领域，突破法院编制、晋升机制限制，"花最少的钱干最大的事"。但凡事总是利弊并存，兼职技术调查官有以下不可回避的问题。首先，兼职技术调查官并非法院工作人员，难以将全部身心、时间投入技术调查事宜，实务中也经常面临合适专业领域的技术专家没有合适的时间参与案件审理；其次，中基层法院很难建立自身的技术调查官专家库，也并非所有省份都有对新型技术领域有研究的专家可供选择，如何突破信息横沟、做好协商借调也是实务中不可忽视的问题；最后，司法解释已经提出需要对技术调查官的诉讼行为进行监督，但作为高度专业性的技术意见，法官并无能力进行甄别。缺少权利的赋予必然会带来责任的失控，如何进行监督是目前该制度运行中的空白领域，仅凭借技术调查官的职业道德和职业素养，是否会构成权利的盲区，这也值得我们思索。

三、技术调查官角色定位应然状态之考察

度之往事，验之来事，参之平素，可则决之。最高人民法院在《〈关于知识产权法院技术调查官参与诉讼活动若干问题的暂行规定〉的理解与适用》中解释道，最高人民法院民三庭出台本规定，充分借鉴日本、韩国以及我国台湾地区

---

① 张爱国：《评技术调查意见的不公开——以民事诉讼法的基本原理为视角》，《知识产权》2019 年第 6 期。

在知识产权技术类案件审理中引入技术调查官的成熟经验。作为舶来品，必然要经历学理上漫长的适配方能与中国国情相符。在冲破上述困境的路径选择上，对技术调查官角色定位应然状态的考察将会给我们带来启示。

（一）辅助审判是技术调查官法律定位的初衷

关于技术调查官的法律定位，学理上有观点认为我国法院人员分类管理中的法官助理应包括法律助理和技术助理两类人员，技术调查官就是审判辅助人员中的技术助理，其不属于合议庭组成人员，在法律地位上与法官相互独立，不存在上下级隶属关系。① 也有学者认为我国的技术调查官不是审判辅助人员，而是法官的技术专家，其作用是运用自己的专业技术知识，通过解释和说明给法官答疑解惑，从而协助法官在理解科学技术知识的基础上正确认定技术事实，并依法作出裁判。② 这里学者争论的技术调查官身份是否有境外实践可参考呢？

日本知识产权高等裁判所的审判部门除了设置裁判官外，还设置了调查官和专家委员。技术调查官是法院领取固定薪酬的司法辅助人员，受审判长之命，在言辞辩论、争点整理、证据调查、和解等程序中就案件所涉及的技术问题向当事人发问和向裁判官陈述。③ 裁判所技术调查官应法院指定事项形成的调查结果仅供法官参考，不构成被采纳的证据。

我国台湾地区"智慧财产法院组织法"第 15 条规定，法院设置技术审查室，配备技术审查官；"智慧财产法院审理法"进一步明确其职务和参加诉讼活动的规则：技术审查官非诉讼法上的鉴定人，只是法官的助手，单纯为法官提供技术上的专业意见供法官参考，其报告书并不予以公开。④

无论是出于查明技术事实的需要，还是分解案件压力的需要，技术调查官在设计之初就以辅助性法律定位出现在专利诉讼中。无论学界如何争议，我国立法上对技术调查官审判辅助职能的定位均不应动摇。

（二）中立评价是技术调查官程序定位的核心

有学者提出，技术调查官是审判辅助人员，负责审判中所涉及的技术性事

---

① 黎淑兰、陈惠珍、凌宗亮：《技术调查官在知识产权审判中的职能定位与体系协调——兼论"四位一体"技术事实调查认定体系的构建》，中国知识产权论坛（2015）暨中国知识产权法学研究会年会。

② 杨秀清：《我国知识产权诉讼中技术调查官制度的完善》，《法商研究》2020 年第 6 期。

③ 宋汉林：《知识产权诉讼中的技术事实认定：兼论我国知识产权诉讼技术调查官制度》，《西部法学评论》2015 年第 5 期。

④ 易继明：《构建知识产权大司法体制》，《中外法学》2018 年第 5 期。

务，属于人民法院人员的组成部分，由人民法院聘用和管理，其在诉讼中的行为代表法院而具有类"司法性"，在技术事实认定方面，作为法官的辅佐人，其诉讼地位应当介于法官与其他诉讼参与者之间。① 对技术调查官在实际参与诉讼的过程中发表意见的方式，韩国《法院组织法》规定了在韩国专利法院中设立技术审理官，法院如认为确有必要，可以决定技术审理官参加诉讼，其可以就技术事项向利害关系人提问，并在裁判合意期间发表技术意见。中国台湾地区"智慧财产法院组织法"第 8 条规定法官心证开示程序，即法院对于通过技术审查官获得的特殊专业知识，应予当事人辩论之机会，始得作为裁判的基础。法官应向当事人晓谕争点，并适时表明其法律上的见解及适度开示心证。②

从韩国和我国台湾地区的上述做法来看，技术调查官对案件技术事实的查明需要经法官的许可，且应适度经当事人质证，这就决定了其在诉讼中必须保持中立而不带偏见地评判，唯有如此，才能取得各方的信任。

（三）专业判断是技术调查官社会定位的基础

关于如何选拔技术调查官，日本法院调查官是全职的法院职员，多由退休的专利调查官和日本专利局的审查员、复审员构成。除调查官外，日本还实施专家委员会制度，用于高度专业化或高新技术争议的辅助解决，他们是最高法院统一任命的兼职人员，隶属于最高法院指定的法院。二者的社会来源截然不同。

我国台湾地区智慧财产法院设立技术审查室，置技术审查官。"智慧财产法院约聘技术审查官遴聘办法"第 3 条规定，具下列资格之一者，得受聘为约聘技术调查官，但具"公务人员任用法"第二十八条第一项情事者，不予聘用，已聘用者，应予解聘：①曾任专利或商标高级审查官、审查官，成绩优良并具证明；曾任专利或商标助理审查官三年以上，成绩优良并具证明……③

由此可见，在制度设计上，各国和各地区均倾向于将技术调查官作为法院工作人员进行管理，并均要求技术调查官具有优质素养。这与技术调查官审判辅助地位相辅相成。

---

① 黄珊珊：《技术调查官制度研究》，《学海》2021 年第 1 期。
② 吴英姿、张文郁：《两岸知识产权诉讼特别程序制度比较研究》，《中国应用法学》2018 年第 6 期。
③ 北京知识产权法院组织编写：《技术调查官制度创新与实践》，北京：知识产权出版社 2019 年版，第 15 – 16 页。

四、技术调查官在诉讼中角色定位之完善

（一）丰富立法守其"初位"——让技术调查官辅助而不"无助"

对于组织而言，合法性就如氧气一般，是其"能够在社会上立足和存在的根本条件之一"。[①] 技术调查官属于审判辅助人员中的司法技术人员，即具备相关专业技能和知识经验，专门为审判工作提供法庭科学技术支持和服务的专业人员。从目前我国民事诉讼法中列明的技术类诉讼参加人来看，鉴定人因其属于法院委托的社会机构，不能承担审判辅助职能，故技术调查官与鉴定人法律地位必然不同；勘验人一般由法院工作人员担任，《若干规定》中对技术调查官的职责描述包括勘验但又不仅限于勘验，故技术调查官也不等同于勘验人；而有专门知识的人系由当事人申请出庭的人员，其陈述视为当事人陈述，故与技术调查官相距甚远。

既无法将技术调查官与我国民诉法上的任一诉讼参加人靠近，且从民诉法最新修正意见来看，司法技术人员相关内容在未来一段时间也未必能为法律所采纳。作为诉讼环节重要参与人，我们的民事诉讼立法是否可以考虑在现有第八十三条基础上增加一个总的条款"人民法院可以指派司法技术人员协助查明专业技术事实"，有了这一兜底条款，技术调查官的审判辅助地位方能具有普遍适用性。

（二）坚定司法正其"本位"——让技术调查官中立而不"孤立"

在确定技术调查官的审判辅助法律定位后，我们需要合理设计其在诉讼中的权利与义务，而权利与义务承担的核心就是维护其中立不偏颇的属性，即凭借专业知识而参与到诉讼中来，同时又不分属于诉讼当事人任何一方，也不受诉讼裁判文书的约束，拥有一种独立和超然的地位，即基于专业知识而发表客观中立的意见，而不受任何人意志的左右。[②]

1. 为查明事实而必须赋予的权利

设立技术调查官的实质目的是解决法官相关专业知识的缺乏与其行使审查技

---

① ［美］W. 理查德·斯科特著，姚伟等译：《制度与组织：思想观念、利益与身份认同》（第4版），北京：中国人民大学出版社2020年版，第75页。

② 蔡学恩：《技术调查官与鉴定专家的分殊与共存》，《法律适用》2015年第5期。

术性事实之间的矛盾。① 技术调查官需要依托具体案件内容方能提出技术意见，故其理应可以参与庭前问询、听证、庭前会议、庭审等诉讼环节，参与有关技术事实调查取证、勘验、保全等，了解技术争议焦点，进而与其专业链接，提出技术调查意见书。技术调查官不是合议庭成员，亦不需要作为记录人负责记录，其意见已通过技术调查意见书完整向合议庭展示，故其不应参与合议庭评议、调解等与技术调查无关的事宜。如法官对技术调查意见书有疑问或有其他技术事实需要询问技术调查官，可以进行单独询问。

2. 为监督使用而必须附加的义务

技术调查官为了让其技术调查意见书能被有效采纳，其在诉讼中必须严格恪守职业道德，不对当事人任何一方有所偏见，也不接受合议庭以外的其他任何成员的问询。其对技术事实的描述不应考虑法律措辞，也无需考虑法官的接受程度，而应仅以其专业为出发点，客观真实地呈现技术特征。法官应对技术和法律的转化负全部责任，而不应指望技术调查官的阐明。

3. 为公正透明而必须公开的事项

技术调查意见仅供合议庭参考，不应公开，但技术调查官的查明过程必须公开。除了在诉讼程序上对当事人行使告知义务，我们还应在判决书的拟制上给予公众更大的知情权。我们应尽可能在文书事实查明部分对技术调查官参与的案件事实查明内容进行动态描述，技术调查官的态度和结论无需公布，这对公众理解案件技术争议焦点具有重要意义。知识产权法院为市场主体提供"可信承诺"的能力，最终仍需其独立接受市场的检验进而获得市场认同。② 技术调查官亦如是。

（三）统一政策束其"高位"——让技术调查官专业而不"专制"

因具有知识产权审判职能的法院（法庭）越来越多，部分地区并不具备设置专职技术调查官的内部和外部条件，故目前技术调查官以兼职形式居多。如何突破该现状带来的种种问题，内破外立是唯一的出路。

1. 内破行政壁垒，自上而下建立技术调查官专家库

由各省级人民法院牵头组建全省技术调查官专家库，设立不同等级的技术专

---

① 李昌超：《我国技术调查官制度的逻辑生成及制度前景》，《河南大学学报（社会科学版）》2017年第4期。

② 陈天昊、苏亦坡：《我国知识产权法院的治理实效与制度逻辑》，《法学研究》2023年第1期。

家任职条件，各市区根据实际情况，组织专家报名并负责资质审核，审核通过后上传到该系统，系统内专家信息对最高人民法院共享。各法院可以根据案件实际情况，选择合适的技术调查官参与案件审理，费用由各法院自行承担。如本省无相关领域专家，可请求最高人民法院协助调取全国系统。入库的专家不是法院的在编人员，但参与案件审理时即具有法院工作人员身份。此项工作虽然前期艰难，但一旦成型，将会极大解决中基层法院技术调查官"难请"的问题，而这些中基层法院往往是最需要技术调查官的地方。如有可能，更建议由最高人民法院牵头组织此项工作。

2. 外立行业标杆，由点及面组建技术调查官委员会

一人为私，双人为公。单一的技术调查官在工作过程中不可避免会面临无人商议的境况，在组建专家库的过程中，相应领域的技术调查官可以成立对应的专家委员会。当遇到疑难复杂问题时，可以由专家委员会集体讨论确立，这一方面可以让决策的科学性得以提高，另一方面也能极大保证技术调查官的专业水准。专家委员会还能对技术调查官的日常工作进行监督，避免违反法律规定的事情发生，即便发生，也有较好的约束和追责机制。

技术调查官的使命，是让技术之光照亮知识产权法律的藩篱，指引法官拨开技术的迷思，构建起可以被人们预见和感知的技术事实领域。守护好技术调查官在诉讼中审判辅助、中立评价、专业判断的角色定位，就是守护好知识产权公正审判的世界，引领社会公众创新自由前行。

（合肥市中级人民法院　余　芮）

选任管理篇

12

我国知识产权领域技术调查官选任问题探析

近年来，在国家创新驱动发展战略推动下，企业技术创新和成果保护的需求日益强烈，与此同时，法院受理的涉及专利、计算机软件、技术秘密、植物新品种、集成电路布图设计等的知识产权技术类案件数量也呈逐年递增趋势。加强对专利、计算机软件、技术秘密等核心知识产权的司法保护，对于高新技术企业生产经营和国家创新战略推动具有重要影响，公正、高效审理技术类案件，直接关系到高新技术企业的生存发展和国际竞争力的提升。在知识产权技术类案件审理中，技术事实的查明、认定以及法律适用是关键，而高度专业化的技术事实查明对于大多数法律专业毕业的法官来说存在较大困难。2014 年 12 月，最高人民法院制定发布《关于知识产权法院技术调查官参与诉讼活动若干问题的暂行规定》（以下简称《暂行规定》），首次提出了"技术调查官"的概念，并率先在北京、上海、广州三地知识产权法院试行技术调查官制度。技术调查官制度运行以来得到了社会各界的广泛关注，而构建符合知识产权技术类案件审理需要的技术调查官选任机制是技术调查官制度科学运行的关键。

一、我国现有技术调查官选任的规定及存在的不足

对于技术调查官的具体选任条件及任职类型，《暂行规定》第一条规定："知识产权法院配备技术调查官，技术调查官属于司法辅助人员。知识产权法院设置技术调查室，负责技术调查官的日常管理。"从上述规定的文字含义来看，技术调查官应为法院正式工作人员，即行政在编人员，行政编制的性质具有相对的稳定性，一定程度上能够保证技术调查官的中立性，也便于人员的管理与考

核，但从审判需求角度出发，仅设置在编型技术调查官一种任职类型，不利于技术调查官作用的充分发挥，也难以满足知识产权法院专业化案件审判工作的多元需要，这主要体现在以下几个方面。

（一）行政编制的技术调查官专业技术覆盖面不够广泛

现行公务员行政编制人数有限，技术调查官的编制数量是以法院行政编制总量为基础的，很难根据审判实践的变化随时增加编制，因此，有限的在编技术调查官无法覆盖技术类案件涉及的诸多专业技术领域。以北京知识产权法院为例，2016年北京知识产权法院受理各类技术类案件 2 276 件，案件涉及机械、材料、通信、医药、光电、计算机等多个专业技术领域。随着科学技术的迅猛发展，各领域专业化不断加强，技术领域分工细化的趋势日益显现。在司法实践中，不少案件又涉及多技术领域问题的交叉，在此情况下，有限的在编技术调查官无法满足现有技术类案件对专业技术领域广泛性和专业研究分类精细化的要求。

（二）行政编制的技术调查官知识更新存在困难

法院并非技术应用的一线单位，与技术应用一线部门的联系交流较少，在编技术调查官在单纯的司法环境中难以及时进行知识更新和实践应用，在当今技术发展日新月异的形势下，这就容易导致其与技术发展相脱节，难以达到"本领域技术人员"的技术水平要求，不利于发挥技术调查官在技术事实查明中应有的作用。

（三）行政编制的技术调查官可招录的人员范围受限

司法实践中的技术事实查明工作要求技术调查官具有本领域技术人员的专业水平，同时由于大部分技术类案件与生产实践紧密联系，因此还要求技术调查官具有一定的生产、科研经验，从这个角度来说，应届毕业生由于缺乏实践经验，不适合直接担任技术调查官。但对于有一定生产应用实践经验的技术人员来说，无论是现阶段行政编制下的工资待遇，还是专业化的技术职业发展，法院一般都不在该类技术人员职业发展规划的考虑范畴之内。因此，在行政编制条件下，招录能够胜任技术事实查明工作的技术人员存在一定困难。

（四）行政编制的技术调查官职业发展受限

从技术调查官的职业发展角度出发，对于愿意来法院工作的具有相应技术水平的人员来说，要实现个人在专业方面的不断发展，需要通过不断参与研发、技术研究、应用实践等方式进行"回炉锻造"，但在目前法院普遍面临的巨大审判压力之下，技术调查官一定时间内脱离岗位专注科研和实践的可能性较小。此外，现阶段法院的行政在编人员仍实行行政职级制，但对于被选任的专业技术人员而言，据此确定其职级、薪酬显然存在不合理之处。

二、外国及中国台湾地区技术调查官或其他技术事实查明人员的选任模式及比较分析

其他国家和地区对于涉及专业技术问题的案件中的技术事实查明所采用的模式各有不同，如韩国、日本及中国台湾地区专门设置了技术调查官（有的国家称为技术审理官或技术审查官），中国现行技术调查官制度也主要是借鉴了日本、韩国和中国台湾地区有关技术调查官的立法和实践经验；德国主要采用技术法官的方式，美国等国家采用的是专家证人或专家咨询与技术助理相结合的模式。虽然德国、美国等国家的制度模式与技术调查官制度有所不同，但其对于参与技术事实查明人员的选任实践对于中国技术调查官的选任也具有一定的借鉴意义。

（一）韩国、日本及中国台湾地区技术调查官的选任情况

1. 韩国

对于技术审理官的任用资格，韩国《技术审理官规则》规定："在专利局从事审理官或者审判官 5 年以上者、作为一般公务员从事产业技术 7 年以上者，或者负责科学技术相关事务 5 年以上并曾在职 5 级以上者、科学技术相关领域取得硕士学位且从事相关领域或者研究 10 年以上者、科学技术相关领域取得博士学位者、取得国家技术资格法规定的技术师资格者。"在实践中，对于技术审理官的选拔渠道，一般有三个方向，一是政府机构内部选拔，具有 5 年以上经验的知识产权局之审查员，或者具有 5 年以上法官经验，或者具有 7 年以上科技工作经验且为 5 级及以上公务员资格；二是在科学技术领域的研究人员中选拔，科学技术领域获得博士学位的，或者在科学技术领域获得硕士学位且从事经营研究活动满 10 年的；三是从通过相关技术资格考试的人员中选拔，如根据韩国法律获得相关技术许可资格的人员。[①]

① 马浩菲、韩元牧：《简述技术事实之审查——从我国知识产权法院设立技术调查官制度谈起》，《中国发明与专利》2015 年第 3 期。

2. 日本

日本同时设置了调查官和咨询专家制度。日本的调查官从来源上看，主要来自专利局的审查员或复审员，少数曾经是专利律师，审查员或复审员大多拥有二十多年的专利审查经验。调查官是法院的正式工作人员，任期一般为两年，两年之后，他们可以选择回到原来的工作岗位，也可以选择继续留任。技术咨询专家中，大学教授约占 50%，公立研究机构和民间企业研究人员约占 30%，专利代理人约占 20%。技术咨询专家是最高法院统一任命的兼职人员，一旦任命，他们便具有了法院工作人员的身份，然而，与一般法院工作人员不同的是，他们只有被指派作为技术咨询专家参与到案件审理中时才具有法院工作人员的身份。技术咨询专家隶属于最高法院指定的法院，接受其所在法院的指派参与相关案件审理，任职期限为两年。①

3. 中国台湾地区

根据中国台湾地区"智慧财产法院组织法"第 15 条的规定，智慧财产法院设技术审查室，置技术审查官。中国台湾地区"智慧财产法院约聘技术审查官遴聘办法"第三条规定："具下列资格之一者，得受聘为约聘技术审查官，但具'公务人员任用法'第二十八条第一项情事者，不予聘用，已聘用者，应予解聘：（一）曾任专利或商标高级审查官、审查官，成绩优良并具证明；（二）曾任专利或商标助理审查官三年以上，成绩优良并具证明；（三）曾任'经济及能源部智慧财产局'约聘专利或商标审查员三年以上，成绩优良并具证明；（四）曾任公立或立案之私立专科以上学校或教育部承认之外国专科以上学校相关科、系、所讲师六年以上助理教授、副教授、教授合计三年以上，有智慧财产权类专门著作并具证明；（五）曾任公、私立专业研究机构研究员、副研究员、助理研究员合计六年以上，有智慧财产权类专门著作并具证明；（六）具有国内外少见之特殊技术或科技研发专长且有证明；（七）经专利师考试及格、执行业务三年以上、申请发明专利件数达二十件以上者。"②

---

① 凌宗亮：《日本知识产权审判中的技术事实查明制度》，《上海法治报》2016 年第 B06 版。
② 宋汉林：《知识产权诉讼中的技术事实认定：兼论我国知识产权诉讼技术调查官制度》，《西部法学评论》2015 年第 5 期。

（二）其他国家从事技术事实查明的人员的选任情况

1. 德国

对于技术事实的认定，德国主要采用的是技术法官制度。对于技术法官选任方面的要求，在德国《法官法》第 120 条和《专利法》第 65 条中都有明确规定，被任命为技术法官的人必须在德国或欧盟境内的大学、技术学校或相关科研机构毕业，同时要求其通过技术或自然科学相关方面的国家级或学院级考试，且至少有 5 年以上的工作经历。技术法官通常会从德国专利商标局中的资深技术审查员中挑选。在德国的专利法院，技术法官的地位与普通法官是一样的，而非司法辅助人员，技术法官与其他职业法官一样，享有终身任职的地位。[①]

2. 美国

在美国，技术事实的查明主要以专家证人或专家咨询模式进行，但在法院内部，也配备具有理工科技术背景的法官技术助理，如联邦巡回上诉法院中每个法官均配有法律助理和技术助理。[②] 但美国技术助理的选任条件较为宽松，与中国的法官助理类似，主要是以相关专业的毕业生为主。

（三）境外技术调查人员选任模式分析

综合上述国家和中国台湾地区从事技术调查的人员的选任模式和人员来源，可以发现有以下特点。

1. 任职方式上基本都是法院正式工作人员，但任期有所不同

如德国的技术法官，是与法官一样终身任职，日本和中国台湾地区一般有相对固定的任期限制（日本技术咨询专家的法院工作人员身份具有临时性），技术调查人员属于法院工作人员的性质，相对来说能够独立于各方当事人，从而在一定程度上保证技术调查工作的中立性。

2. 人员来源广泛

如韩国、日本及中国台湾地区的技术调查官的选任条件规定，符合一定条件的专利审查人员、科研机构、学者都可以选任技术调查官，日本的技术咨询专家还可以从专利代理人中选任，技术调查人员来源的广泛性有利于扩大技术调查的

---

① 马泫菲、韩元牧：《简述技术事实之审查——从我国知识产权法院设立技术调查官制度谈起》，《中国发明与专利》2015 年第 3 期。

② 徐雁：《论我国知识产权专家参审制度之完善》，《东南司法评论》2012 年第 1 期。

专业覆盖面，特别是生产、科研一线人员对于专利创新及前沿技术的敏感度较高，有利于更好地完成技术调查工作。

3. 人员选任条件相对较高

除美国的技术助理外（美国主要是以专家证人、专家咨询为主，技术助理对于技术事实查明的作用相对专业技术调查官较小），大多数都要求技术调查官有至少5年以上的专业技术工作从业经历，或要求其在专业研究方面具有较为突出的成就。可以看出，虽然涉及专利等技术问题的案件需要技术调查官从普通技术人员的角度对专业问题进行解读，但经验相对丰富的专业技术人员或科研人员能够更准确地把握案件涉及的专业技术问题。

三、北京知识产权法院对技术调查官选任的探索与实践

北京知识产权法院技术调查室成立于2015年10月22日，在《暂行规定》未对技术调查官选任等问题作出明确规定的情况下，结合相关文件精神和知识产权审判的实际需要，北京知识产权法院制定了《北京知识产权法院技术调查官工作规则》和《北京知识产权法院技术调查官管理办法》（以下简称《管理办法》），对于技术调查官的任职类型、选任条件、任期等作了进一步探索和细化。

（一）技术调查官任职模式

《管理办法》中区分技术调查官的不同类型和来源渠道，设置了以下几种技术调查官的选任模式：①在编的技术调查官，属于法院正式行政编制人员，由法院自主进行选拔选任；②聘用的技术调查官，由法院面向社会公开自主进行招聘，签订相关劳务合同，解决组织人事关系、薪酬待遇等问题；③交流的技术调查官，由国家机关、行业协会、大专院校、科研机构、企事业单位等向法院派驻，任命后组织人事关系不变动，薪酬待遇由原单位保障；④兼职的技术调查官，由法院通过单位推荐、自我推荐等形式，从相关领域的技术人员中选择聘用，聘用后组织人事关系不变动，薪酬待遇由原单位保障。此外，在2016年6月北京知识产权法院审理的一起技术类案件中，因现有技术调查官的专业技术领域与案件所涉及的技术问题均不完全符合，为了确保案件技术事实的准确查明，采用了临时聘用的方式聘请该技术领域的专业人员担任该案的技术调查官，为解决案件中的特殊技术问题进行了有益的尝试。但根据个案具体需要临时聘用的技术调查官仅在所参与的具体案件中具有技术调查官身份。

（二）技术调查官选任条件

对于技术调查官的选任条件，《管理办法》中作出了如下规定：①具有大学本科及以上学历；②具有相关技术领域教育背景；③从事相关技术领域的专利审查、专利代理或者其他实质性技术工作5年以上；④年龄不超过45周岁，兼职的技术调查官不受该年龄限制，特殊情形下，在编的、聘用的和交流的技术调查官经本院审判委员会同意，可以不受年龄限制；⑤品行端正、身体健康。

上述条件中，对于相关技术性工作5年以上从业经验的要求主要是考虑司法实践中，大多数技术类案件所涉及的专业技术知识往往具有技术前沿性强、复杂程度高、涉及利益大等特点，技术调查官只有经过较长时间的实践，积累一定经验，达到本领域中等技术人员的水平，才能准确地理解案件涉及的技术内容，知晓技术应用的实际情况，从而为完成技术事实查明工作奠定基础。

（三）现有技术调查官人员情况及工作实践效果

基于上述考虑，结合受理的技术类案件的数量、类型、涉及的技术领域等，北京知识产权法院首批选任了5名交流技术调查官、34名兼职技术调查官和27名技术专家，暂时没有选任在编的和聘用的技术调查官。5名交流技术调查官分别来自国家知识产权局专利局、专利复审委员会、审协北京中心，交流年限为一年或两年；34名兼职技术调查官中有15名来自审协北京中心，16名来自企事业单位、高校或科研机构，3名来自专利代理机构。27名技术专家都来自高校或科研机构，全部具有正高职称。2016年，共有包括5名交流技术调查官在内的35名技术调查官参与了352件案件的技术事实查明工作，提交技术审查意见262份，同年北京知识产权法院技术类案件审结数量同比增加85%，技术类案件审判质效得到明显提升。

通过实践发现，北京知识产权法院推行的技术调查官选任模式的优势主要体现在：①技术调查官来源广泛，专业技术领域覆盖面较广，能够基本满足现阶段技术类案件审判的需要；②技术调查官总体人数及技术类案件涉及较多的几个技术领域的技术调查官人数比较充足，为使用调配提供了必要空间；③来自高校、科研机构及生产应用一线的技术调查官数量占比较高，适应目前技术迅猛发展和知识高速更新的形势，有利于更好地完成技术事实查明工作；④来自国家知识产权局系统的技术调查官不仅具有专业技术背景，且在准确适用专利法规定方面较之其他来源的技术调查官更有优势，为法官审理技术类案件，特别是专利授权确权行政案件提供了切实、有效的帮助。

在实践中也发现现行选任模式亦存在一定的不足，主要表现在：①现有交流及兼职技术调查官的人事关系仍在原工作单位，在其所研究或从事的专业技术领域内履行技术调查官职责时，可能与案件的处理存在一定的利害关系或者易被外界认为存在利害关系，影响技术调查工作的公正性和科学性；②在人员管理上，由于兼职和交流技术调查官人事关系不在法院，对其工作业绩考核标准和人事管理方式还需要进一步探索完善；③兼职技术调查官由于不在法院定点办公，且都有本职工作，无法及时与法官进行庭前沟通或庭后评议；④从非专利审查部门选任的技术调查官缺乏专利法等基础性法律知识，无法准确把握技术类案件审理中涉及的与技术问题紧密相关的法律概念，一定程度上限制了其作用的发挥。

四、完善我国技术调查官人员选任的建议

技术调查官制度的核心在于专业性、中立性和公开性。探索符合中国知识产权审判实践的技术调查官选任方式，也要从始至终以上述三项原则为指导方向。技术调查官的选任中，专业性是基础，要求选任的技术调查官应当具有相关技术领域的实践经验，能够较为准确地把握案件中涉及的专业技术问题；中立性是技术调查官选任的内在要求，要求选任的技术调查官在进行技术调查工作时，与案件各方当事人不存在潜在的利害关系，公正履职、客观地提出审查意见；公开性是技术调查官科学选任的程序保障，要求技术调查官的选任应当透明、经过严格的评审程序，最终选任的人选应当向社会公开。根据专业性、中立性、公开性的原则，我们认为可以从以下几个方面完善我国知识产权领域技术调查官的选任工作。

（一）技术调查官的来源

借鉴外国及中国台湾地区技术调查官及相关技术调查人员的选任实践，我们认为技术调查官的选任来源应当具有广泛性，建议从"四个一线"领域中进行选任，即生产一线、教学一线、科研一线和审查一线，"四个一线"领域的技术人员与专业领域的技术发展情况紧密接触，专业技术素养较高，能够满足技术调查官专业性的要求，同时，从"四个一线"选任技术调查官，选任余地较为广阔，也能够满足当下法院审理的知识产权技术类案件涉及专业面广的实际需求。"四个一线"具体来说涉及的行业及领域包括但不限于：专利审查行政部门、科

研机构、高等院校、生产性企业、专利代理机构及律师事务所等。目前，一些观点认为囿于利害关系的限制，不应当从专利审查行政部门和专利代理机构等选任技术调查官，但我们认为，首先，从外国和中国台湾地区的做法来看，存在大量从专利审查行政部门选派或从专利代理机构选任技术调查官的情况，这部分人员较高的专业技术能力和其知晓相关法律规定的优势对于技术类案件的审理具有很大帮助；其次，反对观点的主要理由在于，来自专利审查行政部门和专利代理机构的技术调查官的中立性难以保证，但我们认为可以通过完善技术调查官公正中立履职的制度规范来解决这一问题，北京知识产权法院技术调查官制度运行一年多来的实践也充分表明，通过技术调查官个人利益冲突排查、向当事人释明、保障当事人依法行使提出回避的权利等制度建设能够较为有效地保证技术调查官中立履职，因此，我们认为，不应当简单实行"一刀切"，排除专利审查行政部门和专利代理机构、律所作为技术调查官的来源渠道。

（二）技术调查官的任职模式、选任条件及职业发展与规划

1. 任职模式

鉴于行政编制技术调查官在选任方面存在的问题，我们建议设置灵活多样的技术调查官任职类型。技术调查官制度的目的在于借助技术调查官的专业知识，辅助法官查明案件技术事实，以该目标为导向，我们认为可以探索多种任职方式相结合的技术调查官任职方式。具体来说，可以采用以下任职模方式，或者将以下方式灵活组合运用：①在编型技术调查官。行政在编技术调查官属于法院的正式工作人员，相对独立于各方当事人，因此，应该保留此种技术调查官的任职类型，在编型技术调查官具有法院正式工作人员的身份，受《中华人民共和国公务员法》的约束；②交流型技术调查官。从"四个一线"性质的单位进行选派，其人事组织关系仍在原单位，由原单位解决工作待遇等问题，交流期限一般不少于1年；③兼职型技术调查官。从"四个一线"性质的单位进行选派，其人事组织关系仍在原单位，由原单位解决工作待遇等问题，在法院从事技术事实查明工作期间由法院根据财务制度要求另外给付劳务费用，任职期限可根据实际情况设定为2~3年；④聘任型技术调查官。采用聘任制公务员的方式，以合同形式聘任，聘任合同期限为1~5年，由聘任其的法院负担工资福利等，并按照相关规定实行协议工资制。

2. 选任条件

在选任条件方面，对于各种任职类型的技术调查官，我们认为应当采用较为

一致的选任标准：①具有普通高等院校理工科专业本科及以上学历；②具有5年以上相关专业技术领域生产、管理、研究工作经验；③达到中级以上专业技术资格；④年龄不超过45周岁，特殊情况下，经技术调查官选任专门委员会同意，可以不受该年龄限制。对于聘任制的技术调查官，还应当参照中组部及各地人力资源部门关于聘任制公务员选聘的相关规定。

同时，在廉洁性方面对技术调查官还应有一定的要求，如规定具有以下情况的，不能选任为技术调查官：①曾因犯罪受过刑事处罚的；②曾被开除公职的或者因违规违纪被解除劳动合同、聘用合同和聘任合同的；③受过党纪政纪处分的；④涉嫌违法违纪正在接受审查尚未结案的；⑤有其他不适宜担任技术调查官情形的。

3. 职业发展与规划

职业发展与规划问题主要针对的是在编型和聘任型技术调查官，因为交流型和兼职型技术调查官任期相对较短，且人事和工资、组织关系等仍保留在原单位，因此，其在法院工作期间，仍是按照原单位的规定和要求进行职级晋升。

在编型和聘任型技术调查官要充分考虑其专业技术更新和专业技术职级晋升方面的要求，使其能够胜任技术不断发展下技术类案件的审判需要，并能科学地实现个人职业发展。可以从以下几面进行完善：①对在编型和聘任型技术调查官，不适用行政级别的，可以单独制定专业技术类公务员管理规则，根据我国《公务员法》的规定，行政编制的公务员可划分为综合管理类、专业技术类和行政执法类等类别，我国目前还未出台针对专业技术类公务员管理的规定，但某些地方自行制定的该类规范也可以参考，如有观点认为，可以对应普通公务员设置技术调查官的职务层次；关于技术调查官的技术职称评定问题，可以在最高人民法院成立技术职称评审委员会，各省、直辖市高级人民法院可根据实际情况建立相应技术职务评审组织；① ②在任期方面，符合一定条件的聘任型技术调查官可以续聘或签订无固定期限劳动合同，以加强聘任制技术调查官的稳定性；③在灵活采用不同任职类型组合模式的前提下，合理调配交流型、兼职型技术调查官的工作任务量，给予在编型和聘任型技术调查官从事一线科研、学习和实践的时间与机会，可以通过与其他技术一线部门进行人员交流或让技术调查官参与技术课

① 杨海云：《构建中国特色的技术性事实查明机制》，《中国司法鉴定》2015年第6期。

题研究等方式实现其技术知识更新。

（三）技术调查官工作中立性的探索

无论何种任职模式的技术调查官，中立、公正履职都是必然要求，技术调查官的职责在于辅助法官查明案件技术事实，其出具的技术审查意见仅能作为法官判案的参考，但在大多数法官不具有专业知识背景的情况下，技术调查官的意见对于案件技术事实的查明以至后续的法律认定具有重要的影响。因此，应当采取有效措施确保技术调查官的客观中立履职。笔者认为可以从以下几个方面进行完善。

（1）加强制度建设，建议上级法院根据技术调查官制度的运行实践对技术调查官工作中立性、回避等问题作出进一步详细的规定，实际上北京知识产权法院已在2016年底在全国率先制定实施了《北京知识产权法院技术调查官回避实施细则》，根据技术调查官来源的不同及可能存在的不同情形的潜在利害关系情形，规定了不同的回避事由，明确了技术调查官的自行利益排查机制和应回避而未回避、导致严重后果的处罚机制，有效保护了案件当事人的合法权益。

（2）严格技术调查官选任，做到选任条件、选任程序的公开，明确技术调查官选任和不予选任的事项，在选任程序上，采用个人自荐与单位推荐相结合的方式，成立技术调查官选任的专门委员会，实现选任流程的透明和公开，选任的技术调查官的实际情况要及时向社会公开并接受监督。

（3）以管理促中立，在技术调查官的日常管理方面，针对技术调查官工作中可能出现的廉政风险点，制定相应的防控措施，强化技术调查官中立履职方面的培训，并将廉政作为技术调查官考核的重要组成部分，促进技术调查官中立履职意识的养成。

（4）完善技术事实查明机制，为防止技术调查官"一家之言"左右案件裁判结果，积极探索由专业化人民陪审员、技术调查官、司法鉴定机构、专家辅助人共同参与的"四位一体"技术事实查明机制，多方听取技术审查意见，研究各方技术审查意见的合理运用与协调。

（5）探索技术审查意见的采信机制，在现阶段技术调查官出具的技术审查意见不对当事人公开的前提下，探索通过法官适度心证公开的方式引导当事人对技术焦点问题发表进一步的意见，要求法官不得一味依赖技术审查意见，应当在裁判文书中对于各方争议焦点进行详细说理和论证。

（6）加强内外部监督，采用多种方式及时听取法官、律师等社会各界对技术调查官工作的评价和意见，总结分析内外部意见、建议，并有针对性地加以改进。

五、结语

技术调查官制度在我国是一项全新的制度，需要在实践中不断探索和完善。技术调查官的科学选任是实现技术调查官制度良性、科学发展的基础。在现行体制下，技术调查官的选任需要考虑案件类型、人事制度、职业保障等多方面的因素，但首要的是技术调查官的选任满足知识产权领域技术类案件的审判需要，在此前提下，可以大胆创新技术调查官不同的选任方式，各地法院可以根据知识产权审判需求，灵活设置技术调查官的任职类型，并围绕技术调查官制度的专业性、中立性和公开性的要求，不断进行探索和实践。

（北京知识产权法院　仪　军　李　青）

13

浅析技术调查官的选任对介入法律问题的影响

一、技术调查官制度的相关规定

2014 年 12 月，最高人民法院颁行《关于知识产权法院技术调查官参与诉讼活动若干问题的暂行规定》（以下简称《暂行规定》），标志着技术调查官制度的正式确立，基于《暂行规定》，北京知识产权法院技术调查室于 2015 年正式成立，任命了首批 37 名技术调查官和 27 名技术专家，帮助法官解决审理知识产权案件时遇到的技术难题，自此技术调查官正式走入大众视野。① 经过五年的试运行，最高人民法院于 2019 年颁布《关于技术调查官参与知识产权案件诉讼活动的若干规定》（以下简称《若干规定》），该规定明确将技术调查官划分在司法辅助人员序列，在技术性或专业性较强的案件中，法院可以指派技术调查官参与诉讼活动，该规定还明确了技术调查官的回避以及责任承担等问题，通过该规定确定了技术调查官的角色定位，使得技术调查官参与司法审判活动更加"师出有名"。

二、技术调查官的定位

根据规定，技术调查官虽然是司法辅助人员，但与专家辅助人、技术鉴定、专家咨询等制度不同，技术调查官属于司法审判机构内部的工作人员，可以参与庭前会议、庭审、保全、勘验等诉讼的不同阶段，在法官同意下，也可以向其他

---

① 杜颖、李晨瑶：《技术调查官定位及其作用分析》，《知识产权》2016 年第 1 期，第 57 - 62 页。

诉讼参与人发问，其撰写的技术调查意见也不属于证据，无需当事人质证。上述种种特点表明了技术调查官与其他技术事实查明角色的区别和自身的独特性。

（一）专家辅助人

根据《中华人民共和国民事诉讼法》（以下简称《民诉法》）的规定，在举证期限届满前申请一至二名具有专门知识的人出庭，代表当事人对鉴定意见进行质证，或者对案件事实所涉及的专业问题提出意见。具有专门知识的人在法庭上就专业问题提出的意见，视为当事人的陈述。人民法院可以对出庭的具有专门知识的人进行询问。经法庭准许，当事人可以对出庭的具有专门知识的人进行询问，当事人各自申请的具有专门知识的人可以就案件中的有关问题进行对质。具有专门知识的人不得参与专业问题之外的法庭审理活动。

通过上述《民诉法》的相关规定可知，专家辅助人由当事人自行聘请，其可以就专业问题提出意见，并且该意见视作当事人陈述，可以进行质证，当然，专家辅助人不能参与其他法庭审理活动；而技术调查官的角色定位与专家辅助人不同，其并不属于当事人聘请，而是属于法院内部的工作人员，并且所发表的意见不进行质证，仅作为法官事实认定的参考，因此技术调查官本质上属于法官的"技术助手"，而专家辅助人则是代表当事人，二者虽均对技术事实发表意见，但法律后果截然不同。

（二）技术鉴定

目前，我们国家是当事人自行委托鉴定、当事人申请鉴定以及法院决定委托鉴定三种模式并存[1]，而且鉴定人所涉及的技术领域广泛，可以解决大量技术事实问题，但鉴定并非万能，并不一定能彻底解决法官对于技术事实认定的问题。一般情况下，鉴定意见能够客观反映待鉴定物的技术方案，但是鉴定意见中所采用的鉴定手段、鉴定方法是鉴定机构自行选择的，未必是科学的、合理的[2]，依然会被双方当事人所质疑，其所出具的鉴定结果也未必是真实的、有效的，而且鉴定的周期较长、成本也较高；而技术调查官与技术鉴定不同，其对于技术鉴定可以做到较好的补充，通过"技术助手"这一角色，技术调查官运用"通俗易懂"的语言"翻译"出鉴定意见，帮助法官较好地理解待鉴定物的技术方案，

---

① 杜颖、李晨瑶：《技术调查官定位及其作用分析》，《知识产权》2016年第1期，第57-62页。

② 宋汉林：《知识产权诉讼中的技术事实认定——兼论我国知识产权诉讼技术调查官制度》，《西部法学评论》2015年第5期，第15-16页。

同时帮助法官找出鉴定意见中的问题与漏洞，助力法官更为客观、公正地看待技术方案，避免"轻信"技术鉴定意见造成结论错误。

（三）专家咨询

除上述方式外，各地人民法院先后组建了知识产权审判技术咨询专家库，通过选择技术领域相同或相近的技术咨询专家来实现技术事实的查明。具体来说，技术咨询专家由法院从具备相关技术资质的专家当中聘任，咨询形式多样，通常采用电话咨询、当面咨询、出具咨询意见等形式，专家咨询意见可作为法官技术事实认定之参考。由于技术咨询专家在所属行业具有较高地位，也具有较强的技术知识储备，对于解决知识产权案中涉及的疑难技术问题起着重要作用。但是，当前专家咨询制度立法不够健全，导致法院推行该制度缺乏法律支撑和法律保障，并且缺乏相应的财力支持，很难统一推广。进一步地，由于咨询意见会对法官技术事实的认定产生一定的影响，但对于技术咨询专家的资质要求、聘任程序、工作程序、监督程序等却不明确①，其地位和角色处于模糊地带，出具的意见是否属于法院自由心证或是其他证据形式还需要探讨，在法官缺乏技术事实认定能力时，极易出现因对咨询意见的过度依赖而导致技术事实认定错误之情形。而技术调查官本身就属于法院内部的工作人员，其权力行使和责任承担均有明确的司法解释的规定，并且当事人还具有申请技术调查官回避等权利，在制度设计上更加完善，且技术调查官的意见可以对技术咨询专家的意见形成有益补充，让技术事实查明更加立体和完善。

（四）技术调查官成为合议庭组成人员的可行性探讨

虽然《若干规定》第十一条中明确了"合议庭对技术事实认定依法承担责任"，但是在实践中，技术调查官的意见一般会直接左右最后的审判结果，甚至存在"影子法官"的问题。一方面，存在极个别法官"懒政"的心态，直接将具体的侵权结论交由技术调查官得出；另一方面，虽然多数法官具有较强的责任心，但是在实践中，多数法官并不具有理工科背景，或者即便少数法官具有理工科背景，在面对复杂的、专业性强的技术类案件时，也无法做到全面和透彻地理解技术方案，因此更多情况下，法官需要依靠技术调查官对技术问题进行查明，

---

① 宋汉林：《知识产权诉讼中的技术事实认定——兼论我国知识产权论诉技术调查官制度》，《西部法学评论》2015 年第 5 期，第 15 – 16 页。

并给出相应的结论，这就必然存在不承担责任的技术调查官确定了案件的部分结论的情形，也就会导致司法裁判偏离"让审理者裁判，让裁判者负责"的原则和精神，同时，这对技术调查官的职业素养、职业道德提出了更高的要求，但现行制度中并不存在相应约束机制。

面对上述问题，基于技术类知识产权案件的特殊性，在制度设计上可以进一步创新思路，通过设置知识产权特别程序法，按照法定流程吸纳技术调查官成为合议庭组成人员，形成"法官＋人民陪审员＋技术调查官"的合议庭组成模式，这样技术调查官既可以与人民陪审员一起参与案件合议，对案件技术事实发表意见，同时其作为合议庭组成人员又需承担相应责任，避免出现"有权无责"的现象以及"影子法官"的问题。

三、技术调查官的选任

在实践中，技术调查官的来源以及任职形式多种多样，如从社会招聘或法院内部推荐的有一定资历的专业技术人员、国家知识产权局借调或离职的专利审查员、高等院校或科研院所的专家学者等，其中还分为专职技术调查官和兼职技术调查官，不同来源、不同任职方式的技术调查官对技术事实的查明存在一定影响。

（一）技术调查官的来源

公开资料显示，不同法院或法庭的技术调查官来源有所不同，北京知识产权法院聘任的是兼职技术调查官，包括国家知识产权局任职的专利审查员、高等院校专家学者等；上海知识产权法院、南京知识产权法庭招聘企事业单位的专业技术人员作为专职技术调查官；苏州知识产权法庭借助审协江苏中心的优势，借调其审查员作为其技术调查官；杭州知识产权法庭招聘审查员或技术人员作为其专职技术调查官；宁波知识产权法庭也采取杭州知识产权法庭的模式招聘专职技术调查官，同时依托宁波知识产权保护中心的力量，利用其资源优势，选聘一部分预审员作为兼职技术调查官，等等。

从上述内容可以看出，技术调查官的来源主要分为具有专利工作经验的专利审查员以及高校、科研院所的专家学者两类，其中专家学者一般为兼职技术调查官，其不脱离原任职单位，程序上需要法院进行聘任，再根据个案需要由法院进行指派；而专利审查员既有专职技术调查官模式，也存在兼职技术调查官模式。

可以看出，兼职技术调查官模式与专家咨询模式相类似，这部分专家学者精通技术，对于所在领域的技术知识更为擅长，但较为欠缺专利法知识，尤其是涉及专利诉讼案件时，短板明显，而相较之下具有专利工作经验的专利审查员既精通专利法，又熟知专业技术知识，更符合实践要求。

（二）技术调查官来源对技术事实查明的影响

在涉及专利诉讼的案件中，不同技术调查官的技术背景和专利法律基础不同，会导致对专利问题的看法和认知上的差别，进而会对技术事实的查明造成不同的影响。由于生产实践中的技术问题和专利问题之间存在一定区别，如在专利侵权诉讼中的核心问题是对权利要求保护范围的解读，而一般专业技术人员、专家学者虽然精通技术，但是对于专利法的相关规定并不熟悉，这就导致专业技术人员对于权利要求保护范围的解读存在问题，进而影响侵权比对，致使最终的结论存在偏差。当然这还引申出专利中的技术问题和法律问题的边界问题，下文将进一步阐述。但是具有专利工作经验的专利审查员不仅熟知技术问题，对于专利法也较为了解，更有利于侵权比对。进一步地，实践中专职技术调查官作为法院工作人员的履职一般不会引起争议，但是兼职技术调查官并非法院内部工作人员，其定位更加接近于专家咨询，在参与具体案件中可能存在一些问题，尤其在证据保全、现场勘验时，容易引起当事人的对抗情绪，因此兼职技术调查官的设置要有配套的制度保障，以确保其履职更加顺畅。

从上述内容可以看出，在技术调查官选聘问题上，当前可以专利审查员等相关从业人员为主，以高校、科研院所、企事业单位的教授、专家、科研人员、技术人员为辅，并且以招聘专职技术调查官为优先，兼职技术调查官为补充：一方面，专利相关从业人员具备专利法的相关知识，可以最大程度地参与专利侵权纠纷案件并给出专业意见；另一方面，少数案件涉及高精尖技术领域时，通过专家、科研人员参与进行补充，弥补专利审查员等相关从业人员技术知识储备的不足，取长补短，提高技术事实查明效果。

四、技术事实问题与法律问题的关系

首先，事实问题和法律问题的划分一直是实务中的难题。一般而言，事实问题是探寻案件发生或将要发生的行为、事件、行为人主观意愿或其他心理状态时所产生的问题，而法律问题是对已认定的事实按照法律规范如何作出评价的问题，包含法律解释及法律适用两部分内容。① 通过梳理裁判的过程可知，通常先是查明事实，解决事实问题，而后是适用法律，解决法律问题，而在审判实践中，上述步骤一般都是交替进行，反复经过三段论推理出裁判结果。

但是技术类知识产权案件具有很强的特殊性，以专利诉讼为例：由于专利本身就是技术与法律的"结合体"，其既非单纯的技术，也非单纯的法律，因此如何界定案件中的技术事实问题和法律问题更加困难。一般认为，识别被诉侵权产品的具体结构、组分、加工制作方法等属于技术问题。而判断被诉侵权产品是否落入涉案专利权利要求的保护范围、是否构成功能性特征、是否构成等同侵权等则属于法律问题，判断是否构成功能性特征、是否构成等同侵权等问题中，还涉及对涉案专利技术方案的分析和理解，这里又掺杂了技术问题，因而，从某种层面上讲，在专利诉讼中，基于专利的特殊性，其涉及的法律问题与技术问题相互杂糅、相伴相生，很难完全剥离。当然，对于诸如判赔金额、合理维权费用、侵权行为的认定等问题不涉及技术事实，也无需进行技术事实的查明，因此属于法律问题，这在实务中也没有争议。

据上，在技术类知识产权案件中，尤其是在专利诉讼中，首先需要明确的是技术事实的查明不是技术鉴定，因此不能对技术事实的查明进行简单划分，割裂地认定技术事实问题和法律问题，否则会出现影响侵权判定结果的问题。

五、技术调查官介入法律问题的正当性

如前文所述，规定要求技术调查官仅对技术问题发表意见，但基于专利诉讼的特殊性，如权利要求保护范围的解释、等同侵权的判断、功能性特征的认定，此类问题既涉及技术事实问题又涉及法律问题，并且需要综合两方面的因素才能进行判断，二者无法相剥离，无法孤立地看待某一方面。如果仅对所谓的技术问题发表意见，则技术调查官仅能做到对被诉侵权产品的技术方案或涉案专利的技术方案进行分析，对于涉案专利权利要求的保护范围则不能发表意见，那么客观上就会造成无法比对的情况，这样就与技术鉴定无异，最终偏离了技术调查官的设置目的，反而不利于技术事实查明和案件的及时解决。

因而，不能简单地、"一刀切"地将技术调查官解决技术事实问题理解为只

---

① 朱莹、王芝：《陪审制改革背景下事实审与法律审的界限——以知识产权审判为例》，《司法改革论评》2016年第1期。

能解决事实问题，不能解决法律问题，而是应当将技术调查官介入法律问题的查明理解为技术事实查明的一部分，尤其是具有专利工作经验的专利审查员，其有介入法律问题的能力，对于技术关联度高的法律问题应当允许技术调查官发表自己的意见。当然，对于诸如判赔金额、合理维权费用、侵权行为的认定等法律问题，技术调查官则不应介入。而对于公众担忧的"影子法官"问题，则可以通过强化合议庭责任制进行规制，这样既理顺了技术调查官的工作权限与职责，又能高效地进行技术事实查明。

六、结语

技术调查官的定位为司法辅助人员，其也是法院内部的工作人员，与专家辅助人、技术鉴定、专家咨询等角色均不相同，各有利弊，而技术调查官可以弥补上述角色的缺陷，发挥自身的独特作用，帮助法官高效地进行技术事实查明。由于技术调查官来源广泛，实践中技术调查官的任职情况在各个法院也各有不同，而对于有专利工作经验的专职技术调查官，其具备解决权利要求保护范围的解释、等同侵权的认定、功能性特征的认定等问题的能力，因此，可以就技术关联度高、技术密切度高的法律问题发表自己的意见。与此同时，通过强化合议庭责任制可以避免"影子法官"的问题。另外，技术调查官通过法定程序成为合议庭组成人员，既能满足技术调查官查明技术事实的需要，又可避免技术调查官不承担责任的尴尬，有利于技术调查官制度的行稳致远。

（浙江省宁波市中级人民法院　金一凡）

14

专职与兼职的选择

——技术调查官任职模式优化研究

根据 2019 年最高人民法院发布的《关于技术调查官参与知识产权案件诉讼活动的若干规定》（下文简称《若干规定》），越来越多的知识产权法院或者中级人民法院的知识产权法庭开始设置技术调查官，其在民事诉讼和涉及专利复审无效的行政诉讼中发挥了巨大作用。目前全国法院技术调查官的任职模式既有专职也有兼职，专职是指技术调查官的劳动关系隶属法院，并且不再与其他用人单位存在劳动关系；兼职是指技术调查官虽然协助法院针对某个案件或在某一时期履行技术调查职责，但是其劳动关系仍然隶属于其他单位的情况。兼职技术调查官如果以借调、挂职、交流、培训、实践锻炼、人民陪审员等各类名义或各种形式在较长时间内（1～3 年）常驻法院，则具有半兼职属性。不同的任职模式必然衍生出不同的行为方式和工作成效，并各自具有相应的利弊得失，有必要对此进行深入分析探讨并给出选择建议。

一、百花齐放：国内法院技术调查官任职模式概述

1. 北京知识产权法院

北京知识产权法院于 2015 年 10 月成立技术调查室，首批任命了 39 名兼职技术调查官，其中 20 名为专利审查员，来自国家知识产权局下属的各发明审查部、复审和无效审理部或专利审查协作中心，16 名来自企事业单位、高校或科研机构，3 名来自专利代理机构，其人事关系不变动，薪酬待遇由原单位保障，

且根据案件审理需要，由技术调查室组织参与诉讼活动。① 在上述人员中有 5 名为半兼职技术调查官，在任期内常驻法院，并且不再从事原单位的专利审查工作；其余人员则仍然以其原单位本职工作为主，只在案件需要时前来法院承担技术调查工作。2023 年初，北京知识产权法院再次选聘 115 名兼职技术调查官，其开始了 3 年的任期，从 2015 年北京知识产权法院成立技术调查室至今，该院先后选任三批次兼职技术调查官共计 183 人，总计参与 3 281 件技术类案件的技术事实查明工作。②

2. 上海知识产权法院

上海知识产权法院于 2014 年 12 月成立，在上海铁路运输中级人民法院和上海市第三中级人民法院的基础上组建挂牌。法院成立之后于 2016 年 3 月成立技术调查室，首批任命了 11 名兼职技术调查官，其中 2 名为半兼职，系国家知识产权局专利局复审和无效审理部审查员，管理方式和北京知识产权法院类似，任期为一年。2020 年 7 月，该法院进行任职模式的探索和改革，经上海市公务员局批准，首次招录了 2 名专职技术调查官，用工身份为聘用制，签订劳动合同但不占用公务员编制。2022 年 12 月，为了应对诉讼案件不断增长的形势，该法院第三次任命了 12 名兼职技术调查官，形成了专职和兼职相结合的任职模式，由合议庭根据案情需要向技术调查室申请不同专业领域的技术调查官参与案件审理，辅助法官正确理解案件涉及的技术术语、查明技术争议事实、判别技术真伪。③

3. 广州知识产权法院

广州知识产权法院于 2014 年 12 月成立，首批在编专职技术调查官为 3 名。该院将技术调查官以公务员入编的形式进行招录，后续的管理及晋升办法都参照公务员法的相关规定进行。截至 2022 年 12 月，该院共有 6 名在编技术调查官，近五年参与案件事实查明 3 490 件，出具书面审查意见 1 229 件。④ 2022 年 4 月，依托专职技术调查官制度，该法院在全国法院率先建成并启用了技术调查实验室，设立机械电子、医药化工、信息通信三大实验专区，配备了较为先进的仪器

---

① 北京知识产权法院：《技术调查官制度运行一年初见成效》，知产力，http：//www.zhichanli.com/article/40994，2020 年 7 月 20 日。

② 徐慧瑶：《北京知识产权法院选任 115 名技术调查官》，《北京日报》2023 年 2 月 16 日。

③ 上海知识产权法院：《上海知产法院举行新一届兼职技术调查官聘任仪式》，上海知识产权法院网，http：//shzcfy.gov.cn/detail.jhtml？id＝1001543983，2023 年 8 月 27 日。

④ 曾洁赟、王雪：《广东知产审判如何练就"火眼金睛"？》，《人民法院报》2022 年 12 月 27 日。

设备，已在 147 件案件中帮助法官破解技术难题。① 以上情况具体如表 1 所示。三家知识产权法院技术调查官任职模式各不相同，都探索出了具有自己特色的道路。

表 1　首批三家知识产权法院技术调查官任职模式统计表

法院名称	任职模式	人数	是否建立实验室
北京知识产权法院	兼职	183	/
上海知识产权法院	专职 + 兼职	2 + 12	/
广州知识产权法院	专职	6	建立

4. 其他法院

除了上述三家首批试点的知识产权法院之外，其他知识产权法院或者中级人民法院的知识产权法庭也陆续任命了技术调查官，部分法院的情况如表 2 所示。其中南京市中级人民法院选择了专职模式，其他法院大部分都选择了兼职模式。

表 2　国内部分法院技术调查官任职模式统计表

法院名称	任职模式	人数
南京市中级人民法院②	专职	5
郑州市中级人民法院③	兼职	104
海南自由贸易港知识产权法院④	兼职	4
天津市第三中级人民法院⑤	兼职	16
杭州市中级人民法院⑥	兼职	36

---

① 侯洁、吴卫：《广州知产法院启用技术调查实验室》，《人民法院报》2022 年 6 月 12 日。

② 张羽馨：《技术调查官"南京模式"领跑全国》，《江苏法制报》2021 年 1 月 4 日。

③ 赵红旗：《技术调查官有效缓解法官技术焦虑》，《法治日报》2022 年 11 月 9 日。

④ 崔善红、郭媛媛：《海南自贸港知产法院首聘 4 名技术调查官》，《人民法院报》2021 年 4 月 30 日。

⑤ 张芳：《引入技术调查官制度提升知产案件审判质效》，《天津日报》2021 年 5 月 5 日。

⑥ 孔令泉：《杭州知识产权法庭聘任兼职技术调查官》，《民主与法制时报》2020 年 9 月 17 日。

二、殊途同归：海外法院技术调查官任职模式的选择

1. 日本裁判所

日本于 1949 年建立了半兼职的裁判所调查官制度，目前日本全国共有 21 名调查官，其中日本知识产权高等裁判所 11 名、东京地方裁判所 7 名、大阪地方裁判所 3 名。① 这些调查官通常为借调自日本特许厅审判部的资深审判员（即专利审查员），并且拥有 20 年专利审查经验，任期 3 年，任期结束后返回特许厅，类似于国家知识产权局派往法院的交流借调人员。由于裁判所调查官数量和其专业领域无法满足需求，日本于 2005 年又引入了兼职的专家委员制度，专家委员主要由全国从事最前端的科学技术研究的大学教授和研究者，即"各专业领域的第一人"构成，涉及电气、机械、化学、信息通信、生物工程等多领域，目前约有 200 人。专家委员有自己本职工作，只是根据需要偶尔参与案件诉讼，并由裁判所依法支付差旅、住宿、日常津贴等费用，相当于中国的兼职技术调查官。日本的制度事实上是兼职的专家委员和半兼职的裁判所调查官相结合的制度。

2. 韩国特许法院

韩国特许法院为了弥补法官在技术事实认定上的不足，提高审判行为的专业性，设立了专职的技术审理官制度。根据韩国《特许法》第 186 条第 1 款、《外观设计保护法》第 75 条、《实用新型法》第 55 条规定，技术审理官的职责是受院长指示，就商标案件以外的知识产权案件中涉及的专业技术问题提供咨询和建议。就任职资格而言，韩国《技术审理官规则》第 2 条要求技术审理官应当满足在韩国特许厅从事 5 年以上专利审查工作，而实践中韩国特许法院的技术审理官大部分具有 10 年以上的专利审查经验。目前，韩国特许法院拥有法官 17 名，同时配备专职技术审理官 27 名，其中 20 名来自特许厅，7 名为法院自行招聘。② 同时，和日本类似，韩国专利法院拥有由一百余名各个领域的专家组成的专门委员团③，作为专职技术审理官的补充参与诉讼程序。

3. 德国联邦专利法院

德国联邦专利法院实行技术法官制度，依据德国《专利法》，德国联邦专利

---

① 李菊丹：《中日技术调查官制度比较研究》，《知识产权》2017 年第 8 期，第 96 – 105 页。

② 邹享球：《技术调查官制度的理论设计及现实困惑》，《知识产权》2021 年第 4 期，第 45 – 57 页。

③ 张玲玲：《韩国专利法院经验之我鉴》，搜狐网，https://www.sohu.com/a/204679720_99895431，2017 年 11 月 15 日。

法院的技术法官应当具备一定的技术资质并同时具有法律专业知识，这种法官需要能够兼顾技术和法律两个领域，因此绝大部分技术法官都来自德国专利商标局长期从事专利审查工作的审查员，而后进入专利法院转任技术法官，这一岗位是专职而且终身制的。[①] 技术法官与普通法官的人数几乎相等，除了必须具有一定的技术背景之外，无论是审判权还是法律地位都和普通法官相同。德国的技术法官不同于其他国家的技术调查官，其身份有着根本的差异，但是有着明显的制度优势，不但能够摆脱法官过于依靠技术人员的尴尬局面，还可以节省法官在物色技术人员上所耗费的精力。然而同时，过于严格的选人要求也导致法官来源的困难，并且即使作为技术法官其所能了解的技术领域也是存在局限性的，仍然不可能满足司法实践中所有当事人的需求。

4. 英国高等法院

英国的专利制度经过了比其他国家更长的发展历史，与之对应的是，法院在专利诉讼中建立了较为成熟和健全的技术查明制度。早期英国高等法院实行专家证人制度，对涉及专业技术问题给出专家证言，该制度在运行中发现，由于专家证人受雇于当事人，在追求当事人利益和自我利益的倾向下，逐渐出现了专家证人的职业化、专家证人团体的商业化，以及专家证言的非中立性等问题。为了解决这些问题，英国进而建立了技术陪审员制度，其是由法庭邀请并任命，与法官一起参加审理案件的具有专门科学或技术知识的专业人员，以其专门知识帮助法官解决案件中的专门问题，但他对案件争议事项无裁决权。[②] 开庭审案时技术陪审员坐在法官的右侧，不接受交叉询问，事实上成为案件合议庭中不具有投票权的成员，而不再为某一方当事人服务。技术陪审员的报酬由法院决定并构成诉讼费用的组成部分，可以向当事人转嫁。[③] 因此，英国高等法院实行的技术陪审员制度事实上属于兼职技术调查官，并借此制度摆脱了原有的专家证人过于倾向雇主当事人立场的弊端。

---

① 范长军：《德国专利法研究》，北京：科学出版社 2010 年版，第 85 页。

② 杜闻：《持续"遇冷"及"边缘化"处境——论英美民事诉讼中的法院任命专家制度》，《司法改革论评》2021 年第 1 期，第 51 页。

③ 徐昕译：《英国民事诉讼规则》，北京：中国法制出版社 2001 年版，第 181 页。

表3　海外法院技术调查官任职模式统计表

法院名称	任职名称	任职模式	主要来源
日本裁判所	裁判所调查官 专家委员	半兼职 + 兼职	特许厅
韩国特许法院	技术审理官 专门委员	专职 + 兼职	特许厅
德国联邦专利法院	技术法官	专职	专利商标局
英国高等法院	技术陪审员	兼职	社会招聘

纵观海外主要法院的技术调查官制度（见表3），德国联邦专利法院的技术法官本质上属于法官而非技术调查官，除此之外的法院大多选择了兼职模式或者专职与兼职相结合的任职模式，基本没有采用全专职模式的法院。

三、绠短汲深：专职技术调查官存在的问题和困境

1. 技术调查官人员数量和专业领域无法满足需求

一是专职技术调查官的岗位编制有限无法满足需求。根据全国人民代表大会常务委员会《关于在北京、上海、广州设立知识产权法院的决定》，设立三家知识产权法院，公开信息显示其核定政法专项编制仅100名，其中用于技术调查官的编制数量一般在5名左右。仅以北京知识产权法院为例，其收案量年均增长20%，2022年立案量超过2万件[①]，如此庞大的案件数量，如果仅依靠5名专职技术调查官显然无法满足需求。

二是专业领域无法满足需求。随着科学技术的发展，社会分工和学科分支日益细化，不仅传统的机械、电学、化学三大学科之间存在技术壁垒，即使在某一大学科内部，比如同在化学领域，有机化学与无机化学、小分子与高分子、合成与加工之间也存在着不小的鸿沟，1名技术调查官跨领域负责多个学科变得越来越不现实。只有当技术调查官的数量达到一定阈值以上时，才能实现对主要技术领域的基本覆盖，这个阈值，取决于国际专利分类号（IPC）和专利审查单元的划分，通常应当在100人以上（数据为笔者在工作中的抽样统计所得）。正因如

---

① 北京知识产权法院：《收案量年均增长20%，立案更高效便捷》，北京知识产权法院网，https://bjzcfy. bjcourt. gov. cn/article/detail/2022/11/id/7019659. shtml，2023年8月13日。

此，北京知识产权法院、日本裁判所和韩国特许法院都配备了超过该数量的兼职技术调查官。专职技术调查官由于编制数量限制，无法覆盖各个学科专业的主要细分领域，如果跨学科跨领域进行技术调查，则容易影响调查结论的准确性。

三是人员数量和专业领域无法动态调整。回顾近代自然科学的进程可知，很多学科都曾经历过在某一时期停滞不前或者在某一时期突飞猛进，不同学科领域中技术更新的速度并不均衡。这种差异在专利申请和专利审查中已经有着明显的迹象，近五年来计算机和通信领域专利申请增长速度较快，而材料和建筑领域专利申请量则较为稳定，随着时间的推移，未来这种趋势必将会传导和影响到诉讼案件的领域分布。专职技术调查官的岗位一旦设定，在遇到诉讼案件数量和领域分布变化时，将无法随之对人员构成进行适应性调整，最终导致供需双方的结构性失衡。

2. 技术调查官职业前景和发展空间存在瓶颈

中国专利制度已经运行四十余年，而技术调查官则是新生事物，尚处于萌芽和发展阶段，其作用已然受到各级法院的重视，但是作为技术调查官个体职业发展前景并不明朗，配套措施也尚不完备，其究竟属于何种身份、何种职位尚无定论。对于公务员而言，行政职务的晋升是重要的工作驱动力，即使不能获得行政职务的晋升，也可以获得职级的上升；对于企事业单位技术人员，随着专业技术资格和聘任岗位的逐级提升，也能够带来工资待遇的改善和对自己工作的认可，高校的教授、科研院所的正研究员、企业的教授级高工、专利审查机构的正高级知识产权师等职称设置均为员工提供了长远奋斗的目标。但是专职技术调查官则面临着尴尬的处境，虽然从事技术工作却无法实现专业技术资格的评聘，虽然身在法院工作却无法像法官一样从五级法官到一级法官乃至高级法官和大法官逐级晋升。

更重要的是，根据《若干规定》对技术调查官的定位，其角色和功能属于司法辅助人员，其在法院内部的作用、贡献、地位均低于法官，《若干规定》中对技术调查官的座位进行了详细描述：技术调查官在法庭上的座位设在法官助理的左侧，书记员的座位设在法官助理的右侧。上述情况对于专职技术调查官队伍的思想稳定性和工作积极性均会产生一系列深远的影响，一部分人在深入思考体会这种差别之后开始对自己的前途产生迷茫，而更多的人则在工作一定时期之后希望转任法官①，却很少有人将之视作自己毕生的事业和追求，这不利于技术调查官制度的长期顺利运行。

3. 法官审判权和掌控力受到弱化

《若干规定》要求技术调查官仅仅是提出技术调查意见而非直接给出是否侵权的结论，在实践中技术调查官撰写的书面材料中不会并且不能给出是否侵权的直接结论。但是，以笔者参与技术调查工作的经验，从查明技术事实出发到作出是否侵权结论之间仍然有着漫长的路途，而走完这段路途仍然需要大量的专业技术知识，这对法官而言在多数情况下仍然颇为困难。如果我们认为技术调查官把技术问题稍加解释，法官就瞬间获得了和技术调查官相同的理解程度，这多少有些一厢情愿。北京市高级人民法院通过对 2015 年二审改判案件的分析发现，被改判发回的专利纠纷案件中七成以上均涉及技术事实未查明的情形，原因主要是全市知识产权法官多数不具有技术背景，缺乏有效的手段查明技术事实。② 专利诉讼的当事人或代表人通常是所属行业或所在领域的专业人士，而专利案件一旦进入诉讼阶段，也就意味着涉案专利对当事人具有重要的经济价值，当事人或者其代理人会尽其所能地向法官解释清楚其所主张的技术事实③，这就给法官带来了较大的压力。出于职责法官必须致力于追求判决结论尽可能准确合理，而自身的知识结构特征又带来决策和抉择的困难，法官在仅靠个人知识储备无法完全理解技术方案的情况下，很容易对技术调查官的意见产生较多依赖。④ 专职技术调查官具备接近法官的距离优势，以及与法官是同事的心理优势，其所提的意见往往对法官有着举足轻重的影响。⑤ 在长期的工作配合过程中，二者朝夕相处，法官很容易将对科学的尊重转化为对技术调查官个人意见的盲从，导致法官审判权和掌控力的弱化。

---

① 代小佩：《全国从业者不足五百人　这个职业帮法官破解技术密码》，《科技日报》2021 年 11 月 9 日。

② 《北京高院整理发布当前知识产权审判中需要注意的若干法律问题（专利）》，中国知识产权网，http：//www.cnipr.com/sfsj/zjkf/201605/t20160511_196810，2017 年 6 月 14 日。

③ 陈存敬、仪军：《知识产权审判中的技术事实查明机制研究》，《知识产权》2018 年第 1 期，第 9 页。

④ 郑志柱、林奕濠：《论技术调查官在知识产权诉讼中的角色定位》，《知识产权》2018 年第 8 期，第 8 – 14 页。

⑤ 李响：《知识产权审判中的技术调查官制度刍议》，《南京大学学报（哲学·人文科学·社会科学）》2017 年第 6 期，第 12 页。

4. 技术调查意见公信力不能满足需求

根据《若干规定》第九条，技术调查意见不对外公开。背后的逻辑在于，技术调查意见并非证据（不同于鉴定结论），其本质上是利用技术调查官的技术专业优势为法官提供法律事实判断的基础，因此无需向当事人公开。[①] 然而，在某些情况下，技术调查官不可避免地受到自身知识水平、立场、知识偏见等因素的影响，从而导致其调查意见与案件的客观事实可能并不相符。[②] 当事人无法获知技术调查意见的具体内容和倾向，更无法在程序上对技术调查意见进行质证和辩论，当事人在面临败诉结果时很容易将败诉原因归咎于技术调查意见，这时其准确性和公信力显得尤为重要。司法判决的公正，不仅需要程序和结果的公正，更需要当事人能够看得见的公正。专职技术调查官作为法院工作人员，在当事人眼中其与法官属于同一单位同一阵营，如果败诉方对法官的判决结论难以接受，那么他对技术调查意见同样不会认可。亦即，专职技术调查官给出的技术调查意见的公信力和法院判决书的公信力来源相同，缺乏来自第三方中立机构的背书和加持，不能为判决书额外增信。

除了立场和身份之外，专职技术调查官的知识水平也会受到当事人的质疑。无论专职技术调查官入职之前从事何种工作，即使其来自研发和生产一线，一旦获得任命，在最初的时间里依靠以往的积累还可以胜任工作，但是随着时间的推移和科学技术的发展，原有的知识储备将会逐渐显现出捉襟见肘的窘迫，有可能不再满足专利法中对"所属技术领域的技术人员"的法定要求。

四、桴鼓相应：兼职模式与技术调查官制度的契合

1. 兼职模式天然适合技术调查官角色的内在需求

首先，兼职模式可以实现人员数量和专业领域的动态调整。兼职模式不受编制的局限，完全根据终端需求数量进行任命，任命之后如果诉讼案件数量下降，既可以减少任命人数，也可以降低人均承担案件数量，几乎不会产生任何负面影响。对于技术迭代更新较快导致案源数量大幅增长的领域，适应性增加技术调查

---

① 赵锐、魏思韵：《知识产权诉讼中技术调查官的理论反思与制度完善》，《南京理工大学学报（社会科学版）》2021年第6期，第44－51页。

② 黄玉烨、李青文：《知识产权审判中技术调查官的困境与出路——兼评〈最高人民法院关于技术调查官参与知识产权案件诉讼活动的若干规定〉》，《电子知识产权》2019年第8期，第67－76页。

官任命数量即可。

其次，兼职模式有效避免了技术调查官的职业发展瓶颈。由于其人事关系隶属于原单位，并且当前或未来仍然稳定在原单位工作，其职务、职级、职称的晋升自然可以在原单位予以解决，上升通道不受限制，也不会产生对未来职业前景的担忧；相反，从事技术调查官的履历，能够为其带来个人能力和社会影响力的提升，对其在原单位的职业发展多有裨益，必然使得其具有较高的工作热情和较为积极的工作态度。比如，日本裁判所的调查官在结束借调回到特许厅后即可获得职务晋升。[①]

再次，兼职模式可以确保法官的审判权和掌控力不受影响。从法官的角度来看，承办的案件由众多分散的技术调查官给出技术意见，其人数虽多但人均参与的案件数量较少，从北京知识产权法院数据来看人均案件不到 20 件，法官在参考技术调查官对个案意见的同时，不会受到技术调查官个人身份和人际关系的影响，有助于审判权和掌控力的稳定。

最后，兼职技术调查官有助于增加判决书的公信力。从身份来看，兼职技术调查官不属于法院工作人员，其仅需要针对自己参与的案件进行技术调查和给出建议，兼职的身份决定了对于案件的走向、法官的办案方式、法院的内部工作不存在深度参与的动力，因此能够以超然和中立的态度开展工作。而兼职技术调查官所在工作单位通常为专利行政部门，是独立于法院和当事人之外的第三方中立机构，有助于进一步提高技术调查意见和法院判决结果的公信力。从知识结构来看，兼职技术调查官有自己的全职岗位，通过原单位的工作途径持续接触生产和研发活动，不断从工作中获取知识，就像一棵植根于深厚土壤中的大树，能够持续不断地汲取养分，使自己无限接近"所属技术领域的技术人员"的水平和要求，技术调查的结果也相对容易令当事人信服。

2. 兼职技术调查官的短板易于弥补和修正

当然，兼职技术调查官模式并非完美无缺，其同样存在缺点和不足，学界对其质疑主要集中在以下方面。一是工作延续性不能充分保障，其任职之初需要熟悉和适应，经过一番努力工作稳定之后却又即将期满离任；二是工作时间不能保证，本职工作的繁忙导致其有可能缺席诉讼庭审；三是其不在法院定时定点办公

[①] 李雅萍：《专利案件技术审理方式考察和制度构建》，《中国社会科学院研究生院学报》2013 年第 6 期。

造成与法官沟通交流存在一定不便。

针对第一个方面，技术调查官面临的工作对象是一个个孤立的诉讼案件，除了法律适用应当保持标准执行一致之外，这些案件之间并不存在互相关联、互相影响、互相发展的逻辑关系，不同的兼职技术调查官针对各个独立的诉讼案件给出自己的技术调查意见并供承办法官参考，在工作延续性上本身并不存在太大问题。如果需要进一步完善，延长兼职技术调查官的任期也是有效的解决途径，通过建立健全考核机制，对于考核合格的技术调查官，逐渐延长聘期，并探索终身制任职方式。同时，知识产权法院的技术调查室也同步优化管理方法和管理流程，将近十年来积累的经验进行固化，对技术调查官的工作流程和书写文书进行标准化，使得新任兼职技术调查官经过简单培训即可迅速进入工作状态。

针对第二个方面，可以借鉴海外知识产权法院长期积累的经验，将技术调查官的来源进行适当的集中。当出现技术调查需求时，优先考虑由法院与技术调查官所在单位进行对接协调，而不是由法院与技术调查官个人联系，从而实现来自同一单位的技术调查官在本单位受统一调度派遣，在选择时间精力上能够保证技术调查官的参与，因本职工作繁忙导致无法出庭的技术调查官可暂缓参与，从工作流程上确保兼职技术调查官的出庭率。

针对第三个方面，在十年前或许会给彼此带来沟通交流的不便，但是在通信手段日益发达的今天，已经无需担忧。疫情防控期间远程视频庭审方式的普及已经奠定了足够的硬件设备基础和积累了丰富的远程交流经验，技术调查官进行远程阅卷及合议几乎已经不存在障碍。当然，面对面的交流更加富有成效，通过优先在同一城市选任兼职技术调查官，则可以确保多数情况下其与法官交流的便捷。

正是因此，从海外法院技术调查官任职模式综合来看，除了德国的特殊制度，多数法院的技术调查官都实行兼职模式（半兼职本质上也属于兼职）；而韩国即使保留了专职技术审理官，但是由于专职模式无法完全满足现实需求，也不得不另行配置成倍数量的兼职人员来填补专职技术审理官留下的空白。

五、结论与建议

通过上述分析可知国内法院在技术调查官的任职模式上正处于探索期，呈现多种模式并驾齐驱的特点。深入分析发现，专职化的任职模式会导致人员数量和专业领域无法满足需求、职业前景和发展空间存在瓶颈、法官的审判权和掌控力被弱化、技术调查意见的公信力不能满足需求等难以避免的现实问题。而兼职化的任职模式则可以避免上述缺点，并且可以通过制度的优化和微调，在发挥兼职模式优点的同时避免兼职模式可能存在的短板。

因此，建议未来技术调查官以长期兼职模式为主；在条件具备的情况下部分兼职技术调查官也可以在某一时期常驻法院，以半兼职的形式发挥更大作用；而部分法院所设有的专职技术调查官的编制，可以更多地承担组织管理和保障支撑工作，确保兼职技术调查官发挥更大作用；条件允许的法院，可以设立实验室，赋予技术调查官更多的调查手段和力量，最大限度地发挥技术调查官的作用。

（国家知识产权局专利局专利审查协作河南中心　李小童）

职责边界篇

15

主动与被动：技术调查官参与
诉讼活动权力边界的反思与重构

一、现状考察：技术调查官参与诉讼活动权力边界的实践反思

（一）技术调查官参与诉讼活动介入案件的现状分析

笔者针对 C 市知识产权法院技术调查官参与诉讼活动的案件进行了统计分析，每年随机抽取了 200 个相关案件，这些案件大体上可以根据技术调查官介入案件的程度分为深度、中度和轻度参与，占比情况如图 1 所示。

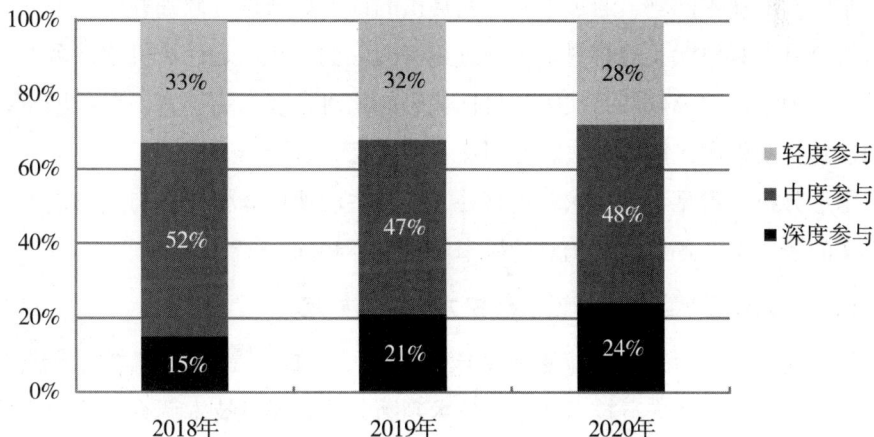

图 1　技术调查官介入案件程度分布

（1）深度参与。该种类型主要是指技术调查官充分发挥主观能动性，在当事人已提交的证据的基础上，依职权深入调查其他当事人未发现或未能举证的技

术事实，并将相关意见提供给法官。典型的案例如在专利侵权案件的技术比对中，技术调查官通过专利检索进行对专利权利要求的解释、背景技术的了解、专利发明点的确定、公知常识技术的判断、专利创新价值的评判等。另外，如在计算机软件著作权侵权或计算机软件开发合同纠纷案件中，技术调查官组织双方当事人对涉案软件源代码进行比对，对涉案软件开发完成的功能进行勘验，将本该由当事人通过自行举证或司法鉴定完成的事项转由技术调查官承担。更进一步，还有观点提出法院可以尝试建设技术调查官综合试验室，提供各种类型的专业实验设备以供技术比对时使用。

（2）中度参与。这种类型主要是指技术调查官参与诉讼活动提供技术调查意见时仅限于当事人提交的证据，并结合本专业领域的常识，无需去做额外的主动性调查，从而高效快捷地给法官提供技术支持。典型的案例如在专利侵权诉讼中，技术调查官仅根据专利说明书、被诉侵权产品实物、双方的比对意见等，并结合自身专业知识给出技术调查意见。另外，在技术比对环节，技术调查官可以提供一些简单的特殊设备辅助比对，如在 C 市知识产权法院审理的一起案件中，比对时使用技术调查官提供的内窥镜解决了识别被诉侵权产品内部构造技术特征的难题。

（3）轻度参与。技术调查官不全程介入案件的审理过程，仅针对法官提出的非常明确的技术问题，通过查阅法官提供的证据材料进行调查并给出书面意见或口头意见，其他无关的材料不主动进行审阅。例如在一起计算机软件著作权侵权案件审理中，涉及软件源代码和目标代码的比对，技术调查官不参与庭审，仅在司法鉴定报告出来后协助法官对司法鉴定意见是否可以采信进行审查。

综上分析，可见当前技术调查官处于积极主动地依职权调查与有限被动地查明事实的矛盾中，各地法院比对的探索做法也不相同。

（二）技术调查官参与诉讼活动权力边界的界定

技术调查官作为知识产权审判队伍中的重要组成，是法官的"技术助手"，其作用在于辅助法官进行技术认定和技术判断。法官通过技术调查官这个不可替代的"臂膀"，可以迅速且准确地理解技术知识，并将其与法律知识相结合，从而对案件作出综合的判断。技术调查官之所以被称为"官"，是因其是代表法院的官方技术专家，主要协助法官认定和理解案件的技术事实，辅助法官行使的是公权力——审判权。①

由于技术调查官行使的是公权力，因此对技术调查官参与诉讼活动权力边界的界定，即其是否应该深度参与诉讼活动，实际上与法院依职权调查取证的研究本质上是一致的。

依职权调查取证是指法院不经当事人提出申请，主动向相关单位和个人调查收集证据的行为，并根据调取证据查明的事实行使审判权。2002 年最高人民法院《关于民事诉讼证据的若干规定》第十五条将法院依职权调查取证限定在涉及可能有损国家利益、社会公共利益或者他人合法权益的事实等公益性事项及程序性事项范围内；2015 年《最高人民法院关于适用〈中华人民共和国民事诉讼法〉的解释》（以下简称《民诉法解释》）第九十六条规定法院依职权调查取证的证据列明包括公益性、程序性、身份关系以及恶意串通等五种情况，没有任何兜底条款。

据此，对于技术调查官参与诉讼活动权力边界的界定业界主要有以下两种意见。

（1）赞同主动深度参与。

技术调查官应主动地参与诉讼活动并充分发挥主观能动性，部分案件无论法官或当事人是否申请都应强制要求必须有技术调查官参与，参与时技术调查官应主动依职权对当事人未能充分举证的相关技术事实进行查明。持上述意见的理由主要是：

①力求查明技术事实，加强技术调查官内心确信。在双方当事人充分举证质证后，技术调查官法官对部分技术事实仍会不够明晰，内心不够确信，而技术调查官又不能拒绝为法官提供意见。双方当事人均有可能为了自身利益而提供对己方有利甚至虚假的证据和供述，技术调查官只有对不够明晰的技术事实进行进一步调查和核实，通过检索相关资料、进行勘验或借用专业设备进行实操验证等确认，才能更有底气地查明技术事实。

②基于当前我国当事人举证能力不足及诉讼配套制度不够完善的现实，我国逐渐由职权主义模式转化至当事人主义模式，法院主要通过当事人充分辩论并借用"高度盖然性"证明标准来查明客观的事实，然而普通百姓的证据搜集意识

---

① 郑志柱、林奕濠：《论技术调查官在知识产权诉讼中的角色定位》，《知识产权》2018 年第 8 期，第 9 页。

及能力还不够强，举证能力也不够强，证人正式出庭的案件并不多，这与当事人主义模式还有不小的差距。经调研前述技术调查官深度参与诉讼活动的情形，主要是因为当事人自身或委托的诉讼代理人不懂专业技术，也没有申请专家辅助人出庭。当前我国当事人举证能力不足及诉讼配套制度不够完善的现实使得无法形成当事人对抗式诉讼的模式，导致不能为技术调查官提供充分的证据材料，令技术调查官只能依职权深度参与诉讼活动。

③追求实体公正，避免错案风险。案件技术事实不明时，技术调查官可以不给出确定结论的意见，由法官根据举证责任分配的规则进行审判。然而举证责任的分配是一项异常复杂的司法技能，法官根据经验法则进行事实推定也存在较大争议，这可能导致实体公正无法得到落实，纠纷也难以彻底解决，不能做到案结事了。因不能保证实体公正，甚至可能引致当事人上诉、信访、申诉，增加引发社会动荡的风险。

④提高司法效率，节省诉讼开销。通过技术调查官深度参与直接查明技术事实，提高双方通过调解解决纠纷的成功率，使法官有更多精力处理其他重大案件，同时降低了当事人需要花费巨额的鉴定费用等开销，减少追求公正的成本。

（2）反对主动深度参与。

技术调查官应被动地参与诉讼活动，没有法官或当事人申请则不应参加，参加也应仅限于法官提出的问题并基于当事人提供的证据材料，结合专业领域常识直接给出意见。持该意见的原因主要是：

①被动参与更为符合法律规定。技术调查官作为法官的"技术助手"，辅助法官行使审判权，故依职权调查的范围应仅限于《民诉法解释》规定的包括公益性、程序性、身份关系以及恶意串通等五种情况，其他情况均不应过于主动"违法"介入。

②当事人主义的对抗式诉讼模式是我国发展的方向也是当前国际社会的主流模式。当事人主义的对抗式诉讼模式要求当事人承担举证的主要义务，法院依职权调查应当被严格限缩在一定范围内，法官通过"高度盖然性"证明标准来审判，故技术调查官不应过于主动介入调查，否则违背了当事人辩论主义的原则。

③违反司法中立性，破坏民事诉讼制度的均衡。法院作为中立的审判机关，不应偏袒任何一方当事人，技术调查官主动深度调查必然有利于其中一方当事人，导致民事诉讼制度的平衡不复存在。同时，技术调查官是高端复合型人才，

当前技术调查官来源多元化，如南京知识产权法庭和上海知识产权法院招聘的聘任制技术调查官年薪约为 25 万元，而行政编制的技术调查官用人成本只会更高，由此可见技术调查官也是一种有限的宝贵司法资源，不应随意滥用。

④防范司法腐败，权力寻租现象的发生。知识产权审判中往往难以界定法律问题和事实问题的边界，而赋予技术调查官更为主动调查的权力，可能导致部分"懒政"法官将相关事实的查明责任转移到技术调查官身上，因此技术调查官拥有了更多决定审判结果的权力，而目前对技术调查官的权力规制并没有像法官那么严格，故可能导致司法腐败和司法不公的产生。

二、制度构造：放宽技术调查官主动介入但加以必要的边界限定

技术调查官制度是一项新生事物，应该给予一定空间发展，因此可以对技术调查官参与诉讼活动的介入程度给予宽松的限制，但也需要有一定的范围。

（一）技术调查官适度主动深度介入诉讼活动

如果不予区分地限制技术调查官依职权调查的权力，可能会导致实体公正和程序公正矛盾加剧的问题。民事诉讼证据制度设计的初衷，是使"法律真实"无限接近于"客观真实"，从而在查明事实的基础上实现实体公正[①]，程序公正虽是实体公正的基础，但仍应以实体公正为最终追求。

我国民事诉讼制度的改革发展是一项长期的工程，由职权主义向当事人主义发展需要很长的时间，而当前处于过渡时期，综合考虑技术调查官依职权主动调查的负面影响和动因的合理因素，在过渡期内放宽对技术调查官深度参与诉讼活动的限制很有必要。

第一，在过渡时期内，当事人举证能力参差不齐，若技术调查官不依职权主动深入调查以查明事实，则不可能带来实体公正，只能是形式上的程序公正，而双方当事人无法实现平等攻击、防御，则技术调查官无法查明技术事实，何来司法中立？

第二，只有技术调查官依职权主动深入调查，才能让"法律真实"最大程度地接近"客观真实"，从而提高司法诉讼效率和节省司法资源，避免因违背"客观真实"处理案件而导致当事人上诉、信访、申诉等。如在前述"轻度参

---

① 赵哲：《法官职权调查的存在理由和必要限度》，《云南行政学院学报》2012 年第 2 期，第 5 页。

与"引用的案例，司法鉴定意见为涉案软件和被诉侵权软件目标代码具有同一性，但因鉴定导致案件审理时间拖延 2 年多，本案双方当事人均提交了源代码，后经其他技术调查官审查发现双方提交的源代码具有高度相似性，因此若本案技术调查官提前深度介入对源代码进行初步比对分析，则完全可以避免诉讼时间的拖延以及高额鉴定费用的支出，当然这一假设的前提是涉案这一假设的软件源代码比较简单且代码量比较小。

第三，因权力的放宽可能导致司法腐败问题，完全可以通过制定相关规定对技术调查官的职业规范进行详细规定，对技术调查官出具的技术调查意见进行复查审核等，如案件因技术事实认定错误被发改则应要求对案件进行复查。此外，技术调查官依职权深度调查，辅助法官行使审判权从而维护社会秩序稳定，从这个角度考虑的话其工作也属于公益性事由，并未违反法律规定。[①]

（二）对技术调查官深度参与的理性定位和限定边界

技术调查官为实现实体公正而主动深度调查技术事实的行为在当前过渡时期内具有一定合理性和必要性，但是主动深度介入必须有理性定位和清晰的边界限定，并在此基础上将主动深度介入规范化和法定化，完善程序规定，避免权力不当扩张，保证该制度发挥应有作用。

1. 技术调查官主动深度调查的理性定位

知识产权民事诉讼属于对个人私权的处理，但当事人到法院寻求解决纠纷，应对公权力的介入具有一定的预期。同时，技术调查官主动调查应尽量符合当事人主义诉讼模式，主动介入调查必须保证其必要性和适度性，防止出现公权力寻租。

综上所述，在过渡时期，我国民事知识产权审判中技术调查官辅助法官查明技术事实时，依职权调查取证可分为以下逐层递进的四级架构：

（1）优先按照"谁主张、谁举证"的举证规则，由当事人承担自行调查取证义务，但是，若当事人因客观原因无法获取证据，可在举证期限届满前向法院申请调查收集证据、申请专家辅助人出庭或申请司法鉴定等。

（2）若双方当事人在诉讼过程中经充分举证质证后，案件技术事实仍无法确认或法官无法形成心证，应由法官向当事人释明，要求其继续完善证据资料或

---

① 徐子良：《法院查证权的重新审视和定位》，《法学》2008 年第 3 期，第 9 页。

通过其他方式予以举证。

（3）经过前两级的举证质证后，案件技术事实仍无法查明，技术调查官为加强内心确信，可主动或经法官同意后主动深度介入，发挥主观能动性查明技术事实，并将调查结果向双方当事人出具说明，充分听取双方意见，再由法官决定是否采纳。

（4）当符合《民诉法解释》规定的包括公益性、程序性、身份关系以及恶意串通等五种情况时，技术调查官可主动或经法官同意后深度介入调查以查明技术事实。

在上述四级逻辑架构中，技术调查官深度介入调查应定位为技术事实查明体系中终极的"杀手锏"，以当事人充分举证质证和法官充分释明为前提。

2. 技术调查官主动深度调查的边界限定

在当事人主义诉讼模式下，在理性定位技术调查官主动深度调查后，还需明确界定技术调查官主动深度调查的边界，应结合当事人已达成的证明程度规范主动深度介入的边界，厘清法院公权力和当事人私权之间的证明责任分配问题。

若当事人穷尽所有的举证手段后，其已达成的证明程度仍远未达到"高度盖然性"的证明标准，则应视为当事人未完成举证义务，此时技术调查官不应过于主动深度调查，应由法官综合根据当事人的年龄、教育水平、认知能力、社会地位等判断其举证能力，并依据证明责任对承担举证义务的一方判决其承担不利后果。若经当事人充分举证后，其已达成的证明程度虽仍未达到"高度盖然性"的证明标准，但已达到"优势证据"的证明程度，则技术调查官可主动深度调查以加强心证，在达到"高度盖然性"的证明标准后即可确认该技术事实，但应保证适度，且经充分的利益权衡后才能主动介入。

技术调查官主动深度调查需要的时间和精力以及所需专业设备成本等都必须保持适度。技术调查官作为本领域的专家，大部分技术问题都可通过一定的检索及查阅明确，若需投入大量精力甚至跨领域搜集知识，则不应主动深度介入。此外，有条件的法院可以通过建设技术调查操作室，配备简单的必备工具，如测量仪器、拆卸工具、监测系统、比对软件等，必要时通过简单的操作测试便可以快捷地查明事实，但对于需要复杂设备和较长时间精力的事实，则应通过借助专家辅助人或鉴定机构查明，如芯片电路解剖分析和复杂软件的代码比对或功能测试勘验等。

三、完善路径：技术调查官参与诉讼活动介入程度走出"困局"的机制改进

（一）参与范围和情形的法定化

对于普通案件，当法官或当事人申请时，技术调查官才可以参与到该案诉讼活动中。对于技术事实的查明在审判中起关键性作用的案件，技术调查官参与该类案件的必要性和深度参与意义重大，因此有必要在立案时由立案庭或技术调查室强制分配所属专业领域的技术调查官参与。笔者结合 C 市知识产权法院司法实践，强制分配技术调查官的案件范围可以规定如下：发明专利侵权、植物新品种、集成电路布图设计、技术秘密、涉计算机软件代码比对①，这些案件均涉及复杂技术，且技术事实查明在审判中处于关键地位。经强制分配技术调查官后，承办法官认为不需要技术调查官参与诉讼活动的，应当提出书面意见并经领导批准。

对于已经确定了技术调查官参与的案件，需要技术调查官主动深度调查的情形可包括：一是案件技术事实真伪不明，技术调查官需加强心证确保实体公正；二是当事人举证能力有限且已穷尽其举证手段；三是技术调查官通过适度的主动介入调查即可驳斥一方当事人明显错误的事实主张；四是技术调查官认为需要勘验以明确技术事实，可以借用技术调查操作室的设备或以现场运行演示方式进行。

（二）配套相关诉讼制度的构建

技术调查官适度主动深度调查，是当前我国处于职权主义和当事人主义诉讼模式过渡期间的权宜之计，是为了使得"法律事实"和"客观事实"两者更加趋近相同而设立的。但是我们也应当意识到，严格的当事人对抗式诉讼模式的构建，举证责任主要由当事人承担，技术调查官主动深度调查被严格限制是未来的发展方向。因此，在这个过渡期内，虽然为实现实体公正技术调查官可主动深度调查，但我们亦需同时构建公开技术调查意见、实现心证公开、改进证人出庭制度、提升当事人诉讼真实义务等裁判方法论，完成当事人对抗式诉讼模式配套相关诉讼制度的构建，最终达成技术调查官主动深度调查的自然收缩。

---

① 引自《C 市知识产权法院关于技术调查官参与审理案件范围的规定》，2020 年 4 月出台。

（三）参与程序的规范化

（1）程序启动。技术调查官主动深度调查的启动时间应为案件开庭审理后，经当事人充分举证质证，技术调查官发现仍有主动深度调查的必要，且满足技术调查官主动深度调查规定的情形时，可启动主动深度调查程序。

（2）规范主动深度调查过程。为确保技术调查官客观中立，原则上技术调查官主动深度调查应当注意适度调查，避免因技术人员追求事实真相的天性而主动去究寻问题的真相与答案而投入过多精力，造成偏帮一方举证的不中立错觉。另外，在主动调查过程中，如勘验时，应要求双方当事人到场见证整个过程，并发表意见形成笔录。

（3）主动深度调查形成的结论应公开质证。经技术调查官主动深度调查而得出的技术调查意见，不同于基于双方证据得出的普通技术调查意见，因其中包括双方当事人没有提供的相关材料，因此对此类技术调查意见应当公开接受当事人质证，这也是心证公开的体现，能够防止突袭审判，避免司法不公。

（4）设立异议程序。为防止技术调查官主动深度调查对当事人的合法权益造成侵害，应设立规范的异议提出程序，实现当事人权利自救。考虑到技术调查官主动深度调查的公权力属性，当事人对不当的主动深度调查行为除向法官提出异议外，还可以向上级法院申请复议。而且，严重违规的主动深度调查行为可以作为申诉的理由之一，该行为也应该得到追惩，严重的还应接受法律制裁。

（广州知识产权法院　林奕濠）

16

技术调查官在技术事实查明中的职责边界

一、引言

2014 年 12 月 31 日，最高人民法院（以下简称最高院）发布《关于知识产权法院技术调查官参与诉讼活动若干问题的暂行规定》（以下简称《暂行规定》），技术调查官这一职务随之进入公众视野。该职务系我国为了配合法官更好地对涉及技术事实的审查和认定，借鉴德国的技术法官、韩国的技术审理官、日本的法院调查员和技术专家，以及中国台湾地区的技术审查官而设置的，是知识产权案件审理的命脉所在。2019 年 3 月 18 日，最高院公布《关于技术调查官参与知识产权案件诉讼活动的若干规定》（以下简称《若干规定》），明确技术调查官为审判辅助人员以及调查官对于诉讼活动的可全程参与性。

二、问题的提出

（一）职责边界的积极拓展

1. 技术调查官主导外出保全、勘验

在证据保全及现场勘验等程序启动前，技术调查官利用技术知识开展必要性分析，并在保全及勘验过程中结合其技术优势深化可行性论证，以便更精准地获取各项技术细节，为法官查明事实提供技术参考。

依照《若干规定》第七条，技术调查官仅就调查取证、勘验、保全活动的方法、步骤、注意事项提出建议。即，按照现行的流程规定，法官主导各项诉讼活动。然而，在现场勘验、外出保全的过程当中，有时经验丰富的技术调查官会承担大部分与双方当事人沟通的工作。就其沟通内容而言，除去必要的对于涉案专利技术问题的询问，其中还有相当一部分是技术调查官根据对涉案专利技术特征的把握劝说原、被告双方和解、撤诉，抑或是再退一步，以调解的方式结案。后者显然已经超出了技术调查官的职责范围。

2. 技术调查内容的拓宽

在论及专利审查的范围时，技术调查官是需要对涉案专利所含技术特征进行全面审查，还是遵循被动审查？通常来说，对于该类需要技术调查的案件，法官会在技术调查申请表中明确其涉技术类问题。该问题可出自被告双方的主张，也可是法官阅卷后认为需要查明的技术事实。即，技术调查意见的内容范围应当仅限于法官在申请表中所列明的问题。但实际上，多数法官会要求技术调查官通读案卷，了解具体案情，完整研究涉案专利证书，进行全面的技术审查。即，遵循被动审查是技术调查官中立性、法律无涉性及其作为审判辅助人员的必然要求，但实际司法需求又催生出对于涉案专利所含技术特征进行全面审查的需求。由此，产生技术调查内容应然与实然的冲突。

3. 技术调查官对于法律问题的态度

在技术调查官工作内容之中，最为重要且敏感之处，即为专利技术特征的等同判定问题。等同判定规则并非《中华人民共和国专利法》中所含内容，系对最高院出台的多项司法解释的总结。这些文件包括最高院《关于审理专利纠纷案件适用法律问题的若干规定》（以下简称《专利解释》）、最高院《关于审理侵犯专利权纠纷案件应用法律若干问题的解释》（以下简称《侵犯专利解释》）及最高院《关于审理侵犯专利权纠纷案件应用法律若干问题的解释（二）》［以下简称《侵犯专利解释（二）》］。具体而言，该规则是指与所记载的技术特征以基本相同的手段，实现基本相同的功能，达到基本相同的效果，并且本领域普通技术人员在被诉侵权行为发生时无需经过创造性劳动就能够联想到的特征，即"三基本一普通"。该问题的判定由法官作出，为其行使法官自由裁量权之对象。《暂行规定》以及广州知识产权法院（以下简称广知院）对于技术调查官职责的规定都再三强调技术调查官应当仅就案件的技术问题作出判定，不对法律问题，尤其是"三基本一普通"问题作出判定。但在实际的案件当中，法官很少在申请书中区分法律问题与技术问题，又或者二者本就难以区分。

（二）技术调查同司法鉴定如何更好地相互促进

就知识产权类案件而言，我国的技术事实查明制度以技术调查官制度为主，以司法鉴定、专家证人等其他制度为辅。在辅助的制度中，又尤以司法鉴定制度为主。因此，探索二者之间的互动机制，有助于明晰技术调查官在技术事实查明中的职责边界问题。

1. 理论上之可行性

就词语内涵而言，技术调查，即专业人士就其相关的技术问题进行调查，进而作出判定，此含义与司法鉴定的表面意义一致。但就知识产权案件司法实务而言，技术调查为法院内部为辅助法官更好地查明案件关键事实，减轻法官工作量，缩短案件审理周期而设置的，是我国知识产权保护、科技发展的必然要求与结果。

而司法鉴定，即院外专业的鉴定机构对技术问题进行调查分析，得出结论[1]，也是知识产权案件技术查明制度中的关键一环。该制度下的鉴定意见是专家旨在解决法律争议，利用科学理论、技术、工具以发现、分析、解释与相关案件有关的事实而形成的各种意见或推断，故鉴定意见又称专家证据。[2] 司法鉴定是科学发展、社会发展、法官专业知识限制的产物，长久依赖受到科学性存疑以及知识路径依赖之质疑。

不论是从概念、技术查明的方式，还是从制度设立目的来看，二者均具有相似性，概念上便于理解，实践中可以相互促进，共同推动技术事实的查明。

2. 制度设计上仍有较大完善空间

依据目前知识产权类案件的审理流程，技术调查程序的启动途径有两种，一是法官团队申请，二是法院直接指派，二者并不与司法鉴定相冲突。即当事人也可以自己选择第三方机构进行司法鉴定，司法鉴定与技术调查可以平行进行。这便让人看到了二者同为技术查明制度，协同推进、相互促进的制度发展空间。

其一，结论相左时是否有更好地保障当事人辩论权的制度设计？技术调查官作为审判辅助人员，处于庭审的中立位，其出具的技术调查意见书在结论上存在同第三方司法鉴定机构产生冲突的可能。例如广知院技术调查室出具的技术调查意见书曾与第三方出具的鉴定结论相左，后经验证，前者成功否定了后者的结论。但由于技术调查意见书的非公开性，该情况只限法院内部知晓。如此一来，

---

① 《全国人大常委会关于司法鉴定管理问题的决定》第一条：司法鉴定是指在诉讼活动中鉴定人运用科学技术或者专门知识对诉讼涉及的专门性问题进行鉴别和判断并提供鉴定意见的活动。

② 杨立云：《司法鉴定意见争议之根源与解决》，《贵州省党校学报》2022 年第 3 期，第 100 页。

该制度是否在限制申请司法鉴定当事人的辩论权?

其二,当司法鉴定制度作为技术调查之补充,能否有更好的理论支撑、制度支撑?近些年来,随着我国科技事业的发展,除了传统的机械类、计算机类案件,植物新品种、集成电路、生物医药、自动驾驶、人工智能等科技前沿领域案件不断涌现,技术需求陡然递增,对技术调查官的能力提出挑战。鉴于此,少数案件技术争议点的查明只能委托第三方司法鉴定机构进行。就广知院而言,该法院每年选定一批司法鉴定机构,在出现上述情况时便在该范围之内进行"摇珠",并将结果予以公示。之后,技术调查官将物证移送至相应的司法鉴定机构。在流程及作用上,司法鉴定机构是为法院技术调查室能力之补充。但当案件进行到这一步,技术事实查明者的法律地位、出具文书的性质及公开性均发生了改变,进而影响到当事人的辩论权。与此同时,这也影响到法官对于案件整体的把控程度。毕竟,如果技术查明程序在法院内部进行,法官如若对技术争议点还有疑问,就能够直接与技术调查官对话面谈,更直观地了解技术争议点。

三、问题的分析

(一) 该制度缺乏理论支撑

技术调查官制度系我国从境外引入,在我国运行不到十年,与我国现行民事诉讼制度的衔接仍然较为生硬,也缺乏理论支撑。论及该制度的原初理论支撑,我们必将回溯制度发源地进行探讨。

1. 制度溯源

技术调查官制度最早设立于日本,由日本东京高等法院于 1949 年 4 月设立。该制度实际翻译为法院调查员制度(judicial research officials system),用以辅佐审判员调查知识产权案件的审理、审判所需的技术性事项。运行至今,该制度已有 60 余年的历史,并作为知识产权诉讼中的组成部分得到广泛认同。同时,为了实现更具有信赖力和说服力的判决,日本东京还任命一批来自不同技术领域的具有丰富知识和阅历的权威专家、科学家和专利代理人,组成中立和公平的技术专家团队作为专家委员参与知识产权诉讼,向法官和诉讼当事人解释诉讼涉及的技术问题,推动纠纷快速合理地解决。日本辅以专家委员会与调查官制度进行技术事实的查明①，二者如"车之两轮般支持裁判官"解决知识产权案件纠纷。②综合来看，为辅助法官更好地判案，日本调查官制度建立在大陆法系法官职权主义背景之下。日本欲以专家委员会的释明职责缓解因调查官出具的文书性质、调查官自身性质而带来的当事人难以就技术问题提出质询、其辩论权被一定程度削减的情况，力图实现双方当事人在法庭上的平衡。

值得注意的是，日本在该制度运行将近 50 年之后才将其纳入其民事诉讼法之中。其中，专家委员制度于 2003 年规定于日本《民事诉讼法》第 92 条第（2）～（7）款当中，涉及内容包括专家委员参与诉讼的程序、专家委员的任免、工作范围、数量、性质、津贴、回避申请以及处理等事项。2005 年 4 月 1日，日本知识产权高等裁判所作为东京高等裁判所的特别支部正式成立。而在国际上声名更盛、本文考察对象的调查官制度也在这一年被日本《民事诉讼法》吸纳，规定于第 92 条第（8）款当中。根据该规定，如法院认为有必要，可以指派一名调查官负责知识产权相关案件审理和裁决的审查，但仅限于高等法院或地区法院。如此看来，调查官制度以民事诉讼法制度为蓝本，结合利益平衡原则而建立，具有高度的专业性、专门性。

2. 制度理论难以逻辑自洽

案件的裁判依赖于审判者对于争议案件的事实认定，正确的事实认定乃公正裁判的前提。③ 从诉讼法理论上来说，技术调查官制度的引入是为了专利案件技术事实的查明。然而，在此制度之下，技术调查官这一审判辅助人员的职责并未能够贯彻程序正义的理念。

该制度设立的逻辑前提在于专利案件中涉及的技术事实以及法律事实能够被大致区分开来（且不说严格，毕竟这在任何情况下都不可能发生）。然而诚如维特根斯坦所言，世界是所有事实的总和，而非事物的总和。在诸多专利之中，技术事实及关乎案件走向的关键法律事实，并非法官难以区分二者，而是二者在事实层面便总是杂糅，难以分解。如果说特定技术术语、技术方案、技术背景等还

---

① ［日］田村善之著，周超、李雨峰、李希同译：《日本知识产权法》（第 4 版），北京：知识产权出版社 2011 年版，第 355 页。

② 《知的財産権訴訟における専門委員制度について》，http://www.ip.courts.go.jp/documents/expert/index.html，2023 年 8 月 7 日。

③ 张卫平：《民法典与民事诉讼法的连接与统一——从民事诉讼法视角看民法典的编纂》，《法学研究》2016 年第 1 期，第 15 页。

属于较为明确的技术事实的范畴，那么对于相关技术方案是否属于公知常识、技术改进是否容易想到、技术特征是否等同等，则属于技术与法律相互纠缠、难以界分的问题。① 在技术调查官回答法官提出的技术问题之时，难免同时回答了类似"三基本一普通"的等同判定问题。此种情况下，难以苛责作为提问者的法官及作为回答者的技术调查官。再者，该制度的另一个逻辑基础，在于法官可以自主决定是否采纳技术调查官出具的意见书。此"自主"或许可以等同于摆脱认知依赖。但是因个人知识范围的局限性，个体之间的认知必然相互依赖。所以，在知识产权案件的审理当中，法官多数时候会依赖（或者相信）技术调查官对专业技术知识的传递。

（二）对于境外技术查明机制的借鉴较为粗浅

1. 境外技术调查官的职责边界

（1）日本。

依据日本《民事诉讼法》，根据主审法官的指令，调查官的职责为：①在口头辩论、听证、证据交换安排、决定是否存在提交相关文件的法律义务以及其他与庭审程序进展有关证据或问题的决定程序中，向诉讼当事人提问或督促当事人提供证据证明有关事实或法律问题；②在审查证据时直接向证人、当事人或专家证人提问；③在和解程序中基于专业知识发表意见；④向法官陈述对案件的意见。

（2）韩国。

韩国借鉴日本的做法，在专利法院设置技术审理官。据韩国《技术审理官规则》第4条"技术审理官的职责"规定，技术审理官受院长指示，就商标案件以外的知识产权案件履行下列职责：①就案件中涉及的专业技术问题提供咨询和建议；②查阅诉讼案件卷宗；③受院长或审判长指示，在诉中、诉前程序中向诉讼参加人提问；④受院长或审判长指示，就技术问题发表意见。在上条第四款情况下，院长可以要求技术审理官在作出合议之前，事先提交书面意见。此外，技术审理官根据以上条款提供的观点和书面意见，不向公众公开。即在韩国，技术审理官的职责同日本的有明显区别，例如无法参加和解程序，但是可以查阅诉讼案件卷宗。以及就技术问题发表意见程序的启动者而言，除去审判长，还有院长。综合来看，韩国的规定具有更强烈的职权主义倾向。

---

① 许波、仪军：《我国技术调查官制度的构建与完善》，《知识产权》2016年第3期，第80页。

（3）中国台湾地区。

中国台湾地区于 2008 年设立智慧法院，内设技术审查官。技术审查官属于智慧财产审判法官的辅助人员，相当于技术顾问或技术幕僚，其具体职责由"智慧财产案件审理细则"第 13 条详细予以规定：①基于专业知识，协助分析整理诉讼书状之论点与争点，并提供专业领域之参考资料，以及说明供述中不易理解之专业用语。②于期日出庭，经法官许可后向当事人、证人、鉴定人直接发问。③有证据保全时，协助调查证据。有勘验时，向法院陈述勘验注意事项，协助法官理解当事人之说明，并进行勘验标的物之处理操作。④向法官就争点及证据整理、证据调查范围、次序及方法等陈述参考意见。⑤有裁判评议时，经法官许可后列席陈述技术意见，并协助制作裁判书附表图。对比日本、韩国的规定，中国台湾地区对技术审查官的职责范围进行了大幅限缩，又对辅助的范围进行拓宽，规定技术审查官在证据保全、勘验，乃至制作裁判书附图表环节的职责，技术审查官"辅助"法官审判的职能形象跃然纸上。

（4）其他境外规定。

相较于日本、韩国及中国台湾地区采取技术调查官制度，德国直接采用技术法官制度。① 德国的技术法官仅配备于德国联邦专利法院，该法院专属管辖部分专利授权和确权决定的行政纠纷的一审案件，是德国最年轻、专业化程度最高、规模最大的一个法院。② 其余专利授权案件、专利确权案件及专利侵权案件皆由不同的法院处理。德国的专利法官同普通法官一样，具有审判权且享有终身任职的地位。德国直接规定技术法官的做法无疑将传统意义上"技术调查官"的职责拓展到了极致。

在英国，法院可以在专家证人之外，委托一名或多名专业人士担任技术陪审员，协助法官查明技术事实，其委任程序需保障当事人知情及质疑等程序参与权，其报酬由法院决定并构成诉讼费组成部分，也可向当事人转嫁。美国实行技术助理制度。为应对地区法院法官在高科技专利案件中所面临的知识挑战，诉讼中会适用一些灵活的方法，特别是雇佣 3 种不同类型的人员帮助法官履行职责，

---

① 强刚华：《试论中国知识产权法院技术调查官制度的建构》，《电子知识产权》2014 年第 10 期，第 84 页。

② 黄之英：《联邦德国的专利法院》，《科技与法律》1996 年第 2 期，第 66 页。

即法院指定的专家证人、专利特聘技术官和技术顾问。[①] 法院指定的技术团队除了为从事知识产权审判的法官配备法律助理外，还配备具有理工科技术背景的技术助理，协助处理技术事实认定的问题。在程序法上，英国更多地融合了本国的程序正义传统，而美国更强调技术助理的辅助性。

2. 比较法分析

依据《若干规定》第六条，在知识产权案件当中，我国技术调查官的职责包括：①对技术事实的争议焦点以及调查范围、顺序、方法等提出建议；②参与调查取证、勘验、保全；③参与询问、听证、庭前会议、开庭审理；④提出技术调查意见；⑤协助法官组织鉴定人、相关技术领域的专业人员提出意见；⑥列席合议庭评议等有关会议；⑦完成其他相关工作。此番规定是在借鉴境外规定的基础之上设立，然比较上述境外法规定，借鉴方式较为粗浅。

综合来看，各国家与地区皆认可技术查明机制的设立之必要性、可行性，并且都作出了有益的尝试。其中，日本、韩国及中国台湾地区的技术调查官职责较为接近。中国大陆更强调技术调查官在各个审判流程中的参与性，并进一步赋予其组织其他专业人士协助调查的职责，相较于日本对其当事人之间互动性的强调，更注重技术调查官对法官的协助作用。而中国大陆在引入职责②③④时，过于粗浅的规定明显未考虑技术调查官在其中的具体作用以及实际可能发生的问题。我们难以在其中得知应当如何平衡法官自主审判权及对于技术调查官的认知依赖、如何保障当事人的辩论权。在中国大陆的规定中也能看到部分英国、美国规定的影子，对比三者，更明显的区别在于机构职能设置之上，例如薪酬的发放者、编制的具体设置。尤其是机构职能设置，这也是中国大陆相关规定中较为粗糙、可以更完善的地方。

而在技术查明制度上走得较为激进的德国，由于技术法官自身的专业性，其避免了因技术调查官与当事人的隔离、学识优势而引发的一系列问题，并省去申请、审批、提出意见等多项流程，因而加快了案件的审理进度。但其弊端也十分明显，即技术法官需要同时具备专业的法律知识以及理工科知识，对于法官的要求极高，人才队伍难以培养及维系。很明显，基于中国大陆现行的知识产权保护人才储备情况，这一制度在中国大陆适用并不现实，但或许可以作为日后探索的方向。

---

① 杨秀清：《我国知识产权诉讼中技术调查官制度的完善》，《法商研究》2020 年第 6 期，第 175 页。

综上，中国大陆目前的技术调查官制度似乎只是简单地借鉴境外规定，对后者稍微进行本土化改造后便简单揉到一起，许多细节未考虑到位。相比较之下，中国大陆对于台湾地区的借鉴更多，然而中国大陆不论是知识产权的案件量，还是知识产权案件的复杂程度、专业程度等都远超台湾地区。中国大陆以大力保护知识产权促进创新的宏大目标以及日益复杂的司法现实在呼唤更为强大、灵活、专业的技术查明制度。

四、问题的解决建议

（一）设置更为灵活的技术查明机制

技术调查官制度有其局限性，为保障当事人的辩论权，应当从多个角度、诉讼流程入手，在保证最大程度上查明技术问题的同时，保障当事人的诉讼权利。

1. 完善多渠道的技术查明机制

目前，技术调查官制度诟病颇多的一点，即法官对于技术调查意见书的过度依赖使其无意中"让渡"审判权，让作为审判辅助人员的技术调查官成为"影子法官"。对此，中国大陆可以借鉴日本的"调查官＋专家咨询委员"二元化的认定体系，同时可以结合现行的专家辅助人、司法鉴定等机制，构建多元认定体系。立法者也可通过多渠道查明机制的构建，使得部分文书能够以证据的形式、部分技术专家能够以专人证人的形式出现在庭审当中，尽可能保障当事人辩论权。

知识产权技术调查官、司法鉴定、专家辅助人、专家咨询等制度存在区别，但是基于这些制度具有查明技术事实的共同目的，人员也均具有专业技术能力，所以这些制度之间可以相辅相成、相互融合，以便共同完成对技术事实的审查。与此同时，这也要求各法院建立起实力雄厚的专家人才库，以保证在案件需要时法院内部能够保证由专家进行技术支持。当然，在多个技术查明机制之中，技术调查官因其专业、中立、高效集一体的优势，应成为技术查明机制的主要力量。但在案件非常复杂或者各技术查明机制的适用出现意见相左的情况下，法官必须面对各个机制的效力位阶问题，这就使得立法者需从各项制度的法律渊源出发，结合实践特点来分析其出现冲突时的效力位阶，达到协调统一各机制的目的。

2. 完善技术调查与司法鉴定之间的各项衔接

首先，得完善二者之间的流程。参看目前的司法实践情况，司法鉴定作为第三方鉴定机构既能够以当事人申请的启动方式介入诉讼的多个流程，又能够通过法院摇珠的启动方式作为司法的后备力量参与案件的技术调查，且为案件找寻合适的司法鉴定机构也属技术调查官的职责之一，流程之间的衔接显得尤为重要。建议参照知识产权种类，建立数量更多、机构规格更高、地域分布更广的司法鉴定资源库，其中包括各个重要的研究所。并且，在时间、回避规范、操作流程上作出更为细致的规范性规定。

其次，由于二者在证据法中的地位不一，需设置其他程序以保障当事人对于司法的合理期待与诉讼权利。同时，应当明确技术调查意见书与司法鉴定出现冲突时的处理方式。建议参考日本的规定，加强技术调查官同当事人、其他专家辅助人之间的沟通交流，通过当庭询问当事人、其他诉讼参与人的方式，进一步探明技术事实。并且，还可适当引入如专家辅助人、同行评议机构之类的第三方技术查明机制，以保障处理结果的公信力。

（二）加快立法，推进标准制定

1. 加快该制度在民事诉讼法之中的建构

显然，最高院意欲通过先在各知识产权法院设置技术调查官制度，通过各地实践，不断摸索总结出通行经验之后再进行立法。但由于中国大陆知识产权案件数量的激增，以及技术调查官制度面临的人手短缺、培养周期长的问题，将技术调查官制度以法条固定在法律当中已经势在必行。不论是在民事诉讼法中规定技术调查官对于知识产权类案件的作用、接入方式等，还是设立相关单行法，都需要将此固定下来。如此，在全国范围内规范技术调查官制度，也尽可能保障当事人的期待利益，便于其开展后续的诉讼行动。

2. 不断完善各类基础技术问题的判定标准

鉴于技术调查与司法鉴定的同质性，中国大陆可以比照对于司法鉴定的规制方式，对技术调查的基础判定标准作出规定。近些年来，中国大陆相关部门也陆续编撰了各类鉴定意见的技术标准。[1] 虽然学界有观点认为，这些技术标准存在着诸如缺乏行业共识、标准粗疏、可操作性不强、争议空间较大等问题。[2] 但结合各学科发展的程度，持续不断地完善判定标准，是减少技术调查差错、提高法院判决专业程度以及公信力的必经之路。

---

[1] 如司法部司法鉴定管理局先后发布了一系列《司法鉴定技术规范》等。

[2] 杨立云：《司法鉴定意见争议之根源与解决》，《贵州省党校学报》2022 年第 3 期，第 111 页。

（三）设立技术调查官参与和解机制

目前，最高院的最新文件当中并未明确技术调查官参与取证、勘验、保全时的职责。结合技术调查官常主导此类活动的司法实践，我们可以进一步参考日本的经验，尝试赋予技术调查官在参与此类工作时的主持职责。[①] 或者，可以让技术调查官列席和解协议，发表其对于该案技术事实争议部分的意见，并对双方当事人进行询问，更快地推动对于案件技术事实的查明，以协助法官处理案件。

五、结语

经过几年全国各级法院积极的探索及大胆尝试，技术调查官制度在司法实践中不断完善并逐渐形成具有中国特色的技术调查官制度。中国在借鉴境外技术调查官制度时，应当秉承着更为谨慎的态度，将其移植至自己的司法土壤当中。同时，应当关注中国本土的司法实际需求，更好地设置该制度以缓冲该制度天然所具有的问题。在探索技术调查官的职责边界之时，可以参照目前的实践，在某些诉讼流程中赋予其更多参与权，激发其作用与活力，赋予相关活动以合法性，加快案件的处理流程。简言之，需更为合理地设定技术调查官的职责边界以确保技术调查官制度在知识产权诉讼中充分发挥作用，为中国的科技创新保驾护航。

（广州知识产权法院　刘潇玮）

---

① 尹永才、梁剧：《技术调查官制度存在的问题与对策》，《河南科技》2021 年第 10 期，第 149 页。

17

技术调查官主动调查案件事实的
现实检视与进路分析

——基于南知法庭 6 年专职技术调查官制度的实证经验

一、制度现状：技术调查官制度的基本情况

知识产权技术类案件诉讼中，技术事实的准确与高效查明，是正确适用法律并公正裁判的基础和关键，也是一直以来长期影响案件审理质量、效率的普遍性难题。[①] 2014 年 12 月最高人民法院发布了《关于知识产权法院技术调查官参与诉讼活动若干问题的暂行规定》，初步构建起技术调查官制度；2019 年 5 月最高人民法院发布了《关于技术调查官参与知识产权案件诉讼活动的若干规定》（以下简称《若干规定》），进一步完善了技术调查官制度。其中，《若干规定》对技术调查官工作职责仅作了制度层面的必要规定，但是在实践中仍需要明确职责范围和程度，例如技术调查官在履职时，为查明案件技术事实，是仅仅依赖当事人提供的证据，还是必要时可以主动调查案件事实，如果主动调查案件事实，上述"主动调查"的范围是什么？在实践中如何把握恰当的程度？如果要使技术调查官"主动调查"的行为有理有据，避免泛用、滥用，上述问题必须予以明确。

（一）技术调查官工作的主要职责

《若干规定》第六条规定，参与知识产权案件诉讼活动的技术调查官就案件所涉技术问题履行下列职责：①对技术事实的争议焦点以及调查范围、顺序、方

---

① 姚志坚、刘方辉：《聘用制专职技术调查官制度的构建与完善：基于南京知识产权法庭的实践》，《法律适用》2019 年第 13 期，第 96 页。

法等提出建议;②参与调查取证、勘验、保全;③参与询问、听证、庭前会议、开庭审理;④提出技术调查意见;⑤协助法官组织鉴定人、相关技术领域的专业人员提出意见;⑥列席合议庭评议等有关会议;⑦完成其他相关工作。第七条规定,技术调查官参与调查取证、勘验、保全的,应当事先查阅相关技术资料,就调查取证、勘验、保全的方法、步骤和注意事项等提出建议。第八条规定,技术调查官参与询问、听证、庭前会议、开庭审理活动时,经法官同意,可以就案件所涉技术问题向当事人及其他诉讼参与人发问。可见,《若干规定》明确的技术调查官职责贯穿案件从立案到庭前会议至开庭审理以及勘验、保全、合议评议等全部过程,全面参与案件的审理过程。如何发挥好技术调查官的职责作用,首先要在各个审判流程中进一步细化、明确技术调查官参与案件审判的规则。

(二) 各知识产权法院和法庭的任职类型

目前,各个知识产权法院和多个知识产权法庭均设立了技术调查室或制定了技术调查官制度,技术调查官制度建设在审判实践方面得到充分贯彻落实。

北京知识产权法院于2015年10月22日成立技术调查室,首批选任37名技术调查官,有交流和兼职两种类型技术调查官,兼职交流的来自专利局、专利复审委员会等。[①] 广州知识产权法院采用"技术调查官 + 技术顾问 + 技术咨询专家"的技术调查官"广知模式",2022年4月建成全国法院首个技术调查实验室。[②] 上海知识产权法院采取的是聘任制公务员和兼职交流相结合的模式,先后聘请了18名特邀科学技术咨询专家和25名技术调查官,建立知识产权审判专业智库,构建知识产权审判"四位一体"多元化技术事实调查认定体系。[③]

各知识产权法庭的主要情况:苏州知识产权法庭借助审协江苏中心的优势,借调其审查员作为其技术调查官,杭州知识产权法庭招聘审查员或技术人员作为专职技术调查官,宁波知识产权法庭也采取招聘专职技术调查官的模式,同时借助宁波知识产权保护中心预审员作为兼职技术调查官。[④] 郑州中级人民法院知识

---

① 《北京知识产权法院技术调查官工作受到媒体广泛关注 | 报道速递》,"知产北京"微信公众号,2023年2月23日。

② 《广东高院发布知识产权司法保护状况白皮书》,"广州知识产权法院"微信公众号,https://mp.weixin.qq.com/s/UzpgRxNVUcZ4JebcaHxG9w,2023年4月23日。

③ 《集聚"头部力量"破解审判难题 上海三中院走出"三合一"特殊审判之路》,"上海知产法院"微信公众号,https://mp.weixin.qq.com/s/OtZW84qmFoUiLseW7BDUqw,2022年12月23日。

④ 金一凡:《浅析我国技术调查官制度存在的问题及完善》,知产力,https://www.zhichanli.com/p/1567088891,2022年10月12日。

产权法庭面向社会聘任了 104 名专家、教授担任兼职技术调查官。

南京知识产权法庭（以下简称南知法庭）从自身实际出发，早在 2017 年就全国首创构建了聘用制专职技术调查官制度，招录了机械、计算机、电子信息、药学技术领域共 6 名技术调查官，在招聘的同时，还设立了技术事实查明工作室，并聘请共 191 位来自高校、科研院所的专家、教授加入专家库，同时制定、实施了本院的技术调查官管理制度和考核制度。

二、现实困境：现行主动介入技术调查中遇到的问题

（一）介入调查范围的区分不明晰

知识产权案由的复杂性及当事人的多样性，导致审理实践中遇到的案件情况各不相同，因此介入调查的范围很难明确地区分。如当一方当事人（如个体工商户、小微企业等）技术知识和法律知识明显处于劣势地位而导致举证范围与技术争议焦点不符时；如双方当事人均未提出的技术事实、法官亦未关注到的技术问题时；又如当事人为了各自的利益，仅提供对自己有利的证据，但如果仅审查当事人提供的证据难以还原客观事实时。上述情况下，技术调查官能否提出主动介入调查，如果可以，介入主动调查范围应限定在何种范围为宜，目前尚未有可供参考的指导性意见。

（二）介入调查程度的区分不明晰

在南知法庭 6 年专职技术调查官制度的实践中，时有发现当事人虽针对技术争议进行了举证，但已有证据并不足以证明技术争议焦点的技术事实，技术调查官很难区分何种情况应该介入主动调查，以及在主动介入后如何把握介入调查的程度。例如，在南知法庭审理的一起计算机软件开发合同纠纷中，原告认为被告提交的代码中有抄袭部分，但无法明确指出具体抄袭的内容。本案后续处理为，技术调查官向法官解释了代码情况，法官决定向原告释明应如何查找代码中抄袭的情况，并由原告补充提交相关证据，同时技术调查官又将被告交付的代码与第三方代码进行比对，达到了对原告证据的辅助印证。在很多技术合同类案件中，非技术型企业或个人往往无法提供支撑自己主张的证据，此时技术调查官如果不进行主动调查或引导性调查，案件的事实将无法查明，如果主动介入，又很难把握调查程度。在实务中，主动调查程度过浅，无法彻底查明技术事实，主动调查程度过深，又有帮助一方当事人举证之嫌。

（三）介入调查时机、程序的标准缺失

《若干规定》中从政策层面对技术调查官的工作内容进行了规范，但是具体可以在何时发起主动调查，如何进行主动调查等问题尚不清晰，主动调查的程序没有形成，导致在审理实践中，法官和技术调查官只能自行决定，不同的法官之间对于主动调查的定义也各不相同，因此调查的范围、程度、时机、方法不能形成统一的标准。实务中，主要依据法官的具体要求和技术调查官的经验判断来进行介入。

三、成因分析：主动介入技术调查必要性的成因分析

（一）制度现状与调查实践的冲突

从客观原因看，我国已陆续出台了二十多个关于技术事实查明机制的规范性文件和司法解释，初步建立了事实查明机制。总的来说，我国主要采用专家陪审员、技术调查官、专家咨询、专家辅助人等制度，其中技术调查官制度推出的时间较短，许多细节上的规定不够细致，在案件审理各个环节上如何主动介入技术调查没有明确的指引，还有待于在实践中检验和进一步发展。从主观原因看，由于技术调查官自身权限和责任不够明晰，在实际案件审理中往往各自为政，以工作经验为依据，自我决定主动介入技术调查的具体事项，并未细化工作职责并形成统一的程序和尺度。

（二）知识产权技术类案件的多样性和复杂性的必然结果

知识产权技术类案件的多样性和复杂性决定了技术调查工作需要主动介入。知识产权技术类案件的多样性指的是知识产权技术类案件的专业领域涉及机械、计算机、电子信息、药学技术、光电磁等，案件类型涉及专利侵权、技术合同纠纷、行政诉讼纠纷、技术秘密纠纷等，如果对不同类型案件和不同类别技术采取无差别的技术调查方式，不符合实际需求。经统计，南知法庭技术调查官 2018 年到 2022 年参与的技术类案件主要分布领域及占比如图 1 所示，除常规的几种技术领域外，综合类案件的情况最为复杂，包括：机械复合化工类、计算机软件复合医药类、通讯复合电子信息类、高分子材料复合光学类等。

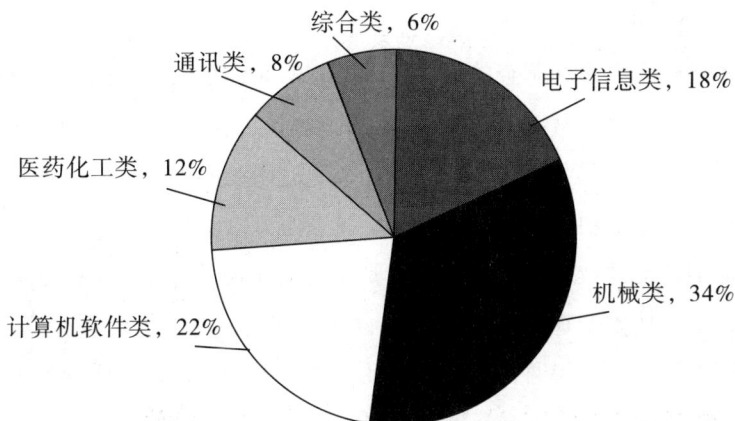

图1　2018—2022年参与技术类案件领域分析

（三）技术思维和法律思维的差异及融合

当事人的律师进行举证的出发点是支撑其法律观点，故主要以法律思维提交证据材料；技术调查工作的出发点是查明涉案技术事实，故主要以技术思维展开证据分析。两种思维的出发点不同，导致思维覆盖的范围无法重叠，必须通过主动调查化解两者的冲突，更好地辅助法官进行技术事实与法律思维的对接。

（四）举证效率与司法效率的平衡

司法资源是有限的，当事人往往在案件开始阶段，对案件情况理解存在偏差，证据举证不充分、举证效率低下，导致案件技术事实查明困难而缓慢，进而影响审理周期，降低司法效率。如果单纯由当事人举证，例如法官通过向当事人释明要求其完善证据，或者当事人在审理的过程中主动增加证据，会导致司法效率低下。相反，如果单纯考虑审理周期，在当事人举证效率不高的情况下，就会导致案件事实无法查明，对司法效率亦无益。因此，主动调查的目的之一正是提高或帮助提高举证效率。

四、进路分析：主动介入调查的标准建立

（一）主动介入调查的内涵标准

主动介入调查的范围和程度应以法官对案件的审理进展为基础、以技术调查官对涉案技术争议作出的介入判断为引导，具有高度灵活性和变化性。

1. 主动调查的目的

技术调查官介入主动调查的根本目的是查明案件事实。如何准确查明技术事实？这是技术调查官时常需要面对与思考的问题，当案件由于种种主客观原因陷入证明困境时，如果只简单机械、仓促草率地适用证明责任，判决的稳定性往往得不到有效保障。证明责任判决是穷尽事实查明方法之后的无奈之举。为更加公平、高效地推进案件技术事实调查，需要在正确理解、准确运用技术调查官制度的基础上，细化技术调查官参与案件的职责和方法，通过技术调查官主动介入，加强技术调查官与法官沟通，优化法官证据调查方法，强化释明当事人证据规则等方式，力促法律事实与客观真实吻合统一。

2. 主动调查的界限

技术调查官介入主动调查的界限在于牢记司法辅助身份、技术查明职责，不能越过法官裁量权，做到主动调查"到位不越位"的界限把控。

技术调查官是当事人和法官技术沟通的"桥梁"，故在双方之间进行解释和语言的转换时，要注意把握传递双向信息的界限，这里的"双向信息"指的是向法官表达当事人的技术观点和向当事人转述法官需要查明的技术事实范围。技术调查工作并不是纯技术性工作，而是为了辅助司法审判中的技术事实判断。技术调查官需要通过长时间参与案件调查、学习知识产权案件的法律知识，对需要查明的技术事实范围、内容作出准确的判断，进而把握好主动调查的界限，为法官提供真正需要的技术分析，并以恰当的表述方式让法官理解技术事实，协助法官最终将技术事实直观、准确地表述于法律文书当中。

3. 主动调查的介入时机

技术调查官主动调查程序启动的前提是与法官充分沟通，在经过法官同意后，方可启动。主动调查的介入时机主要出现在案件审理的三个节点：第一个节点是在技术调查官初步阅卷后，应尽早明确涉案技术的争议焦点，并积极与法官沟通，确定当事人的举证责任分配。如发现证据不足以证明技术争议焦点时，技术调查官应向法官申请启动主动调查，此时启动主动调查的目的在于向法官提出下一步技术事实查明调查取证的重点和方向，以及是否需要当事人有针对性地补充提交证据。第二个节点是在技术调查官针对补充证据进行二轮技术分析后，如发现补充证据仍不充足，技术调查官应再次向法官申请启动主动调查，此时启动主动调查的目的在于探讨技术调查官是否需要通过公知检索、专业调查或其他灵活变通的方式进行补充调查。此外，技术调查官还可以通过庭中主动提供案中技术建议，推进事实查明进程，进而帮助法官更为快速、有效地理解案件技术事实，引导双方当事人将证据集中在技术事实的争议焦点上。第三个节点是在进行技术比对前，如双方不能明确比对方案，或当事人提出的比对方案不合理，技术调查官应积极主动向法官提供合理的技术比对方案或灵活的替代比对方式。

另外，在调查取证、勘验、保全中，《若干规定》第七条规定，技术调查官参与调查取证、勘验、保全的，应当事先查阅相关技术资料，就调查取证、勘验、保全的方法、步骤和注意事项等提出建议。本文认为，主动介入调查应考虑三个节点：第一个节点是当事人提出上述申请后，技术调查官应根据现有证据判断采取调查取证、勘验、保全的必要性，并与法官进行交流，以明确必要性以及是否需要当事人进一步补充证据。第二个节点是在当事人补充提交证据后，技术调查官应针对补充证据进行二轮技术分析，得出是否需要进行调查取证、勘验、保全的技术调查结论，并将上述建议汇总整理，向法官充分说明。第三个节点是在确定要采取调查取证、勘验、保全的前提下，在《若干规定》第七条规定的基础上，结合当事人提出的调查取证目的或勘验、保全的方式方法建议，对拟定出最为合适、高效地调查取证、勘验、保全的方法、步骤和注意事项等提出建议。

4. 主动调查的范围和程度

主动调查的范围应限制在应查明但当事人未举证的技术事实范围内，不宜扩大调查范围。"应查明但当事人未举证的技术事实"通常指的是两种情况，一种是原、被告举证内容明显矛盾，且无法仅凭已提交的证据作出事实认定的情况，另一种是原、被告都完成了举证，虽举证内容不矛盾，但仍然无法查明案件的基本事实的情况。

主动调查的程度视个案的具体情况而定，以查明案件的技术事实为原则。需要注意的是，技术调查官进行主动调查时，必须坚定中立性的立场并为进行案件调解创造契机，避免双方当事人冲突的升级或加剧，注重调解成果与判决结果的充分融合，努力缓和当事人的对立情绪。

对于行业发展情况、技术进步情况，技术调查官应主动进行涉案技术背景调查，通过对涉案行业的整体情况、涉案技术的发展现状、涉案技术对行业发展和科技进步的促进影响，帮助法官更为全面、深入地把控案件技术和司法价值取向，调查结果可以为法官进行辅助性的判断。

（二）主动介入调查的方法

主动介入调查有两个层面的工作，一是在双方证据材料质证阶段及时处理产生的矛盾，从而从源头上减少争议焦点；二是主动构建介入调查的程序，从而达到统一的介入标准，形成稳定的主动介入模式。

在一些侵权类纠纷案件中，被告有时会失联或缺席，在缺乏实质性对抗的情况下，原告出于诉讼目的可能会采取隐瞒关键事实、夸大侵权情况等行为。此时，如果仅对原告提供的证据进行审查，案件的审理结果往往会出现偏差。因此，技术调查官应当注重对实际侵权行为的调查，明确被告具体侵权事实，法官在全面了解技术事实的基础上，借助关联案件查询等配套工作机制，才能更好地保护权利人的知识产权和避免权利人对权利的滥用。技术调查官在实务中运用的技术调查方法主要为专业背景调查、在庭审中对技术问题进行问询、技术比对方案的确定和组织实施等。

1. 专业背景调查，加速法官理解技术方案

在审理实践中，个案的具体技术背景各不相同，这是由于科学技术迅猛发展，新技术层出不穷，技术调查官庭前可以通过公知检索、专业调查等方法对案件涉及的专业技术背景进行调查，帮助法官快速了解技术内容，有助于提升审判效率。

2. 庭审主动发问，开释法官自由心证

在庭审中，当事人常因立场和利益的原因，对一些关键技术问题含糊其词或避重就轻，当法官未关注到技术问题，技术调查官应征求法官同意后，对当事人就技术问题进行询问，通过当事人的回答，明确技术事实，也有助于法官心证的充分展开。

3. 明晰技术比对，提升技术事实的查明质效

在审理实践中，技术比对是查明技术争议焦点最直接快速的方法，但在双方因客观或主观因素不能进行比对的情况下，技术调查官可以通过其他变通灵活的方式，以法院的中立性地位，充分利用可使用的资源，创新思维，进行灵活的技术比对，以查明技术争议焦点。例如，在南知法庭审理的一起侵害实用新型专利权纠纷案中，涉案技术为多层高分子材料的复合方式，双方当事人为证明各自观

点，提供了很多证据，也邀请了多位专家辅助人出庭论证，最终还申请了以司法鉴定的方式进行技术比对。技术调查官考虑到该技术特征专业性强、技术点冷僻，存在寻找鉴定机构困难和鉴定时间长、费用高的问题，向法官建议启动主动介入案件调查，寻找解决替代司法鉴定的技术比对方案。经法官合议同意后，技术调查官提出采用现场试验的"鉴定方法"进行比对，即在法庭的监督下进行现场鉴定。上述技术比对方案得到双方当事人的认可，且对现场试验的方式和结果均予以认可，该案技术事实得以被快速、准确地查明。

4. 主动介入调查的结果处理

《若干规定》规定，技术调查意见不向当事人公开，但是经技术调查官主动介入调查的结果是否应向当事人公开或者释明仍无相关规定进行说明。在实践中，南知法庭在个案中尝试将技术比对结果向当事人公开，并经过当事人当庭的质证，例如在计算机软件著作权侵权案件中，由技术调查官比对双方当事人代码，会将代码相同的数量，相同或不同的具体情况向当事人释明，由当事人发表意见并进行解释。目前技术比对结果的开示，对查明案件技术事实，当事人服判息诉有正向的影响，经过双方当事人质证后的调查结果，也有利于法官确认技术事实，作出准确的事实认定。

（三）主动介入调查的使用规则——统筹兼顾，个案衡量

首先，技术调查官应在阅卷后初步确定技术争议焦点，判断证据是否充足；其次，如证据不充足，应进一步判断证据不足的类型：一种是证据范围不足以覆盖全部技术争议焦点，另一种是证据不足以达到待证技术事实或申请证据保全、财产保全的证明高度，此时技术调查官应向法官提出技术调查建议；再次，法官决定是否要求当事人补充证据，如果当事人补充提交证据，技术调查官应再次阅卷，进行二轮技术分析；最后，技术调查官通过专业调查、庭审询问、审查并确定技术比对方案等方法进行主动调查，形成技术调查意见提交法官，由法官决定是否将调查结果向当事人公开。

五、结语

本文以为，技术调查官主动介入案件调查的必要性应当根据个案以及当事人具体情况来判断，不能简单地一概而论。本文从技术调查官主动介入调查的基本原则出发探讨其在知识产权争议解决方面的优势及需要注意的问题，不仅有利于增强对技术调查官在主动介入案件调查时的理性认知，推动技术调查官介入案件调查的正确发展模式，而且对于查明知识产权案件技术事实而言，无疑提供了新的解决方法的指引。最高人民法院院长张军提出，要做深做实新时代能动司法，以审判工作现代化服务保障中国式现代化等工作要求，并指出解决消极审判、机械司法、就案办案问题的根本在司法理念的转变，在司法理念的现代化。[①] 新时代能动司法的内涵深刻丰富、要求具体明确，面对层出不穷的各类技术类案件，技术调查官应当也必须主动地跟随发展变化，激励创新、保护创新。

（南京市中级人民法院　赵瑞琪　郝小芳）

---

① 《国家法官学院开学第一课——能动司法》，中国法院网，https：//www.chinacourt.org/article/detail/2023/05/id/7317324.shtml，2023 年 4 月 11 日。

意见效力篇

18

我国知识产权审判中技术审查意见公开机制的研究

一、技术审查意见的内容、作用和性质

最高人民法院《关于知识产权法院技术调查官参与诉讼活动若干问题的暂行规定》（以下简称《暂行规定》）于 2014 年 12 月 31 日发布。自此，各地知识产权法院开始摸索并尝试通过技术调查官制度来帮助解决技术类案件中技术事实查明的难题。

实践中，技术调查官可以根据法官要求，在案件审理的不同阶段分别提出技术审查意见。技术审查意见是技术调查官集合各方当事人的主张、证据以及陈述，综合运用自己所掌握的知识，对案件有关技术事实的说明和分析。这属于技术调查官执行职务的工作成果，也是法官审理技术类案件得出处理意见的重要参考。

（一）技术审查意见的内容

技术调查官的职责是协助法官理解和查明案件所涉的技术事实，为技术类案件的审理提供技术支持。根据《暂行规定》第六条的规定，技术调查官的职责有：①通过查阅诉讼文书和证据材料，明确技术事实的争议焦点；②对技术事实的调查范围、顺序、方法提出建议；③参与调查取证、勘验、保全，并对其方法、步骤等提出建议；④参与询问、听证、庭审活动；⑤提出技术审查意见，列席合议庭评议；⑥必要时，协助法官组织鉴定人、相关技术领域的专业人员提出鉴定意见、咨询意见；⑦完成法官指派的其他相关工作。其中，提出技术审查意见是技术调查官的一项重要职责。

结合北京知识产权法院的司法实践，技术审查意见的内容一般包括：①对涉案技术方案的解释说明，包括技术背景、现有技术的相关情况，技术术语的解释说明等；②对涉案相关证据内容的认定，包括该证据披露的技术领域的认定、技术方案的理解、技术术语的解释说明等；③经评议明确的争议的技术焦点问题，即分析各方当事人的诉辩主张，依据提交的证据找到各方当事人存在争议的技术事实，同时确认不存在争议的技术事实；④针对技术争议涉及的技术事实进行分析，并综合运用自己所掌握的知识给出参考意见；⑤其他有必要向合议庭说明的问题。实践中，并非上述所有内容都要在每一份审查意见中体现。技术审查意见一般是技术调查官根据案件情况并结合法官的具体要求来选择需要撰写的内容；且技术审查意见不应只有结论，应当是对问题进行有理有据的分析，并且不涉及法律问题的判断。

（二）技术审查意见的作用

知识产权案件有较多专业性较强的技术类案件，尤其是专利权类案件。这些案件要求法官查明具有专业性的复杂技术事实，并基于此客观事实对案件所涉及的法律问题做出正确的法律判断，这对于法官来说是一个不小的难题。技术审查意见的作用在于帮助法官在审理案件的过程中查明案件的客观事实、确立案件的争议焦点，为法官进行法律上的判断提供事实基础。

法官在审判的过程中，技术难点往往集中在对涉案技术方案及证据中公开内容的理解、证据与涉案技术方案的差异、公知常识的认定、技术术语的理解等问题上。技术审查意见中对涉案技术方案的解释说明，可以帮助法官较好地理解技术方案，使得法官了解相关领域的背景知识、发展现状，更好地理解涉案技术方案对现有技术所作出的贡献。技术审查意见中对证据公开内容的认定，可以帮助法官了解证据的内容，不受不同术语、不同表述的干扰，使法官明确涉案技术方案与证据之间的相同之处和实质区别。技术审查意见中对争议焦点的梳理，可以帮助法官快速了解争议焦点，在庭审过程中有的放矢，就焦点问题充分听取双方意见，提高审判效率。技术审查意见中对焦点问题的解释说明，是技术审查意见的重要组成部分，其内容是技术调查官结合自己的专业知识对争议问题的分析判断，例如对于技术特征是否属于公知常识、技术特征是否被证据公开等问题的剖析论述，是法官进行法律判断的重要参考。

（三）技术审查意见的性质

《暂行规定》第九条指出，"技术调查官提出的技术审查意见可以作为法官认定技术事实的参考"，但技术审查意见是作为证据、鉴定意见，或是法院内部的参考，目前尚存在不同观点。

技术调查官不同于技术鉴定专家，其所出具的技术审查意见有别于鉴定意见。证据是当事人为证明其主张提交的或法院为了查清事实依职权调取的。如果要认定技术调查官的文件属于证据，只能归为法院依职权调取的证据。但法院依职权调取的证据一般是对已发生事实且当事人无法获得，同时也是法官根据案情需要调取的。技术审查意见是按照法官的指示，根据现有当事人提供的证据及其自身专业知识作出的主观性意见。[①] 因此，技术审查意见与法院依职权调取的具有客观性的证据不同，不属于民事诉讼中现有的证据类型，只能作为辅助法官进行审理案件的参考。即使存在技术审查意见，法官仍应就技术事实组织当事人进行举证、质证，当事人也不能因为技术调查官的参与而免除其应当承担的举证责任。[②]

法官在审理案件时，综合案件的情况判断对技术审查意见是否采纳，案件事实的认定由法官决定。根据司法责任制的要求，法官基于案件事实所作出的判决要对当事人负责，技术调查官不需要承担事实认定错误的责任。从这一点来看，技术审查意见只是法官断案的辅助性材料，并不能作为证据在法庭上使用。

二、境外技术审查意见的相关规定

（一）日本相关制度

日本知识产权高等法院成立以前，调查官制度就已经存在。日本在专门审理发明专利、实用新型、计算机软件等知识产权案件的大阪地方法院、东京地方法院和东京高等法院（即知识产权高等法院）设立了调查官制度。据日本《法院法》第57条的相关规定，调查官接受法官的委任，负责案件的审理及法院所需的相关调查。凡涉及专利等案件的技术问题时，法官可以要求调查官就某一技术

---

① 强刚华：《试论中国知识产权法院技术调查官制度的建构》，《电子知识产权》2014年第10期，第87页。

② 黎淑兰、陈惠珍、凌家亮：《技术调查官在知识产权审判中的职能定位与体系协调——兼论"四位一体"技术事实调查认定体系的构建》，中国知识产权论坛（2015）暨中国知识产权法学研究会年会。

问题进行研究，作出报告向法官说明，提出一些建议，以解决法官不熟悉、不懂得的技术性问题。调查官可以在法庭上向当事人询问案件的有关问题。

日本调查官最主要的职能是向法官书面或口头说明技术事项，并形成调查报告书，但调查报告书的内容不对外公开；同时，调查官也不接受当事人的询问。尽管调查官形成的调查报告书不对外公开，但根据案件需要，调查官会将该报告书的整体思路向当事人说明，并给予其争辩机会。可见日本的调查官主要是为法官提供技术方面的支持，提出案件技术事实的参考意见，其出具的技术调查报告也不具有任何约束作用，仅仅具有参考作用。

（二）韩国相关制度

韩国技术审理官制度的规范体现在《法院组织法》等法律中。韩国最高法院还颁布了专门的《技术审理官规则》，对技术审理官的法律地位、任职资格和职责等内容作出了详细的规定。

韩国专利法院的审判合议庭由三名法官和一名技术审理官组成。根据韩国最高法院《技术审理官规则》第四条的规定，技术审理官有权履行下述职责：①受院长指示，经常就案件技术、专业问题，提供咨询和建议；②除商标案件外，受院长指示，查阅诉讼案件卷宗，认定技术证据，调查、认定事实；③除商标案件外，受院长或审判长指示，在诉中、诉前程序中向诉讼参加人提问；④除商标案件外，受院长或审判长指示，在有关案件中就技术问题发表意见。

韩国的技术审理官只是参与案件的审理，对于最终的结果并没有决定权。在上述第四款情况下，技术审理官根据法官需要，在作出合议之前出具技术审查意见。关于技术审查意见是否公开，韩国最高法院《技术审理官规则》第四条第三款规定，技术审理官提供的观点和书面意见不向公众公开。但是在实际案件的审理中，技术审理官会经常参与准备程序及辩论的审理环节，向诉讼参加人提出诸多详细的问题，其起到的作用是极为重要的；而且，技术审理官的技术性意见对判决结论的影响也很大。

（三）中国台湾地区相关制度

在中国台湾地区，技术审查官为法院内部职员，受法官的委托，依法参加诉讼程序。在诉讼过程中，依据"智慧财产案件审理细则"第13条的规定履行相关职责，负责技术事实的查明。

"智慧财产案件审理细则"第16条规定，技术审查官应对其参与的案件制作报告书，案情复杂且有必要时，要分别制作中间报告书及总结报告书；同时也规定，技术审查官制作的报告书，不予公开。但法院因技术审查官提供而获知的特殊专业知识，应当予以当事人辩论的技术，否则不能作为裁判的基础。"智慧财产案件审理细则"第18条规定，对于技术审查官的陈述，不得直接作为认定待证事实之证据，且当事人就诉讼中待证之事实，仍应依各诉讼法的规定提出证据，以尽其举证责任，不得径行援引技术审查官的陈述作为举证。

从中国台湾地区的相关规定可知，技术审查官仅辅助法官进行技术判断、技术材料的提供、技术数据的搜集、分析工作。其提供的技术意见在性质上属于咨询意见，并非证据方法，因此该意见并不公开，仅供法官参考。在司法实务中，中国台湾地区法院比较注意适当公开心证，给予当事人以辩论机会，法官根据当事人的全部证据及辩论意见进行综合评判，并不受技术审查官提供的意见的约束。

三、我国知识产权案件技术审查意见公开机制的构建

（一）技术审查意见公开的合理性

1. 技术审查意见的公开有助于提高技术审查意见的客观性、准确性

如前文所述，在我国的司法实践中，技术审查意见的作用在于通过技术调查官的专业知识，帮助法官查明技术类案件中的技术事实，为后续法律适用及法官作出正确的法律判断提供事实认定的基础。从性质上说，技术审查意见本质上是作为法官断案的参考，帮助法官形成事实认定和法律适用的自由心证。从北京知识产权法院技术调查室就技术调查官制度相关问题所作的问卷调查汇总情况来看，技术审查意见对法官关于技术事实问题心证的形成具有重要的影响，这就对技术审查意见的客观准确性提出了较高的要求。而将技术审查意见通过特定方式公开，并使当事人能够围绕技术调查官关注的核心问题展开更加充分、深入的论辩，使技术调查官能够进一步明确方向、拓展思路，获得更多对技术事实进行判断的信息和依据，同时又能够和因为利害关系原因对案件技术事实研究最为"刻苦"的各方当事人进行正面的直接对话，确实不失为提高技术审查意见客观性、准确性的有效途径。

2. 技术审查意见公开是技术调查工作中立性、公开性和司法公信力的内在要求

技术调查官工作具有专业性、中立性、公开性和独立性的特征。其中中立性要求技术调查官作为司法辅助人员，同审判人员一样，遵守回避的相关规定，与各方当事人不存在潜在的利害关系，能够客观、中立地出具技术审查意见。而公开性则要求，除与技术事实争议焦点无关的简单技术咨询外，应当将有技术调查官参与诉讼活动的情况告知各方当事人，并保障当事人有申请技术调查官回避的权利；技术调查官的姓名、工作单位以及技术背景等相关信息要在庭审前向当事人公开；技术调查官参与诉讼活动，应当尽可能参加庭审，当面听取各方当事人的诉辩意见。技术调查工作的公开性是司法公开的一项重要内容，是司法公信力的重要体现。作为技术调查官制度中的重要组成部分，技术审查意见的公开既有利于保障技术调查官工作的中立性，同时也是技术事实查明工作公开性的要求。通过公开使技术审查意见的内容接受检验，有利于提高技术审查意见的客观性。特别从目前国内已有的技术调查官实践来看，相当一部分技术调查官是来自国家知识产权局系统的专利审查员，在相当多的以国家知识产权局专利复审委员会或专利局为被告的专利行政案件中，当事人容易对上述类型的技术调查官的中立性和出具的技术审查意见的客观性存疑。技术审查意见的适当公开有利于提升当事人及社会公众对技术审查意见中立性的认可。

3. 技术审查意见公开与法官心证公开的司法理念相契合

技术审查意见从性质和作用上来说是法官审理技术类案件的参考，通过辅助法官自由心证形成来实现其作用。现代法学研究理论认为，自由心证制度将法官从法定证据制度所制定的机械僵硬的规则束缚中解脱出来，同时也面临着如何克服法官心证自由不公开导致的难题。心证公开是指通过公开机制使得法官心证得以展现并外化为可供当事人评价和检验的对象，是防止法官自由心证不公开导致当事人产生怀疑的有效途径。心证公开体现的是从程序上防范并抑制法官认定事实主观随意性的产生。法官心证公开有利于提升司法裁判的权威和公信力，也有利于发现案件真实、提高诉讼效率。我国现行法律中没有对法官心证公开制度作出明确规定，但在民事诉讼法等法律中有关法官需在裁判文书中充分说理论证的规定实质上体现了这一司法精神。在我国司法审判实践中，已有包括北京知识产权法院在内的法官通过"判前说理"的方式进行心证公开的有益尝试，受到当

事人的较好评价。在境外，法国、德国等大陆法系国家都有关于心证公开的规定，中国台湾地区也存在法官心证公开的实践做法。心证公开已经得到了学界的肯定，在实践中也收到了良好的效果。技术审查意见通过辅助法官自由心证的形成而发挥作用，是法官心证的重要参考，技术审查意见公开是法官心证公开的重要体现。

（二）技术审查意见公开的弊端

1. 不利于技术类案件审判效率的提升

技术调查官制度相较于以往其他技术事实查明手段而言，在效率方面具有明显优势。相较于其他传统民商事案件，知识产权技术类案件的审理周期较长。在此情况下，由技术调查官出具技术审查意见供法官参考的方式克服了司法鉴定周期长、鉴定程序性准备事项多的缺陷。同时，相比法官单方向专家进行咨询的方式，这种方式提高了技术咨询的便利性、公开性和咨询对象的广泛性。但是，技术审查意见的公开在一定程度上会降低技术类案件的审判效率。技术调查官制度的设立是为了弥补现阶段法官普遍缺乏技术知识背景的缺陷，对于案件审理中随时遇到的技术问题，技术调查官可以及时协助法官予以解决。如果技术调查官提供的技术审查意见都需要向当事人公开，听取当事人的意见，则必然导致在相当数量的案件中，感觉到技术审查意见的最终结论将不利于己的一方当事人会要求法院再次给予机会、时间就相关具体问题补充理由或者提供反证支持己方主张，于是又必将进行新一轮的质证或是给予对方当事人进行意见陈述的机会，形成循环往复。这无疑会影响案件审理的进程，技术调查官制度追求的高效性也将大大降低。

2. 可能会影响案件正常审理工作

如前文所述，从司法实践来看，在技术类案件中大多数情况下法官倾向于接受技术审查意见的结论。此时，技术审查意见的结论便是案件中技术事实查明的结论。技术事实查明是法律适用的基础和前提，会对法律适用产生直接的、决定性的影响。提前公开技术事实查明的结论，就意味着案件审理结果或者至少是裁判倒向的提前公布。在此情况下，对于涉及社会利益、群体利益以及重大个体利益的案件，可能引发案外因素介入，影响审判的正常进行。

3. 部分简单的技术审查意见没有公开的必要

在有的案件中，法官可能仅需要对案件相关的技术背景、涉及的技术术语、该领域的公知常识或者惯用技术手段等不对案件产生实质性影响的问题进行解释或者进行知识普及性质的介绍，即简单咨询。① 这些内容可以通过多种公开的正规途径获得，如教科书、技术辞典、技术手册以及互联网等。之所以还需要请技术调查官协助，主要为了节省不具有相关领域技术背景的法官或者法官助理进行查询、甄别不必要花费的时间。这种简单咨询，直接的效果更像是将法官由专利法意义上的具有虚拟人格的"本领域技术人员"向技术应用中的"本领域技术人员"过渡的过程。在此基础上形成的技术审查意见，其内容不会对案件产生实质性影响，故从节约审判资源的角度出发，也没有必要向当事人公开。

4. 可能对技术调查官个人产生不利影响

根据《暂行规定》的规定以及司法实践，技术调查官的作用是协助法官进行技术事实的查明，技术调查官对于案件裁判结果不具有表决权。法官对是否采纳技术调查官出具的技术审查意见具有决定权。同时，即使采纳技术审查意见，也是以最终判决作为向各方当事人以及社会公众公开技术审查意见的内容最终的、正式的形式。如果在判决作出之前将技术审查意见完全公开，当事人对于与己方观点不同的技术审查意见容易产生负面情绪，并往往会将此迁延至技术调查官个人，甚至可能出现当事人寻找借口要求技术调查官回避或要求重新指派技术调查官的情况出现。显然，这与技术调查官在技术类案件中发挥的作用和所承担的责任不相符。

（三）技术审查意见公开机制的构建

正如上文所分析的，技术审查意见的公开有其一定的合理性。实际上，自技术调查官制度正式运行以来，律师及社会各界便有公开技术审查意见的呼声。技术调查官制度对于技术类案件中技术事实的准确查明发挥了重要作用，但随着技术调查官制度的作用日益显现，作为法官认定技术争议事实的重要参考依据的技术审查意见不公开的做法也受到了质疑。如果一方面在强调技术调查官制度相对于其他制度，如专家辅助人制度、专家咨询制度等在中立性、客观性方面的优势，另一方面却因为技术审查意见的不公开而使得该制度一定程度上遭到质疑，不能不说这是必须思考和解决的一个问题。但也必须看到，技术审查意见的公开

---

① 在技术调查官制度实践中，简单咨询是指向技术调查官咨询与案件争议焦点无关的技术事实问题，主要包括技术术语的解释、技术背景的介绍、公知常识的理解以及其他与案件争议焦点无关的技术事实问题咨询的情形。

确实也存在一定的弊端。如果不考虑这些弊端，简单地将所有技术审查意见全面公开又可能会影响技术调查官制度的科学、良性运行。

综合考量技术审查意见公开的利弊因素，结合北京知识产权法院的司法实践，笔者认为，中国特色知识产权审判领域技术审查意见公开机制的构建应当考虑技术调查官制度设立之时提升技术类案件审判质效的初衷和制度价值的实现，通过具体的制度构建，充分发挥技术审查意见的参考作用；同时又能让当事人围绕技术争议焦点充分发表各自意见，从而达到提高技术事实查明客观性、准确性的同时促进审判效率提升的目的。具体来说，我们认为不必要将每一个案件的技术审查意见都向当事人公开，也没有必要将技术审查意见的全部内容完整地向当事人公开，而是允许法官以最大限度地查明案件技术事实，充分保障当事人诉讼权利为目的，有选择性地以适当方式将技术审查意见的内容向各方当事人公开，即适度公开原则。具体来说，适度公开原则主要包括以下几方面内容：

1. 公开的目的和所要达到的效果

首先，技术审查意见的公开不是简单地顺应司法公开、透明的大趋势，换言之，技术审查意见的公开绝不是为公开而公开，而是要使当事人对技术事实查明涉及的问题都能够在宣判之前获知并有机会向合议庭以及技术调查官充分阐述自己的意见。这一目的既与同北京知识产权法院提出的"诉、审、判"一致原则①相适应，也是在实践中贯彻落实该原则的重要体现。其次，技术审查意见的适度公开与法官裁判文书中说理和结论的公开不同，裁判文书中说理和结论的公开是既定性的，一旦进行宣判，判决公开后便不能更改；但技术审查意见的适度公开是阶段性的。技术事实认定过程中的审查意见公开，其目的不是将技术审查意见拿出来让当事人将其当作"靶子"进行"攻击"，而是要将裁判文书中用以说理的依据通过技术事实焦点问题的方式呈现出来，让当事人知晓法官关注的问题，并能够对此充分地发表意见。尤其是在庭审中已经就技术事实争议焦点问题进行了审理之后，法官要求当事人补充陈述的意见以及对已有陈述所作的更深入的阐述。这也就意味着，适度公开后的技术审查意见是可以变更的。最后，法院追求的效果是充分保障当事人的诉讼权利，使法官能够在综合各方意见的前提下，确

---

① "诉、审、判"一致性原则是指法官应当根据当事人的诉辩主张进行审理和裁判，保障当事人的诉辩主张及意见陈述在庭审与裁判中得到针对性审理和回应，确保诉辩、庭审与裁判彼此呼应、相互一致。

保技术事实查明的客观性，技术审查意见的适度公开能够辅助法官对涉案技术事实形成最终的"内心确信"。

2. 公开的主体

根据之前的分析，技术审查意见的核心作用在于查明技术事实，为法官自由心证的形成提供参考意见，而法官对于技术审查意见可以采纳也可以不采纳，且对于案件技术事实的最终认定及法律适用有决定权。因此，如果认为技术审查意见有必要公开，则应当由法官向各方当事人公开，而不宜由技术调查官本人向当事人予以公开。这样操作不仅和技术审查意见的性质、作用相吻合；同时，能够增强技术审查意见在形式上的中立性，减少因技术调查官本人公开所引发的当事人对技术调查官个人的偏见。

3. 是否公开以及公开的内容

结合前文所述，从公开的具体内容来说，可以根据案件的不同情况由法官决定公开的具体内容。如果针对技术审查意见中所涉及的所有技术事实焦点问题当事人都已经发表过意见，且法官认为没有不清晰之处或者遗漏的事实，即法官对于技术审查意见中依据的事实、进行的分析以及给出的结论已经形成了足够的"内心确信"，则技术审查意见可不予公开；如果法官对于技术审查意见所给出的结论还缺乏"底气"，认为还有不清晰之处或者存在遗漏的事实，需要让各方当事人就此进行更有针对性的陈述，或者对一些表述含混之处进行明确表态，或者补充询问一些与技术事实有关的问题等，此时可以仅将技术审查意见的初步结论所依据的事实和分析的过程以争议焦点的方式向当事人予以公开。需要注意的是，这些争议焦点应当是在有技术调查官参与的评议中予以提炼、筛选并最终确定，它既可能是对庭审前确定的争议焦点的深入和细化，也可能是结合庭审情况确定的新的问题。

4. 公开的形式

适度公开的方式是将技术审查意见中的实质性内容总结为更有针对性的技术事实争议焦点，以争议焦点问题和争议事实的方式让各方当事人有针对性地进一步发表意见。这种方式一方面有利于使诉讼当事人有针对性地围绕焦点再进行陈述，以进一步增强法官的内心确信；另一方面，通过焦点辩论的方式，使技术审查意见的内容得到进一步的检验和修正，从而提高技术事实查明的客观性。以争议焦点的方式公开符合"诉、审、判"一致性原则的要求，通过当事人主张一前期争议焦点归纳—初步技术审查意见—深层次技术焦点集中—各方再论辩的方式使审判紧密围绕各方当事人的真正争议所在而展开，真正回应当事人的诉求，同时提高审判效率，节约当事人的诉讼成本。

5. 公开的程序要求

（1）技术审查意见公开的节点应当是在最后一次庭审结束、技术调查官在已有证据材料的基础上就相关技术事实向合议庭进行了说明或者提交技术审查意见后，法官作出正式裁判前进行。

（2）允许当事人对于公开的技术审查意见指向的内容作补充或者进行更深入的、有针对性的阐述，陈述可以以听证或书面的形式进行。

（3）对于提交意见陈述的期限，可以参考民事诉讼法中关于答辩和举证期限时间的规定设定 15 天左右的期限，超过该期限的证据和论辩意见不再予以考虑。当然，视具体情况的不同，这一期限也可以适当缩短。

（4）各方当事人提交的针对技术审查意见提及的焦点问题的陈述以及证据材料应当送达对方当事人。是否接受对方当事人再一次陈述，由合议庭根据具体案情决定。对于补充的证据应当进行质证。

（5）当事人提交的针对技术审查意见提及的焦点问题的陈述和相应的证据，法官应当转交技术调查官。在此基础上，由技术调查官决定是否需要修改、完善技术审查意见，并形成最终的技术审查意见提交法官和合议庭，作为法官认定相关技术事实的参考。

（北京知识产权法院　仪　军　李　青；国家知识产权局　温国永　刘秀艳　轩云龙）

19

技术调查意见不公开之困境及其调和

——以中国台湾地区经验为视角

一、引言

为弥补知识产权案件审理中法官专业技术知识的不足，配合知识产权法院的落地，2014 年最高人民法院出台了《关于知识产权法院技术调查官参与诉讼若干问题的暂行规定》（以下简称《暂行规定》）。在总结、吸收技术调查官实效的基础上，最高人民法院于 2019 年颁布了《关于技术调查官参与知识产权案件诉讼活动的若干规定》（以下简称《若干规定》），正式确立了技术调查官制度。相较于《暂行规定》，《若干规定》除了明晰技术调查官定位、扩大技术调查官适用法院、案件范围、细化技术调查官参与规则外，还直接回应了技术调查意见是否公开的问题。根据《若干规定》第九条、第十一条的规定，技术调查意见仅供合议庭参考，无须公开。最高人民法院明确技术调查意见无须公开的理由主要包括：①被认可的技术意见将在判决书中公开；②技术调查意见不是证据；③中国台湾地区及日本、韩国的立法均有类似的规定。① 但关于技术调查官意见不公

---

① 孙航：《全面施行技术调查官制度　提升技术类案件审理质效——最高人民法院民三庭（知识产权审判庭）负责人就技术调查官司法解释答记者问》，《人民法院报》，2019 年 4 月 26 日。

开的制度设定仍在学界引起了较大争议。[①] 本文将从技术调查意见不公开的两难境地分析入手，系统梳理中国台湾地区在知识产权案件审理过程中技术调查意见适度公开的制度设计[②]及司法实践中的程序规则设定，为中国大陆地区技术调查意见适度公开提供可行的建议。

二、技术调查意见不公开的两难境地

在知识产权案件审理中，技术调查意见直接关涉技术事实的认定，并可能影响案件的裁判走向。因此，技术调查意见是否公开是技术调查官制度构成的重要内容。尽管日本、韩国以及中国台湾地区均接受技术调查意见不公开的制度设计，但技术调查意见不公开在符合技术调查官的身份定位、促进案件高效审理的同时，也可能损害当事人的程序利益，不符合现代诉讼法正当程序保障原则。

[①] 黄玉烨等认为技术调查意见应根据其内容适度公开。参见黄玉烨、李青文：《知识产权审判中技术调查官的困境与出路——兼评〈最高人民法院关于技术调查官参与知识产权案件诉讼活动的若干规定〉》，《电子知识产权》2019 年第 8 期，第 67 – 76 页。

张爱国认为技术调查意见应当在裁判之前就公开。参见张爱国：《评技术调查意见的不公开——以民事诉讼法的基本原理为视角》，《知识产权》2019 年第 6 期，第 16 – 24 页。

杨秀清认为作为一种供合议庭认定技术事实参考的专家咨询意见，技术调查意见无需向当事人公开。参见杨秀清：《我国知识产权诉讼中技术调查官制度的完善》，《法商研究》2020 年第 6 期，第 166 – 180 页。

郑志柱等认为技术调查官不应当庭阐述或表达技术意见或主张，其意见或主张不接受质证，也不对外公示。参见郑志柱、林奕濠：《论技术调查官在知识产权诉讼中的角色定位》，《知识产权》2018 年第 8 期，第 8 – 14 页。

[②] 2023 年我国台湾地区"智慧财产案件审理法"修订涉及技术调查意见公开问题，新增"技术审查官制作之报告书，法院认为有必要时，得公开全部或一部之内容"条款，但是台湾地区立法说明仍强调技术调查意见并无一律公开的必要，若"一律公开不仅徒增当事人攻防之负担，亦有碍诉讼之顺畅进行"，只有在"为厘清两造攻防之技术争点与证据内容、有助于当事人于诉讼进行中成立和解等"等特殊情形中法官才可以根据案件需要适度公开技术调查意见。因此，台湾地区 2023 年修法并未放弃技术调查意见不公开的立场，而是为特定情形下的技术调查意见适度公开提供法律依据。

（一）技术调查官意见不公开的积极面向

1. 符合技术调查官的功能定位

尽管学界关于技术调查官的定位仍有不小争议[①]，但从"司法辅助人员"到"审判辅助人员"的定位转变符合技术调查官制度的价值取向及司法实践的现实情况。司法辅助人员主要是指在传统审判组织架构中参与各类辅助性事务的人员，而审判辅助人员则更倾向于指在审判团队中具体从事审判工作和审判管理的人员[②]，司法辅助人员应涵盖审判辅助人员。[③] 根据现有制度设计，技术调查官需要参与审判核心业务[④]，可见审判辅助人员的身份定位更切合技术调查官制度的设计初衷。基于审判辅助人员的功能定位，技术调查官所提出的意见对外不应具有司法效力，该意见需要经由法官判断、选择，最终作为合议庭的整体性意志对外公开。因此《若干规定》明确了技术调查意见仅作为合议庭认定技术事实的参考。技术调查意见不公开的制度设计在弥补法官技术知识欠缺的同时，也避免了可能造成司法权让渡的后果，确保法官独立行使审判权。因此，技术调查意见不公开符合技术调查官的定位及其意见的采纳路径。

2. 符合知识产权案件高效审理的导向

相较于普通民事权利而言，知识产权具有权利期限规定、一旦被侵害可能造成难以弥补的损害等特征。因此，相关国际条约[⑤]以及国内司法实践[⑥]均对知识

---

① 杨秀清认为我国的技术调查官在知识产权诉讼中的准确诉讼地位应当是法官的技术专家。参见杨秀清：《我国知识产权诉讼中技术调查官制度的完善》，《法商研究》2020 年第 6 期，第 166 – 180 页。

黄玉烨等认为将技术调查官定位于"审判辅助人员"更为准确和恰当。参见黄玉烨、李青文：《知识产权审判中技术调查官的困境与出路——兼评〈最高人民法院关于技术调查官参与知识产权案件诉讼活动的若干规定〉》，《电子知识产权》2019 年第 8 期，第 67 – 76 页。

郑志柱等认为技术调查官应定位于法官的"技术助手"。参见郑志柱、林奕濠：《论技术调查官在知识产权诉讼中的角色定位》，《知识产权》2018 年第 8 期，第 8 – 14 页。

② 浙江省高级人民法院联合课题组、李占国、马润润：《构建新型审判团队研究》，《人民司法》2019 年第 13 期，第 56 – 61 页。

③ 根据《辞海》的定义，司法是指检察机关或法院依照法律对民事、刑事案件进行侦查、审判。审判则是法院对于案件进行审理和判决的合称。审理指审查和认定证据、讯问被告人、询问当事人、询问证人等，以查清案件的事实，确定案件的性质。判决则根据案件的事实和性质，适用有关的法律作出处理的决定。

④ 根据《最高人民法院关于完善人民法院司法责任制的若干意见》的规定，参与案件评议等环节属于审判的核心。

⑤ TRIPS 协定多次使用"及时""立即"等表述，充分体现了对于知识产权执法、司法的效率追求。

⑥ 《通过公正高效审判加强知识产权保护》，人民网，http：//ip. people. com. cn/n1/2018/0426/c179663 – 29951639. html，2020 年 6 月 8 日。

产权审判效率提出了要求。技术调查官制度除了弥补法官技术知识的不足，提高知识产权裁判结果信服度外，也克服了司法鉴定周期长的弊端，在一定程度上提高了知识产权诉讼的审理效率。作为审判辅助人员，技术调查官需要参与审判程序，并及时回应法官提出的相关技术问题。如果技术调查意见均需向当事人公开，不但无形中增加了案件审理的时间成本，而且部分当事人可能质疑技术调查意见，并要求针对技术调查意见中于己不利的内容要点补充理由或提供反证，从而使案件审理陷入循环往复的举证、质证流程中，最终延长案件的审理期间跨度，在一定程度上影响知识产权案件快速、高效审理的目标实现。

（二）技术调查官意见不公开的消极面向

1. 不符合诉讼法上直接事实认定的要求

正如邱联恭教授所言，在诉讼程序中所要认识、确定的事实，与自然科学中的事实实验不尽相同，诉讼程序中的事实是历史上的事实，而诉讼程序中认识事实的手段是有限的、相对的。[①] 因此在涉及技术类的知识产权案件审理中，法官需要借助技术调查官这一事实认识手段，依靠其专业知识，探知相关技术问题。诉讼法上有直接事实与间接事实之分。所谓的直接事实是指对于权利发生、变更或消灭法律效果有直接作用的，并且是必要的事实。[②] 由于技术调查意见大多涉及具体技术要点的认定，直接影响最终的侵权判定结果，因此此类意见往往属于直接事实。根据辩论主义的要求，法院所受拘束的，并直接作为判决基础的事实应当是当事人间已无争议的事实。[③] 可见直接事实采纳的逻辑前提是双方已然知悉相关事实，并且双方对该事实应已进行充分辩论。技术调查意见往往对于案件技术事实的认定具有重要参考价值，在未向当事人开示技术调查意见的前提下，法官就认定并采纳技术调查意见所提及相关技术判断作为裁判基础，难以符合现代诉讼法直接事实采纳程式的要求。

2. 不符合诉讼法上的正当程序保障原则

根据正当程序保障原则或者程序参与原则，凡是作为判决根据的事实和证据，不管是当事人还是法院收集或提供，均应经过当事人的质证和辩论，才能作

---

① 邱联恭：《突袭性审判》，《台湾地区"民诉法"研究会第三次研讨会记录》，1980年12月7日，第33页。

② 张卫平：《诉讼构架与程式：民事诉讼的法理分析》，北京：清华大学出版社2000年版，第176页。

③ 吕太郎：《民事诉讼阐明之理论及其趋向》，（台北）《法官协会杂志》2002年第2期，第227页。

为裁判的根据。① 技术调查意见未经当事人的质证以及辩论而直接采纳其中的观点明显不符合正当程序保障原则。此外，现代诉讼法强调当事人对作为裁判基础的事实和证据的认同还出于纠正效用上的考量。法官心证的形成有赖于对审理中分散的事实以及证据认定，其中就包括来自技术调查官的意见陈述，但很难保证法官对相关事实及证据的认知完全符合客观现实。当事人在了解法官心证形成的过程中，可及时提出较充分的攻击防御方法，或陈述必要的意见，适时予以治愈或补全隐存于形成心证过程及判决的一定误谬及不完全。② 如果没有赋予当事人补全机会，法官针对相关事实径直做出判断，很可能会对当事人造成突袭性裁判，损害当事人的程序性利益。

三、中国台湾地区技术调查意见适度公开的制度基础

中国台湾地区初定技术调查意见不公开时就引发了较大争议③，有学者提出智慧财产法院成败的关键在于如何使技术审查官的意见有机会在法庭上被当事人诘问与辩论。④ 为保障当事人程序利益，中国台湾地区依据"民事诉讼法"上阐明义务的规定，结合心证公开理论，明定法官在知识产权案件审理中负有心证开示义务，应适度公开技术审查意见，从而在一定程度上保障技术审查官制度的顺利实施。

（一）"民事诉讼法"的修订：心证公开的引入

1. 心证公开的意涵

尽管在 2000 年中国台湾地区"民事诉讼法"修订前，该法已规定法官负有阐明义务，但在司法实践中仍存在"突袭性裁判"问题。为此，诉讼法学界提出应通过心证公开方式使法官心证活动处于法官以外的人批评状态，确保事实认

---

① 邵明、常洁：《民事诉讼模式重述——以公益和私益为论述角度》，《中国人民大学学报》2019 年第 6 期，第 102 页。

② 邱联恭：《突袭性审判》，《台湾地区"民诉法"研究会第三次研讨会记录》，1980 年 12 月 7 日，第 35 页。

③ 有学者认为技术报告不公开可能导致技术审查官成为"影子法官"，参见熊诵梅：《十年一觉板桥梦》，ttps：//www. chinatimes. com/newspapers/20180802000262 - 260202？chdtv，2020 年 6 月 17 日。并且自设立技术审查官后，法院对鉴定的依赖大为下降，与可对鉴定结果进行攻防相比，当事人却无从全面了解技审官的想法，让判决结果的公信力连带受波及。参见江雅绮：《智财技审官是影子法官？》，https：//www. chinatimes. com/newspapers/20130816000884 - 260109？Chdtv，2020 年 6 月 20 日。

④ 章忠信：《智慧财产法院的建立与未来》，（台北）《台湾地区律师》2007 年第 4 期。

定及判决的客观性与合理性。① 所谓的心证公开是指法官将诉讼审理中（自研阅起诉状之时起）所形成的心证，于法庭上或程序进行中向当事人或利害关系人开示、披露，使其知悉、认识或理解，其中可能包含法律上见解的表明。心证公开范围主要包括指明、确认争点，表明法律见解以及狭义的心证开示。② 具言之，在促进审理集中化目标的指引下，指明、确认争点主要是指明确审判对象及攻防目标等上位争点及具体化双方当事人之间的事实争点；表明法律见解是指适时开示有关判断某具体事实是否该当于发生特定法律效果；而狭义的心证开示则为开示法官就某待证事实是否存在，所得心证内容或作出什么判断。

2. 心证公开理论的接受

邱联恭教授认为在我中国台湾地区新"民事诉讼法"出台前，该法第一百九十九条关于"促使补足陈述及事证之阐明""应使当事人为适当完全之辩论"等表述在一定意义上就要求审判长应适度表明法院所持法律见解或开示狭义心证。③ 亦有学者认为心证公开是履行阐明义务的方式，"民事诉讼法"中关于审判长进行晓谕或发问就具备将法官心证予以公开的实质意义。④ 学界研究的不断深入推动了立法的转向，在"民事诉讼法"修改前，中国台湾地区司法主管部门专门讨论了关于心证公开的研讨会，并最终于 2000 年修订"民事诉讼法"时加重了法官阐明义务，⑤ 实质接受心证公开理论。新"民事诉讼法"扩大了法官阐明义务范围，除修改"民事诉讼法"第一百九十九条外，还增订了第一百九十九条之一，"防止法官未经阐明径行适用法律而对当事人产生突袭性裁判"⑥。中国台湾地区现行"民事诉讼法"关于阐明的事项主要包括本案声明、证据声明、其他必要声明、事实上以及法律上陈述、举证及攻击或防御方法等。⑦ 除"民事诉讼法"第一百九十九条关于法官阐明义务的一般性规定外，在金钱损害赔偿之诉、确认之诉、争点整理及简化的规定、有关证明妨碍方面职权认定事实等具体规定均反映了相关要求。

---

① 邱联恭：《突袭性审判》，《台湾地区"民诉法"研究会第三次研讨会记录》，1980 年 12 月 7 日，第 37 页。

② 邱联恭：《程序选择权论》，台北：三民书局股份有限公司 2000 年版，第 144 - 159 页。

③ 邱联恭：《程序选择权论》，台北：三民书局股份有限公司 2000 年版，第 159 页。

④ 吕太郎：《民事诉讼法》，台北：元照出版有限公司 2016 年版，第 332 页。

⑤ 吕太郎：《民事诉讼阐明之理论及其趋向》，（台北）《法官协会杂志》2002 年第 2 期，第 227 页。

⑥ 参见台湾地区司法部门立法理由说明。

⑦ 吕太郎：《民事诉讼法》，台北：元照出版有限公司 2016 年版，第 327 页。

（二）"智慧财产案件审理法"的突破：心证公开的明定

1. 心证公开表述的采用

尽管中国台湾地区 2000 年"民事诉讼法"修订时加重法官阐明义务，实质性接受心证公开理论，但就理论层面而言，关于心证公开仍存一定争议。心证公开义务否定说持有者从文义或立法意旨分析认为"民事诉讼法"第一百九十九条难以推出法官应就其法律见解予以公开并与当事人讨论。① 在司法实践中，如何贯彻心证公开成为中国台湾地区司法主管部门所必须应对的挑战。相较于普通民事案件，技术类知识产权案件在事实认定以及法律见解的阐述方面更具难度。为顺利推动知识产权案件审理制度改革，专业、妥适地解决知识产权纠纷，中国台湾地区"智慧财产案件审理法"（以下简称"审理法"）明定法官应适当公开心证。而在中国台湾地区"审理法"及"审理细则"颁布前，中国台湾地区相关法律法规并未正式采用心证公开这一表述。"审理法"明确法官负有心证开示的义务，期待借助法官在审理过程中心证公开，使得作为裁判基础的相关事实均能接受当事人的辩论，充分保障当事人的程序利益。

2. 心证公开的主要面向

中国台湾地区知识产权特别诉讼程序中的心证公开可从诉讼促进的心证公开以及裁判说理的心证公开②两个层面展开。诉讼促进的心证公开是指在案件审理过程中，法官须以推进案件审理为目的向当事人开示相关事实认定的判断及其依据、法律见解，从而加快诉讼审理速度。在司法实践中，诉讼促进的心证公开多体现为法官诉讼引导双方当事人进行争点整理，并适时开示法官相关意见。中国台湾地区"民事诉讼法"第二百六十八（一）条、二百七十（一）条、二百九十六（一）条等均已对争点整理作出了规定，"审理法"在此基础之上，于第二十九条明确强调，审判长或受命法官在审理中就案件的法律关系，应向当事人晓喻争点，并适时表明其法律上的见解以及适度开示心证，明确推进诉讼层面的心证公开。在技术类案件审理中，因技术审查官在审理中会针对技术事实的认定、技术争点的整理以及相关证据效力的判断采用口头或书面方式向法官提供意见陈述，因此相较于普通民事诉讼案件而言，于知识产权案件审理中强调诉讼促进的

---

① 姜世明：《民事程序法之发展与宪法原则》，台北：元照出版有限公司2003年版，第155－157页。

② 李峰：《论心证公开——以民事诉讼为中心》，北京：法律出版社2014年版，第119页。

心证公开兼具适度开示技术审查官意见陈述的功能。裁判说理的心证公开早为中国台湾地区司法实践所广泛采纳。正如邱联恭教授所言，需要强调将得心证的理由记载于判决书上，从而确保事实认定及判决的客观性、合理性。[①] 在知识产权案件判决书中，法官须载明技术事实判断、相关证据认定等环节中的主要依据或理由，针对技术审查官参与的案件，还须明确技术审查官参与的具体情况等。

（三）技术审查意见的定位：不公开与特殊专业知识的明定

1. 技术审查报告书不公开

中国台湾地区设置技术审查官制度的目的在于高效、妥适地解决技术类案件，因此，"审理法"在制定之初就明确技术审查官负有包括向当事人、证人进行发问等；向法官陈述本案意见；在证据保全、保全程序及强制执行程序中提供协助等职责[②]，并可就案件问题向法官提供口头陈述及书面报告书。技术审查官参与案件审理的程度远超鉴定人等其他技术协助人员，但中国台湾地区"审理细则草案说明"明确技术审查官为专业技术人员，仅辅助法官作相关技术问题判断，性质上属受咨询意见人员。基于技术审查官的定位，且技术审查官仅就诉讼资料、证据及技术性争点提供意见供法官参考，因此"审理细则"第十六条明确规定技术审查官意见陈述不直接采为认定待证事实的证据。

2. 技术审查意见属于特殊专业知识

为保障当事人程序利益，"审理法"第二十九条规定，"法院已知之特殊专业知识，应予当事人有辩论之机会，始得采为裁判之基础"。对于何为特殊专业知识，"审理法"并未明确，而"审理法"第六条则将技术审查官所提供的意见视为特殊专业知识。此外，智慧财产法院也表示"特殊专业知识"主要包括法官本身于个案审理时自行钻研及同类案件经验累积，专家咨询及技术审查官等专业人士于个案向法官为意见陈述等。[③] 基于技术审查意见属于特殊专业知识的定位，法官在采纳技术审查意见作为裁判理由时，必须以适当方式晓喻当事人，保障当事人的程序利益，满足"民事诉讼法"上关于辩论主义的要求。技术审查意见的公开更倾向于邱联恭教授所认为的狭义的心证开示范畴，邱教授认为在特

---

① 邱联恭：《突袭性审判》，《台湾地区"民诉法"研究会第三次研讨会记录》，1980 年 12 月 7 日，第 36 页。

② 参见"审理法"第六条。

③ 台湾地区智慧财产法院：《智慧民事事件——心证公开》，https：//ipc. judicial. gov. tw/tw/cp - 322 - 3949 - fe50f - 091. html，2020 年 11 月 21 日。

定的案件类型中进行事实认定，需要借助法律以外的特殊专业知识才能进行判断从而形成心证，法官应开示其取舍特殊专业知识上经验法则的心证，借助当事人及其他人员讨论补足法官能力的缺陷。①

四、中国台湾地区技术审查意见适度公开的司法实践

截至 2017 年，智慧财产法院指定技术审查官协助诉讼总共 3 098 件，其他法院裁定指定技术审查官协助诉讼总计 140 件。② 法官对于技术审查官提供的技术报告，直接采用或是修正后再采用比例较高，未采用比例极低。③ 在引入技术审查官制度后，中国台湾地区知识产权案件审理中送请鉴定数量亦有明显下降。④ 基于知识产权案件的审理对于技术审查官依赖程度日趋明显，如何确保当事人适当了解意见内容、提高审理的信服度也成为中国台湾地区知识产权审理司法实践所面临的重要挑战。

（一）技术审查意见主要内容构成：诉讼资料与技术争点陈述

1. 案情资料的整理与分析

尽管技术审查官设立的初衷是协助法官探知相关技术知识，妥适地解决技术类案件纠纷，但在司法实践中，技术审查官也依照法官指示单纯对案情资料进行整理分析。在湾盛贸易股份有限公司诉忠宽实业有限公司一案中，为判断相关产品公开日，法院在技术审查官的协助下查询涉案网站中"卖家留言资料"。⑤ 在为升电装工业股份有限公司诉怡利电子工业股份有限公司关于著作权侵权一案中，法院指示技术审查官比对涉案程序的机器码是否相符。⑥ 在大大不动产有限公司诉美乐房屋有限公司著作权侵权一案中，法院协同技术审查官至被告办公场

---

① 邱联恭：《程序选择权论》，台北：三民书局有限公司 2000 年版，第 166 页。

② 台湾地区智慧财产法院：《智慧财产法院成立 10 年以来受理各类案件审理绩效指标及相关诉讼制度之审理实务操作状况分析》，https://ipc. judicial. gov. tw/tw/lp－874－091. html，2020 年 11 月 23 日。

③ 台湾地区智慧财产法院：《智慧财产法院成立 10 年以来受理各类案件审理绩效指标及相关诉讼制度之审理实务操作状况分析》，https://ipc. judicial. gov. tw/tw/lp－874－091. html，2020 年 11 月 23 日。

④ 根据《智慧财产法院成立十年实务操作状况报告》，在智慧财产法院成立十年间（2008 年 7 月至 2017 年 6 月），送请第三方鉴定总共 68 件，其中以民事一审送请鉴定居多，占 61.8%。从历年送请鉴定件数亦可看出 2014 年之前送请鉴定件数总体下降，此后送请鉴定件数总体上升，可能与前文所提台湾地区司法机构 2014 年关于不得以已有技术审查官协助诉讼为由拒绝鉴定之要求有关。

⑤ 台湾地区智慧财产法院 2020 年民专诉字第 43 号民事判决。

⑥ 台湾地区智慧财产法院 2015 年民著诉字第 63 号民事判决。

所，实地查验被告公司电脑是否可以登入其员工相关网站账号。① 技术审查官在法官的指示下对相关案情资料进行整理分析，既协助法官了解相关技术问题，也是技术审查官作出相关技术判断的基础，因此该部分案情陈述也是技术审查意见的重要内容。一般而言，技术审查官关于案情资料整理分析主要包括两造争执、说明两造论点，协助法官了解案情等内容。就上述行为性质而言，技术审查官更类似法官助理的职务，但在司法实践中法官助理从事上述职务行为并未受到当事人质疑。上述内容多涉及当事人攻击防御方法及当事人所提供资料，当事人在审理中也均能知悉，因此并无公开技术审查意见所涉上述内容的必要。②

2. 技术争点意见的判断及阐述

除协助法官整理案情、了解相关资料外，技术审查官还依照其专业知识，为法官提供判断两造争点攻防有无理由的相关意见。在百徽股份有限公司诉"智慧财产局"一案中，法官基于技术审查官所阐述的涉案专利中磁性材料采用的必要性、相关具备高磁导率的磁性材料等均系争专利所属领域通常知识等意见，驳回了原告请求。③ 在汉瑞泰实业股份有限公司违反"著作权法"刑事案件中，法官委托技术审查官对涉案新型专利的专利范围进行比对，最终认定涉案专利客观上已侵害相关著作权。④ 而在连水池违反"商业秘密法"刑事案中，技术审查官则对涉案技术内容是否为公开技术陈述意见，法院最终认定被告人无罪。⑤ 此外，技术审查官在案件审理中除参与技术事实判断外，还涉及相关法律领域。由此可见，技术审查官关于技术争点的意见关涉法官对于相关技术事实的心证，最终影响法官裁判结果。涉及技术争点的技术审查意见公开问题最受关注。因此，在司法实践中，中国台湾地区制定一系列程序规则，落实"审理法"及"审理细则"的相关规定，保障作为特殊专业知识的技术审查官意见向当事人适度开示，维护当事人的程序利益。

---

① 台湾地区智慧财产法院 2018 年民著诉字第 4 号民事判决。
② 台湾地区智慧财产法院 2016 年民专诉字第 64 号民事判决。
③ 台湾地区智慧财产法院 2016 年行专诉字第 74 号判决。
④ 台湾地区彰化地方法院 2015 年智易字第 19 号刑事判决。
⑤ 台湾地区新竹地方法院 2013 年智易字第 10 号刑事判决、智慧财产法院 2015 年刑智上易字第 39 号刑事判决。

（二）准备程序中的适度公开：晓喻当事人心证公开设定

1. 初步心证的形成

在司法实践中，法官需要通过相关先行程序审查及书状交换程序了解案情，而在二审程序中，法官除详阅二审卷宗外，更有机会透过一审卷证资料较为全面地知悉具体内容。因此，在双方当事人就技术争点展开攻击防御前，法官可能就技术争点已形成初步心证。根据"审理细则"第十二条的规定，技术审查官经指定协助诉讼及其他程序后，应详细查阅卷证资料，明确当事人的争论点，并向法官陈述参考意见，可见法官在准备程序阶段所形成的心证很大程度上依赖于技术审查官的协助。在三竹资讯股份有限公司诉奇唯科技股份有限公司一案二审中，法院在准备程序阶段，指示由双方当事人就申请专利范围的解释进行攻击防御，基于双方书状的参酌，明确提及申请专利范围的解释乃是基于与技术审查官讨论的结果。① 为保证当事人能知悉法官心证公开，及时了解技术审查官相关意见，中国台湾地区法院于准备程序中晓喻双方当事人。

2. 当庭或书面开示技术争点及分析意见

为"避免两造以为技术报告不得公开而有突袭裁判之误认"，法院主要于审理计划中明示对于技术争点以及初步心证公开方面的态度。所谓的审理计划指中国台湾地区智慧财产法院会在具体个案中，斟酌案件内容、两造提出的攻击与防御方法，与当事人订定案件进行的时程，其中包含调查之内容、顺序等。② 尽管中国台湾地区"民事诉讼法""审理法"等并未规定审理计划的效力及违反效果，但司法实践肯定审理计划对于当事人与法官均具有约束力。③ 在欧阳伟诉基隆市警察局一案二审中，法官于准备程序前采用书面通知方式告知双方当事人关于法官对技术争点的意见有赖于技术审查官所提供的特殊专业知识，并向当事人

---

① 台湾地区智慧财产法院 2014 年度民专上字第 2 号民事判决。

② 智慧财产法院：《智慧财产法院关于审理计划的相关论述》，https：//ipc. judicial. gov. tw/tw/lp - 325 - 091. html，2020 年 11 月 25 日。

③ 若当事人未配合该审理计划，则可能发生失权效等法律效果。此外，我国台湾地区最高司法机构认为使当事人了解审理计划属于法院阐明义务的重要内容。我国台湾地区最高司法机构在 2019 年台上字第 1238 号民事判决中，提及"为使当事人就诉讼关系之事实及法律为适当完全之辩论，以保障其程序权，法院于指挥诉讼时，除应防止当事人一造受到来自他造之突袭外，亦应使当事人得以充分预测到法院之审理计划，避免使其就程序之进行发生误会，否则即属阐明义务之违反"。

揭露法官关于技术争点分析意见。① 为保障当事人充分辩论、及时准备诉讼资料，法院会要求当事人就相关技术争点陈述意见。在鸿海精密工业股份有限公司诉"智慧财产局"行政诉讼案中，法院于准备程序中要求当事人就系争案说明书的内容及相关引证案的技术比对陈述意见，同时技术审查官也请双方当事人说明"高分子寡聚物之改性物"的定义。② 前述欧阳伟一案中，双方当事人也于准备程序阶段对上述通知书中所记载的分析意见内容进行了充分的攻防与辩论。

（三）允许当事人自行选择心证公开时机

基于尊重当事人处分权的考量，法官将是否公开初步心证以及公开心证的时机交由当事人自行决定。根据智慧财产法院审理计划的规定，当事人可决定在充分辩论前或双方当庭充分辩论后公开法官初步心证。在瑞士商拉瑟股份有限公司诉瑞士商欧瑞康苏拉股份有限公司一案二审中，法官通过自身所具备及经技术审查官意见陈述而获得的专业知识，对系争专利内容、技术内容比对形成心证，明确征询双方当事人关于揭露上述与心证形成有关的专业知识时机，并最终于审理时详列争点明细，向双方当事人适当披露相关的特殊专业知识。③ 而在颜丽兰诉得胜股份有限公司一案二审中，法官明确征求双方当事人开示系争专利申请专利范围、系争产品技术比对等内容的心证及所依赖特殊专业知识的时机。④

（四）开庭审理中的适度公开：多种方式公开技术审查官意见

1. 口头公开或提供专业知识说明书

根据"审理法"第六条的规定，法院可以要求技术审查官向法官陈述案件中所涉技术问题的意见。在司法实践中，为高效审理案件、保障当事人程序利益及辩论权利，法官除可能直接以口头方式向当事人公开技术事实的心证外，也认同技术审查官在庭审过程中向当事人所询问事项是技术审查意见内容开示的重要手段。如在财荣压铸股份有限公司诉钟鼎实业股份有限公司案二审中，法院认为技术审查官在审理程序中所询问的内容可以作为认定事实的依据，并且其所问内容也是法院希望双方辩论的重要事项。⑤

---

① 台湾地区智慧财产法院 2012 年民专上字第 37 号民事判决、台湾地区智慧财产法院 2014 年民专上再字第 2 号民事判决。
② 台湾地区智慧财产法院 2010 年行专诉字第 157 号判决。
③ 台湾地区智慧财产法院 2014 年民专上字第 17 号民事判决。
④ 台湾地区智慧财产法院 2013 年民专上字第 62 号民事判决。
⑤ 台湾地区智慧财产法院 2010 年民专上字第 42 号民事判决。

除以口头方式开示外，实践中亦会将技术审查官向法官提供的书面材料向当事人适度公开，允许双方当事人针对书面材料所提及的具体内容展开辩论。如在百徽股份有限公司诉"智慧财产局"行政诉讼案中，法官在言词辩论前，向当事人提供技术审查官事先撰写的专业知识说明书，并指示将该技术审查意见一并纳入辩论。① 而在宏正自动科技股份有限公司诉祎峰科技有限公司案中，一审法院当庭提示技术审查官向双方当事人提供先前制作的技术审查报告，指示双方当事人提出意见。②

2. 开示技术事实意见及技术资料

如前文所述，技术审查官针对技术争点所作陈述是技术类案件审理的重要参考，也是技术审查官意见所涉的重要内容。因此，适当开示技术审查官关于技术事实的意见陈述是落实技术审查官意见适度公开的应有之义。但作为法官技术问题认定辅助人，技术审查官除直接向法官表明有关技术事实的观点外，还可能向法官"提供说明之专业领域参考资料"。在司法实践中，技术审查官所提供的参考资料对于法官最终技术事实的认定具有重要影响，并且法官可能基于技术审查官所提供的资料而形成关乎案件最终裁决走向的心证。因此，为保障当事人程序利益，法官允许当事人就技术审查官所提供的资料陈述意见，从而保证法官心证形成所可能依赖的资料具有可靠性。

在罗门哈斯研磨料控股公司诉"智慧财产局"一案中，因"蒲松比"直接关系技术事实的认定，法官针对技术审查官所提供的"蒲松比资料"提示当事人进行充分辩论，最终才将该资料作为该案的裁判基础。③ 在黄超明违反营业秘密法刑事案件审理中，法院认为技术审查官所提供的参考资料说明，涉案的两个文件分别采用 MD5 函式计算所得的数值若相同，则可以断定两者内容完全相同的检测方法构成了职务上的已知事实，因此将该情况告知公诉人、被告及辩护人。④ 在前述百徽股份有限公司诉"智慧财产局"行政诉讼案中，技术审查官认为涉案专利相关内容为所属领域通常知识，其所引用的维基百科关于"磁路"等条目的解释，以及具体教科书内容均向当事人予以明示，并由当事人对上述资

---

① 台湾地区智慧财产法院 2016 年行专诉字第 74 号判决。
② 台湾地区智慧财产法院 2012 年民专上字第 46 号民事判决。
③ 台湾地区智慧财产法院 2009 年行专诉字第 67 号判决、台湾地区最高行政司法机构 2011 年判字第 2223 号判决。
④ 台湾地区智慧财产法院 2020 年刑智上诉字第 12 号刑事判决。

料提出意见。

（五）裁判文书的适度公开：技术判断过程及参考资料的阐述

判决也是法官心证公开的重要方式。在知识产权案件审理中，法官必须对判决所涉专业知识判断进行充分说理。中国台湾地区法院一般在心证理由部分开示技术判断过程、阐述专业知识的具体内容及说明相关专业知识的出处。在圆刚科技股份有限公司诉力竑科技股份有限公司案中，中国台湾地区最高司法机构认为本案中的技术判断问题是裁判的基础，但原审法院未在原判决理由中说明涉及专业知识判断部分的出处或依据，从而无法判断该技术判断是否基于法官所具备的专业知识，或是否经由技术审查官提供意见而获得的专业知识，不符合相关开示程序的要求，因此发回重审。[1] 在台湾优生股份有限公司诉吉尼宝贝国际股份有限公司一案判决书中，法院明确提及了技术审查官查明"矽晶"一词的相关定义及查询方法。[2] 而前述百徽股份有限公司诉"智慧财产局"行政诉讼案判决书则开示了技术审查官关于涉案专利所属领域通常知识的判断意见以及上述判断的网站、书刊资料查询内容。

除在判决书中阐明关键技术判断的心证历程及技术审查官所提供的参考资料外，中国台湾地区判决书亦将技术审查官于庭审中所提问内容一并予以开示。在甲某诉"智慧财产局"案判决中，智慧财产法院于判决书中详细载明技术审查官在庭审中关于现有技术内容、相关技术用语定义的提问。[3] 在圆刚科技股份有限公司诉聪泰科技开发股份有限公司一案二审判决书公开关于技术审查官当庭请双方当事人就PCI bridge、系争专利所指"桥接器"等技术争点陈述意见等参与事项。[4]

（六）技术审查意见未适度公开的后果：重大瑕疵

基于中国台湾地区"民事诉讼法"中法官阐明义务的强制性规定，以及"审理法"专门规定法官适度心证公开的要求，在知识产权案件审理中，法官必须适度公开心证，使得当事人可以对采为裁判基础的事实充分辩论。中国台湾地区最高司法机构于多起知识产权案件中，认为为避免造成突袭性裁判及平衡保护诉讼当事人之实体利益及程序利益，法官从技术审查官处获知的特殊专业知识未

---

① 台湾地区最高司法机构 2011 年台上字第 2254 号民事判决。
② 台湾地区智慧财产法院 2019 年民商诉字第 38 号民事判决。
③ 台湾地区智慧财产法院 2009 年行专诉字第 21 号判决。
④ 台湾地区智慧财产法院 2009 年民专上字第 42 号民事判决。

给予当事人辩论机会遂作为裁判基础的，属于重大瑕疵。① 在宇润数位行销有限公司诉波仕特科技行销股份有限公司一案中，中国台湾地区最高司法机构强调对于法院依据专业知识或经技术审查官意见陈述所得的专业知识作出与行政部门判断相异，则应当向当事人适当披露特殊专业知识，允许当事人辩论或适度开示心证或裁定行政部门参与案件审理，否则难谓程序合规。② 此外，针对知识产权案件审理，中国台湾地区最高司法机构对于法官阐明义务的要求更高。如在布莱吉尔国际公司诉晓枫采实业有限公司等一案中，中国台湾地区最高司法机构认为法官阐明权同时也是其义务，且尽管上诉人所提供的检验报告存在不足，但法院应向上诉人晓喻或要求其进行事实陈述或补充证据，而不能直接以肉眼无法辨识相关材质为由作出不利于上诉人的判决。③

在司法实践中，当事人亦针对法官阐明义务不充分问题提出再审。例如在微窗科技股份有限公司诉"智慧财产局"再审中，再审原告认为原审违背阐明义务，导致再审原告未能进行必要说明或提出证据实现适当、充分的辩论，并且原审判决及其庭审中未说明其技术内容判断依据，因此原审诉讼程序有重大瑕疵。④ 在财荣压铸股份有限公司诉钟鼎实业股份有限公司一案二审中，上诉人的重要主张即是原审在技术审查官作出鉴定意见后，法院并未公开心证，也未要求双方当事人就技术审查官意见进行必要攻击防御。⑤ 在讯连科技股份有限公司诉台湾数位学习科技股份有限公司一案再审中，再审原告主张原确定判决在未依法公开心证并予当事人辩论机会的情况下，径将双方当事人从未提出的攻击防御方法作为判决基础。⑥

五、大陆技术调查意见适当公开的具体进路

尽管中国大陆已明确技术调查意见不公开，但绝对不公开技术调查意见并不符合直接事实的采纳要求，也可能侵犯当事人程序利益。中国大陆已逐渐接受心证公开理论，并且心证公开也得到了司法解释的认可。因此，有必要借鉴

---

① 台湾地区最高司法机构 2011 年台上字第 1013 号民事判决。
② 台湾地区最高司法机构 2011 年台上字第 480 号民事判决。
③ 台湾地区最高司法机构 2014 年台上字第 1424 号民事判决。
④ 在本案中，再审法院认为原确定判决理由中业已详述其判断之依据及得心证之理由，驳回再审之诉。
⑤ 台湾地区智慧财产法院 2010 年民专上字第 42 号民事判决。
⑥ 台湾地区智慧财产法院 2013 年民专上再字第 1 号民事判决。

中国台湾地区技术审查意见适度公开的经验，探究技术调查意见适度公开的合理路径。

（一）技术调查意见适度公开的法律规范基础：心证公开的初步引入

1. 司法公开的要求

2009 年最高人民法院颁布了《关于司法公开的六项规定》（以下简称《六项规定》），标志着中国大陆进入了司法全面公开的时期。[①]《六项规定》明确了包括立案公开、庭审公开、执行公开、听证公开、文书公开和审务公开在内的司法公开内容。党的十八届四中全会通过的《全面推进依法治国若干重大问题的决定》也明确提出"构建开放、动态、透明、便民的阳光司法机制，推进审判公开"。但现有的司法公开多属于形式意义上的司法公开，其象征性功能大于内质功能。[②] 在司法公开改革的背景下，学界逐渐重视庭审中的法官心证公开，并且将其视为实质意义上的司法公开。[③] 在案件审理中，外界难以接触法官关于事实认定及法律推理适用的过程。若仅通过最终的裁判文书呈现其心证结果，则难以消除事实认定及法律见解上可能存的在纰漏，不利于提高裁判的信服度，在一定程度上也损害了当事人的审级利益。

2. 司法解释的实质接受

早在 2002 年《最高人民法院关于民事诉讼法证据的若干规定》（以下简称《若干规定》）就提及了心证公开的相关内容，《若干规定》第六十四条（现第八十五条）规定，运用逻辑推理和日常生活经验，对证据有无证明力和证明力大小独立进行判断，并公开判断的理由和结果。尽管该规定较为隐晦，但也初步接受了自由心证及心证公开的制度设定。但在 2012 年《中华人民共和国民事诉讼法》修订时却未提及，[④] 只是明确了判决书写明判决理由的规定。[⑤] 而 2015 年出台的《最高人民法院关于适用〈中华人民共和国民事诉讼法〉的解释》（以下简称

---

① 沈定成、孙永军：《司法公开的权源、基础及形式——基于知情权的视角》，《江西社会科学》2017 年第 2 期，第 207 页。

② 毕玉谦：《论庭审过程中法官的心证公开》，《法律适用》2017 年第 7 期，第 46 – 53 页。

③ 刘敏：《论司法公开的扩张与限制》，《法学评论》2001 年第 5 期，第 45 – 50 页。

④ 李峰：《论心证公开——以民事诉讼为中心》，北京：法律出版社 2014 年版，第 187 页。尽管有学者认为，我国《民事诉讼法》第一百三十三条第四项载明的"通过要求当事人交换证据等方式，明确争议焦点"的内容，系旨在要求法官公开其对争点事实范围确定的心证，但仍存有争议。参见唐静：《论民事诉讼庭审中的心证公开》，《法律适用》2014 年第 4 期，第 111 – 115 页。

⑤ 参见《民事诉讼法》第一百五十四条第二款。

《民诉法解释》）则几乎全盘接受了《若干规定》关于心证公开的设计，[①]《民诉法解释》第二百二十六条则进一步规定，人民法院应就归纳争议焦点征求当事人的意见，接受了对于争点事实的心证公开。[②] 通过对大陆心证公开规定的梳理可以发现，大陆司法解释提及自由心证及心证公开至今近 20 年，但仍停留在司法解释层面，民事诉讼法未予以明确。尽管在立法层面摇摆不定，但司法解释的明确说明了心证公开的现实必要性。

（二）技术调查意见适度公开的规则设定

1. 以当事人充分辩论为指引

除以最终书面技术调查意见报告形式提交给合议庭参考外，在案件审理过程中，技术调查官也应针对相关技术问题接受法官咨询，并提供参考意见。因此，技术调查意见陈述贯穿于案件审理的过程中。相较于绝对不公开或公开技术调查意见而言，适度公开技术调查意见的难度在于如何判断"适度"的范围。技术调查意见适度公开的目的在于避免案件最终裁决结果脱离了当事人预期，造成突袭性裁判。而就法官心证公开的直接目的而言，则是听取当事人的辩论意见，以便形成正确的心证。[③] 可见适度开示技术调查意见的目标应是使得双方当事人可以针对技术事实的认定，尤其是技术调查官可能基于超出双方当事人所提供证据资料的基础上得出的相关技术事实判断进行充分辩论，最终使得裁判结果更具客观性，提高裁判的信服度。

2. 技术事实判断与参考资料的开示

在司法实践中，技术调查意见的具体内容主要包括：解释说明涉案技术方案；认定涉案相关证据内容；确定各方当事人的技术事实争议焦点；对相关技术事实提供判断的参考意见等。[④] 由此可见，技术调查意见主要包括相关技术事实的认定以及作出结论的相关解释说明及其所依赖的相关参考资料。根据《若干规定》，技术调查官需要参与庭前会议、开庭审理等一系列环节，因此在案件审理过程中的技术事实认定很大程度上有赖于技术调查官的意见陈述。为保障当事人可以及时知悉技术调查官的意见陈述，对于技术调查官针对技术事实所提供的结

---

① 参见《民诉法司法解释》第一百零五条。
② 毕玉谦：《论庭审过程中法官的心证公开》，《法律适用》2017 年第 7 期，第 46 - 53 页。
③ 毕玉谦：《论庭审过程中法官的心证公开》，《法律适用》2017 年第 7 期，第 46 - 53 页。
④ 仪军、李青、温国永等：《我国知识产权审判中技术审查意见公开机制的研究》，《电子知识产权》2019 年第 6 期，第 78 - 87 页。

论与相关解释分析，尤其是直接关涉最终裁决结果的认定意见，法官应在双方辩论后适度开示，避免相关技术事实认定瑕疵影响法官最终心证结果。

在参考资料方面，技术调查官除了依据来自双方当事人所提供的书证资料进行技术事实判断外，还可能包括其为妥适分析相关技术问题而自行查找的相关内容。就前者而言，双方当事人在庭审过程中也均会接触，并进行充分辩论。因此，针对参考资料的公开主要是指技术调查官在分析、解释技术问题过程中向法官所提供的相关参考资料应由法官向当事人予以适当开示。不论是技术调查官针对技术问题所作的意见陈述，抑或是由技术调查官所提供的参考资料，在一定程度上，均是技术调查官向法官所提供的超出双方当事人可预期性的范围。因此，借鉴中国台湾地区所用"特殊专业知识"一词较为妥适涵盖。

3. 技术调查意见适度公开的明定

为实现技术调查意见供当事人充分辩论的目标设定，有必要明定技术调查意见适度公开，并强调未适度公开后果。在知识产权案件审理中，部分法院也已经意识到技术调查意见对于案件走向的重要影响，尝试通过"判前说理"的方式进行心证公开。[①] 但现有的尝试仅存于部分法院的试验性层面，仍有待进一步明确，缺乏强制性要求。综合司法实践情况，可以在技术调查官制度规范中明定法官应将获取自技术调查官的专业知识向当事人开示，由当事人进行充分辩论，方可作为法官最终判决的依据。根据《中华人民共和国民事诉讼法》第二百零七条及《民诉法解释》第三百二十三条的规定，诉讼程序存在重大瑕疵的情形包括违法剥夺当事人辩论权利。未经当事人辩论，就将技术调查意见采为裁判基础的情形似乎有违法剥夺当事人辩论权利之嫌。因此未来在技术调查官司法解释修订或知识产权特别程序法出台时，可以明确采为裁判基础的技术调查意见若未在庭审中借由心证公开方式告知当事人，允许当事人充分辩论，即可视为属于诉讼程序的重大瑕疵。

（三）技术调查意见适度公开的程序进路

1. 争点整理阶段的公开

在司法实践中，法官需要通过庭前程序组织双方当事人交换证据，明确争议

---

① 仪军、李青、温国永等：《我国知识产权审判中技术审查意见公开机制的研究》，《电子知识产权》2019 年第 6 期，第 78—87 页。

焦点[①]，并且相关争议焦点一经确定，非经当事人同意，不得变更。基于当事人所提交的书状及相关证据材料，法官在庭前会议就会针对技术争点事实形成一定心证，主要包括对争点事实范围的确定和对结果的认识。[②] 《若干规定》明确了技术调查官负有对技术事实的争议焦点等提出建议，参与庭前会议等职责，因此技术事实的认定很大程度上依赖于技术调查官的协助。如前文所述，《民诉法解释》第二百二十六条关于归纳争议焦点征求当事人的意见，已实质接受关于争点事实的心证公开。针对基于技术调查官所陈述意见而最终形成的技术争点，法官应适度阐述争点内容，并适度解释相关依据，征求当事人意见。

此外，《若干规定》并未明确技术调查官参与庭前准备的具体要求。为提高技术类案件的审理效率以及审判质量，可以借鉴中国台湾地区的做法，重视技术调查官前置探知技术问题的作用，要求技术调查官在参与案件后第一时间查阅相关卷证材料，并基于技术争点提供相关意见及认定依据。但此阶段技术调查官所提供的初步意见陈述主要包括专利权内容、证据内容、待厘清之争点或事项等客观事实，而不应包含比对分析及技术意见等主观意见。[③] 经由法官初步心证后，在庭前程序中向双方当事人适当开示相关技术调查意见，仅由双方当事人陈述意见后，再行整理争点。

2. 庭审阶段的公开

《若干规定》明确了技术调查官可以参与开庭审理活动，并且经法官同意，可以就案件所涉技术问题向当事人及其他诉讼参与人发问、说明，对调查范围、顺序、方法等提出建议。考虑到上述建议可能涉及技术事实的认定，因此在庭审阶段，法官应向当事人公开技术调查官所提供的相关内容，征求双方当事人意见，并经双方当事人认可后，方可采纳。此外，如前文所述，为帮助法官了解相关技术事实，协助法官心证形成，技术调查官可能向法官提供相关技术资料。为保障当事人程序利益，法官还向当事人提供技术调查官所提交的与技术事实认定有关的参考资料，相关资料必须经由法官向当事人开示，并且经过双方充分辩论后方可作为技术事实认定的基础。

---

① 《民诉法解释》第二百二十六条：人民法院应当根据当事人的诉讼请求、答辩意见以及证据交换的情况，归纳争议焦点，并就归纳的争议焦点征求当事人的意见。

② 毕玉谦：《论庭审过程中法官的心证公开》，《法律适用》2017 年第 7 期，第 46－53 页。

③ 陈秉训：《智财法院改制之际，应重新审视技术审查官之角色！》，http：//www. naipo. com/Portals/1/web_ tw/Knowledge_ Center/Industry_ Economy/IPNC_ 180905_ 0706. htm，2018 年 9 月 5 日。

3. 裁判文书的公开

裁判文书中的法官心证结果和理由开示属于静态公开条款①，是司法公开重点推进的内容，《中华人民共和国民事诉讼法》对此也予以明确。② 在《若干规定》出台时，官方也将"被认可的技术意见将在判决书中公开"作为技术意见不公开的重要依据。因此，裁判文书开示是建构适度公开技术调查意见制度的重要部分。通过查阅近年来技术类判决，可看出技术意见说理部分较为明晰，但技术调查官则仅通过署名方式予以呈现，并未体现技术调查官参与案件具体情况。尽管我国技术调查官意见仅为合议庭作出判决的参考，法院可以在文书中的技术事实分析部分融入技术调查意见，而无须单独详述，但基于技术调查官对于案件技术事实认定发挥重要作用，为使外界适度了解技术调查官在案件审理中发挥的作用，判决书中应具体提及技术调查官在案件审理中的参与情况，尤其是技术调查官于审理过程中发问或说明事项。

六、结语

尽管中国台湾地区技术审查官制度在内容设计及实践效果方面存在一定争议③，但通过对中国台湾地区技术审查适度公开实践的检视，可以发现中国台湾地区设置了一系列程序规则，保障当事人能充分了解相关技术争点。中国台湾地区智慧财产法院通过开庭通知、在审理计划中提醒当事人可针对技术争点提出意见；在准备程序、开庭审理等环节中就相关技术事项（含技术审查官所提的技术资料意见）命当事人陈述意见等方式，使当事人晓喻技术争点，并有辩论机会④，在一定程度上实现了当事人程序利益保障与技术审查意见不公开之间的平衡。因此，中国台湾地区关于技术审查意见适度公开的处理方式值得中国大陆学习。

技术调查官作为法官认定技术事实的辅助人，所提供意见是法官探知技术事实的重要途径。根据北京知识产权法院面向法官团队就技术调查意见利用情况进行的内部调查统计，99%的受调查法官团队认为技术调查官提交的技术调查意见具有很

---

① 唐静：《论民事诉讼庭审中的心证公开》，《法律适用》2014 年第 4 期，第 111 - 115 页。

② 《民事诉讼法》第一百五十七条第二款：裁定书应当写明裁定结果和作出该裁定的理由。

③ 例如台湾地区关于技术审查官来源也争议较大。

④ 蔡惠如：《智慧财产诉讼审理之新趋势》，（台北）《专利师》2011 年第 1 期。

高的利用价值。① 尽管技术调查意见不公开符合技术调查官的定位，但有损当事人程序利益，不利于提高裁决信服度。应通过法官庭审中的心证公开方式将法官采纳的相关技术意见告知当事人，允许当事人充分辩论。这样，在实现尊重当事人实体及程序利益的同时，也能及时弥补相关技术意见可能存在的潜在缺陷，提高裁判的信服度。中国大陆学界已逐步接受心证公开理论，并且司法解释也初步认可心证公开。在实践中，技术事实认定与法律判断存在一定交叉，可见通过法官心证公开的方式适度开示技术调查意见具有一定的可行性。基于当前中国大陆裁判文书已较为详细阐述技术调查意见，技术调查意见适度公开的程序设计上应侧重于争议焦点整理阶段以及开庭审理阶段，明确法官须针对技术事实认定内容开示心证，保障当事人充分辩论，明定未适度公开技术调查意见的后果，并于裁判文书中提及技术调查官参与事项情况，从而提高知识产权案件审理的信服度。

（厦门大学知识产权研究院　林秀芹　陈俊凯）

---

① 仪军、李青、温国永等：《我国知识产权审判中技术审查意见公开机制的研究》，《电子知识产权》2019 年第 6 期，第 78－87 页。

20

技术调查官调查意见法律效力研究

中国的技术调查官制度是伴随着知识产权法院一道出现的一个崭新的制度，其出发点是为了解决知识产权民事、知识产权行政诉讼的技术事实查明难题，归宿是提高知识产权的司法保护水平。在知识产权民事纠纷中，如何构建一个科学、公正、高效的技术调查官制度，不仅关系到知识产权司法保护主导作用的发挥，而且可以为民事诉讼制度的完善作出贡献。

现阶段围绕技术调查官制度的理论和实践，争议最大的无疑是技术调查官的身份和技术调查意见的法律效力问题。笔者认为，后一个问题即技术调查意见的法律效力，是技术调查官制度建设的核心问题。这个问题得到正确解决，那么也能顺理成章地解决其他问题。

一、现行法律规定对鉴定结论、专家辅助人意见与技术调查意见的定位

（一）鉴定结论

司法鉴定是指在诉讼活动中，针对案件中的专门性问题，由司法机关或当事人委托法定鉴定单位，运用专业知识和技术，依照法定程序作出鉴别和判断的一种活动。对于司法鉴定的结论，民事诉讼法规定其属于一种证据，必须经过庭审的质证认证，才能够作为认定事实的依据。为了保证这种质证认证的过程更为公平、科学、透明，2012年民事诉讼法首次在法律层面上规定了鉴定人的出庭义务。鉴定人拒不出庭作证的，鉴定意见不得作为认定事实的根据。

（二）专家辅助人意见

为了建立多元化的技术事实查明体制机制，在 2002 年《最高人民法院关于民事诉讼证据的若干规定》和《最高人民法院关于适用〈中华人民共和国民事诉讼法〉的解释》的基础上，2012 年《中华人民共和国民事诉讼法》及 2015 年《最高人民法院关于适用〈中华人民共和国民事诉讼法〉的解释》首次确立了专家辅助人制度。2012 年《中华人民共和国民事诉讼法》新增第七十九条规定："当事人可以申请人民法院通知有专门知识的人出庭，就鉴定人作出的鉴定意见或者专业问题提出意见。"

在专家辅助人的定位上，2012 年《中华人民共和国民事诉讼法》沿用了之前"民事诉讼证据的若干规定"中的表述，将专家辅助人确定为"有专门知识的人"，将专家出庭发表的评价和说明界定为"意见"。2015 年《最高人民法院关于适用〈中华人民共和国民事诉讼法〉的解释》进一步将该条款解释为，该等有专门知识的人代表当事人对鉴定意见进行质证，或者对案件事实所涉及的专业问题提出意见；具有专门知识的人在法庭上就专业问题提出的意见，视为当事人的陈述；人民法院可以对出庭的具有专门知识的人进行询问；当事人经法庭准许也可以对该等出庭人员进行询问，当事人各自申请的具有专门知识的人还可以就案件中的有关问题进行对质。

虽然 2015 年《最高人民法院关于适用〈中华人民共和国民事诉讼法〉的解释》将专家辅助人的意见视为当事人的陈述，但是，在司法实践中，很多法院却更为强调专家的证人功能和地位，理由在于：第一，专家证人制度要求专家在出具书面报告的同时，必须出庭接受法官和当事人双方的询问，对专家结论的采信必须经历公开、公正的质证和认证程序。第二，通过双方当事人及其代理人对专家证人的交叉询问，有利于技术事实的审理者保持中立的立场，平衡双方的意见并作出裁决。第三，如果淡化"具有专门知识的人"的证人地位，转而将专家视为当事人的辅助人，将其在法庭上的活动视为当事人的活动，这种处理原则不利于鼓励专家独立、中立、诚信地基于其专业立场发表意见，作出结论。第四，将专家的地位完全局限于当事人的诉讼辅助人，等于在当事人聘请的诉讼代理人上增加了若干"技术代理人"，反而在程序上叠床架屋，延宕了审判进程。综上，鉴于法院更为强调专家的证人功能和地位，专家辅助人的意见也就成为技术证言。

更为重要的是，专家证言与普通证言不同。普通证言，是指证人就自己所知道的与案件有关的情况向司法机关所作的陈述，这里的"知道"，可以是亲历，也可以是传来。而专家证言，是指在某些职业或技术领域内拥有经验和技能的人向法院所提供的证言。其根据本人的知识所得出的结论基于向他通报的或者通过检验、测量等类似手段所发现的事实而产生。① 换言之，由于专家向法庭提供的证言、得出的结论基于其在某个技术领域的专业身份，又或者基于检验、测量等科学手段，因此，其意见比起一般证言具有了更高的证明力。

（三）技术调查意见

伴随着三家知识产权法院的成立，最高人民法院决定在三家知识产权法院成立技术调查室。2019 年，最高人民法院《关于技术调查官参与知识产权案件诉讼活动的若干规定》（下称《若干规定》）颁布实施。该规定不但是对 2014 年以来三家知识产权法院所实施的技术调查官制度的全面总结与深化，而且使得技术调查官参与知识产权案件诉讼活动从此有了明确的规范。

如前所述，鉴定结论与专家辅助人（专家证人）意见都获得了证据的地位。而对于技术调查意见的性质及其效力，《若干规定》第九条称，技术调查官应当在案件评议前就案件所涉技术问题提出技术调查意见。第十条称，技术调查官列席案件评议时，其提出的意见应当记入评议笔录，并由其签名。技术调查官对案件裁判结果不具有表决权。第十一条称，技术调查官提出的技术调查意见可以作为合议庭认定技术事实的参考。合议庭对技术事实认定依法承担责任。

综合该等条款，可以看出，技术调查官并非合议庭成员，也不是陪审员，更加不是德国模式下的技术法官，其没有获得裁判权，因而技术调查意见不是裁判决定，而仅仅属于参考意见，主要功能是为法官认定技术事实时需要形成的自由心证提供帮助。

二、技术调查意见的法律定位和效力仍然模糊不清

《若干规定》虽然针对 2014 年以来所实施的技术调查官制度中争议较大的问题进行了厘清和规范，但总体上，技术调查意见的法律定位和效力问题依然未能与《中华人民共和国民事诉讼法》的证据制度有效衔接，需要根据司法实践的情况进一步厘清和完善。

---

① 参见［英］沃克著，李双元译：《牛津法律大辞典》，北京：法律出版社 2003 年版。

（一）技术调查意见不属于裁判意见

《若干规定》第二条明确了技术调查官属于审判辅助人员，其职责在于参与知识产权案件诉讼活动、提供技术咨询。我国法院中的工作人员通常分为审判人员、审判辅助人员与司法行政人员。审判辅助人员包括书记员、法警、财会人员、驾驶员、保管员等，主要执行司法辅助工作，本身不具有审判权，也不能对案件处理发表意见。《若干规定》将技术调查官定位为"审判辅助人员"，将技术调查意见定位为替法官认定技术事实提供参考，明确规定技术调查官对案件的裁判结果不具有表决权。这就意味着技术调查意见不属于裁判意见，不具有裁判效力。

同时，从《若干规定》第十一条的内容来看，合议庭对技术事实认定依法承担责任。换言之，技术调查官错误出具调查意见，而该意见最终被法官采纳写入判决书中的，技术调查官并不承担责任。由于技术调查意见属于法官判决的参考，技术调查官没有表决权，从权力与责任相匹配的原则出发，其不可能对裁判结果的错误承担责任。因此，这样的规定符合逻辑和常理。

（二）技术调查意见不属于证据

2012 年《中华人民共和国民事诉讼法》第六十八条规定，证据应当在法庭上出示，并由当事人互相质证。2015 年《最高人民法院关于适用〈中华人民共和国民事诉讼法〉的解释》第一百零三条规定，证据应当在法庭上出示，由当事人互相质证。未经当事人质证的证据，不得作为认定案件事实的根据。第一百零四条规定，人民法院应当组织当事人围绕证据的真实性、合法性以及与待证事实的关联性进行质证，并针对证据有无证明力和证明力大小进行说明和辩论。能够反映案件真实情况、与待证事实相关联、来源和形式符合法律规定的证据，应当作为认定案件事实的根据。第一百零五条规定，人民法院应当按照法定程序，全面、客观地审核证据，依照法律规定，运用逻辑推理和日常生活经验法则，对证据有无证明力和证明力大小进行判断，并公开判断的理由和结果。

以上规定综合起来，搭建了人民法院对证据进行质证、采信的制度规范，而这一制度规范的核心是公开性，即公开出示、公开质证、公开判断的理由和结果。判决是否符合诉讼法对证据的这"三个公开"规定，是检验一个判决是否符合程序法的重要依据之一。这种公开不仅贯彻案件始终，而且覆盖各类案件。比如，即便对于不得采取公开方式审理的商业秘密案件，按照民事诉讼法相关规定，一方当事人所提交的证据，在必须针对对方当事人保密的情形下，也必须对向法庭签署了保密承诺的对方当事人的诉讼代理人公开。只有严格依照"三个公开"审理相关案件，才能保障双方当事人的知情权、抗辩权、说明权。

从《若干规定》第九条的规定来看，技术调查意见由技术调查官独立出具并签名，不对外公开。这就意味着，《若干规定》并未将技术调查意见定位为证据。

（三）技术调查意见事实上能够影响判决结论

从《若干规定》第六条规定来看，技术调查官在案件中享有和履行以下职权：①对技术事实的争议焦点以及调查范围、顺序、方法等提出建议；②参与调查取证、勘验、保全；③参与询问、听证、庭前会议、开庭审理；④提出技术调查意见；⑤协助法官组织鉴定人、相关技术领域的专业人员提出意见；⑥列席合议庭评议等有关会议等。第七条、第八条、第九条分别规定了技术调查官可以就案件的调查取证、勘验、保全的方法、步骤和注意事项提出建议；可以在法官同意的情况下就案件所涉及的技术问题向当事人及其他诉讼参与人发问；特别是，技术调查官应当在案件评议前就所涉技术问题提出技术调查意见。

从《若干规定》构建的技术调查官制度来看，其一，技术调查官的工作范围贯穿案件的全部环节，对案件具有极深的介入权与影响力。比如前述第二条的调查取证、保全等行为属于《中华人民共和国民事诉讼法》和2015年《最高人民法院关于适用〈中华人民共和国民事诉讼法〉的解释》所规定的审判行为。其二，技术调查官可以"列席合议庭评议"，直接参与案件最核心的秘密评议程序。以上职责已经远远超出了通常意义上的"审判辅助人员"的职责范围。其三，对于专利、技术秘密等专业技术性较强的知识产权案件来说，技术事实的认定对案件的裁判结果有着至关重要的影响，比如，在解释权利要求保护范围时判断某个词汇属于通用名词还是功能性限定；在理解技术方案时基于现有技术确认实际解决的技术问题；在技术特征等同判定时判断权利要求的技术特征与被诉产品对应特征是否满足"三基本"的要求等。这些问题基本上是专业技术性较强类案件的核心问题。

综上可见，技术调查官深入参与案件审判的全过程，针对关键的技术问题发表意见，技术调查意见在事实上对于案件的判决结果具有极大的影响力。甚至有人评论认为，技术调查官在"隐形行使司法裁判权"，正在成为"影子法官"。①

技术调查官制度的初衷在于弥补法官在技术专业能力的不足。从这个意义上来看，立法者希望技术调查官的技术调查意见与法官自己的法律专业能力能够完美"融合"。而技术调查官制度如果想要发挥作用，必然意味着法官的意见会受到技术调查意见的影响，否则这个制度就失去了存在的意义。从这个角度出发，司法解释虽然一方面规定技术调查意见只是参考，但另一方面也必须赋予技术调查官事实上的审判职权。更为特殊的是，技术调查意见毫无疑问能够影响法官的自由心证，还具有事实上的裁判效力。

（四）技术调查意见在公开性上存在缺陷

《若干规定》第八条赋予了技术调查官在庭审过程中向诉讼参与人就技术事实发问的权利，但技术调查官无需表明自己对特定技术事实的观点，也不接受诉讼参与人的询问。第九条进一步明确"技术调查意见由技术调查官独立出具并签名，不对外公开"。可见，无论是在庭上还是庭下，诉讼参与人都没有权利通过书面或口头的方式，对技术调查官出具的技术调查意见进行质疑。

由于技术调查官仅针对案件的技术事实提出技术调查意见，该意见与案件的证据、当事人的主张与论证理由一样，都是认定案件事实的基础。证据应当接受质证，当事人的主张与论证必须经受抗辩。如果技术调查意见不能接受质疑，就无异于剥夺了当事人针对案件关键事实质疑的权利，难免引起公众对技术调查意见真实性、中立性的担忧，而这种担忧对于技术调查官制度的完善和权威有害无益。

（五）技术调查官的职责与权限脱节

笔者理解技术调查意见不能公开以及被质疑的逻辑与法理是技术调查官为法官提供技术调查意见，其作用在于弥补法官在特定技术领域知识背景的不足。被法官采纳的技术调查意见会转化为法官自己的观点，最终在庭审中以及判决书中通过法官向当事人传达。事实上，无论是当事人主义审判模式还是职权主义审判模式，在庭审过程中，诉讼参与人均无权向法官发问；而针对判决中有关事实的认定，当事人可以通过上诉、申请再审等做法提出自己的质疑。

从这个意义来看，《若干规定》事实上是将技术调查意见视为裁判内容，也

---

① 参见杨秀清：《我国知识产权诉讼中技术调查官制度的完善》，《法商研究》2020年第6期，第166－180页。

由此赋予了技术调查官事实上深度介入案件审判全过程，以及行使审判职责的权限。这就带来了一个特别"拧巴"的现状：技术调查官没有获得法官的权力，没能享受法官的待遇，却事实上又在行使属于法官的裁判权，在职责和权限上一直无法理顺。

三、关于完善技术调查意见法律与效力定位的建议

技术调查官制度在国内属于新生事物，其健全与完善的过程和路径选择应当"接地气"，即根据实践需要，从实际出发，为解决问题而创设和改善。为此，笔者提出以下几点建议：

（一）赋予技术调查意见以证据效力

反对赋予技术调查意见以证据效力的人认为：一方面，技术调查官制度源于日本，发展于韩国和中国台湾地区，而这些先行的国家和地区，都坚持技术调查意见不是证据，无需向当事人公布，无需写入裁判文书，技术调查官也不接受当事人质询。另一方面，之所以不公开技术调查意见，是为了保护法官行使自由心证的权利。[①] 除此之外，笔者个人也认为，公开技术调查官意见，还需要考虑国情民意。在合议庭意见是否公开尚存在很大争议的现实背景下，公开技术调查意见必须考虑技术调查官履职的风险与压力。

笔者认为，不赋予技术调查意见以证据效力，其有利之处是，由于无需庭审质证，调查官不接受质询，可以节约庭审时间，高效审结案件；并且由于技术调查官是法庭的职员，因而其独立性、中立性、公正性也为其意见不公开、不透明提供了一定的理由和依据。同时，不赋予技术调查意见以证据效力，还可以极大减少技术调查官履职的风险与压力，对技术调查官起到一个好的保护作用。

但是，赋予技术调查意见以证据效力，对其进行质证并写入裁判文书，则可以保证技术调查意见的采信过程更为科学、透明和公正，使公众更为信服技术事实裁判权并没有"被架空"，使技术调查官制度更容易令人信服。至于说公开技术调查意见不利于法官自由心证，笔者认为这种说法值得商榷。因为针对公开的鉴定结论和专家辅助人意见进行自由心证，将裁判者采信该等证据的依据和过程

---

① 参见郑志柱、林奕濠：《论技术调查官在知识产权诉讼中的角色定位》，《知识产权》2018年第8期，第8-14页。

写入裁判文书，并未影响裁判者的权威和自由心证权利的行使，这已经是被实践证明了的良好做法。

综上，是否应当赋予技术调查意见以证据效力，仍然是值得从正反两方面进一步论证和研究的选项。

（二）明确技术调查仅限于客观技术内容

对于专利、技术秘密等专业技术性较强类案件来说，技术事实对案件的审理结果往往具有决定性的作用。《若干规定》没有对技术调查官参与调查的技术事实范围进行更为细化的规定。笔者认为，在目前没有赋予技术调查官裁判权的前提下，从保护法官完整行使裁判权的宗旨出发，就应当明确技术调查只能针对客观性的技术内容，而不应涉及对技术的主观评价。

比如对于专利侵权案件来说，涉案专利的技术背景、实际解决的技术问题、采用的技术方案、某个技术特征的惯常替代手段等，都属于客观的技术内容。这些客观的技术内容只涉及技术本身，不涉及对涉案技术异同与否的主观评价。相比之下，有关被诉侵权产品是否落入涉案专利的保护范围、技术特征之间是否构成等同、涉案专利相比于现有技术是否属于开创性发明……这些都需要法官基于对法律规定的理解，结合相关专业的技术知识作出判断。这样的判断相对主观，对案件裁判结果的影响更为直接。实际上，针对这些主观技术事实进行判断，恰恰是法官自由心证的体现。

（三）重大案件配备至少两个以上技术调查官

虽然《若干规定》并未明确限定参与案件的技术调查官的数量，但在当前的司法实践中，需要技术调查官的案件中往往只会设置一个技术调查官。在法庭上，技术调查官的座位设置在书记员的旁边，大部分法庭都没有容纳多位技术调查官的座位。因此，技术调查官制度中形成了一种约定俗成的"独任制"。如前所述，技术调查意见虽然不是裁判意见，但实际上对于案件的结果作用关键且影响力巨大；同时这影响力又无法通过法定程序进行公开，当事人双方对这种处于"私密"状态的"意见"均无权置喙。因此，对于重大案件来说，配备两个以上技术调查官，可以更好地保障技术调查意见的客观性、公正性。

一方面，鉴于技术调查官出具的技术调查意见具有非常强的影响力甚至是事实上的裁判效力，至少两名技术调查官参与，能够很大程度上避免技术调查意见由于独任技术调查官的技术偏见而失去中立性。另一方面，由于技术调查意见只是作为法官的参考，无需形成多数意见，采用偶数名的技术调查官亦能够实现对法官的技术提示作用。在两位技术调查官的意见之间产生冲突的情况下，法官更加可以从不同意见冲突中，找出最为具有说服力、最为科学合理的意见，从而保证重大案件的审理质量和效果。

毋庸讳言，当前的技术调查官队伍存在人员有缺口、术业有专攻的现实情况。有鉴于此，在案件配备多位技术调查官时，可以首选专业直接对口的技术调查官。如果专业对口的技术调查官数量无法满足现实需要，则可以在相同学科大类下配备其他技术调查官。比如针对某个汽车零部件技术，首选车辆工程专业的技术调查官，如果车辆工程专业的技术调查官仅有一人，也可以在其他机械背景的技术调查官中另外选用配备。除此之外，也可以考虑采用兼职技术调查官、流动技术调查官等更灵活的配备方式。

（四）创设技术法官制度

针对技术调查官事实上正在履行审判职责，对于案件有重大影响力甚至裁判权，却没有法律上的裁判权，也不享有法官待遇的权责分离状况，笔者认为，针对技术调查官制度这样一个国内全新的制度，完全可以保持开放的心态，探索实施技术法官制度，该路径无疑是解决技术事实的查明与裁判这一重大问题的一个优先选项。

设立技术法官，由技术法官与法官共组合议庭，其一，可以把技术调查官制度与合议庭审理制度两个制度整合在一起，避免制度设立上的叠床架屋，大大节约了宝贵的审判资源与技术资源。其二，专业技术性较强类案件中技术问题与法律问题并重，本身就需要多元化、跨专业组件审判团队。技术法官与常规法官共同组建的合议庭，正好可以满足这一类案件的特殊需求。其三，实行技术法官制度，可以从根本上解决技术调查意见并非证据、不能公开、无法质证等不能满足民事诉讼法相关规定的状况，从民事诉讼程序上理顺技术调查意见的定位与效力。其四，使技术调查官在事实上履行审判职责、行使裁判权的同时，获得法律上的裁判权和法官待遇，同时也承担相应的责任，做到责、权、利三者的统一。如此，也为知识产权审判技术人才队伍的培育与长远发展奠定了良好基础。

另外，技术调查官的遴选不应当仅仅局限于获得司法考试资格的人选，因为技术调查官的设立初衷，就是为了满足技术性较强类案件中的技术专业问题，而非法律问题。

四、结语

随着科学技术的迅猛发展，科学领域的学科分类越来越精细，对知识产权审判人员技术背景的要求越来越高，由此产生了知识产权审判专业化与法官技术背景欠缺的冲突。这种专业化的知识产权审判无论是对法学教育，还是司法人员配置，都提出了非常高的要求。在短期内，这样的冲突明显无法调和。

《若干规定》的颁布实施，使技术调查官制度的建设完善有法可依，但目前仍然存在及技术调查意见与民事诉讼制度不能有效衔接，技术调查官责、权、利相分离等问题。

为解决上述问题，笔者建议从赋予技术调查意见证据效力、明确技术调查仅限于客观技术内容、重大案件配备至少两个以上技术调查官以及创设技术法官制度等措施和路径出发，以期更好地完成专业技术较强性案件的审理，使知识产权司法保护水平和企业创新能力再上新的台阶。

[北京市金杜（深圳）律师事务所　张学军；科沃斯机器人股份有限公司倪佳奇]

21

技术调查官技术审查意见问题研究

一、技术审查意见的性质与效力位阶

(一) 技术审查意见的性质

技术审查意见是技术调查官借助自己的专业知识出具帮助法官理解案件技术性事实的文书,其中包含对专业术语解释说明、争议技术与受专利权保护技术之间的区别和当事人对技术事实争议焦点进行梳理和分析。技术审查意见具有提高知识产权诉讼审判效率,加快审判过程的作用。与其他事实查明机制相比,技术审查意见的出具更具有灵活性,因为目前相关法律法规并没有对技术审查意见的出具进行严格规定。正是由于这个特点,技术审查意见深受法官们的喜爱。

目前关于技术审查意见的法律性质的讨论主要有三种争论的观点,分别是参考说、证据说和鉴定意见说。官方一直将技术审查意见定性为内部参考,2014年最高人民法院《关于知识产权法院技术调查官参与诉讼活动若干问题的暂行规定》(以下简称《暂行规定》)第九条规定,技术调查官提出的技术审查意见可以作为法官认定技术事实的参考;2019年最高人民法院《关于技术调查官参与知识产权案件诉讼活动的若干规定》(以下简称《若干规定》)第十一条规定,技术调查官提出的技术审查意见可以作为合议庭认定技术事实的参考。但之所以其性质还存在争议是因为技术审查意见在实践中起到了证据或者是鉴定意见的作用,当下对技术审查意见的准确定性有助于其发挥功用,促进审判法制统一,所以理论界一直对技术审查意见的性质"耿耿于怀"。

1. 技术审查意见不是证据

对于技术审查意见被认为是证据，笔者觉得首先要弄清什么是证据。证据是指诉讼主体为了证明其主张或者法院为了查明事实真相依照诉讼规则采集用于证明案件事实的凭据。从定义来看，证据的来源有两种：一是当事人递交，二是法院依职权采集。技术审查意见是法官主动要求技术调查官作出的，所以技术审查意见若要视为证据只能是法院依照诉讼规则采集的证据。但法院依职权采集的证据都是现成的，属于已经发生的事实留下的"痕迹"，具有客观性。技术审查意见是按照法官要求，技术调查官依靠自身专业知识和经验作出的主观意见，这与证据的客观性截然不同。另外技术调查官并不具有证人的诉讼地位，其所作的意见不属于证人证言，所以其也不能成为证据。

2. 技术审查意见不是鉴定意见

鉴定意见说与证据说有相似的地方。鉴定意见属于法定证据的一种，鉴定意见说实质上是更为具体的证据说。鉴定人所作的鉴定意见性质上是证据，鉴定是诉讼法上明文规定的证据方法，鉴定人所作的鉴定是需要在法庭上公开质证的，而且在操作上司法鉴定的出具更依赖先进的机器和严谨流程进行检测并通过科学比较分析查明有关事实真相。就上文所述，技术审查意见只是应法官要求对案件中技术事实或部分技术事实所作的解释、说明和建议，无需经历鉴定意见作出所需的严谨操作和规范流程，技术审查意见的出具更具有灵活性。

3. 技术审查意见是法院的内部参考

典型的法院内部参考文件是最高人民法院发布的指导性案例，依据相关司法解释各级人民法院正在审理的案件与最高人民法院指导性案例相类似的，应当参照相关指导性案例。所以，最高人民法院指导性案例具有普遍性。与最高人民法院指导性案例的参照效力不同，技术审查意见并不具备普遍的参照效力，其只适用于某个法官或某个案件。在重要性方面，两者的"参照效力"均对法官裁判产生重要的影响。技术审查意见参考说的理论基础与技术调查官的诉讼地位有着密切的关系。首先中国大陆地区的技术调查官制度借鉴台湾地区，台湾地区的制度又与日本、韩国的制度比较接近①，中国大陆地区技术调查官在法院的地位基本沿袭其传统，即技术调查官是司法人员但不是法院审判人员，而是帮助法官了

---

① 傅利英、张晓东：《台湾地区智慧财产法院制度及运作状况述评——兼评与大陆法院试行的"三审合一"模式的区别》，《科技与法律》2009 年第 5 期，第 62 页。

解案件中技术事实的辅助人员，《若干规定》第二条和第三条明确规定了技术调查官是审判辅助人员。根据《中华人民共和国人民法院组织法》第四十五条，法院人员结构包括法官、审判辅助人员、司法行政人员，其中审判辅助人员包括书记员和法官助理，技术调查官不可能是书记员，所以技术调查官应属于审判辅助人员中的法官助理，具体而言属于技术助理。因此技术调查官的意见是辅助法官认定事实，其意见没有任何法律效力，技术调查官仅相当于法官查明技术事实的"辅助性工具"。技术调查官与技术咨询专家、专家陪审员、技术鉴定人一同构成我国技术事实查明体系。其次，由于技术调查官与法官之间是相互独立的，其身份具有中立性。技术调查官出具的意见虽然是主观性说明，不属于客观事实，但他只是站在技术人员立场上进行技术分析，并不涉及法律的具体适用。最后，技术审查意见是根据法官的要求作出的，法官可能只针对案件中的全部或某部分技术问题要求技术调查官协助。显然如果只是针对技术事实中某一小部分，那么这种意见难以作为整个案件的审判依据，法官也并不必然采纳技术调查官的技术审查意见，没有任何的法律规定技术审查意见一定要作为裁判的依据。虽然技术审查意见有很高的采纳率，但裁判文书对技术事实的最终认定有可能与技术审查意见的结论不一致。[①] 还有技术审查意见是无需对外公开的，也就是说诉讼当事人无权知晓技术审查意见的内容，只有参与案件审理的法官才能看到，法官不需要给出采纳与否的理由。综上所述，技术审查意见是法院的内部参考资料。

（二）技术审查意见的效力位阶

关于技术审查意见的效力位阶问题，即技术审查意见是否优先于其他技术查明结论，从北、上、广、深知识产权法院形成的技术事实查明机制来看，首先北京知识产权法院技术事实查明机制设置是以专业的审判团队、技术调查官参审和专业陪审员参审构建的"三位一体"技术类案件审判机制。上海知识产权法院建立了技术调查、技术咨询、专家陪审、技术鉴定"四位一体"的技术事实查明制度体系。广州知识产权法院构建的是"技术调查官＋技术顾问"技术事实查明模式。[②] 深圳的技术事实查明机制则更多元化，其拥有多位理工类专业背景的法官助理作为技术调查官，又与审协广东中心达成技术咨询服务协议，然后还

---

① 宋晓明、王闯、吴蓉：《〈关于知识产权法院技术调查官参与诉讼活动若干问题的暂行规定〉的理解与适用》，《人民司法》2015 年第 7 期，第 32 页。

② 杨秀清：《我国知识产权诉讼中技术调查官制度的完善》，《法商研究》2020 年第 6 期，第 166 页。

面向社会公开选聘技术咨询委员成立技术咨询专家库，形成由专家辅助人、鉴定机构、技术调查官、专家陪审员、审协技术咨询服务、知识产权专家库等组成的多位一体技术事实查明机制。以上机制体现了我国对技术事实查明的重视。可以看出，不同的机制中技术审查意见的效力位阶并不相同，但目前并没有任何法律文件规定明确规定，只是大家在司法实践中对于技术事实查明摸索出来的共识。由此，各种查明机制之间的效力位阶如何确定、出现冲突如何协调，笔者觉得应该在立法上进一步明确。

例如笔者认为可以规定技术调查官的技术审查意见效力高于司法鉴定意见、专家证人证言，但低于专家陪审员意见。司法鉴定多年实践下来，其暴露了不小的问题。首先是司法鉴定机构是社会营利机构，社会上司法鉴定机构众多。据统计，截至 2021 年末，全国司法系行政机关审核登记的司法鉴定机构接近 3 000家。案源竞争激烈往往会导致有的司法鉴定机构为了盈利，超出鉴定范围去承接鉴定业务或者迎合委托人的要求作出虚假鉴定，致使鉴定意见的证明作用急剧下降。专家辅助人又被称为"有专门知识的人"，其作用就是对鉴定意见或者专业问题提出意见，专家辅助人的意见被视为当事人的陈述。专家辅助人由于是当事人聘请的，具有利益输送关系，具有天然的利益倾向性，其发表的意见很难被法官作为事实认定的根据。相比较而言，技术调查官作为法院的内部人员更具有中立性、公正性，很好地克服了上述缺陷。而专家陪审员通俗易懂来说就是专业型人民陪审员，《中华人民共和国陪审员法》规定人民陪审员除法律另有规定外，同法官有同等权利。因此，笔者提出建议，若案件当中有司法鉴定意见、专家辅助人意见、技术审查意见和专家陪审员意见，意见不一致时应当采纳专家陪审员意见，其次是技术审查意见，再次是司法鉴定意见，最后是专家辅助人意见。

二、技术审查意见公开机制的完善

（一）技术审查意见是否应该公开

对于技术调查官的技术审查意见是否公开这一问题各界并没有达成一致的意见。司法界更赞同不对外公开，理论界和实务界则持相反的意见。在《暂行规定》里并没有规定技术审查意见是否需要公开，而《若干规定》明确技术审查意见不对外公开，表明了司法界的立场。司法界之所以有这样的观点，是因为第一，与其他民商事案件相比，知识产权技术类案件的审理更需要时间。在此情况下，应运而生的技术审查意见克服了司法鉴定程序烦琐的弊端，同时相比之前的技术咨询制度，提高了技术咨询的便利性。如果对技术审查意见进行公开，听取当事人的意见，司法界认为必然会导致部分当事人对技术审查意见有异议，于是又必将进行新一轮的质证或是给予对方当事人进行意见陈述的机会，循环往复，这无疑会影响案件审理的进程①，技术审查意见所显现出的高效性也将大打折扣。第二，技术调查官制度并非我国所独创，在韩国、我国台湾地区均有类似的制度。韩国最高法院《技术审理官规则》第四条第三款规定，技术审理官提供的观点和书面意见，不向公众公开。② 我国台湾地区对于这一问题的态度也是不公开的，其在"智慧财产案件审理细则"第十六条规定技术审查官制作的报告书不予公开。主要原因是在审判案件时技术审查意见并不是只作一次，如果技术审查意见一律公开，则前后数份意见并不相同的技术审查意见可能会造成矛盾混乱。③ 第三，一部分浅易的技术审查意见没有必要公开，这部分技术审查意见只是法官临时"补课"，如与案件相关的行业术语、涉及专业领域的公知常识或者通用技术手法等问题的了解。这些内容法官其实是可以从多种公开的方式获知，如互联网、工具书籍或者身边从事该行业的朋友等。之所以还需要出具技术审查意见，一方面是技术审查意见的内容更有针对性，另一方面是为了节省法官的学习时间，让法官快速裁判案件，缩短审理周期。第四，技术调查官的技术审查意见并不是证据，其审查意见只是法官认定事实的参考资料，无需接受当事人质证，法官也并不必然接受技术调查官的技术审查意见，所以没有必要对外公开。如果法官在技术事实认定方面出现偏颇，当事人还可以通过二审挽救。第五，技术审查意见公开会妨碍独立行使审判权。法院认为如果判决书采用了技术审查意见的评述，则会被败诉方当事人批评是技术调查官在审案；而如果判决书不采用技术审查意见的评述又会被当事人批评不专业。无论法官采纳与否，技术审查意见都成为批判法院判决的依据。

虽然目前技术审查意见在规定上是不向当事人公开，但随着司法改革的不断

---

① 仪军、李青、温国永等：《我国知识产权审判中技术审查意见公开机制的研究》，《电子知识产权》2019年第6期，第78页。

② 黎淑兰、陈惠珍、凌宗亮：《技术调查官在知识产权审判中的职能定位与体系协调——兼论"四位一体"技术事实调查认定体系的构建，中国知识产权论坛（2015）暨中国知识产权学研究会年会。

③ 李昌超：《我国技术调查官制度的逻辑生成及制度前景》，《河南大学学报（社会科学版）》2017年第4期，第74页。

发展，难保今后不会公开，所以理论界与实务界一直保持发声。理论界认为，技术审查意见不公开违背了公开审判原则。[①] 公开审判原则是指人民法院审理案件一律公开进行。公开审判原则作为人类文化的智慧结晶，被我国宪法、人民法院组织法、诉讼法等法律确认为一项重要的法律原则。例如《中华人民共和国人民法院组织法》第七条规定，人民法院审理案件，除涉及国家机密、个人隐私和未成年人犯罪案件外，一律公开进行。《中华人民共和国民事诉讼法》第一百三十七条规定，人民法院审理民事案件，除涉及国家秘密、个人隐私或者法律另有规定的以外，应当公开进行。随着司法理念的实践，理论界进一步认为公开审判原则应该包括法官心证过程的公开而不仅仅是裁判结果的公开。[②] 技术调查官向法官所作出的技术审查意见，显然对于法官的心证形成有着不可忽视的影响。技术调查官的技术审查意见虽无任何法律效力，只是作为法官审理案件的参考，但无可否认该意见书在实践中是重要的诉讼资料。根据相关法律规定，诉讼资料除法律另有规定外，应当公开并允许诉讼当事人进行辩论质证。有法官认为技术审查意见不是证据不需要质证有其合理的考量，但这并不意味着不公开就是合情合理。在民事诉讼中有很多信息不是证据，比如开庭信息、合议庭的组成等，都按照公开审判原则要求进行公示。若技术审查意见书不对外公开，只能由法官查看，诉讼当事人则无从知悉技术调查官向法官提供意见的内容，法官极可能因技术调查官的片面之词而形成心证作出判决。在这种情况下，又会造成另一个问题，那就是法官的审判权让渡问题。审判权让渡是指鉴于相关领域专业背景的匮乏及技术知识的欠缺，而法院又不能拒绝裁判，所以法官在技术类纠纷审理过程中，往往倾向于采纳专业人员出具的审查意见作出裁判。[③] 由此，产生了法官变相让渡审判权、技术调查官异化为"影子法官"的问题。技术调查官的技术审查意见若不公开，当事人无法对技术审查意见进行质证，这样并不利于准确查明技术事实，因为即使技术审查意见有错也无人知晓，最后倒成了法官的心证，法官便很难清楚地认知技术事实，"兼听则明"无从谈起，裁判的公正性被打上了大大的问号。

---

① 张爱国：《评技术审调查意见的不公开——以民事诉讼法的基本原理为视角》，《知识产权》2019年第6期第16页。

② 张爱国：《评技术调查意见的不公开——以民事诉讼法的基本原理为视角》，《知识产权》2019年第6期第16页。

③ 许波、仪军：《我国技术调查官制度的构建与完善》，《知识产权》2016年第3期，第76页。

(二) 技术审查意见公开的合理性

笔者认为技术审查意见的公开具有以下几点合理性：

第一，技术审查意见公开有助于提高技术审查意见的公正客观。首先技术审查意见出具的目的在于帮助法官理解技术事实，为法官快速作出准确的事实判断提供依据。根据上文的讨论，技术审查意见作为法官裁判的参考，目的是帮助法官准确认定事实和适用法律，然而技术调查官虽然是熟悉某个领域的专业人员，但其知识储量仍然是有限的，所以其并不一定对每一个案件的技术事实了然于心。如果技术审查意见能够公开，那么诉讼双方就更能够围绕争议焦点展开辩论，纠正技术审查意见存在的错误和缺陷，从而最大限度地保证技术审查意见的客观性和准确性，使法官能够更深入地了解案件争议焦点，更靠近技术事实的真相。

第二，技术审查意见公开是法官自由心证的必然要求。随着现代法学研究理论的深入发展，自由心证包含的内容更加丰富，它不但要求法官心证的自由不受任何影响，而且主张心证公开，心证的轨迹要暴露在阳光下，以维护当事人合法权益。心证公开是指法官必须公开自己对事实的判断并表明自己的法律见解[①]，即心证的客观化、可视化。心证公开的目的是克服法官裁判的主观性和局限性。法官心证公开对树立司法权威有重大意义，也有利于接近案件真相。心证公开在境外是一项重要原则，比如日本、德国和法国都有相关规定，法官心证结论公开是法官的一项法定义务。虽然我国并没有明确的心证公开制度，但我国心证公开并不是无迹可寻，判决理由说明制度与该理念不谋而合，判决理由说明制度在中国自古有之。法官主动要求技术调查官出具技术审查意见，其在影响法官心证的形成上发挥的作用不言而喻，技术审查意见公开是法官心证公开的合理体现。

第三，技术审查意见公开是遵循公开审判原则。公开审判原则是指人民法院审理不属于依法不公开审理的案件时向社会群众公开的制度，把人民法院的审判活动置于人民群众、社会舆论监督之下，保证审判公正。公开审判的内容至少包含三层含义：审理程序要公开、裁判结论要公开和要向诉讼主体公开。公开审判原则在我国立法中亦有相应的体现，例如《中华人民共和国宪法》第一百三十条规定："人民法院审理案件，除法律规定的特别情况外，一律公开进行。"按

---

① 李祖军：《自由心证与法官依法独立判断》，《现代法学》2004 年第 5 期，第 102 页。

照相关司法解释，技术审查意见没有质证的规定，所以法院为了加快庭审速度一般不将技术审查意见对外公开。然而，在诉讼中有很多信息不需要质证，法院为了保证诉讼的公正透明仍然会选择公示或者披露，比如开庭信息、庭审法官等。作者认为按照公开审判原则的精神，公开应该包括对诉讼双方争议焦点能够产生实质影响的信息而不应只限于证据，原则上法律没有特殊要求比如涉及商业秘密、个人隐私等都要将其纳入公开的范围。另外，应该在判决之前对技术审查意见进行公开而不是选择在裁判之后。基于公开审判原则，法官应当摒弃法不可知则威不可测的思想，也不应为了片面追求司法效率而忽视了司法公正。

第四，技术审查意见公开有利于限制法官权力，防止裁判突袭。裁判突袭是指法官违背释明义务，进而剥夺了诉讼参与人就相关事实与法律适用表明自己意见、进行辩论的机会，并在此基础上作出的超出当事人合理预期的裁判。[①] 裁判突袭主要可分为事实认定突袭与法律适用突袭两类。裁判突袭剥夺了诉讼当事人就相关事实与法律适用发表意见、进行辩论的机会，使得诉权与审判权之间的关系发生扭曲，易使矛盾累积至下一个审级甚至上访程序，因此它又被人称为"司法之癌"。在有技术调查官参与的知识产权诉讼中，由于技术审查意见不对外公开，败诉的当事人容易把其败诉的原因归结于技术审查意见，因为当事人无从了解技术审查意见是如何产生的，也不能对该意见提出合理的发问，当事人自然对技术审查意见充满质疑。另外如果法官接受该意见而认定本案的争议焦点无疑会对当事人造成裁判突袭，这显然对当事人极为不公平。又由于知识产权诉讼中所涉及技术专业问题与法律问题并不泾渭分明，通常不会有唯一的答案，因此技术调查官充满主观的见解难以让当事人信服。此时技术审查意见若不公开而作为法官裁判的依据，诉讼双方辩论、举证的权利无法得到保障，往往会造成法官对双方争议焦点模糊不清导致误判的后果，这明显有违程序正义，有损司法公正，诉讼当事人的合法权利无法得到保障。在现实中，败诉当事人普遍认为："技术调查报告极大地影响了案件的裁决，因此自己有权利了解技术调查报告的内容，并要求对技术调查报告在案件审理中予以论证。"[②] 所以公开技术审查意见，有利于提高诉讼参与人对司法的信任度。

---

① 杨严炎：《论民事诉讼突袭性裁判的防止：以现代庭审理论的应用为中心》，《中国法学》2017 年第 4 期，第 266 页。

② 李菊丹：《中日技术调查官制度比较研究》，《知识产权》2017 年第 8 期。

（三）应允许部分技术审查意见公开

正如前文分析，技术审查意见公开有其合理性。但同时也能看到，技术审查意见的公开确实也存在一些顾虑。如果我们将这些顾虑全部抛开，不顾后果地将技术审查意见全部公开必然会违背技术调查官制度引入的初衷。所以完善技术审查意见公开机制应该考虑以下两个因素：第一，应当考虑技术调查官制度引入时意在提高审判专业性和高效性的初衷；第二，要充分保障诉讼当事人围绕争议焦点发表己见的权利。综合考虑技术审查意见公开的因素，笔者认为应该要求技术审查意见公开，但要遵循适度公开原则，也就说没有必要所有案件的技术审查意见都公开，也没有必要每一个案件的所有技术审查意见都公开，技术审查意见应当按申请公开。笔者才疏学浅，认为对于公开机制设计主要包括以下几个方面：

首先，技术审查意见公开的主体是法官。一方面，法官在法庭上是诉讼程序进度的把控者，是司法权的执行者，技术审查意见是其断案的参考资料；另一方面，技术调查官是法院的辅助人员，在法官提出出具技术审查意见的情况下完成技术调查。法官作为裁判者承担着查明技术事实真相的责任。

其次，公开的技术审查意见不能涉及国家秘密、商业秘密或者个人隐私，不能属于法定不公开的情形，这是技术审查意见公开的前提。例如技术秘密是商业秘密最核心的内容，如果技术审查意见对技术秘密公开披露，这无疑会损害企业的利益。笔者建议《若干规定》应当增加"当事人可以申请公开技术审查意见，经法官审查认为公开不会损害另一方利益时，则公开技术审查意见"的规定。据此法官在审理案件过程中，如果当事人申请公开不会损害其他当事人合法利益，则可以予以公开。同时，也有法官认为，法官对于技术审查意见中依据的事实、进行的分析以及给出的结论已经形成了足够的"内心确信"，则技术审查意见可不予公开；如果法官对于技术审查意见所给出的结论还缺乏"底气"，则技术审查意见可予公开。[①] 所谓的"内心确信"是指法官通过证据判断所形成的内心信念达到真诚确信的程度，这是法官自由裁判权应有的内容。基于此，要明确技术审查意见公开的内容，技术审查意见中对技术专业术语的理解、对所涉技术领域公知常识的解读等技术事实认定所依据的证据材料可以公开。技术审查意见中确

---

① 仪军、李青、温国永等：《我国知识产权审判中技术审查意见公开机制的研究》，《电子知识产权》2019年第6期，第78页。

定专利权利保护范围、对专利权利要求进行解释、是否构成等同侵权等结论性意见则由法官自由裁量是否公开，因为公开有裁判权让渡之嫌，以上这些问题并不全是技术事实认定的问题。

再次，如何把握适度原则，笔者认为应该将技术审查意见中的实质性内容由法官归纳成更有针对性的技术事实争议焦点，以争议焦点问题和争议事实的方式向诉讼当事人发问，以增强法官的"内心确信"。一方面，这种方式有利于使诉讼当事人有针对性地围绕技术事实进行陈述；另一方面，焦点发问的方式可以提高庭审效率，使审判紧紧围绕诉讼当事人的争议所在而展开，不但回应当事人的诉求，而且在保障当事人权利的同时提高审判效率。

最后，在前文曾提及，台湾地区立法者考虑到技术审查意见可能不止一份，公开会导致诉讼混乱的情形。在此笔者建议如果在审理过程中有数份讨论相同问题的技术审查意见，则应当公开最新一份技术审查意见，由此可以避免诉讼混乱的情形出现。

除了依申请公开的情形外，法院可以适时公开典型案件的技术审查意见。笔者认为对于典型的案例，在没有法定不准公开的情况下，法院可以不依申请公开技术审查意见。这样做有利于树立专业透明的法院形象，有利于强化法官心证公开，同时也能对监督、鼓励技术调查官更有质量地为法官查明技术事实服务起到重要作用。①

三、技术审查意见的监督机制完善

（一）技术审查意见监督缺失

对技术审查意见进行监督，《若干规定》在程序上和责任上作出了规定。首先，《若干规定》在程序上明确参与知识产权案件诉讼活动的技术调查官确定或者变更后，当事人有权知悉而且当事人享有申请技术调查官回避的权利。其次，《若干规定》要求参加诉讼活动的技术调查官在裁判文书上署名。最后，《若干规定》第十三条首次规定了技术调查官的责任。虽然《若干规定》较《暂行规定》在监督技术审查意见方面做出了努力，但其中的有关规定较为笼统，且责任

---

① 段威武、黄诗曼：《知识产权民事诉讼中技术调查官机制探析——从一起技术转让纠纷案说起》，《法治社会》2019 年第 3 期。

承担方式单一不明确①，仍然是一大抱憾。

一方面由于《若干规定》延续了《暂行规定》里预设技术审查意见是法院的内部参考资料的前提，进而明确技术审查意见不需要公开导致技术审查意见的监督仅靠内部监督。但众所周知法官并不精通技术，即使技术审查意见是错误的或者遗漏了重要技术事实，法官也不得而知，而法院内部又没有其他监督能力，技术调查官又是法院内部人员与法官朝夕共事，这都为技术审查意见弄虚作假、误导法官提供了可能性。另一方面，《若干规定》虽然规定了技术调查官的责任，但对于技术事实认定方面的责任仍归属于合议庭，从技术审查意见接近百分百的采纳率可以看出合议庭极度倚赖技术调查官的技术审查意见。之所以会这样，是因为在现实中合议庭是由法官主导，而法官又对技术调查官的技术审查意见深信不疑。这种责任机制最终导致技术调查官无需对其独自作出的技术审查意见承担任何责任。② 技术审查意见监督缺失成为技术调查官制度发展的绊脚石。

（二）技术审查意见监督缺失的原因

技术审查意见直接影响诉讼结果，《若干规定》虽明确合议庭对技术事实认定依法承担责任，但明显法官受限于专业知识，并不能指靠他履行监督职责。另外，鉴于司法规定技术审查意见是不公开的，那么在刑事诉讼中是否也无需对检察院进行公开。刑事案件的证明标准是排除合理怀疑，知识产权刑事案件诉讼中技术审查意见不对外公开使得检察院无从知晓技术审查意见对法官是否造成了"合理的怀疑"。③ 这无疑妨碍检察机关审判监督职能的行使，所以对技术审查意见进行监督确有必要。目前造成技术审查意见监督缺失主要有以下几个因素。

第一，技术调查官制度引入的初衷是提高技术类案件的审判效率。相对于其他技术事实查明机制，技术调查官制度的一个显著特征就是高效。《若干规定》对技术审查意见的监督规范缺失"帮助"了法官快速断案，当事人无法当庭质疑技术审查意见。只有当技术审查意见出现在判决书上，当事人才知道技术审查

---

① 陈颖澍：《技术调查官的角色错位及矫正——以"辅助审判"和"隐性审判"对比分析为视角》，《司法体制综合配套改革中重大风险防范与化解——全国法院第 31 届学术讨论会获奖论文集（下）》，2020 年。

② 卜红星：《知识产权诉讼中技术调查官制度的若干问题研究——以技术审查意见为视角》，《中国司法鉴定》2021 年第 2 期，第 18 页。

③ 张春艳、艾新平：《我国知识产权刑事案件诉讼监督的困境与出路》，《知识产权》2020 年第 6 期，第 60 页。

意见的内容。此时当事人若认为技术审查意见的内容认定错误，只能通过上诉才能纠正，这便很大程度上加快了庭审效率，减轻了庭审法官的工作压力。所以，法院内部人员"默许"了技术审查意见监督规范缺失。

第二，《若干规定》规定了技术调查的回避制度。技术调查官参与知识产权案件诉讼活动需要告知当事人，当事人如果发现技术调查官与该案件存在利益冲突可以向法官申请技术调查官回避。技术调查官的回避，参照适用刑事诉讼法、民事诉讼法、行政诉讼法等其他有关人员回避的规定。但由于不同诉讼程序的回避程序并不一致，决定回避的主体也有很大的差异，而各个知识产权法院或知识产权法庭又推行的是"三合一"审判制度。所谓"三合一"是指由法院知识产权审判庭统一审理知识产权民事、行政和刑事案件。由于不同诉讼程序的回避标准并不相同，因此可能会导致回避程序的混乱，从而使得对技术调查官监管主体不明。

第三，技术审查意见出具程序不明确。《若干规定》明确技术审查意见由法官主动提出，技术调查官口头或者书面给出。相比于鉴定意见，技术审查意见的作出方式未免太过随意。如果在案件当中技术调查官对关键的技术事实都口头进行认定，那事后怎么监督无疑是为技术调查官逃避责任打开口子。

（三）技术审查意见监督机制完善途径

技术审查意见的监督缺失必然会影响技术审查意见质量。试想技术调查官出具技术审查意见没有任何监督，那必然容易敷衍了事。所以完善技术审查意见监督机制是保证技术调查官制度的必然要求。没有有效的监督机制，单靠技术调查官职业道德约束，技术调查官制度不会长久，当事人的诉讼利益也只是一纸空谈。

1. 丰富技术审查意见监督主体，采取事后责任制

法院、检察院在专业方面显然无法监督技术审查意见，笔者觉得可以引入其他主体来监督技术审查意见。比如可以筹建专家咨询委员会，在委员会建立的过程中，可以因地制宜，邀请当地多发侵权行业的技术专家担任委员会成员，这个委员会成为监督技术审意见的主体。为了保证效率，法官断案时技术审查意见不需要送审。一审后，技术审查意见送去委员会审查，委员会认为技术审查意见有重大错误，对技术调查官进行追责，使技术调查官不敢懈怠，不敢徇私舞弊误导法官。

2. 规范技术审查意见的出具程序

技术审查意见出具程序随意，显然是一个漏洞。相比鉴定意见的严谨，技术审查意见出具大有改进的地方。比如应该要求技术审查意见都书面作出，因特殊情况要口头作出的，事后应该补录成文档，这样做的目的是提高技术调查官工作的严谨性和方便上级法院和相关部门的监督。对于案件是由于技术调查官失职失责误导法官错判的可以追究责任。技术调查官的技术审查意见应视作案卷材料加入进卷宗留存下来，因为卷宗是法院司法活动的客观记录，从长远来看有利于杜绝司法不公。对于意见中法官采纳的部分，在判决书中予以释明，以便受到不利影响的当事人在后续的法律程序中作出有针对性的陈述意见和申辩，同时也有利于上诉法院对一审技术审查意见进行监督。在二审程序中法官也可以要求重新出具技术审查意见，这样既可以监督技术审查意见又可以提高二审效率。

3. 采取"专家陪审员＋技术调查员"模式共同参审

多元的技术事实认定模式参与有利于提高裁判的专业性，"专家陪审员＋技术调查员"模式是个一箭双雕的模式。专家陪审员的加入监督了技术审查意见，技术调查官的审查意见也解决了专家陪审员参与诉讼中"陪而不审，审而不议"的现象。在司法实践中，合议庭开庭审理过程中，主审法官"唱独角戏"的现象较为普遍，专家陪审员参与度不高，往往在庭上"无所事事"。在部分案件中，法官在征求专家陪审员对案件的意见时，专家陪审员也缺乏自我判断，法官的意见就是他的意见，这就是"陪而不审，审而不议"。所以对技术审查意见的监督，很好地发挥了专家陪审员的作用，为消除专家陪审员与法官之间的隔阂提供了新思路。

4. 适时公开技术审查意见

公开技术审查意见最有利于监督技术调查官尽职尽责地工作，但要兼顾公正与效率之间的关系，就需要考虑什么时间节点公布技术审查意见最为合适。有学者认为应该在一审判决之前，因为如果将技术审查意见公开的时间设置于案件的一审判决书中，便意味着当事人只能在二审中进行陈述申辩，本该在一审中享有的陈述申辩权已经错过，且无法补救。① 有的则认为在一审判决书中公开未尝不可，当事人如果对于一审判决不满意可以提出上诉，通过二审程序来获得救济。

---

① 赵锐、魏思韵：《知识产权诉讼中技术调查官的理论反思与制度完善》，《南京理工大学学报（社会科学版）》2021 年第 6 期。

上诉法院可以对一审的技术调查报告进行审查，如果认为有必要，也可在二审程序中引入新的技术调查官。[①] 笔者的观点更倾向于后者，因为二审程序本来设计的目的就是救济一审出现的纰漏，如果在一审判决之前就公开技术审查意见，当事人很可能会围绕着技术审查意见进行辩驳，这无疑拖累了一审程序进程。为了更好地兼顾公正与效率，技术审查意见在一审判决书中公开更佳。

四、技术审查意见采信机制的完善

（一）技术审查意见采信机制出现缺陷的原因

从技术调查官制度引入之初技术审查意见的采纳率就畸高。广州知识产权法院曾"自豪"地宣称其启用技术调查官协助审理的案件，技术审查意见的采纳率高达100%。但没想到该言论一出就招致学术界的批评，学术界认为这无疑与审判独立原则背道而驰。法院表示莫名其妙，案件审判时法院是独立审判的，何来违背，这未免有点"冤"？其实，学术界是这样认为的，独立审判原则包含两层含义：第一层含义是指法院独立行使审判权，其他机关无权行使；第二层是指合议庭或者法官个人独立行使审判权，其他机关团体个人无权干涉。由此看出，学术界的批评不无道理，技术调查官的技术审查意见畸高的采纳率无疑是说法官将技术类案件中技术事实认定的裁判权给了技术调查官，技术调查官成了第二法官，这与审判独立原则不相符。但法院认为技术调查官是法院的内部人员，采纳技术调查官的意见不违背审判独立原则。

笔者觉得造成这一深层次冲突的原因是我国法官中具有理工科背景的人数稀少，对技术事实无法明晓，所以法官全盘采纳技术审查意见无可避免。2018年底至2019年最高人民法院知识产权法庭成立前后，罗东川庭长就曾在多个场合公开表示："最高人民法院知识产权法庭选拔的第一批法官不到30位，其中仅三分之一的法官具有理工科背景。"[②] 这与知识产权霸主美国不同，美国在知识产权领域的审判更具专业性和说服力，美国联邦巡回上诉法院的现役法官当中过半具有技术背景，并且给每一位法官配备拥有理工背景的法官助理。在美国现行的教育体系下，法学硕士和博士一般均具有技术背景，因此，美国法院的法官本身

---

① 强刚华：《试论中国知识产权法院技术调查官制度的建构》，《电子知识产权》2014年第10期，第84页。

② 靳昊：《最高人民法院知识产权法庭即将挂牌》，《光明日报》，2018年12月30日，第6版。

多具备技术知识。① 在技术事实认定的过程中，法官分配到的案子虽然不全吻合其学历背景和擅长领域，但法官完全可以借助自身专业技术素养触类旁通进行技术事实认定，这就很大程度上削弱了对技术审查意见的依赖。笔者认为导致我国技术审查意见采纳率畸高的原因与我国法官的培养制度有关联。我国的法学教育模式与英美国家不同，英美国家本科阶段是没有法学生的，研究生阶段才开设法学，因为英美国家认为法律比较生涩难懂需要阅历。在英美国家深造法律的人才都有另一个学位，这些人本科阶段可能是攻读工科的或者理科的，所以其法官在知识产权技术事实认定方面有一定认识。相比我国，我国本科时即可以攻读法律。在社会认同度方面，以珠三角地区法院招聘选人为例，同是研究生学历，面对本科不是专修法律的和本科专修法律的学生，法院更会选择本科、研究生阶段一脉相承都攻读法律的人才。因此，我国法官学历背景单一，极少拥有理工科背景，在技术事实认定方面存在短板。面对疑难复杂的知识产权案件时，在时间有限的情况下，技术审查意见作为"救命稻草"弥补了法官在技术事实认定方面的缺陷，法官理所当然采纳"相对中立"的技术审查意见。所以，技术审查意见采纳率居高不下，我们也不能全怪法官让渡技术事实裁判权。笔者认为，如果技术审查意见采信机制规范，技术审查意见采纳率高也未尝不可。

（二）技术审查意见采信机制的完善建议

对于上述采信机制缺陷，笔者觉得可以采取三个办法，一是组织法官定期学习，拓宽法官的知识面；二是优化技术调查官的组合方式；三是允许技术审查意见被公开辩论。

1. 定期组织法官学习

由于法官技术知识的匮乏是导致现有采信机制缺陷的主要原因，因此笔者建议可以定期组织法官学习基础的理工知识，增强法官的专业素养。强调学习是因为法官是一份终身学习的职业。作为一名称职的知识产权法官，只有树立终身学习的理念，才能筑牢裁判的基础。知识产权法官可以没有理工背景，也可以没有技术背景，但一定需要不断学习，只有这样才能化解知识恐慌、本领危机。不要求法官熟悉高尖端领域的技术知识，但基础的生物、化学、物理、机械和互联网

---

① 李青文：《美国联邦巡回上诉法院的运作及对我国的启示》，《南海法学》2020 年第 1 期，第115 页。

知识笔者觉得有必要了解。法院也可以定期邀请高发侵权领域的技术人员给法官开讲座普及行业知识和行业动态，让法官在之后的裁判中更有主动权。

有人说法官工作繁忙，不仅要学习新颁布的法律法规而且还有各种会议等着，已经没有多余时间了，所以要求法官学习深造是不切实际的。笔者觉得可以通过两个方面促进法官学习：一是创新学习模式，现在互联网发达，慕课资源精良，法官可以任何时间任何地点打卡学习；二是完善奖励机制，法院可以将完成课程的多少作为法官评优的依据，激发法官的热情干劲。

2. 优化技术调查官组合方式

技术审查意见主要是由 1 名技术调查官完成，当涉及交叉技术领域或者重大、疑难专利案件时技术调查室会指派 2 名技术调查官查明技术事实。从境外经验看，技术审查意见采信机制的完善离不开技术调查官的合理设置。笔者认为在条件允许的情况下可以采取每个案件指派 2 名技术调查官，复杂的案件要求技术调查官来源不同。例如我们可以尝试借调国家知识产权局审查员作为技术调查官。多个技术调查官对同一个技术问题进行调查、讨论并最终形成结论，这样就算是技术审查意见的采纳率 100% 也无可厚非，因为这样保障了技术事实认定的正确性、准确性、客观性。根据新闻报道，广州知识产权法院在未来几年将会与审协广东中心相邻办公，笔者认为这不失为一次可期的尝试。

3. 允许技术审查意见被公开辩论

允许当事人对技术审查意见进行辩论有利于法官弥补知识缺陷。在当下，由于大多数法官缺乏对技术审查意见的监督能力，所以建议在制度上安排必要的程序强化采信能力，这就要求技术审查意见应该允许被公开辩论。一方面，通过公开辩论技术审查意见，可以弥补技术调查官在技术审查意见中的知识漏洞，使得法官从当事人辩论中得到有益的信息，核实技术事实审查思路，修正认知偏差，从而在最大程度上保障技术审查意见的公正性。另一方面，双方通过辩论技术审查意见，使得法官对涉案技术特征有更深刻的理解，对涉案技术是否落入专利权利保护范围更加清晰。诉讼双方对是否构成侵权有一个更加合理的预期，对于增强审判的专业性具有重要作用。

虽然技术审查意见不是证据，但它又常常作为法官认定技术事实的重要参考。例如广州知识产权法院 2014 年至 2017 年成立三年来，技术调查官一共参与审判案件 551 件，提出的技术审查意见被合议庭采纳超过 95%。① 深圳市中级人民法院 2020 年至 2022 年以来，技术调查官一共参与审理案件 596 宗，出具比对意见书 158 份，参与证据保全、取证 23 次，对案件技术事实提出的专业意见采纳超过 90%。② 在司法实践中，正是由于技术审查意见畸高的采纳率，但它既不受证据法的调整，也不需提交庭审质证，技术调查官也因此有"隐形的法官"之称，从而一直广受诟病。由上分析，《若干规定》明确技术审查意见为参考资料，所以将其"隔离"于诉讼程序之外。而实际上该技术审查意见对案件技术事实认定产生了重要影响甚至成为"定案依据"，这显然有违程序的正当性，即定案的依据不经过辩论，所以很难让败诉方信服。笔者认为法官应该允许当事人对技术审查意见进行辩论，听取各方的意见，给予当事人充分发表意见的权利。

五、结语

技术审查意见作为技术调查官的工作成果，代表着技术调查官制度的中立性、客观性和科学性。所以研究技术审查意见确有必要，并不是"无病呻吟"。当前，立法对技术审查意见的规定过于粗糙，不利于技术调查官制度的运行。本文首先明晰技术审查意见属于法院内部参考文件，让其与其他技术事实查明机制相辅相成。然后，对技术审查意见是否应该公开展开了深入的讨论，表明技术审查意见适当公开是人心所向。对于技术审查意见监督上的空白，笔者认为可以采取事后追责制，一方面保证技术审查意见的质量，另一方面也保证庭审效率。最后是对技术审查意见采信问题给出了完善的建议。

（佛山工贸集团　孔嘉勇）

---

① 广州知识产权法院：《广州知识产权法院三岁啦!》，https：//mp. weixin. qq. com/s/laAjPjSj-c3qSGhbx CE7OQ，2017 年 12 月 18 日。

② 《深圳法院：技术查明机制助力公正审判提质加速》，广东政法网，https：//www. gdzf. org. cn/zwgd/content/post_ 121870. html，2022 年 11 月 10 日。

查明路径篇

22

技术调查合议制的可行性思考

一、引言

合议制，是指一种实行多人参与、共同裁判的集体决策机制。合议制是法院审理案件基本的组织形式之一，合议制的配置是否合理直接关系到案件能否得到公正的审理。目前，我国法院所受理的各类案件，大部分都适用合议制。根据我国《人民法院组织法》的相关规定，人民法院审理案件实行合议制，除法律规定可以实行独任制审理的简易案件以外，其他的案件都应该由合议庭进行审判。

与司法合议制相类似的是，在我国专利复审委员会，无效案件的审查通常由合议组组长一人、主审员一人、参审员一人或三人组成的合议组进行。相关研究认为，该程序是"应请求人请求而启动的由平等民事主体参加的准司法程序"。在专利无效程序中，三名或五名复审员共同审查专利无效案件，对审查所涉及的证据是否采信、事实是否认定以及理由是否成立等进行表决，共同作出审查决定。①

结合法院和专利审查工作的实际情况，由于技术调查官并非相关技术领域的顶尖专家，故当其面临自身难以解决的疑难、复杂技术问题时，有人建议法官申请技术调查室采用合议制或召开技术专家委员会会议，让全体技术调查官充分发挥智慧，集体讨论，确保案件得到公平公正审理。

---

① 郭婷：《我国专利无效程序合议制度研究》，中国政法大学硕士学位论文，第3页。

二、建立技术调查合议引发的争议

针对技术调查是否引入合议制，出现了两种不同的声音。支持者认为当前我国大多数法官不具备技术背景，尤其在涉及司法鉴定类案件中，鉴定者在很大程度上左右着裁判结果；而类似现象在涉技术类知识产权案件的审理中亦普遍存在，法官往往依赖专业人员出具的技术审查意见作出裁判。在我国法院所受理的各类案件大部分都适用合议制的情况下，涉及案件关键技术事实问题让技术调查官独自作出决定，并左右着审判的结果，无疑存在较大的漏洞，应引入合议制加以制约完善。

而反对者认为技术调查官的专业意见只是就技术事项对法官所作的解释、说明和建议，技术审查意见仅作为法官认定技术事实的参考，技术调查官对案件裁判结果不具备表决权，即使是技术调查官内部集体讨论的结果亦仅供法官参考，法官亦不应简单地将技术调查官作出的事实认定直接等同于法律认定，从而在实质上将司法裁判权让渡给技术调查官。[①] 若技术调查官采用合议制将表决权前置，法官在采纳技术审查意见的过程中即使与合议意见相左亦有所顾忌，技术调查官采用合议制弊大于利。

三、技术调查官合议的必要性

司法实践之所以普遍采用合议制，一是抑制司法专横、防止司法腐败，合议内部因形成制约与控制机制，防止和避免技术调查官滥用自由裁量权，能够对法官因非正常因素产生的故意偏差起到预防与矫正作用；二是合议制集体智慧保障司法的正确，避免法官的主观独断，有利于案件技术事实的查明，参与决策的法官的人数意味着代表不同意见的人数可能增多，因而审查的结果可能更具有普遍性和正当性；三是合议制强化审查科学性，合议制要求每个合议庭成员必须公开阐述其对案件事实的看法、说明相应理由，每个成员发表意见时需要有相当的依据和理由加以支持，而且要经得住起推敲和合议其他成员的质疑。

在参与诉讼活动中，技术调查官对于案件事实的判断带有一定程度的主观性，而技术调查官的专业理论素养、业务水平、理解能力等方面又存在不同的差

---

① 邓朝霞：《知识产权审判中技术审查意见之法律效力分析》，《法制博览》2016 年第 33 期，第 70 页。

异，因此就决定了技术调查官在理解和分析技术事实时在一定程度上也具有主观性。而且，这种主观性的程度有可能会随着各种案件疑难复杂程度的不同而加深。

当前技术调查官经验普遍不足，专业理论素养普遍有待进一步提高，案件拿不准的问题仅凭借个人力量难以解决，在技术调查官制度建立初期尤为明显。由于在编技术调查官的有限性，技术调查官在审查过程中遇到非熟悉领域或遇到陌生技术问题时，需请教通晓该技术领域的技术顾问或专家委员对涉案技术问题进行商讨研究。在专利审查领域，专利审查协作中心制定了与合议类似的会审制度，以解决审查中的疑难问题。同样，在司法鉴定领域，对复杂、疑难或者特殊鉴定事项，可以指定或者选择多名司法鉴定人共同鉴定。

因此，亟待建立技术调查官合议制度讨论重大的或者疑难的案件和其他有关审判工作的问题，总结办案经验。

四、技术调查合议的可行性

技术调查工作与审判工作不同，审判工作侧重事实认定和法律适用，而技术调查工作侧重专业技术知识在查明技术事实中的运用。若将审判中的合议制完全引入技术调查工作中，必然面临着诸多"水土不服"的问题，技术调查工作合议具体如何实施操作仍存在着不少难题。以下针对合议案件适用范围、合议成员范围、合议意见表决效力以及合议成员人数等主要问题加以分析。

（一）合议案件适用范围

技术调查采用合议制时其适用范围应予以明确。在我国民事诉讼中，对于事实清楚、权利义务关系明确、争议不大适用简易程序审理的案件以及一些适用特别程序审理的案件，适用独任制外，一般民事案件的一审、所有民事案件的二审以及再审案件等都适用合议制度。有人建议技术调查合议参照民事诉讼中的相关规定，简易技术事实多可由法官自己查明，法官申请技术调查官的案件往往是疑难复杂案件。技术调查案件应采取合议为原则，独任为例外。

技术调查官在实际参与诉讼活动中，接触到的技术调查案件也并非全为疑难复杂案件，法官多因为案件中某一技术事实超出自身专业知识范畴而申请技术调查官进行协助。根据以往办案经验，多数技术调查案件申请技术调查官利用自身知识储备可得到快速处理，还有部分疑难复杂案件其症结点往往在于证据而非在于技术争议认定，可与法官或法官助理一同解决，多数情况下并不需要额外增加技术调查官。

随着社会经济的不断发展，纠纷呈爆炸态势激增，案多人少、诉讼迟延几乎成为当今世界司法的一个普遍现象。因此，如何既正确又迅速地作出裁判，就成为各国司法实践的重要课题。可以发现，这是一个独任制适用范围不断扩大、合议制适用范围逐渐缩小的演变史。目前在我国民事司法实践中，独任制与合议制运行较为混乱，面对"诉讼爆炸"的案件压力，合议制基本处于被架空的地位。[①] 在基层法院，大量案件都采取简易程序以便适用独任制，在中级人民法院虽然不能适用简易程序及独任制，但"合而不议"的现象却早已成为公知并饱受诟病。当前广州知识产权法院技术调查官月收案在 10 宗以上，且技术调查申请案件数量呈快速上升趋势。面对如此庞大的工作压力，难以让合议的所有技术调查官都像案件承办人那样认真准备每一起案件。若制度安排超出能力范畴，将导致技术调查合议同样"坐而不审"，沦为陪审陪议的"道具"。

可供参考的是，在复审委设立初期，复审员审查无效案件的经验不足，办案没有信心，对合议组存在依赖心理，不敢自己做决断。近年来，由于复审员的法学理论素养普遍有了较大提高，而且随着审查经验的积累，很多以前觉得拿不准的问题现在凭借个人力量都已经能够解决。在此情况下，另两名合议组成员的参与就成了走过场，而且还拖延了审查周期。[②]

笔者建议技术调查案件的适用范围设计初期应着眼于未来与实际，合议制不应设计初始即陷入制度约束。技术调查案件应以独任为原则，合议为例外。合议案件准入的宽严度应根据案件情况予以调整。

（二）合议成员范围

合议制强调发挥合议组成员的群体智慧，来弥补个人知识、经验、判断等方面的不足，限制个人专断，而同质化的群体是合议制度合理运行的人文背景。技术调查官合议若要取得成效，首先就须解决"人"的问题。

以广州知识产权法院为例，技术调查室共有 6 名技术调查官，专业领域包括计算机、通信、化学化工、机械自动化等，分配至各基本领域大致各有一名技术

[①] 王聪：《审判组织：合议制还是独任制？——以德国民事独任法官制的演变史为视角》，《福建法学》2012 年第 1 期，第 77 页。

[②] 郭婷：《我国专利无效程序合议制度研究》，中国政法大学硕士学位论文，第 7 页。

调查官。不同于复审委以及审查协作中心，审查协作中心的一个部门的人数都比整个法院的所有工作人员还多。也就是说，技术调查室要组成合议时，相同或相近专业领域的技术调查官组成 3 人以上的合议几乎是不可能的，个别领域还无法2 人合议。

若以技术调查室内部组成合议，则只能将不同专业背景的技术调查官组成合议，但不同专业背景的成员能否在统一的基础上进行讨论是值得怀疑的。技术调查工作本身要求的专业性较高，若以非专业人士参与专业技术调查，其结论的科学性和公正性恐怕不比所属领域技术调查官单独处理更能得到认可，也容易引起外界质疑。

单凭技术调查官自身的技术能力难以满足技术调查工作的实际需要，有限的技术调查官数量及其专业技术能力不可能完全覆盖无限多的技术问题。若要组成技术调查合议，仅以法院内部人员已经无法解决，须借助外部力量予以补充。根据广州知识产权法院当前技术调查案件办理情况，法官申请技术调查官后，技术调查室主任根据专业领域指派技术调查官独任参与诉讼活动。由于广州知识产权法院建立了专家咨询委员会以及以审查协作中心审查员为基础的技术顾问团队，专家咨询委员或审查员等其他合议成员则根据法官或技术调查官申请随后参加至诉讼活动中，非技术调查官合议成员在案件审查过程中也享有一系列权利，包括阅卷、经法官允许询问当事人、就案件技术事实认定与技术调查官一样平等进行评议等。

因此，笔者认为合议组成人员并非一律要求技术调查官身份，技术调查室可申请法院聘任的专家咨询委员或审查员参与合议。

（三）合议意见表决效力

合议则意味着各成员须对案件的具体处理发表意见。一旦技术调查官形成合议，技术审查意见是否参照审判合议，按表决后的多数意见或一致意见形成结论处理？一种观点认为合议成员需对查明技术事实的情况给予明确的处理意见，应按照常规合议制少数服从多数原则形成审查意见，不应议而不决搞出一堆意见让法官无所适从；另一种观点认为技术调查官对案件裁判结果不具备表决权，却让其对技术事实部分行使表决权，无疑在实质上将司法裁判权让渡给技术调查官，认为技术调查官在查明技术事实过程中形成的意见不应赋予表决效力。

笔者赞同第二种意见，理由如下：①技术调查官属于司法辅助人员，技术调查官所涉的职责权限都只是司法辅助性、为法官查明技术事实服务，其技术审查意见无论是否为多数意见或意见一致都须由法官自身决定是否采纳，即使意见一致法官也可不予采纳，无需将合议意见赋予表决效力；②法官作为案件最终裁决者，其应获取更多不同意见信息作为参考依据，技术调查合议成员讨论的过程就是去伪求真的过程，有必要全面向法官展示，而非仅仅一表决后的结论，即使法官按照常规思维以多数意见或一致意见处理，也是法官基于自身认识的判断，不宜过多地在制度上赋予技术审查意见以决定效力约束法官选择；③当前社会上对法官变相让渡司法裁判权的质疑长期存在，若将技术调查官合议成员意见赋予表决意义，则将审判合议对技术事实部分的表决权前置，并将该质疑扩大化并引入自身内部。

对此，笔者认为技术调查官发表合议意见不应赋予表决效力，合议成员和经办技术调查官讨论意见可形成合议笔录或会议纪要，作为经办技术调查官出具书面技术审查意见的参考。

（四）合议成员人数

参与主体的多数性，这也是合议制度的最根本特点。所谓"多数"，也是一个相对的概念，并没有明确的数量要求。按照我国诉讼法有关规定，合议庭的组成人员至少三人以上，而且是单数。只有多人参与才能使合议庭成为一个集体审判的组织形式，否则就谈不上合议问题。多人参与是合议制度最基本的特征，它是合议制度存在的前提和基础。

按照通常做法，合议成员满足三人即可，技术调查合议由于其合议意见不具备表决效力，故其合议成员人数可不必强制单数，但两人合议能否构成多数要求值得研究讨论。于目前而言，技术调查官人员有限是合议制的最大限制，尽管技术调查合议制尚未成形，技术调查室的通常做法是由经办技术调查官加上审查协作中心审查员组成团队负责技术调查案件处理，个别专业领域有两名技术调查官再加审查员组成，必要时还包括专家咨询委员。尽管两人是否构成合议仍存在异议，但两人团队已成为当前技术调查官准合议工作的常态。由于我院对在库技术顾问实行坐班制，22 名审查员身份的技术顾问轮流到我院坐班，个别法官基于谨慎考虑还会多咨询相关领域的技术顾问，实际给予法官技术咨询的人员往往不止三人，但为法官提供相关技术支持的人员往往是逐个参与至诉讼活动中，客观条件下也不易形成三人合议制共同讨论案件。

鉴于技术调查官人员有限以及实际工作情况要求，笔者建议技术调查合议组成人员要求两人以上即可。

五、结语

在知识产权法院司法体制改革先行探索的背景下，广州知识产权法院技术调查室已就合议有关问题展开讨论，并在准合议工作中开始初步实践探索。至于如何调动合议每个成员的主动性、积极性，减少合议成员中某个人或某些人的主观偏见，在争论中去伪存真，形成规范化可操作的制度，笔者学识经验有限，以上意见仍有待进一步讨论以及实践的检验。

（广州知识产权法院　练景峰）

23

探析技术调查官在举证质证中的作用

知识产权诉讼因其高度专业性和技术性的特点，给案件审判中的技术事实查明工作带来了很大的挑战。而当前我国大多数法官都不具备相应的技术背景，难以依靠自身的力量去处理知识产权诉讼所涉及的专业技术问题。借鉴日本、韩国及我国台湾地区有关技术调查官的立法和成熟经验，引入技术调查官制度，从法院内部弥补了法官在专业技术上的不足，大大地提高了审判的效率，同时也保证了裁判结果的专业性和权威性。

一、知识产权诉讼中技术事实查明的现状

知识产权诉讼因其高度专业性和技术性的特点带来的挑战同样适用于当事人及其代理人。在诉讼中经常有当事人不知道要举证，也不知道如何举证，而多数代理律师不具备相关理工科背景或缺乏知识产权诉讼知识。在庭审过程中，甚至有不少律师将实施例的技术特征进行比对、反复强调其专利无创造性、用多份对比文件结合现有技术抗辩等，致使案件事实难以查清，合法权益得不到保护，同时也给技术调查官查明技术事实带来困难与障碍。

在技术比对过程中，当事人主张不正确、有矛盾，其代理人未熟悉掌握涉案的技术方案，往往将技术特征 A 指认为技术特征 B。在一起激励振动发声装置案件①中，原告指认被诉侵权产品音圈下方的圆形金属片为碟形弹波，而该圆形金属片仅实现了音圈与传动件的连接，无法确保音圈在磁隙中的正确位置和提供振

---

① （2015）粤知法专民初字第 307 号民事判决书。

动系统做往复运动时的弹力，也无法实现传动件通过碟形弹波支撑配重体的目的，不符合碟形弹波的基本构成要件，其指认的"碟形弹波"实际上为涉案专利所述的音圈固定片。由于原告的误认，在某种程度上进一步佐证了被诉侵权产品相应"碟形弹波"与涉案专利的差异性，也为下一步对两者技术特征比对是否等同判定作了参考。

还有当事人误以为自己提供的证据已经足够，实际上不充分。在一宗 LED 电路案件①中，被告提出现有技术抗辩，在比对文件中公开了"RGB 跳变"等信息，被告认为现有技术中明了 RGB 三种颜色，因而就必定有涉案专利中三路通断开关输出模块和三路灯串的技术特征。经审查，现有技术的文字记载和附图都没有明确公开灯的具体内部结构。但在本领域，通过 RGB 跳变、渐变来实现 LED 变色时，设置三路红、绿、蓝色彩的灯来组合实施不排除只有一个 LED 灯、通过改变电流使得不同电流的灯输出不同色彩的情形，要从现有技术中"RGB 跳变"等信息中准确推断出现有技术含有多路灯串的技术特征仍需要公知常识或相关背景技术来补充并予以认定。

还有律师在谈及技术调查官时表示，"有一些当事人无办法解决的问题，包括律师和法官无法解决的技术问题，就由专业的技术人员来审查和判断"。该观点有将技术调查与控辩双方的证明责任相混淆的倾向，应厘定技术调查与证明责任的界限。作为涉案技术方案的所有者或使用者，其对所属技术领域的背景以及被诉侵权产品的具体情况都应是最了解的，涉案技术问题首先就应由当事人来解决。在技术比对过程中，仍有不少当事人仅提供了被诉侵权产品实物。庭审也仅照着权利要求书念一遍走过场，是否落入涉案专利保护范围由法院查明，将其应充分履行举证质证的责任部分抛给法官或技术调查官。

二、民事诉讼中当事人对抗模式的转变

当前诉讼法学界通说认为，我国民事诉讼中法院与诉讼当事人的地位和关系正在由传统的职权主义向英美法系所采用的当事人主义转变。我国民事诉讼的模式越来越多地开始引进私法自治理念中的对抗模式，即在民事诉讼中，当事人对自己的主张承担举证责任，并对对方的主张承担对抗责任，法院在诉讼中只处于

---

① （2017）粤知知技调字第 10 号技术审查意见。

居中裁判的地位，不允许在诉讼中对任何的一方有增益或者减益的行为。

在诉讼中，当事实真伪不明时，法官为澄清心证疑惑、查明案件事实，不仅需要激励控辩双方继续举证、质证，而且应采取适当的外在调查措施，而非直接分配不利后果。[①] 法官进行释明或查证，不是法官随心所欲地行使就可以的。有不少当事人对法官的释明行为或者查证事实的行为不理解，认为这是对对方的偏袒，未能保持裁判的中立。消极或怠于进行释明可能会导致无法全面暴露案件信息，无助于法官对案件事实的查明；而过分积极又会使法官在案件审理过程中因先入为主而产生错误认识，法官也很难摆脱这种亲自参与调查取证所产生的认识和判断。事实上，法官很难真正做到不偏不倚，保持独立和中立地位。

三、技术调查官在查明技术事实中的困境

负责查明技术事实的技术调查官自己同样会产生疑惑，其职责为协助法官查明技术事实，法官往往也是在遇到疑难复杂的技术事实亟待查明时才申请技术调查官，其对可能存在的相关证据或事实无法形成确信，或内心确信程度不足，有调查的必要或冲动，两者主观愿望之下导致技术调查官相比较法官而言在查明技术事实中具有主动性。

在举证质证环节中，原、被告双方举证能力有限或法官碍于专业背景所限未能及时引导，致使双方当事人未能对涉案技术事实进行全面披露。而技术调查官往往是在庭后受理案件，在审查的过程中发现原告在庭审中没有提供充分有效的信息证明被诉侵权产品具有涉案专利的技术特征、被告也同样无法证明两者技术特征的差异性。为避免反复召开庭审，技术调查官往往不得不在双方提供的有限信息之外选择先主动审查，依靠自身专业知识以及有限的工具解决涉案相关的技术问题。

在技术比对过程中，一些技术特征并不可通过直观认定，一方虽提供了相应证据但没有达到高度盖然性等标准，还可能面临着是否需要采取必要的实验手段来发掘被诉侵权产品的技术特征的情形。在一宗移动厌氧发酵容器案[②]中，关于被诉侵权产品是否具有排气止回装置，原告指出被诉侵权产品容器盖中部白色部件为排气止回装置，而被告认为被诉侵权产品是呼吸罐，可以进出气体，而涉

---

① 陈如超：《刑事法官的证据调查权研究》，西南政法大学博士学位论文，2010 年。
② （2015）粤知法专民初字第 2080 号民事判决书。

案专利至少有排气止回装置。对于该白色部件是否为排气止回装置，从装置的设置原理以及其宣传产品的内容来说，其呼吸罐为保护储存物品，应防止外界气体进入罐内，其气体不应可进可出，但上述论述也仅仅是推理，仅是外部观察白色的话，无法判断其是否为排气止回装置。若要查明该技术事实的真实情况仍需其他辅助证据，或采取实验方式对其白色部件气体的进出情况予以判断，否则根据相关举证责任可能判定原告举证不能而败诉。最后是技术调查官在对该产品反复勘验的过程中，在该装置上发现有注明"ONE-WAY VALVE"字样，该字样的中文翻译即为"单向阀""止回阀"。该案认定被告陈述被诉侵权产品为呼吸罐且可以进出气体与事实不符，被诉侵权产品具有排气止回装置的技术特征。

四、关于技术调查官在举证质证的建议

在实际的诉讼当中，双方当事人总会因为法律知识、诉讼经验等多方因素的影响而实际处于不平等的地位。尤其是专利诉讼，当事人对涉案技术特征进行错误举证的情形较多。如果一味强调在理想模式下的"消极"，由双方当事人任意举证质证，对于案件中显而易见的技术事实视而不见，不采取措施进一步发掘而直接分配举证不利后果，则有违设立技术调查官的初衷。笔者认为技术调查官在双方当事人举证质证的基础上，仍应全面地、客观地审查涉案技术事实。但在审查技术事实的过程中应正确把握调查介入的度，既应避免在查明技术事实的过程中过于消极与被动，又要避免在当事人举证质证过程中"大包大揽"。

（一）明确技术调查官的身份定位

技术调查官依法官申请参与诉讼活动，所涉的职责权限来源于法官的授权，是为查明技术事实服务的，其职责权限必不能超过法官的职责权限，应严格恪守司法审判中立者的地位。诉讼中的举证责任应严格明确由双方当事人承担，针对需要查明技术事实的问题，技术调查官更多地作为一名"阅卷者"而非"解题者"，其职责身份更多的是听取双方举证质证的信息，作为技术翻译完成对上述信息的对接转换，或利用自身专业知识储备对涉案技术问题加以分析，形成专业客观的技术审查意见供法官作自由心证的参考。

（二）强化法官引导作用

法官长期处于审判一线，对诉讼制度的运行模式、价值取向等有明确的了解，对当事人双方的专业技能、法律知识、诉讼经验、经济能力等方面有深入的

体察，对案件审理何时需要释明或查证均有相对恰当的判断。而相关法条规定技术调查官经主审法官或审判长许可，在庭审中可对当事人、证人、鉴定人等进行询问。技术调查官应在法官的主持下查明技术事实，避免技术调查官过分的释明使当事人在法庭上不知所措，力避诉讼突袭和庭审延迟导致效率低下情况的出现。

（三）加强自身能力建设

在涉及疑难复杂的技术问题时，法官因缺乏专业技术背景而无法对涉案技术问题有足够的了解。法官并非在任何时候都可判断何时或如何引导当事人正确充分地举证质证，此时应更多地借助技术调查官的专业判断来确保举证质证活动的正常进行，并尽可能地要求技术调查官全程参与，将涉案技术事实信息全面暴露，避免庭后信息有限而反复开庭或主动发掘涉案技术事实。为此，技术调查官可参照法官在民事诉讼中调查取证、阐明相关制度查明技术事实。查明技术事实要在私权自治的基础上，被诉侵权产品对应的技术特征、技术方案及证据材料的提出等均应由当事人决定。只有在当事人的诉讼能力与其所诉案件所要达到的目的和效果存在差异时，方才进行适当的释明和指引，促进案件真实的发现，这样既节约有限的司法资源又保证当事人诉讼权利的有效行使。

（四）审查范围应以自身能力为限

从法官调查取证来看，我国是以当事人举证为主导，法官调查取证作为补充的证据调查模式，技术调查工作也具有补充性的特点。技术调查官可参照调查取证的相关规定，在需要查明案件事实的情况下，方才依职权采取相关措施发掘涉案技术事实作为补充，必要时借助图形、声音、视频、模型等技术手段或者进行相关科学试验[1]，但应限定在所属领域技术人员的审查能力且自身条件允许的范围内。在一宗防水变压插头案件[2]中，涉案专利权利要求明确"插头本体与背盖的两两结合面通过超声波焊接方式密封连接"，被告主张被诉侵权产品插头本体与背盖的结合面通过卡扣及胶水或黏合物黏接技术而非超声波焊接。经查阅相关资料，超声波焊接是利用高频振动波传递到两个需焊接的物体表面，在加压的情况下，使两个物体表面相互摩擦而形成分子层之间的熔合。经勘验被诉侵权产品

---

[1] 广州知识产权法院《关于技术调查官参与诉讼活动的暂行办法》。
[2] （2015）粤知法专民初字第 2281 号民事判决书。

实物，被诉侵权产品插头本体与背盖均有相互匹配的卡槽结构以及少量填充物，其接口部虽有部分结合痕迹，但无法确认其是粘胶还是熔合痕迹；即使能确定是熔合痕迹，在无相关外部手段情况下也无法判断其是通过超声波加热还是其他方式加热结合，最终因原告未提供其他相关证据证明被诉侵权产品实施了超声波焊接，驳回原告诉讼请求。法院作为被动性裁判机构，不可能拥有和维持大量以及完备的实验仪器供当事人查明涉案技术事实，客观的实际情况使得技术调查官不可能为当事人搭桥铺路完成举证责任。

（广州知识产权法院　练景峰　刘合安）

24

浅谈知识产权审判技术调查辅助手段的创新

——以广州知识产权法院技术调查一体化平台建设探索为例

一、引言

技术事实的查明在知识产权审判工作中起着举足轻重的作用。近年来，涉及高新技术领域的侵权纠纷案件不断出现，涉及知识产权领域前沿问题增多。为适应知识产权专业化审判的需求，提高技术类案件审理的科学性、高效性、中立性，最高人民法院审判委员会通过了《关于技术调查官参与知识产权案件诉讼活动的若干规定》，指出审理技术类知识产权案件的人民法院将施行技术调查官制度，通过技术调查官来协助法官查明技术事实。

作为开展技术调查官制度试点工作的单位之一，广州知识产权法院专门设立了技术调查室，并在最高人民法院、广东省高级人民法院的指导下，以履行创新驱动发展司法保护职能，推进"知识产权审判领域改革创新"为目标，积极运用物联网、虚拟现实、现实增强、人工智能等信息化科技手段，解决在技术调查官参与调查取证、保全和勘验过程中遇到的难题，极大地提高了技术调查工作效率。同时，依托已建立的"网络化、阳光化、智能化"智慧法院平台，尝试用信息化的手段对技术调查工作进行辅助管理，将技术调查涉及的技术手段、业务流程、管理规范纳入统一的标准化体系，不断探索完善一体化平台的建设方案，实现技术调查全程信息化、数据化、标准化，并已在物证管理、远程示证、技术勘验等方面取得了初步成效。

二、一体化平台的建设价值

（一）服务技术调查，满足知识产权案件技术事实查明需求

随着大众创业、万众创新被视作中国新常态下经济发展"双引擎"之一，人民群众的知识产权保护意识也随着创新意识不断提高，知识产权相关案件数量再创新高、审理难度逐步增大。在司法实践中，不仅需要技术调查官参与案件的庭审和咨询，而且需要其参与证据保全、现场勘验等，为技术事实的查明提供全方位的支持。由于技术类案件所涉及的专业领域众多，所涉的技术问题难易程度不同，根据各类案件特点，选择合适的固证、勘验、示证方法和工具，对于准确、高效地查明技术事实至关重要。借助先进的信息化、智能化技术和标准化的实验室管理思想，以技术调查实验室为基础，构建网络化服务平台，将技术调查在保全、勘验、比对、示证过程中涉及的业务流程、人员、仪器设备、证物、标准方法、图书资料、文件记录、技术审查意见、案件管理等因素有机结合起来，组成一个全面、规范的管理体系，对进一步提升知识产权保护力度和知识产权案件审判水平具有重大的现实意义。

（二）数据互通，跨域共享，提升技术调查工作效率

广州知识产权法院对接广东省内跨区域管辖专利、植物新品种、集成电路布图设计、技术秘密、计算机软件民事和行政案件。技术调查官作为某一领域的专家，往往时间宝贵，如何保障技术调查官参与诉讼活动，特别是出席庭审，为案件提供专业证言，往往是知识产权案件得到公正审判的有效辅助。对跨域案件或物证无法移动的案件，技术调查官常常需要前往异地进行保全、勘验，长时间的差旅时间降低了工作效率，提高了审判成本。通过建立一体化平台，为技术调查数据网上调度、勘验数据采集、智能化物证管理、实体物证虚拟化、远程示证、技术审查意见无纸化等各方面提供技术支撑，实现技术调查勘验数据跨域共享，成为连接法官、技术调查官、技术鉴定人员、专家辅助人、技术咨询专家及当事人的信息平台，能够智能高效、准确便利地化解实物证据"质证难"等问题，有效满足了跨区域范围内技术类知识产权案件审理的需求。

（三）知识产权保护与"智慧法院"的创新融合

党的十九大报告提出，"推运互联网、大数据、人工智能和实体经济深度融

合"。《最高人民法院关于全面加强知识产权司法保护的意见》也提出，加强知识产权审判信息化建设，加强跨区域的知识产权远程基础平台建设，提高司法解决知识产权纠纷的便捷性、高效性和透明度，提升便民利民服务水平。通过不断将各类信息化、高科技手段应用于知识产权司法保护，实现"以创新方式保护创新"的深度应用，既是司法审判现代化的本质特征，也是司法审判现代化得以实现的必然选择，有利于深化科技应用，创新推动司法领域高效化、便民化。

（四）改进技术调查办案方式，提升技术调查工作绩效

一体化平台依据最高人民法院《技术调查官工作手册（2019）》的相关规范，结合技术调查官的业务工作实践，融入云计算、大数据、人工智能、5G、区块链、物联网、3D 扫描、VR、AR 等新一代信息技术，将技术调查的相关要求、办案方式流程化、电子化、标准化。一体化平台是支撑技术调查官全业务、全流程、全方位的综合业务应用平台，有利于提升技术调查的工作绩效，以更快、更准、更高标准辅助法官办案，缓解法院"案多人少"矛盾。

三、广州知识产权法院信息化建设现状

作为粤港澳大湾区唯一一家知识产权审判专门法院，广州知识产权法院自2014 年 12 月成立至今，结案数逐年增高，知识产权司法保护力度不断加大。2015 年办结 3 393 件；2016 年办结 4 907 件；2017 年办结 7 805 件；2018 年办结8 202 件，2019 年办结 13 488 件。2020 年 1—10 月，广州知识产权法院新收10 628 件案件。

以 2019 年为例，广州知识产权法院受理案件标的金额 30.4 亿元，同比建院年度增幅达 139.18%；共新收各类案件 12 896 件，同比增长 27.86%，为建院以来收案数最高的年度。

新收案中，按案件类型分，民事纠纷案件 12 544 件，行政纠纷案件 18 件，其他纠纷案件 334 件。按审级分，一审案件 4 255 件，二审案件 8 256 件，其他案件 385 件。按案由分，专利权纠纷案件 3 822 件，著作权纠纷案件 7 826 件，商标权纠纷案件 429 件，不正当竞争纠纷案件 100 件，其他纠纷案件 719 件，占比分别为 29.64%、60.69%、3.33%、0.78%、5.58%。

一审收案占比最高为专利权纠纷案件，占一审收案数的 89.82%。二审收案占比最高为著作权纠纷案件，占二审收案数的 94.79%。

据统计，2019 年广州知识产权法院法官人均结案 499 件，"案多人少"矛盾非常突出。因此，广州知识产权法院以建设智慧法院 3.0 为契机，不断深化服务人民群众、服务审判、服务司法管理。截至 2020 年 10 月，广州知识产权法院智慧法院建设概况如下：

（一）服务人民群众

（1）建成远程诉讼服务系统。

当事人可以通过互联网进行网上预立案，提交相关电子材料，法院人员可以进行网上审核。2019 年，网上立案率接近 97%，为当事人及律师提供便利。

（2）建成掌上法院系统。

法官、律师、当事人均可通过掌上法院系统对相关案件情况进行跟踪了解及反馈，服务人民群众、服务审判。

（3）建成机器人系统。

接入法律文库和诉讼指引，为当事人提供法律咨询服务，同时可指引当事人进行相关诉讼程序。

（二）服务审判

（1）建成数字庭审系统。

全院法庭全部建成科技法庭，实现庭审录音录像、现场扩音、物证比对录像、电脑画面同步显示，远程庭审、远程调解等。

（2）建成语音识别系统。

在数字庭审系统的基础之上建立语音识别系统，用于语音同步转写文字，方便记录庭审笔录，缓解书记员工作压力。

（3）建成智能同传系统。

在数字庭审系统、语音识别系统的基础之上建立智能同传系统，同步翻译各国语言，现支持四国语言，满足涉外案件审理需求。

（4）建成陪审宝。

陪审员管理系统可以发布陪审员预约公告，陪审员主动接单，实现人民陪审员管理规范化。

（5）建成裁判文书大数据库。

可以直接查阅相同案件类型的判决，辅助法官同案。

（6）使用法院综合业务系统。

广东法院核心办案系统。

（7）建成电子档案系统。

实现历史案件卷宗电子化及新收案件实时电子化，为法官提供无纸化阅卷服务。

（三）服务司法管理

（1）建成 OA 系统。

实现内部公文交换、法院行政事务管理。

（2）建成内/外网网站系统。

汇聚各类信息公开及专题报道。

（3）建成数据集控中心系统。

大屏幕多媒体系统，可调用法院综合业务系统内的案件数据，如涉案金额、收结、未结案件数量等数据，用于会议、宣传、调度等。

（4）建成物证管理系统。

实现物证出入库、借阅线上管理，并预留有上传物证照片的接口。

（5）建成智能会议系统。

内部会议系统实现智能化控制、多媒体展示、无纸化会议等，提高会议效率。

（6）建立技术调查实验室。

配置 3D 打印机、手持三维扫描仪、证据塔、取证魔方、红外光谱仪等设备，是技术调查取证的重要保障。

（7）建成安全保护系统。

根据等级保护 2.0 要求，结合跨网安全数据交换系统，保障法院系统数据安全交互。

（8）建立安防一卡通系统。

如人脸识别一卡通及高清安防系统，保障审判大楼人财物安全。

2019 年 2 月，中共中央、国务院印发了《粤港澳大湾区发展规划纲要》，明确提出"更好发挥广州知识产权法院等机构作用"。广州知识产权法院使命在肩，将充分发挥知识产权保护和促进科技创新的职能作用，为粤港澳大湾区科技创新提供有力的司法保障，为粤港澳大湾区提供一流的法治化营商环境。同时，还将全力做好支持深圳推进中国特色社会主义先行示范区建设和广州老城市新活力、"四个出新出彩"行动等相关工作。

为更好地发挥广州知识产权法院的作用，辅助法官高质量审理知识产权案件，建设广州知识产权法院技术调查一体化平台势在必行。

四、一体化平台的建设方案研究

（一）平台总体设计

（1）平台总体功能架构设计（见图1）。

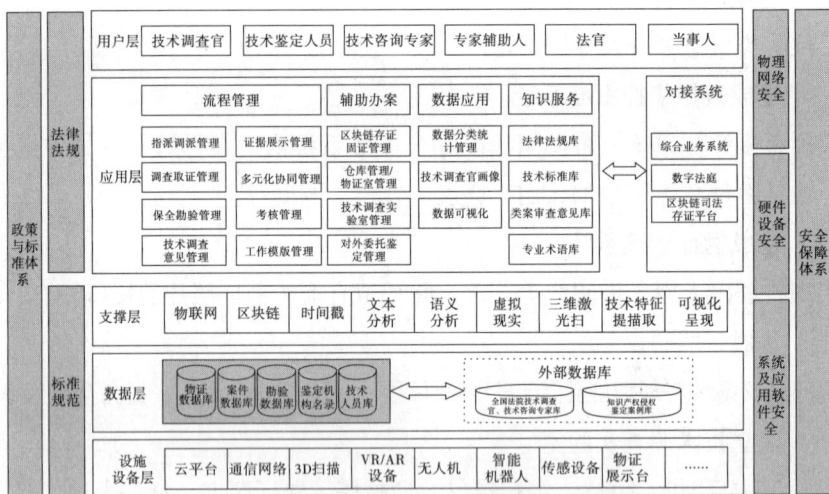

图1 平台总体功能架构设计

一体化平台由流程管理、辅助办案、数据应用、知识服务四部分组成。

①流程管理包括指派调派管理、调查取证管理、保全勘验管理、技术调查意见管理、证据展示管理、多元化协同管理、考核管理、工作模版管理。

②辅助办案包括区块链存证固证管理、仓库管理/物证室管理、技术调查实验室管理、对外委托鉴定管理。

③数据应用包括数据分类统计管理、技术调查官画像、数据可视化。

④知识服务包括法律法规库、技术标准库、类案审查意见库、专业术语库。

（2）平台部署及系统对接设计。

一体化平台与综合业务系统、数字法庭、区块链司法存证平台等系统对接，实现各个系统之间数据的无缝交互及有效利用，保障技术调查工作高效运行。

一体化平台在政务外网运行并与法院诉讼服务网对接，通过法院诉讼服务网的跨网数据交换系统与法院综合业务系统对接，实现数据无缝对接。

一体化平台同时与其委托鉴定机构、最高人民法院知识产权专家库等业务系统对接。

（3）平台安全设计。

一体化平台对系统功能及人员权限进行颗粒化配置，针对不同的用户组、个人账号配置不同的权限。

一体化平台采用实名实人认证解决方案。使用人员登录系统，需经过与平台注册人员库、人脸识别技术、活体检测技术、公安权威库比对多种组合比对方式，校验登录人员的真实身份。

系统采用三权分立架构设计，满足等级保护三级要求。

（二）平台功能简介

一体化平台依据最高人民法院《技术调查官工作手册（2019）》的相关规范进行梳理，概要流程如图2所示：

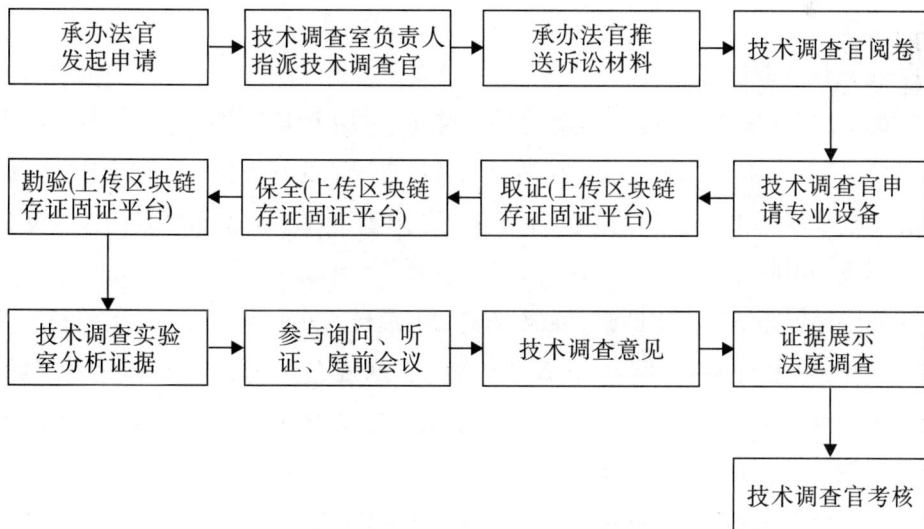

图2 平台流转概要流程图

1. 流程管理

（1）指派调派管理。

承办法官在一体化平台上发起《技术调查官申请表》，明确案号、案由、当事人、技术领域、发明名称、专利申请号、申请类型、申请事由、申请人、需要技术调查官协助审判工作的具体方式等，相关信息自动读取法院综合业务系统案件数据，并自动回填《技术调查官申请表》。

技术调查室或者技术事实查明工作负责人在收到申请后，系统自动匹配技术调查官画像，为技术调查室或者技术事实查明工作负责人指派调派技术调查官提供智能化辅助。平台优先指派聘任的、聘用的和交流的技术调查官。如不合适，可向最高人民法院知识产权法庭申请调派技术调查官。

确认技术调查官后，一体化平台通过消息提醒功能，自动将技术调查官姓名及联系方式自动推送到承办法官法院综合业务系统消息提醒窗口。承办法官在法院综合业务系统上勾选本案的涉案专利文件、起诉状等与待查技术问题相关的诉讼材料，自动推送到一体化平台，同时通过短信告知技术调查官。

技术调查官通过安全访问登录到一体化平台，自行查阅诉讼材料。相关诉讼材料自动加水印，水印与一体化平台账号使用者挂钩，杜绝传播风险，保障数据的可溯性。

（2）调查取证管理。

技术调查官外出取证前，与承办法官交流，初步梳理案件技术争议焦点、协助承办法官初步确定拟调取证据的清单以及调查取证的方法和步骤，对其中可能存在的技术难点和重点进行预先评估，并录入一体化平台，便于平台的大数据分析，形成知识服务。

系统内置介绍信、协助调查函等相关文书模板，外出取证前一键生成相关材料。此外，一体化平台对接仓库管理系统，技术调查官可在平台实时查看照相机、录像机、无人机、3D成像设备、电子数据存储设备、测量仪器等设备的库存及状态并发起申请、借出及归还。

技术调查官现场调查取证时，对于被调取的证据，技术调查官可协助承办法官及时整理好被调取的证据材料，例如调查取证过程中拍摄的照片、录像等。

对于危险性较高的特定场所证物，如化工领域，可以使用无人机进行取证，对证物进行多维度的拍摄、录像。

对于特殊设备，可利用工业级激光手持三维扫描仪对设备进行多角度采集，通过工业 3D 打印机等设备进行还原，用于庭审现场的展示。

现场取证过程产生的相关数据上传至一体化平台的司法区块链电子存证固证系统。

调查取证结束后，技术调查官在一体化平台调用《技术调查官参与调查取证、保全、勘验工作表》模板，自动生成工作表。

（3）保全勘验管理。

保全前，技术调查官协助承办法官判断保全申请相关事项，必要时可结合相关证据在一体化平台上自动生成初步意见，给承办法官提供技术参考。

保全中，物证稳妥地运至法院后，需在物证室分门别类放置。一体化平台对接物证管理系统，实现对物证的集成管理。

保全过程产生的相关固证信息，可上传至司法区块链电子存证固证平台。

勘验前，如遇化工等特殊领域勘验任务，可通过一体化平台，申请防护设备、防爆手机、相机等设备，勘验数据同步保存到一体化平台上。

勘验时，对于计算机软件程序方面的勘验，一体化平台提供代码比对工具，判断软件程序代码相似度，提高技术调查官工作效率。

（4）技术调查意见管理。

技术调查官撰写技术调查意见时，调取《技术调查意见》模板，自动回填案件基本信息。技术调查官可在平台上撰写技术调查意见。

（5）证据展示管理。

根据案件实际情况，对需重点展示的技术事实部分可准备多套展示方案，包括司法区块链存证固证信息展示、通过 3D 打印机生成的设备特征展示，或者通过 VR、AR 展示。

（6）多元化协同管理。

多元化协同管理即在多元化技术事实查明机制中，包含两名或者多名技术调查官配合、技术调查官与技术咨询专家配合等工作方式。一体化平台可利用专有加密链路 +5G 传输，突破时间和空间的限制，实现线上多方远程视频讨论，最大程度地提高技术调查官协作的工作效率。

此外，依托 5G 技术，可以强化调查取证、证据保全、勘验的远程指挥。技术调查官可以在法院执行指挥/司法信息集控中心远程指挥现场人员进行操作。

（7）考核管理。

一体化平台提供考核管理模块，包括工作量考核、工作质效考核、等次评定。

工作量考核：技术调查官填写《技术调查官辅助办案工作量考评表》，技术调查室或者技术事实查明工作负责人核对、确认、汇总，并对工作量作出认定。

工作质效考核：承办法官根据合议庭意见填写《技术调查官辅助办案工作质效考评表（一案一填)》，技术调查室或者技术事实查明工作负责人根据实际情况确认合议庭评价，或者经报分管领导批准后调整合议庭评价。

等次评定：技术调查室或者技术事实查明工作负责人按上述考核要求计算聘任的、聘用的、交流的技术调查官总分，并作出评价。

（8）工作模板管理。

工作模版管理内置技术调查官常用的各类表格包括且不限于以下表格：

①《技术调查官申请表》；②《技术调查官参与调查取证、保全、勘验工作表》；③《技术调查意见》；④《技术调查官辅助办案工作量考评表》；⑤《技术调查官辅助办案工作绩效考评表（一案一填)》；⑥《技术调查官辅助办案工作质效考评表（阶段汇总)》；⑦《技术调查官综合考核表》；⑧《技术咨询专家补充申请指派表》。

2. 办案辅助

（1）区块链存证固证系统。

建设人民法院司法区块链统一平台广州知识产权法院节点，实现广州知识产权法院与广州互联网法院、最高人民法院、鉴定机构、金融机构、知识产权局、国家版权局等互联互通。

平台提供内外网应用系统上链的标准 API 接口及 SDK 包，管理平台包含知识产权技术调查官参与调查取证、保全、勘验相关证据材料、文书材料等核心数据上链服务、存证服务、证书发放服务、上链审计服务、大数据可视化展示平台，为法院技术调查上链（司法链）提供权威依据和可信工具。平台达到源头可信、身份可信、规则可信、溯源可信的基本要求。

除提供第三方权威上链服务外，管理平台还具备上链数据管理和可视化展现能力，实现上链情况统计、上链实时监控、违规上链预警、上链进度管理等数据管理和监控服务。

（2）仓库管理系统。

仓库管理系统对接院内固定资产管理系统，可实时查看涉及知识产权案件调查取证、保全、勘验所需要的照相机、录像机、无人机、3D 成像设备、电子数据存储设备、测量仪器等专用设备库存情况，并在一体化平台上发起借用申请。

（3）物证室管理系统。

物证室作为保存保全证据的专用场所，为满足保全的实物/电子证据应远离高磁场、高温、静电、潮湿、灰尘等环境，需对物证室进行智能化管控。

通过对物证室的科学分区，同时配置存储柜、防潮柜、防磁柜、主柜和副柜等不同类型的储存设备，满足不同物证对环境的要求。

物证室管理系统利用物联网技术及机器人人工智能技术，实现对实物物证的物联网及智能化管理，在一体化平台上可完成物证追踪、监控、案件和物证信息录入、物证照片采集保存、物证自动出入库、查询、自动盘点、统计分析等操作。物证由机器人从物证保管室调出及归还，全过程无人操作。通过机器人，结合相应的盘库软件，几千上万件物证可以在十几分钟之内完成盘点工作。通过平台向机器人发送物证存储位置，机器人便能够自动规划路径移动到物证存放处，提高管理效率，降低人为因素对物证管理的影响。

对体积大或不易长期保存的物证，可通过技术调查实验室的三维激光扫描、VR、全息成像等设备资源进行数字化存证。

（4）技术调查实验室管理系统。

技术调查实验室不同于专业的知识产权鉴定机构，其主要为技术调查官提供多种信息化、智能化、便捷化的证据保全、勘验、展示及管理手段，如采用三维激光扫描技术完成存证固证，实现实物物证数字化保全；运用虚拟现实技术（VR）、现实增强技术（AR）、无人机系统，解决物证展示以及大型物证远程勘验问题；通过物联网、信息识别、全息成像技术，构建智慧物证管理。

技术调查实验室管理系统对接三维激光扫描系统、VR、AR，实现对数字化证据的综合管理。此外，还可以用于庭审现场的多媒体示证。

（5）对外委托鉴定管理系统。

对外委托鉴定管理系统将符合条件的专业鉴定机构纳入库中，在符合国家及最高人民法院关于安全隔离要求的情况下，与专业机构系统进行有效对接，整合材料传送、信息整合、流程监控等功能，实现对外委托鉴定数据与信息互通、资源共享，做到信息即时生成、即时流转，实现对外委托鉴定工作规范化、智能化、集约化、专业化、动态化管理。

（6）辅助工具。

辅助工具包括图像对比、源代码对比工具等，用于知识产权信息比对。

3. 数据应用

（1）数据分类统计分析。

一体化平台自动抽取数据库相关数据，自动形成各类主题数据分析图表，如技术调查意见数量、建议数量、案件数量等。

（2）技术调查官画像。

建立技术调查官主题库，维护和记录技术调查官的技术背景、学术成果、工作经历、参与过的案件、以工作实绩为核心的考核结果等内容。

通过大数据特征提取技术，为技术调查官打上不同标签，形成技术调查官的画像。在专利、植物新品种、集成电路布图设计、技术秘密、计算机软件、垄断等专业技术性较强的知识产权案件发生时，系统根据案件信息，自动匹配合适的技术调查官作为候选人，并在数据支持的范围内提示技术调查官应当回避的情形。

（3）数据可视化。

通过大数据分析技术，实现各类专题数据可视化分析，更直观地呈现不同时间段技术调查业务的发展趋势。

4. 知识服务

（1）法律法规库。

一体化平台法律法规库对接中国法院网法律文库，包含国家法律法规、地方法规、司法解释等。

（2）技术标准库。

一体化平台技术标准库收集知识产权相关的各类技术标准规范。

（3）类案审查意见库。

建立针对知识产权案件的裁判文书库、知识产权侵权鉴定案例库等知识库，通过云标签和大数据分析技术实现对海量文书更加精细化、精准化、智能化的分类检索。充分利用一体化平台大数据挖掘分析和文本分析功能提供的知识产权类案技术审查意见参考，辅助技术调查官编写技术审查意见报告。

（4）专业术语库。

按照不同的分类，收集知识产权领域相关的专业术语和习惯用语、公知常识等信息。

（三）平台融合新一代信息技术的具体应用

1. 三维激光扫描

知识产权案件经常会涉及专利作品的结构构造和设计侵权，对于这类案件的技术调查往往需要对实物进行观察、勘验。体积较大或无法移动的物证为现场勘验增加了不少困难，同时对物证跨区域移送提出了很高的要求。采用三维激光扫描对物证采集所有的技术细节，生成与实物一比一的三维数字图像，即可直接在电脑或其他显示终端上从各个角度查看物证的细节，极大程度地方便了技术调查官查明技术事实，同时实现了固证存证，也便于法庭及当事人进行侵权比对。三维数字化后的证物保留了完整的点云信息，也开启了证物勘验大数据模式，解决了抽样数据无法描绘被勘验对象的全貌这一问题。

2. 虚拟现实

对于大型现场环境的证物，在传统模式下合议庭带着双方当事人到现场进行勘验。通过使用虚拟现实技术则可免去此麻烦，可以事先将现场的场景拍下来，戴上 VR 头盔就能如临其境。相较于三维激光扫描，虚拟现实技术更侧重于需要场景式体验的技术调查。

3. 增强现实

增强现实技术的主要特点是将虚拟数字内容跟现实世界结合，以多种信息化技术为技术调查工作提供支持，具有高度交互性。在进行实物勘验工作时，将虚拟的信息及指令、动作序列等叠加到真实环境中，以辅助技术调查官认知物证各系统组成及功能。技术调查官通过简单的互动式操作就可以应用系统中的丰富功能。当技术调查官对现场某种工具或者重要物证不具备相关专业的知识或操作技能时，通过现场勘查 AR 远程协助，技术调查官可以远程连线专家辅助人、技术咨询专家等，远程专家可以利用三维指示功能为其提供帮助。通过三维指示功能，技术调查官可以在现实的场景中看到明确的指示标识，例如操作先后步骤、操作方向等，让指示具体化，解决了现场勘验时可能出现的技术门槛，使技术调查工作更加科学高效。

4. 无人机取证

在知识产权案件中，存在一些体积较大的专用专利设备作为物证，这些物证的全方位取证往往是比较困难的。无人机取证具有拍摄面广、动态跟踪、全面客观、细节捕捉等优势，搭载不同的数字化采集设备，如三维激光扫描，可完成大范围、高效率数据采集，实现全方位的物证三维数字化，更好地反映物证的设计、制造、使用是否存在侵权问题。

5. 物联网 + 人工智能

利用物联网技术、机器人技术、人工智能技术、计算机视觉技术实现的智慧物证管理，可以对物证进行全流程、全天候、定范围的管控，使每个物证信息电子化、伴随审判全程化、安全管控智能化、操作手续简单化。物证进入法院之后，在法官、仓库保管员、仓库等各个环节流转都将受到系统的监管和把控。物证可由机器人从物证保管室调出及归还，全过程无人操作。通过机器人，结合相应的盘库软件，成千上万件物证可以在十几分钟之内完成盘点工作。机器人根据指令到指定货架位置拣取装有对应的物证盒，并运回取件口自动卸货，自动对新增物证进行上架，并对物证进行复核。物证入仓之后，整个拣取、运送和新增物证过程无人化，实现物证管理的信息化，确保物证保密性和可追溯性。

6. 电子数据保全及勘验

电子数据技术调查是提取、固定、检验分析、审查和判断电子数据证据的专门措施。技术调查实验室需要配备专用软硬件设备完成固证、勘验，包括对原始检材进行位对位的复制，实现数据保全，原始检材中的内容不会丢失、遗漏，也不会被修改；使用数据恢复系统将电子设备存储介质中被直接删除的数据及少量次数覆盖删除的数据全部或部分还原出来；使用计算机软件代码一致性分析软件，对由相同高级语言写成的两段源程序之间、源程序和目标程序之间、双方目标代码之间进行对比。

（四）平台功能亮点

1. 统一入口和数据资源，提供平台化服务

通过统一应用门户，根据登录一体化平台的用户身份权限分配业务应用和数据资源。如技术调查官根据案件技术事实查明的需要，向一体化平台申请技术调查实验室设备和系统资源，一体化平台按实验室信息管理流程对设备状态、使用人、使用目的、案号、案件类型等进行记录，在符合申请条件的情况下向申请人开放设备使用权。技术调查官在使用设备或系统完成保全、勘验等工作后，将其接入一体化平台，在用户界面完成数据（三维激光扫描、VR、电子勘验等）导

入一体化平台数据库，其他一体化平台用户在符合权限和安全保密条件下即可访问数据，并使用一体化平台业务应用实现协同工作。

2. 建立知识产权技术调查知识库，实现智能分析，辅助勘验

建立针对知识产权案件的裁判文书库、知识产权侵权鉴定案例库等知识库，通过云标签和大数据分析技术实现对海量文书更加精细化、精准化、智能化的分类检索。充分利用一体化平台大数据挖掘分析和文本分析功能提供的知识产权类案件技术审查意见参考，辅助技术调查官编写技术审查意见报告。

3. 高效便捷的对外委托，鉴定全程电子化

建立知识产权鉴定机构名录，将符合条件的专业鉴定机构纳入库中，实现对外委托鉴定工作规范化、智能化、集约化、专业化、动态化管理。有机整合材料传送、信息整合、流程监控等功能，通过一体化平台将技术事实查明和专业机构有效对接，实现数据与信息互通、资源共享，做到信息即时生成、即时流转。

4. 智慧物证管理，实物存证和虚拟存证相结合

对实物物证通过电子标签实现物物联网，在一体化平台上可完成物证出入库登记、物证流转查询、物证盘点等操作，对物证存储进行分配和管理，实现了对每件物证、每个存储空间、每个进出人员的精细管控。同时，平台可对接智能机器人对物证室进行管理，向机器人发送物证存储位置，机器人便能够自动规划路径移动到物证存放处，提高管理的效率，降低人为因素对物证管理的影响。对体积大或不易长期保存的物证，可通过平台提供的三维激光扫描、VR、全息成像等设备资源进行数字化存证。

5. 建设专业的技术调查实验室，丰富技术调查办案装备

科学技术日新月异的发展，对知识产权案件审判工作提出了更高的要求。鉴于查明技术事实的专业性和科学性，技术调查官在履职过程中不仅需要扎实的专业理论和丰富的技术经验，而且需要必备的技术装备手段。多功能实验室分四大功能区，分别是实验室展示区、计算机实验区、物理实验区、化学实验区，各功能分区配备专业的系统仪器设备。

（1）实验室展示区：通过电子显示屏展示技术调查实验室简介、规章制度、办案成果、办案流程等内容。通过触摸式互动查询平台用于查询展示技术调查相关法规、技术调查成果（精品案例、实践书籍、改革探索成果）、境外技术查明

机制介绍、技术调查官制度的历史沿革、我国技术调查官制度的实施情况、与专利局联网、专利查询等。

（2）计算机实验区：设备包括取证系统、主张信息公开查询系统、工作站、电脑、多媒体交互电视、证据塔、取证魔方、3D 扫描仪、无人机、代码对比软件等。用于权利人主张的信息内容公开性调查取证实验、被诉侵权作品与权利人的作品是否相同或相似调查实验、软件著作权中对于软件代码是否具有同一性进行调查实验等 9 项调查取证实验项目。

（3）物理实验区：设备包括台虎钳、空压机、激光测距仪、数字风速仪、变速皮卷尺、冲击钻、剪线钳、十字扳手、红外成像打印机、3D 打印机、电磁辐射检测仪、噪声检测仪、绝缘手套、绝缘鞋等。用于被诉侵权产品的外观设计是否与原告的外观设计专利相同或者相近似调查实验、电子线路及芯片测量取证实验等 10 项调查取证实验项目。

（4）化学实验区：设备包括光谱仪、甲醛有害气体检测仪、农残检测仪、水质检测箱、放射性检测仪、个人剂量检测笔、温湿度计、防护面罩等。用于植物新品种侵权取证实验、药品侵权取证实验等 4 项调查取证实验项目。

6. 支持多种方式的出庭示证呈现，效果完整清晰

根据案件庭审需要和物证数据采集方式以及物证状态，可在一体化平台上选择多种示证呈现方式。在案件分析、讨论及庭审示证中，不需要在不同的系统中进行切换，只需配合相应的设备，即可通过一体化平台将案件证据相关的数据在一个界面上调取出来，就可方便地查看需要的内容，极大地提高了庭审人员在使用平台数据时的便捷性，也让出庭示证呈现的效果更加完整清晰。

五、结语

随着技术的不断发展，特别是互联网思维、大数据理念和人工智能在社会各个领域的影响不断扩大，不论是因为司法改革的要求，还是技术带动司法改革的必然，越来越多新技术会对法院业务产生影响。在知识产权案件技术事实查明过程中建立一体化平台，是广州知识产权法院以科技助力司法体制综合配套改革，深化科技应用，推动司法领域高效化、便民化的一个创新尝试，其通过统筹管理、统一示证、数据互通、远程协同，以多种科技手段相结合，在一定程度上解决了知识产权案件"质证难"的问题。随着 5G 技术、感知技术、机器视觉技术

等不断深入应用和发展，也将有越来越多的新技术服务于知识产权法司法保护，助力司法体制综合配套改革成果更公平地惠及更多民众，提供更优的司法服务和法治保障。

（广州知识产权法院　付　雄）

25

MR 技术在专利侵权诉讼中查明技术事实的应用

一、引言

随着全球经济的不断发展，知识产权的重要性日益凸显。在知识经济时代，专利已经成为创新和竞争的核心资产之一。由于技术的复杂性和专利法的保护范围，专利侵权的诉讼案件越来越多，如何有效地查明技术事实是专利侵权诉讼的关键问题之一。在判断专利侵权时，只有在准确查明事实的基础上，才能有效保证专利侵权诉讼中对技术事实判定的公正和公平，这也是引导和保护知识创新的重要手段之一。因此，法官和技术调查官需要仔细研究专利文件、技术文献和相关证据，以确保技术事实的准确性。同时，还需要考虑专利侵权的细节和法律条款，这样才能更好地保护创新并维护公正公平的法律环境。

传统的专利侵权比对方法主要依赖于人工查阅和比对专利文献，需要大量的专业知识和时间，且容易出现遗漏或者误判的情况。随着现代信息技术的发展，特别是机器学习、自然语言处理、计算机视觉等技术的不断成熟，为专利侵权比对提供了全新的解决方式。其中，基于 MR 技术的专利侵权比对系统已经成了国内外专利服务市场的热点。因此，在当今高科技时代，MR 技术的应用给技术事实的查明带来了新的思路和方法。

MR 技术的发展为技术调查官查明专利侵权技术事实提供了新的方式和可能性，同时也带来了新的挑战。本文重点探讨 MR 技术在专利侵权比对中的应用，介绍 MR 技术的发展现状以及其在解决专利侵权问题中的潜力。此外，还将详细介绍 MR 技术在专利侵权中的具体应用案例，以及其在比对技术事实、模拟侵权过程、数据可视化分析和交互式证据展示等方面的作用。最后，提出引入 MR 技术提质增效的方法，并探讨 MR 技术比对可能存在的风险和未来展望。希望通过本文的研究，可以为进一步推广 MR 技术在专利侵权技术比对的应用提供一些有益的启示。

二、MR 技术在专利侵权诉讼中的应用

（一）MR 技术概述

MR 技术（Mixed Reality，混合现实技术）是一种整合虚拟现实和增强现实的技术，包括虚拟现实（VR）、增强现实（AR），可以将虚拟世界和现实世界实时混合，创造出一种全新的虚拟现实体验。MR 技术的核心是将数字信息与真实世界的环境结合起来，创造出一个新的交互界面，使用户能够更加自然地与虚拟信息交互。

MR 技术的实现关键在于计算机视觉技术，其基本原理包括三个方面：传感器数据的收集、数据处理和渲染。传感器数据的收集包括摄像头、激光扫描仪和深度传感器等，通过这些传感器收集环境信息和用户行为的信息。数据处理包括对传感器数据的处理和分析，以及对虚拟内容的处理和渲染。渲染是指将虚拟内容合成到真实环境中，以实现虚拟和真实的融合。随着信息技术的发展，MR 技术逐渐在专利侵权诉讼领域得到应用。

（二）MR 技术的特点

（1）真实性。

MR 技术虚拟部分与真实世界实时融合，可以在虚拟环境中感受到真实世界的存在，提高用户的沉浸感。

（2）交互性。

MR 技术是一种自然的交互方式，用户可以通过手势、语音、眼神等方式与虚拟环境互动。这种交互方式更加符合人类的本能。

（3）全息性。

MR 技术可以显示三维对象的全息影像，使用户获得更加真实的视觉体验。

（4）可扩展性。

基于 MR 技术的系统可以与传感器、物联网等技术结合，实现更加复杂的应用。

（三）MR 技术在专利侵权诉讼中的优势

基于 MR 技术的专利侵权比对系统可以大大提高专利侵权比对的效率和准确性，减少人为的主观判断和误判的风险。MR 技术在专利侵权诉讼中的应用具有以下优势：

（1）实现高度精确的匹配。

MR 技术结合计算机视觉算法，可以对专利文献、实物样品和现场环境进行高精度的采集和匹配，从而实现对专利侵权的高精度比对。

（2）极大地缩短比对时间。

传统的专利侵权比对方法需要占用大量的时间和精力，而 MR 技术则可以在极短的时间内完成专利侵权比对，从而大大提高工作效率和准确性。

（3）提高比对的准确性。

MR 技术的虚拟和真实环境的融合可以使专利侵权比对更加贴近实际情况，从而减少误判率，提高比对的准确性。

（4）有效地保护知识产权。

MR 技术可以有效地保护专利持有人的知识产权，防止其他厂商侵犯专利权，从而保障研发成果和价值的实现。

（四）MR 技术在专利侵权诉讼中的技术实现

MR 技术在专利侵权诉讼中可以用来查明技术事实，即判断被告是否侵犯了原告的专利。具体可以通过以下步骤实现（见图 1）：

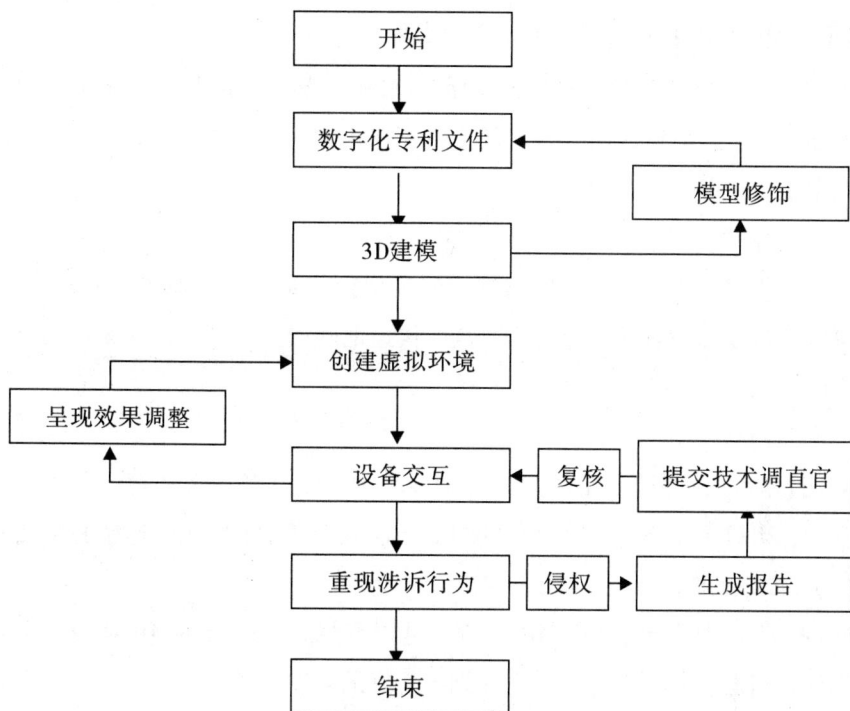

图 1　MR 技术应用于专利侵权比对流程

（1）数字化专利文件。

将专利文件转换为数字格式，以便后续处理和展示。

（2）3D 建模。

对于专利涉及的产品或设备，可以使用 3D 建模软件来建立逼真的三维模型。

（3）创建虚拟环境。

将 3D 模型引入 MR 环境中，创造一个仿真的物理环境，包括场景、灯光、纹理等，以便用户在环境中更好地操作和感知。

（4）设备交互。

通过头戴式显示器和手套等设备，让用户能够在虚拟环境中进行交互，例如检查和操作涉诉产品的各个部分。

（5）重现涉诉行为。

在虚拟环境中模拟被告的涉诉行为，例如开发、制造、销售等，以便用户可以重现原告所指的专利侵权行为。

（五）MR 技术在专利侵权诉讼中的应用

MR 技术在专利侵权诉讼中的应用前景非常广阔，可以帮助公司更好地保护自己的知识产权，也可以为企业发展提供更多机遇。MR 技术在专利侵权诉讼中的应用主要包括以下几个方面：

（1）技术事实的查明。

在专利侵权诉讼中，需要确定被告的侵权行为是否涉及原告的专利权。MR 技术可以通过模拟被告的侵权行为，从而快速地确定技术事实，为案件的审理提供有力的证据。

（2）证据收集。

MR 技术可以将模拟物品的 3D 模型转换为可视化的 MR 环境。在模拟物品的过程中，可以记录下每一个动作的细节。这对于证据的收集是非常有帮助的。

（3）审判辅助。

MR 技术可以配合法官在 MR 环境下进行审判。通过构建 MR 环境来更好地理解案件，对法官判断案件的正误起到了很好的辅助作用。

（4）创新开发。

MR 技术可以帮助公司更好地保护自己的知识产权，并在其各自的技术领域推出更多创新产品，为企业的发展提供更多机遇。

（5）节约成本。

MR 技术可以帮助公司节约成本，通过 MR 模拟物品的研发制作和测试，可以减少研发成本，并且可以节约很多 MR 产品的销售推广成本。

专利侵权比对是一种比较复杂的工作，需要考虑专利内容、专利权利范围、技术特点等方面。传统的专利侵权比对采用的是人工比对方法，需要大量专业技术人员的参与，效率低下、费用高昂。基于 MR 技术的三维建模的虚拟现实比对和增强现实比对可以通过现实世界中的物体进行扫描和识别，自动生成三维数字模型。这种方式可以大大提高比对效率，减少人工成本。

（6）虚拟现实比对。

虚拟现实比对是一种将专利产品的数字模型与虚拟现实环境进行结合的比对方式。通过虚拟现实技术，可以在虚拟环境中模拟出专利产品的运行状态和特性，实现对产品的虚拟测试和比对。虚拟现实比对可以更加真实地模拟专利产品的使用场景，提高专利侵权比对的准确度和效率。

在虚拟现实比对中，MR 技术的主要应用是虚拟物体的显示和交互。MR 技术可以将虚拟物体与现实世界进行结合，使用户可以在虚拟环境中对专利产品进行直观的交互和操作，并显示出相应的反馈结果。通过虚拟现实比对，可以更加清晰地了解专利产品的技术特点和使用方法，减少专利侵权的风险。

（7）增强现实比对。

增强现实比对是一种将专利产品的数字模型与真实世界进行结合的比对方式。增强现实技术可以将专利产品的数字模型实时叠加在真实世界中，可以在真实环境中进行滑动、旋转、缩放、定位、测量等操作，提高专利侵权比对的准确度和效率。

在增强现实比对中，MR 技术的应用主要是增强现实交互和显示。通过 MR 技术，可以将专利产品的数字模型与真实环境实时结合，实现三维建模、虚拟现实比对和增强现实比对等多种比对方式的快速切换。同时，MR 技术也可以通过手势、语音、眼神等方式与虚拟物体进行交互，增强用户的体验和反馈效果。

（六）MR 技术在专利侵权诉讼中应用的案例

MR 技术在专利侵权诉讼中的应用虽然不多，但相关案例已经出现。例如：

美国专利管理公司 RPX 利用 MR 技术对其客户的专利侵权进行比对，该技术使用 HoloLens 设备将专利文件和侵权产品的 3D 模型进行叠加显示，从而更好地进行比对分析。

德国汽车制造商 BMW 利用 MR 技术对其汽车零部件进行专利侵权比对，该技术使用 Meta2 眼镜将汽车零部件的 3D 模型投影到真实世界中，从而更好地进行比对分析。

美国医疗科技公司 AccuVein 利用 MR 技术对其专利技术进行比对，该技术使用 HoloLens 设备将专利文件和产品的 3D 模型进行叠加显示，从而更好地进行比对分析。

美国微软公司与日本科技公司 Fujitsu 的专利侵权案中，微软公司在该案中使用 MR 技术，重现了专利涉及的技术实施过程，帮助法官了解专利技术、判断侵权行为。

美国加州州立大学与美国 Zyvex 公司的专利侵权案中，加州州立大学使用 MR 技术，通过构建仿真场景，向法官展示专利技术，提高了证据效力。

中国深圳市香山普通合伙企业（有限合伙）与中国华为技术有限公司的专

利侵权案中，高通公司在该案中使用 MR 技术，重现了专利涉及的技术实施过程，帮助法官了解专利技术、判断侵权行为。

以下是 MR 技术在专利侵权诉讼中的实际案例，这里将实际参与诉讼的公司名称用字母代替：

A 公司拥有一项监控系统的专利技术，而 B 公司通过仿制 A 公司的监控系统产品进行销售，导致 A 公司业务遭受了重大损失。为了维护自己的权益，A 公司最终决定将 B 公司诉至法院。

在这起诉讼中，A 公司的律师搜集了大量的技术资料和证据，并采用了 MR 技术对 A 公司和 B 公司的监控系统产品进行了比较分析。通过 MR 技术的应用，律师们定位了 B 公司吸取了 A 公司专利技术的具体部分，查明 B 公司的监控系统产品确实侵犯了 A 公司的专利权。同时，律师们还利用 MR 技术的模拟仿真功能，辅助判断了 A 公司的监控系统产品是否具有创造性、新颖性和实用性等专利要求，从而帮助判断 A 公司的专利权是否有效。

最终，法院判决 B 公司停止侵权行为，并赔偿 A 公司经济损失。这起案件的成功，充分证明了 MR 技术在专利侵权诉讼中的重要作用，为技术事实的查明和专利侵权案件的判决提供了有力支持。

总之，MR 技术在专利侵权诉讼中的应用取得了显著的成效，在保护专利权利人的合法权益、加强知识产权保护、推进知识产权创新等方面具有重要意义。未来随着 MR 技术的不断发展和应用，其在专利侵权诉讼中的应用将变得越来越重要。

三、MR 技术在专利侵权诉讼中的优化策略

MR 技术在专利侵权诉讼中可以产生大量的数据。这些数据需要进行处理和分析，以便确定涉诉行为是否构成侵权。

基于 MR 技术的专利侵权比对方法已经成为一个非常有前途的解决方案，但是如何优化这种方法，提高比对的准确性和效率，是一个需要研究的问题，包括数据预处理优化、选择合适的算法和模型、算法参数调优、结果评估和分析等方面。这些策略将有助于提高专利比对的准确性和效率。

1. 数据预处理优化

数据预处理是专利侵权比对中非常重要的环节，对比对结果的准确性有着至

关重要的影响。因此，在数据预处理阶段需要进行一系列的优化工作，以提高数据质量和减少干扰因素。主要包括以下几个方面：

（1）数据清洗。

数据清洗是数据预处理环节中的重要步骤，主要是通过识别、纠正和删除数据集中不准确、不完整、不一致、重复或者有误的记录，以提高数据质量。在专利数据的清洗中，需要注意几个方面：①删除重复数据记录；②处理缺失数据；③去除异常数据。

（2）数据集的格式化。

在对专利数据进行预处理的时候，需要对数据进行格式化，以便于后续的处理和比对。主要包括这几个方面：①专利数据标准化；②数据集去除停用词。

2. 选择合适的算法和模型

在选择算法和模型时，需要考虑比对算法的准确性、效率、复杂度等因素。目前，在 MR 技术应用于专利侵权比对中，常用的算法和模型包括：

（1）基于文本特征的算法。

基于文本特征的算法是 MR 技术中比较常用的算法之一，包括词频—逆文档频率（TF－IDF）、余弦相似度、Jaccard 相似度等。这些算法主要是通过对文本中的关键词进行计算，以判断两篇文章之间的相似度。

（2）基于神经网络的算法。

基于神经网络的算法是目前非常流行的一种算法，其主要是通过训练神经网络模型来判断两篇文章之间的相似度，具有很好的识别效果。例如卷积神经网络（CNN）和循环神经网络（RNN）等。

（3）基于深度学习的算法。

基于深度学习的算法是目前 MR 技术中比较前沿的研究方向之一，其主要是通过深度学习模型（例如深度神经网络）来进行判断。由于其具有强大的学习能力和自适应能力，因此能够识别高度相似的文章。

3. 算法参数调优

在选择算法和模型之后，需要进行算法参数的调优，以提高比对准确性和效率。主要包括以下几个方面：

（1）特征选择。

特征选择是指从原始的数据集中筛选出最具代表性、最有用的特征，这些特征可以帮助模型进行更好的学习和分类。常用的特征选择方法包括信息增益、卡方检验等。

（2）参数优化。

在算法中，很多参数需要进行优化，例如神经网络中隐藏层数量、卷积核的大小等。为了寻找最优参数，可以采用网格搜索的方法，对每一个参数进行穷举搜索。

（3）模型融合。

在专利侵权比对中，可以尝试使用多种不同的算法和模型进行比对，通过模型融合的方式来提高比对的准确性和效率。常用的模型融合方法包括投票、均值、加权平均等。

4. 结果评估和分析

在专利侵权比对完成后，需要对比对结果进行评估和分析，以评估其准确性和效率。主要包括以下几个方面：

（1）准确性评估。

准确性评估是指利用一些评价指标来衡量比对结果的准确性，常用的指标包括召回率、精确率、F1 – score 等。

（2）效率评估。

效率评估是指通过比对时间等指标，来衡量比对算法的效率，并针对算法效率进行优化。

（3）结果分析。

对比对结果进行分析，可以发现比对算法的不足之处，为改进算法提供参考。同时，也可以对比对结果进行可视化分析，以更好地理解比对结果，发现其中存在的规律和特点。

四、MR 技术在专利侵权诉讼中的法律适用

MR 技术已经成为专利侵权诉讼中的一种新型证据，在寻找、收集和呈现技术事实中的应用越来越广泛。MR 技术的应用在专利侵权诉讼中离不开法律的支持和适用。根据《中华人民共和国专利法》等相关法律法规的规定，MR 技术在专利侵权诉讼中的应用主要有以下几个方面：

（1）证明专利侵权的依据。

MR 技术可以用于证明专利侵权的依据，即通过 MR 技术的 3D 重建模拟技术，将被诉侵权产品与专利权产品进行比较分析，查明被诉侵权产品是否侵犯了专利权人的专利权。此外，MR 技术还可以通过模拟产品的运行状态，查明产品与专利权要求中所述技术方案之间的相关性，以进一步确定侵权范围。

（2）辅助判断专利有效性。

MR 技术还可以辅助判断专利有效性，即通过对 MR 模拟产品和专利权产品的比较分析，查明专利权产品是否具有创造性、新颖性和实用性等专利要求，从而帮助判断专利是否有效，以防止无效专利权人利用专利权违规经营的情况出现。

（3）辅助确定损失赔偿额。

MR 技术还可以辅助确定专利侵权行为给专利权人造成的经济损失和损失赔偿额，即通过 MR 技术的技术分析和模拟仿真，查明被诉侵权产品对专利权产品的市场占有率、销售情况等影响，从而帮助确定专利侵权行为给专利权人造成的经济损失和损失赔偿额。

五、MR 技术在专利侵权诉讼中的应用前景

MR 技术在专利侵权诉讼中的应用前景十分广阔。随着科技的不断发展和进步，越来越多的公司在其各自的技术领域进行技术创新与研发，涉及的专利侵权纠纷也越来越多。因此，在专利侵权诉讼中，确定技术事实，比较原告专利与被告侵权行为之间的技术相关性是非常重要的。

随着 MR 技术的发展，其在专利侵权诉讼中的应用也将更加成熟。未来 MR 技术在专利侵权诉讼中的发展主要有以下几个方向：

（1）技术模拟。

关键技术比对是判决专利侵权案件中至关重要的环节之一。然而，由于人为因素的影响，可能导致判决结果不够公平和公正，给一线工作人员带来巨大的压力。随着 MR 技术的发展，MR 技术可以更加准确地进行物品模拟，从而更好地模拟专利技术的实现流程，为专利侵权审判提供有力的证据。

（2）合理使用。

MR 技术可以帮助公司更好地了解自己的知识产权范围，从而可以更好地保

护自己的知识产权；同时也可以了解自己是否涉嫌侵犯他人的知识产权，从而合理使用知识产权。

（3）审判辅助。

MR 技术可以帮助法官更好地理解案件，从而降低误判概率，提高审判效率。MR 技术可以利用图像处理和计算机图形学的优势，将专利文献中的图像、图表或图形数据转化为实时的虚拟场景。应用程序可以帮助用户在 MR 环境中标注和比较专利技术特征，例如标记特定设计元素、高亮重要的数据或进行尺寸比较等，这样可以使得专利技术的分析更加直观、准确。

（4）细节展示。

MR 技术可以帮助法庭更好地展示技术比对细节，从而更好地体现专利技术的创新点，提高专利的价值。MR 技术可以创建沉浸式的 3D 环境，使得用户能够在虚拟场景中自由浏览、探索和导航相关的专利技术。这种交互式体验有助于发现专利技术之间的相似性或差异性，提供更全面的技术比对分析。用户可以通过手势、语音或控制设备与虚拟环境进行互动，快速切换和比对不同的专利信息。

（5）数据分析。

MR 技术可以将大量数据进行可视化呈现，从而更好地进行数据分析，为专利侵权诉讼提供更加详尽的证据。

（6）多信息共享。

利用 MR 技术，多个技术调查官可以在同一虚拟场景中进行协作和信息共享。这在专利技术比对中非常有用，技术调查官团队成员可以同时访问、比较和讨论专利文献、图像等信息，并及时交流和共享想法。这种协作环境可以加速专利技术比对的过程，提高技术调查官团队的工作效率。

总之，随着 MR 技术的不断发展，其在专利侵权诉讼中的应用也会越来越广泛，同时也会用更加成熟的技术来更好地服务于专利侵权诉讼的审理工作。

六、MR 技术可能存在的风险

（一）MR 技术在专利侵权诉讼中的不足之处

（1）技术投入成本较高。

MR 技术需要高端设备和技术支持。使用 MR 技术需要购买昂贵的 VR 设备，这对于小企业和个人而言技术投入成本较高。

（2）技术应用存在局限性。

MR 技术在某些特定的领域有应用价值，但在其他领域可能没有明显的优势。专利文本信息属于机密信息，使用 MR 技术需要保证数据的安全性，防止泄漏。因此，MR 技术在专利侵权诉讼中的应用存在一定的局限性。

（3）技术尚不完善。

MR 技术仍处于发展阶段，目前 MR 技术的自然语言处理功能尚不完善，对于一些特殊的语言或领域可能存在理解难度。一些技术还不完善，例如存在图像分辨率不高、虚拟环境与现实环境之间的差距较大等问题。

（二）MR 技术可能存在的风险

MR 技术在专利侵权查明技术比对中也面临一些潜在风险和挑战。以下是几种可能存在的风险：

（1）版权和隐私问题。

进行 MR 技术比对时，可能涉及具有版权保护的专利文献、图像或其他作品。使用这些受版权保护的内容需要获得合法授权或确保符合合理使用原则。此外，MR 技术比对可能涉及个人隐私保护的问题，特别是在多用户协作和信息共享的环境中，必须遵循相关的法律和政策，确保数据的处理和共享符合隐私保护法规。

（2）数据质量和准确性。

MR 技术比对需要依赖于准确的专利文献和其他相关信息。如果数据不完整、错误或过时，比对结果可能会导致错误的判断和结论。因此，确保数据的质量和准确性是非常重要的，需要进行适当的数据验证。

（3）技术局限性。

目前的 MR 技术还存在一些局限性，如分辨率限制、跟踪和感应能力有限等，这可能导致在 MR 环境中无法完全还原和呈现真实的专利技术信息，从而影响技术比对的准确性和全面性。随着技术的发展，这些问题可能得到改进，但当前仍需注意这些潜在的限制。

（4）法律解释和争议。

MR 技术比对在司法领域中可能引发法律解释和争议。虽然 MR 技术可以提供更直观的分析工具，但如何解释和运用这些技术在法律案件中仍然需要进一步的研究和指导。在专利侵权案件中，利用 MR 技术的证据可能受到对于技术可信度和可接受性的质疑，这需要法庭和相关法律实施机构根据具体情况进行判断和决策。

综上所述，MR 技术在专利侵权查明技术比对中存在一些风险和挑战。在使用 MR 技术进行比对时，必须遵守相关的法律、隐私政策和数据质量要求。同时，需要认识到 MR 技术本身的限制，并密切关注相关法律解释的发展，以适应不断变化的专利侵权诉讼环境。

七、结论与展望

MR 在查明专利侵权中的应用具有潜力和优势，可以提供更直观、更准确的证据和模拟环境，帮助法院和当事人更好地理解和评估专利侵权案件。MR 技术可以用于重建专利产品的三维模型、演示侵权行为的过程、模拟侵权产品的性能等，为专利侵权案件的查明提供更有力的支持。然而，MR 应用可能受限于数据准确性、模型精确性、硬件兼容性、系统性能和用户体验等方面的技术风险以及相关法律风险。

在未来的研究和应用中，还需要进一步解决以下问题：

（1）开发更加智能化的比对算法。

当前的比对算法还存在一定的误差和局限性，需要进一步研究和改进，开发更加智能化的比对算法。

（2）强化数据的安全保护措施。

在使用 MR 技术进行专利侵权比对时，应该加强数据的安全性保护措施，防止数据泄露和被非法获取。

（3）继续推进自然语言处理技术的研究。

自然语言处理技术是 MR 技术在专利侵权比对中的核心技术之一，需要进一步推进和完善，特别是对于一些特殊语言和领域。

（4）降低设备成本。

当前的 VR 设备成本较高，限制了 MR 技术的普及和应用，需要进一步研究和降低设备成本，提高 MR 技术的可用性和可扩展性。

MR 技术在查明专利侵权中的应用还处于初级阶段，仍面临一些技术和法律挑战。展望未来，随着 MR 技术的不断发展和成熟，这些技术风险可能会得到一定的缓解。更高精度的传感器技术、改进的算法模型和更强大的硬件设备将有助于提高 MR 技术应用的准确性和性能。同时，随着 MR 技术在各个领域的广泛应用，对于数据隐私和知识产权保护的法律法规也会相应完善，进一步降低相关的法律风险。

总之，MR 技术在专利侵权比对中的应用还有很大的发展空间和潜力，将为知识产权保护和商业诉讼等领域提供更加精确、快速、高效的解决方案。

（广州知识产权法院　付　雄）

26

专利审查档案在技术事实查明中的作用探析

一、引言

专利审查档案实质上指在专利授权确权程序中产生的一系列具有法律意义的授权确权审查文档，其包括国家知识产权局发出的审查意见通知书、无效宣告请求审查决定书等，也包括申请人或专利权人答复的意见陈述等。[①] 专利审查档案记载和反映了国家知识产权局、专利申请人、专利权人及利害关系人通过审查、答复等确定专利的有效性、专利保护的技术方案以及专利权的保护范围等过程和相关信息。专利侵权司法审判程序中技术事实查明工作开展的重要基础和内容就包括明确涉案专利保护的技术方案及其专利权的保护范围、专利权的有效性等。因此，专利审查档案在技术事实查明中发挥了重要作用，司法实践也证明了这点。本文将以不同的专利审查档案为分类，探析其在专利侵权司法审判技术事实查明中发挥的作用。

二、专利授权和确权审查文件

《中华人民共和国专利法》第五十九条规定发明或者实用新型专利权的保护范围以其权利要求的内容为准，同时第二十六条规定权利要求书应当以说明书为

[①] 《最高人民法院关于审理侵犯专利权纠纷案件应用法律若干问题的解释（二）（2020 年修正）》第六条第二款规定，专利审查档案，包括专利审查、复审、无效程序中专利申请人或者专利权人提交的书面材料，国务院专利行政部门制作的审查意见通知书、会晤记录、口头审理记录、生效的专利复审请求审查决定书和专利权无效宣告请求审查决定书等。

依据，清楚、简要地限定要求专利保护的范围。专利权的保护范围是通过权利要求的文字表述来划定的，文字表述的技术特征构成了整个专利保护的技术方案。但是文字的特性决定了其内涵的丰富性，不同的背景环境会给阅读者带来不同的理解，技术类语言也不例外。在技术事实查明工作中，技术调查官需要充当法官的辅助人员，帮助法官彻底理解技术方案和涉及的任何技术问题，这些工作开展的基础正是技术调查官准确理解涉案专利中文字所限定的保护范围。但在现实中，技术调查官有时在确认专利权利要求保护范围及技术特征认定时会对专利文件中文字表述出现理解困难，这将导致其所谓的技术翻译、理解技术方案、解决技术问题等工作无法准确有效地开展。

原则上，经过授权和确权程序的专利其权利要求保护的范围应当是清楚明确的。在法官和技术调查官对权利要求保护范围进行理解和确认之前，国家知识产权局的审查员已经根据专利法及其实施细则的要求对相关文件进行了审查，原则上确保了专利所限定的保护范围是清楚明确的。专利审查员作为本领域技术人员，他们对技术语言是否有清楚和准确的判断标准是相对统一和明确的。因此，当技术调查官和法官站在本领域技术人员的角度对专利保护范围的理解和认定存在一定障碍或把握不准时，经过专利审查员们处理过的专利授权和确权审查文件就是最好的辅助材料，帮助理解专利的技术方案，明确专利的保护范围。在实践中，专利授权和确权审查文件对技术事实查明工作明确专利保护范围，理解技术方案起到如下几点作用。

（一）明确技术特征的真实含义

在深圳市乐正科技有限公司诉皓庭（北京）科技有限公司专利侵权诉讼案件[①]中，涉案专利保护一种立体送风口罩，该专利经过无效宣告请求审查后维持专利权有效。在专利侵权司法审判技术事实查明中，技术调查官团队对专利权利要求中"前侧面形成凸台"这一技术特征的理解出现争议，由于风轮前侧面包括内腔筒以及风轮页，争议主要在于对该技术特征的理解，即前侧面形成凸台具体是指哪个部件为凸台结构，前侧面具有形成凸台结构的部件即可还是需要位于前侧面的风轮页也须为凸台结构。经过仔细查阅涉案专利说明书及附图内容、勘验被诉侵权产品、庭审现场技术比对等环节后，依然无法解决上述争议。最终，

---

① 广州知识产权法院（2020）粤 73 知民初 2081 号案。

技术调查官团队在查阅无效宣告请求审查文件时发现，在无效宣告程序的口头审理过程中，专利权人明确权利要求中"前侧面形成凸台"意思为由风叶的自由端形成整体上中间高，四周低的形状，也即专利权人对上述技术特征进行了明确的解释。这一技术特征也是国家知识产权局认定其技术方案具有创造性的理由之一。

上述案件是综合国家知识产权局无效审查过程中，包括口头审理时专利权人对相应争议技术特征结构、技术效果认定的明确回应，无效请求人引用的比对文件证据中相应技术特征的比对，以及无效决定中无效复审部对上述歧义特征结构和效果的进一步追认，综合考虑专利确权过程中复审无效和后续侵权认定过程中结论的一致性，给争议特征事实认定和权利要求真实保护范围的确定得出准确性结论提供依据。

可见，在无法准确把握权利要求某个技术特征所表达的真实含义时，专利授权和确权文件的合理利用可以发挥关键性作用。这些经过了国家知识产权局、申请人或专利权人等相互确认及质证的文件是明确专利保护范围及技术特征的最佳佐证。无论是专利申请人还是专利权人，其在当时对国家知识产权局的答复必然是经过深思熟虑的，任何答辩在后续程序中可能对权利要求保护范围造成的影响应当是经过认真评估的，理应围绕其发明创造的本质和所想要获得专利权保护范围的大小进行。同时，参考专利授权和确权审查文件对保持专利确权过程中复审无效和后续侵权认定过程中结论的一致性也具有重要意义。

（二）查明是否违反"禁止反悔原则"

禁止反悔原则主要是避免专利权人在专利授权确权程序和司法保护程序中对专利保护范围的限制所作的陈述不守诚信、出尔反尔。北京市高级人民法院《专利侵权判定指南（2017）》第六十一条对禁止反悔作出明确定义，是指在专利授权或者无效程序中，专利申请人或专利权人通过对权利要求、说明书的限缩性修改或者意见陈述的方式放弃的保护范围，在侵犯专利权诉讼中确定是否构成等同侵权时，禁止权利人将已放弃的内容重新纳入专利权的保护范围。可见，技术调查官在确定权利要求保护范围时，如果忽略了授权确权程序中申请人或专利权人所作的修改和意见陈述，极有可能造成对权利要求保护范围的认定扩大，导致审判不公。

在广东易百珑智能科技有限公司诉北京京东叁佰陆拾度电子商务有限公司等

专利侵权诉讼案件①中，涉案专利权利要求中限定了"发射电路板位于线圈组的上方"，而涉案产品中的发射电路板不仅位于线圈组的上方，而且延伸至磁铁组的上方。从涉案专利的说明书及说明书附图记载的内容可知，涉案专利中的发射电路板并不能覆盖在磁铁组的上方，不然会影响活动板的按压动作。涉案专利第52798号无效决定书记载，国家知识产权局无效复审部认定权利要求具有创造性的理由中包括将发射电路板设置在线圈组的上方，而不是整个发电结构的上方，通过这种有选择性的结构设计，减小了底壳及整个模块的体积。可见，国家知识产权局无效复审部在确定涉案专利权利要求具有创造性的理由时明确了发射电路板设置在线圈组的上方，而不是包括磁铁组整个发电结构的上方。对于涉案产品，整个发电结构的主体是线圈组合磁铁组结构。在诉讼中，原告认为被告涉案产品中"发射电路板不仅位于线圈组的上方，而且延伸至磁铁组的上方"与权利要求中的特征"发射电路板位于线圈组的上方"相同。技术调查官通过查阅审查档案可以明确，原告通过"发射电路板设置在线圈组的上方，而不是包括磁铁组的整个发电结构的上方"获得了权利要求具有创造性的认定，但又试图以"发射电路板不仅位于线圈组的上方，而且延伸至磁铁组的上方"来认定被诉产品落入保护范围，明显违反禁止反悔原则。

同样需要注意，并非申请人或专利权人在授权确权程序中只要涉及技术内容的修改或陈述就必然导致禁止反悔原则的适用，而是需要根据专利审查员最终的审查结论综合判断。如在上述广东易百珑智能科技有限公司诉北京京东叁佰陆拾度电子商务有限公司等专利侵权诉讼案件中涉案专利权利要求中包含了特征"主铁芯"，但并未就主铁芯的具体形状作限定。被告认为涉案专利中的主铁芯为一字型结构，专利权人在答复无效意见中指出采用一字形的线圈组可以显著降低无线开关的厚度，且不影响发电的效率，有利于将其进行模块化，可见专利权人违反了禁止反悔原则。技术调查官通过仔细查阅审查档案，认为权利要求中并未限定主铁芯为一字型结构，且国家知识产权局无效复审部认为权利要求具有创造性的理由并不是主铁芯具有一字型结构。可见，专利权人不存在违反了禁止反悔原则。

技术调查官在理解权利要求的保护范围时，不能仅仅停留在涉案专利权利要

---

① 广州知识产权法院（2021）粤民初1075号。

求字面含义的理解，而是要从技术方案整体出发，充分考虑说明书记载的内容以及包括无效复审部在无效程序中相关意见在内的审查档案，客观公正地给出相关认定意见。

三、专利权评价报告

专利权评价报告制度是实用新型专利以及外观设计专利区别于发明专利所特有的。专利权评价报告是专利权人或利害关系人请求国家知识产权局对实用新型专利以及外观设计专利的专利权稳定性出具的报告，即国家知识产权局对实用新型专利或外观专利进行检索，并就该专利是否符合专利法及其实施细则规定的授权条件进行分析和评价。[①] 专利权评价报告有助于专利权人、利害关系人等对所涉及专利的稳定性能够有相对明确的认识。专利权评价报告并非行政决定，无法改变相关专利的稳定性。因此，专利权评价报告虽然不属于司法解释中定义的审查档案，但因其出具单位的行政地位、专业程度等，笔者此处倾向于将评价报告作为一种特殊的专利审查档案看待。

在涉及实用新型专利和外观设计专利的侵权诉讼中，双方当事人尤其是原告通常会将涉案专利的专利权评价报告作为证据一并提交，以此来证明涉案专利的专利权稳定性。专利法和相关解释规定了专利权评价报告的出具是自愿的，而非必需的。在专利侵权司法审判程序中，专利权评价报告发挥了重要作用。作为专利权有效性的参考性证据，专利权评价报告相当于是对仅经过初步审查的实用新型专利或外观设计专利的一次实质性审查，对专利是否符合新颖性、创造性，权利要求是否清楚等作出了明确判断。这些判断结论虽然无法决定专利权有效性，但对专利权有效性的判断是非常有参考价值的。如果专利权评价报告中明确了涉案专利不符合专利法或专利法实施细则的某项无效条款的规定，则该专利权评价报告可以提示原告和被告可考虑进行确认专利权无效的行政程序；甚至，当专利权评价报告中明确了涉案专利不符合《中华人民共和国专利法》第二十二条规定的新颖性时，被告可基于此考虑提出现有技术抗辩。实践中，部分实用新型专利或外观设计专利明显不具备授权条件，但误被授权且进入侵权诉讼程序，被告因不了解专利诉讼相关知识而没有提出无效程序。此时，如果法官团队能够发现

---

① 中华人民共和国国家知识产权局：《专利审查指南（2010）》，北京：知识产权出版社2010年版，第496页。

并判断涉案专利明显不具备授权条件，则可以根据相关司法解释规定，要求原告提交涉案专利的专利权评价报告，以进一步确认涉案专利的专利权有效性。不可否认，经过专利权评价报告审查的专利权稳定性要小于经过无效程序的专利权。[①]

在技术事实查明工作中，专利权评价报告可以帮助技术调查官理解技术方案，确定专利权保护范围。专利权评价报告的出具单位是国家知识产权局，具体报告的完成也是由专利审查员完成，工作标准与专利授权确权程序中的完全一致。可见，原则上，审查员在专利权评价报告中对技术方案理解、评述的严谨和细致与专利审查档案中的相应工作毫无差别。因此，专利权评价报告中对技术特征的分析，检索出的现有技术文献等都可以作为法官团队理解涉案专利技术特征的参考。

例如在某实用新型专利侵权诉讼案件中，技术调查官团队对涉案专利权利要求中的某一技术特征的理解存在疑惑，不同的技术调查官对其含义有不同的理解。当事人并未对该专利以上述权利要求不清楚为由向国家知识产权局提出无效宣告请求；同时，涉案专利的实用新型专利权评价报告中并未指出存在权利要求不符合《中华人民共和国专利法》第二十六条规定的"清楚"的情况。根据专利权有效原则，经过专利行政机关依法审批授予的专利权，在未被宣告无效之前，该专利都应推定为有效。因此，在该案中，技术调查官需要明确和澄清相关技术特征的含义，确定权利要求的保护范围。经过仔细阅读涉案专利的专利权评价报告发现，评价报告中在评述相关权利要求的新颖性时，认为上述引发技术调查官争议的技术特征已经被现有技术说明所公开。此时，技术调查官经过阅读现有技术说明，可以明确国家知识产权局审查员对上述争议技术特征的理解。这明显有助于技术调查官澄清相关技术特征的含义。

从专利权评价报告中得到的启示和信息并不意味着一定会对技术调查官的工作造成限制和约束。技术调查官的技术事实查明工作属于专利侵权司法审判程序，具有独立性，而评价报告中所反映的专利审查员对技术方案的理解思路和方式方法对技术调查官具有很好的参考价值。

---

① 陶冠东、刘乐：《专利权评价报告出具标准的司法困境及其反思》，《电子知识产权》2021年第12期，第110页。

四、同日申请的实用新型专利和发明专利

将一个技术方案在同一申请日同时提出发明专利申请和实用新型专利申请已经成为申请人普遍使用的一种申请策略。在这种情况下，实用新型专利申请审查周期短、授权快，技术方案可以尽快获得实用新型专利权的保护。如果发明专利专利申请在后续可被授权，则可放弃实用新型专利权；如果发明专利申请无法被授权，则依旧可以享有实用新型专利权的保护。在专利侵权诉讼阶段的技术实施查明阶段，同一申请日的实用新型专利或发明专利的审查档案都可以互为参考。尤其是当同日申请的发明专利申请被驳回授权请求或专利权被宣告无效时，其结论可能关系到同日实用新型专利权的有效性。

在（2020）最高法知民终699号案件中，涉案专利的专利权人将同一技术方案同日提交了实用新型专利和发明专利申请，实用新型专利申请首先获得了专利权，而请求保护范围相同的发明专利申请因相对于一篇现有技术文件不具备新颖性和创造性而最终未能获得专利授权。专利权人以该实用新型专利进行维权。最高人民法院最终驳回了涉案专利权人的全部诉讼请求，认定上述实用新型专利权并不属于专利法保护的合法权益。其中一条考量因素就是，专利权人同日提出的请求保护范围相同的发明专利申请不具备新颖性和创造性，不符合专利授权条件。

但技术调查官需要注意的是，实用新型专利和发明专利对于创造性的判断标准并不一致，其对现有技术领域以及采用现有技术文件数量都有着严格的区别规定。（2020）最高法知民终699号案件中，因为发明专利申请的新颖性和创造性评判仅涉及一篇相同技术领域的现有技术对比文件，也符合实用新型专利申请在评判新颖性和创造性的标准，因此，可以直接以发明专利申请的授权审查结论作为司法审判结论的考量因素之一。实践中，由于发明专利申请授权或确权过程中涉及的创造性审查标准与实用新型专利的创造性审查标准是不一致的，所以具体案情具体分析，但同日申请的实用新型专利和发明专利审查档案的借鉴参考思路是值得技术调查官和法官注意的。

五、专利审查档案的使用建议

（一）专利审查档案的来源

如前文所述，专利审查档案主要是在专利行政授权和确权过程中产生的，司法机关并不掌握具体的信息和材料。在专利侵权司法审判程序中，一项涉案专利是否被提起过无效宣告请求主要是由当事人告知，但是如果国家知识产权局作出的无效宣告请求审查决定对某方当事人不利或者一方当事人并不熟悉或知悉无效程序，当事人并不会主动告知法官无效宣告请求的信息。因此，一般法官会主动询问当事人涉案专利是否具有无效宣告请求的相关信息。如果法官没有主动询问，当事人也未主动告知或提交无效宣告请求的相关信息，技术调查官可以出于理解技术方案的需要，主动查询涉案专利的无效宣告请求相关信息。具体可以通过国家知识产权局的官方网站来查询，在部分情况下可能无法下载具体的无效宣告请求审查决定书，这时技术调查官可以请求法官要求相关当事人提供具体材料，确保技术事实查明工作顺利准确开展。

（二）专利审查档案的使用方法

1. 不忽视专利每一份审查档案

技术调查官查阅审查档案的主要目的是，通过审查档案中记载的审查员、专利申请人、专利权人等对涉案专利中相关技术方案的理解和陈述，来辅助自己理解技术方案，确定专利权的保护范围。原则上，涉案专利的所有审查档案都有可能对技术调查官起到帮助参考作用，可能对技术调查官关注的某一技术特征的理解就包含在了一份申请人的意见陈述或口审笔录中。所以每一份专利审查档案对技术调查官都可能是非常重要的，在没有明确需要重点参考哪一份之前，不能预先主观排除，以免遗漏重要信息。

但这并非要求技术调查官对每一份审查档案都详细翻阅，因为可能技术调查官所关注的一个问题先后在不同的档案中出现并相互关联和影响。如果只是片面关注了一份档案，会造成对关注问题的理解不全面甚至错误。

2. 重点关注争议技术特征

技术调查官具有本领域技术人员的身份和能力，一般情况下根据一份被授权的专利文件可以明确理解专利权所保护的技术方案以及保护范围。一份合格的专利文件应当保证能够被技术调查官所理解和实现。但是，用文字来表述技术，必然会在部分情况产生阅读者对部分文字理解不清楚或有歧义，回归专利文件，使得技术调查官理解不清楚或有歧义的毕竟只是部分技术特征的表述。因此，当技术调查官针对这部分技术特征去查阅专利审查档案时，可以重点关注文件中涉及这部分技术特征的内容，这样可以提高查阅效率，更有针对性。

3. 与审查涉案专利的审查员沟通

司法机关和行政机关作为两个独立机构，相互之间的业务沟通并不频繁。但是当涉及具体案件时，如果技术调查官对涉案专利的技术方案理解存在一定困惑，并且在查阅专利审查档案时对授权确权审查过程中的观点有疑惑，直接和审查员沟通不失为一种高效的处理方式。由于审查专利过程需要通过检索各种专利和非专利文献，审查员对技术方案的理解相对充分，也对本领域技术知识的储备更为充分，对技术发展趋势和前沿也更为了解。因此，直接与审查员沟通可以了解其在专利审查档案中处理相应问题时的思路和考量因素。至于审查员的联系方式，可通过司法机关和专利审查行政机关现有的沟通联系渠道获取，或者从专利审查档案中记载的审查员信息中获取。

六、结语

专利授权确权程序与专利侵权司法审判程序处于专利保护全流程的不同阶段，都是基于有效的专利权所保护的发明创造的技术方案而开展。专利授权确权程序确定的专利权保护范围与专利侵权司法审判程序认定的专利权保护范围应当是相互一致的，这种一致是客观和必然的，既关系到专利权的稳定性，也关系到行政与司法对专利法贯彻理解的统一。因此，在司法实践中，专利授权确权程序中产生的专利审查档案对专利侵权司法审判程序技术事实查明工作有着重要作用，不仅是技术调查官明确专利权保护技术方案的重要参考，而且是判断专利有效性的重要佐证。

当需要通过专利审查档案来明确技术特征的真实含义时，国家知识产权局、申请人或专利权人等相互确认及质证的文件无疑是最佳佐证之一。国家知识产权局的专利审查文件可能经过了授权、复审、无效等一系列程序的检验，申请人和专利权人的意见也是为了获取授权经过了深思熟虑。申请人和专利权人的表述以及审查员最终的审查决定为保护范围划定了明确的范围，使禁止反悔原则可以发挥应有的作用。实用新型专利权评价报告、同日申请的实用新型专利和发明专利都应被作为专利审查档案受到同样重视。

众所周知，在现代市场竞争日趋激烈的大环境下，利用知识产权这一法律工具进行市场争夺与打击竞争对手逐渐成为业界新常态。具体到专利案件，确定专利权的保护范围，查明技术事实，为法官做好辅助工作，公平公正维护当事人合法权益是技术调查官的使命和职责。查阅专利审查档案只是技术调查官完成工作使命时可能会用到的一环，希望笔者的探析能够为这一环节的工作作出微薄的贡献。

（国家知识产权局专利局　原敏强）

27

人工智能在知识产权案件技术比对中的运用

一、引言

人工智能技术的发展进步，尤其是 ChatGPT 大模型的横空出世，大大拓展了人工智能的应用边界，也刺激了大众对于人工智能在各个领域应用前景的普遍看好。人工智能技术能够模仿人类思维活动进行人类智慧成果的创新，同时也在逐步走向工业设计应用领域并产生了日益巨大的社会影响。[①] 目前，利用人工智能技术进行工业品设计已取得了较快的进展，其中图像识别、机器视觉、深度学习以及神经网络为其代表性的技术之一。人工智能技术在司法领域的广泛运用是现代技术进展到一定阶段的必然产物。

伴随这一趋势，人工智能技术在知识产权案件中发挥的作用越来越凸显。在知识产权案件的审理过程中，技术事实的厘清和判定是最为关键的步骤和环节。最高人民法院通过司法解释的形式确定了我国技术调查官的职责及其定位，其作为知识产权案件的审判辅助人员配合法官，与案件审查过程中的其他审查主体一同对比较复杂的专业技术问题进行解释和判定。自技术调查官首次亮相于广州知识产权法院参与庭审以来，该制度在我国知识产权审判中发挥了重要作用。技术调查官相继参与庭审，将自己的专业知识和实践经验运用到具体案件中，极大地促进了知识产权案件的技术事实查明，为知识产权案件得到客观公正的判决奠定了坚实的基础。但目前知识产权案件技术的查明主要还是依赖于法官和技术调查

---

① 刘强：《人工智能对知识产权制度的理论挑战及回应》，《法学论坛》2019 年第 6 期。

官进行的人工技术比对，耗时耗力，还有可能出现偏差。如何更好更高效地完成技术比对就是目前我们需要深入探讨的问题。随着人工智能技术的进步，人工智能在知识产权案件技术比对中的运用得以实现。本文将深入探讨目前技术调查官在知识产权案件中技术比对的成效及不足，分析人工智能技术的应用价值和优势，聚焦人工智能在知识产权案件技术比对中的适用范围、适用标准等方面的制度构建，以期能实现在知识产权案件技术比对的标准化和智能化，从而确保知识产权案件的高效审理。

二、技术调查官制度在技术事实查明中的成效与不足

2014 年底，在北京、上海、广州三个城市正式成立知识产权专门法院。它们是我国针对特定司法领域设立的法律现代化的产物，有助于对知识产权案件进行集中资源审判和专业化司法保障。在知识产权诉讼中，技术事实查明的准确与高效是保障案件审判公正与高效的前提。在知识产权法院成立后也迅速出台了关于技术调查官制度的针对性管理方案与工作细则，其中包括技术调查官的选任、履职要求、工作流程等方面。2014 年 12 月 31 日，最高人民法院发布了《关于知识产权法院技术调查官参与诉讼活动若干问题的暂行规定》（以下简称《暂行规定》），使得技术调查官制度在我国正式确立。[①] 在三家知识产权法院设立以后，第一期技术调查官就吸收了 54 名专业领域的人才。随后，各地陆续成立了多个知识产权法庭，聘任了相当数量的技术调查官作为技术专家辅助法官进行案件中技术事实的查明。自技术调查官初次亮相于广州知识产权法院参与庭审以来，技术调查官制度在我国知识产权审判中发挥了应有的作用，获得了各方的肯定。此后，技术调查官相继在我国北京知识产权法院和最高法院的知识产权庭上参与庭审，将自己的专业知识和实践经验运用到具体案件中，为庭审中技术事实认定环节的顺利开展发挥了效用。[②]

目前，技术调查官进行技术比对主要集中在侵权产品的特征与涉案专利权的保护范围对应特征之间的比对，通过自身对涉案技术的深入理解，或咨询本领域

[①] 吴蓉：《知识产权法院技术调查官制度初探——评〈最高人民法院关于知识产权法院技术调查官参与诉讼活动若干问题的暂行规定〉》，《中国版权》2015 年第 2 期。

[②] 罗书臻：《技术调查官对本案技术事实的准确认定起到积极作用——礼来公司诉华生公司专利权案审判长答记者问》，《人民法院报》，2016 年 6 月 17 日。

的专家，或通过在数据库中进行技术检索来收集和了解案件中技术事实及其技术细节等信息，从而做出专业的判断供法官参考。虽然技术调查官的技术意见在知识产权案件中发挥了重要的作用，极大地提高了法官在技术类案件的审判效率，但是也存在一些问题。

随着科技的不断进步和经济的快速发展，知识产权案件的数量随之增多。因技术调查官的数量有限，不可能聘任过多的技术调查官，但凡涉及专门性技术事实的案件均可指派技术调查官出庭。技术调查官进行技术调查需要固定的流程和时间，尤其对于案件涉及的专门性技术事实特别复杂的，可能耗时更长，所以技术调查官在数量上和技术查明时间上可能无法满足目前人民群众对于审判效率进一步提升的需求。

技术调查官进行技术比对时主要依赖自身的知识储备和个人对于技术的解读，受到主观因素的影响较大。如果自身的专业背景与所查案件涉及的专业或领域相差较大，或者涉案专利本身复杂难懂，或者判断标准存在偏差，可能会导致技术调查官给出的技术意见与事实相左，造成审判结果的偏差。

三、人工智能判断机制的价值和优势

技术革命已进入新时代，人工智能、大数据、5G、区块链等技术在这场变革中发挥着重要作用。技术变革凸显法律制度的落后性，法律的稳定性受到技术冲击，法律制度需适时对新技术作出回应。随着人工智能技术的不断发展和成熟，人工智能技术进入司法审判及行政执法领域已经成为体制改革热议的话题。虽然有观点认为，在司法过程中引入人工智能技术及其算法，可能存在损害司法制度的公开性、过度技术依赖性及算法歧视等一系列问题[1]，但是在人工智能时代这已成为无法逆转的趋势。在知识产权系统的具体业务领域，如国外的专利审查环节，人工智能辅助智能审查系统已经被应用到专利确权的审查之中，变成审查员理解发明、专利检索、筛选对比文件以及质量检查的重要工具，其体现出的作用也越来越明显。[2] 目前，绝大多数的商业专利检索平台都充分运用了人工智能技术，利用人工智能大语言模型自动识别关键技术特征并自适应构建检索式，

---

[1] 杜宴林、杨学科：《论人工智能时代的算法司法与算法司法正义》，《湖湘论坛》2019 年第 5 期。
[2] 周俊、马克、陈燕：《日本特许厅引入人工智能优化专利审查和管理》，《中国发明与专利》2018 年第 1 期。

根据语义相关度进行排序从而更高效地检索出比对文件。因此，在知识产权案件的技术比对中引入人工智能技术，符合人工智能技术和司法实践相互融合的历史背景。

面对前述出现的诸多问题，在人工智能与法律体系深度融合的时代背景下，基于人工智能的技术相似性判断机制的创建为解决司法审判中出现的问题提供了一条全新的途径。技术相似性与人工智能评估体系将力图建立一个更加完善的制度模型，以促进技术相似性评估的自动化和智能化，克服中国传统制度下主观因素制约的问题，增强裁决的客观性、可预见性和一致性，维护结果的客观公正性和司法权威性。基于人工智能的判断机制能够克服技术调查阶段判定对象的不同，判定主体的不同，判定的尺度或标准也会存在不同。

目前，我国侵权判定相似性判断主要是审判人员通过自身的知识储备或质询，采取识别相似特征对比的方式进行的。由于人工智能技术爆发式的增长和进步，依靠个人自身识别的能力已经远远不能满足复杂技术比对的需求，从而生成了基于知识大数据的人工智能图像识别技术。人工智能图像识别技术是通过计算机对图像数据进行处理、解释和分析，采用对图像重要特征的分类和提取，并有效排除无用的多余特征，以识别出各类不同模态的目标和对象。[1] 人工智能技术可以用于从专利说明书和权利要求书中提取关键的技术特征。这些关键的技术特征是判断专利侵权与否的基础，人工智能通过机器学习算法可以更精准地识别和比对这些特征。在人工智能识别模式下，技术相似性的要件比对是通过计算机对各个组成要件进行比对，得出各个组成要件的相似度或差异度的比较值并进行分析，从而得到要件比对的结果。整个步骤都是通过计算机来完成的。

在整体比对方面，与传统模式不同的是，基于人工智能的判断机制运用的是智能识别的方法，不需要将各个要素拆分进行分别比对，而只需要通过计算机进行全部数据的分析和处理，就能够得到相对客观的判定结果。基于人工智能算法的模式识别中的整体比对，是对侵权产品和涉案专利产品通过计算机智能识别进而在整体上比较产品的相似程度，生成一个比较准确的相似程度的比对值，在技术实质上是将法官或技术调查官对于侵权产品和涉案专利产品在整体相似度的模糊认知进行了非常直观的数据化展示，可以防止技术调查官受到自身主观因素的

---

[1]　杨琛：《试析人工智能中的图像识别技术》，《信息通信》2017 年第 1 期。

影响，也便于技术调查官用客观的数据进行说明和判断。

第一，可以预见的是，如果将人工智能识别模式应用到知识产权案件技术的相似性判断中，能够带来至少两个方面的有利效果。一方面，可以在一定程度上减轻技术调查官在进行技术比对时的工作负担，从而将更多的关注点聚焦到法律标准的评判中去。在具体应用中，可以利用人工智能技术在涉案专利的产品附图中自动识别目标图像，从而提高侵权判定的效率。另一方面，可以避免人类知识结构的影响，降低了人为因素的干扰，提高了判断标准的客观性。例如，可以通过人工智能图像识别、深度学习、神经网络等技术对司法审判中技术比对的流程进行标准化改造，强化智能审查对人工审查的辅助作用，不断加快案件的审理速度，从而减轻技术调查官的工作压力。

第二，将人工智能运用到技术比对有助于促进技术相似性判断的精准化。在涉案专利的创造性评判中，面临其所属技术领域的技术人员评判主体标准较为模糊的问题，但是可以通过人工智能算法来进一步明确评判主体标准。例如，在技术相似性判断中，可以借助人工智能算法明确"所属技术领域的技术人员"的主体标准，从而规避了不同技术调查官在面对同一案件时采用标准不同的不利影响。人工智能技术能够将"所属技术领域的技术人员"标准中所需要具备的知识结构和储备通过大数据算法进行采集和整理，并对该领域的技术人员进行精细的画像，从而避免评判标准的主观化。同时，人工智能技术也可以实现比对产品之间差异的客观化，对于产品的差异程度可以通过人工智能比对生成比较精准的结果，进而比较准确地界定技术相似性的定量标准。

第三，面对产品主要依赖图像结构表征的情形，人工智能图像识别技术是一种很好的选择。人工智能图像识别技术是利用概率和统计方法通过人工智能算法对数据进行分类识别的新兴技术。目前，图像语义分割技术已能够精准识别图像分割区域的边界，准确识别该分割区域的目标类别，并准确判断图像的性质。比如，如果涉案产品的表征主要依靠图像，通过人工智能图像识别技术能够快速识别和定位目标位置和边界，更有利于提升评判的准度。与传统的肉眼观察方式作比较，人工智能图像识别技术能够在不破坏图像结构的前提下大幅提升识别的速度和精度。

四、人工智能技术比对判断机制的规则构建

由于人工智能技术比对判断机制的诸多优势，我国应当在涉及专利侵权纠纷的知识产权案件的审理过程中建立一种利用人工智能技术来进行技术比对的判断机制，通过适用范围、适用标准等方面的规则构建来完善该判断机制，使之更具有可执行性和操作性。

（一）适用范围

对于涉及专利侵权纠纷的知识产权案件，应当在现有人工智能辅助专利审查系统的基础上，优先考虑在专利侵权的案件中尤其是技术比对容易突显优势的领域引入人工智能技术判别算法，比如产品的技术比对主要依赖图像中结构特征的比对，通过人工智能图像识别技术可以精确识别和定位对应的结构特征，能够给技术调查官进行技术比对提供智能辅助。虽然人工智能应用在知识产权案件的技术比对领域前景广阔，但是限于人工智能技术目前的局限，在特别复杂的专利技术比对中应用人工智能进行自动判断还不太现实，但至少可以通过人工智能大数据构建专利技术对应的所属领域技术知识库，通过语音识别或其他方式来查询，便于技术调查官快速掌握相关的技术知识，为后续提供精准的技术意见提供支撑。同时，由于很多中级以上法院都能够有专利侵权纠纷案件的审判权但分布较为分散，单一法院审理专利纠纷案件并涉及技术比对的情形较少，不利于统一集中地利用人工智能技术进行系统开发。因此，在专利侵权纠纷案件中大力推广基于人工智能技术的技术比对判断机制，不仅能够实现专利审查与法律评判的无缝衔接，而且能够更加有效地带动智慧法治建设向纵深开展。此外，由于可以根据需要动态调整人工智能算法及其所体现的审查标准，技术调查官可以深入参与基于人工智能技术的技术比对系统的建设中，后续将实现其与专利审查部门的互联互通，最终将知识产权案件中技术比对的判断标准反馈到专利审查部门，对专利审查中有关标准的适用带来深远影响。

（二）适用标准

1. 人工智能侵权判定原则的引入问题

在侵权判定过程中引入人工智能，首先需要考虑人工智能侵权判定原则的引入问题，即如何通过人工智能模拟技术调查官或法官进行侵权认定时依据的侵权判定原则。第一，全面覆盖原则。利用人工智能技术模拟识别权利要求中的每个

技术特征，将其与被诉侵权技术方案的特征一一比对，只有被诉侵权技术方案包含了权利要求中的所有技术特征时，才认定侵权成立。人工智能算法设定技术比对的条件变量形成侵权判定决策树，从而判定侵权是否成立。第二，等同原则。通过建立各技术领域等同特征数据库，通过人工智能识别判断侵权产品的技术特征是否为等同特征，能够更快地识别，辅助技术调查官进行判定。

2. 人工智能专利技术要件的认定及加权计算标准问题

基于人工智能技术的专利技术相似度判断系统不仅可以精确地划分整体和局部要件，而且可以实现两者加权计算。在技术比对采用整体比对或要件比对的过程中，人工智能专利技术相似度判断机制下的相似度判断结果都能够通过具体数值的方式加以直观呈现。第一，在对技术比对中涉及的技术要件区域划分问题进行判断时，人工智能算法能够自动识别和界定占主要部分或显著位置的技术特征要素；同时，深度学习算法也能够提取和分析已有知识产权案件的技术相关要件的判断结论，并通过不断强化学习训练迭代进化成基于知识产权案件的技术比对判断大模型。目前传统模式下的技术比对主要依赖于技术调查官的主观分析来辨别其关键部分和核心要件，但是在人工智能模式下可以对技术要件的区域进行自动的分解、识别和判定，并在此基础上进行对比分析。第二，利用智能化的手段同样可以对整体比对和要件比对的两个结果进行加权计算。比如，在进行技术比对时，可以考虑将整体比对的结果权重和要件比对的结果权重设置为一定的比例，该比例可以根据实际情况随时调整。如果技术比对采用传统的人工比对的方式，则容易将整体比对和要件比对这两个步骤混杂在一起，很难发挥两种比对的结果在专利技术比对判断中各自应有的作用。技术调查官通过基于人工智能的技术比对判断系统能够根据设定的评判规则来分析整体比对结果与要件比对结果并加以综合，从而生成是否构成专利侵权的初步结论。

3. 人工智能专利技术区别程度的判断标准问题

在专利技术区别程度的判断标准上，可以通过人工智能系统来设定相关的主体标准和客体标准。技术调查官可以将上述比对结果作为分析评判的基础，并据此得到作为专利技术相似度依据的判断结果。

（1）主体标准问题。

在进行专利创造性评判的过程中，通常都是按照"三步法"的创造性评判步骤来执行。"三步法"评判主体的标准有着统一的要求，一般要求务必站位到所属领域的技术人员的技术水平，因此将判定标准提高到"所属技术领域的技术人员"的水平是必不可少的。在司法实践中可以将"所属技术领域的技术人员"所具备的申请日或优先权日之前发明所属技术领域所有普通技术知识、该领域的所有现有技术和常规实验手段通过人工智能与数据库算法结合来模拟呈现，使得评判主体的标准更加客观和准确。

（2）客体标准问题。

从统计学的角度来看，如果专利技术比对中的关键技术特征相似度越高，则涉嫌侵权专利产品近似的可能性也越高。对于评判产品技术相似性的客体标准，基于整体比对评判结果和要件比对评判结果分别所起的作用，可以采用对两种比对评判结果进行加权平均的总体判断标准，也可以采用分别为两种评判结果设立阈值门限的标准。在第一种判断标准下，如果两个产品整体比对和要件比对的评判结果的加权平均值达到一个较高的值或者绝对高的值，则两个产品构成客观近似的概率很高。在第二种判断标准下，如果两个产品在整体比对和要件比对的评判结果都达到阈值门限以上，则两个产品构成客观近似的概率很高。当然，这只是技术调查官进行专利侵权判定的第一个阶段，还要结合多个因素进行进一步的分析和判断，最终得出是否构成专利侵权的判断结果。①

五、结语

将人工智能技术引入知识产权案件的技术比对中从而形成一种新的基于人工智能技术的专利技术比对判断机制，该机制对行政司法系统在技术上的融合拓展进行了大胆的探索和尝试，给司法体制机制改革带来了很大的机遇。在将人工智能技术运用到知识产权案件技术比对的过程中，不仅需要技术的不断进步与革新，而且需要司法制度流程同步改进和完善。该机制通过适用范围、适用标准等方面的规则构建来完善和进化，具有广泛的可执行性和可操作性，能够切实提升知识产权案件的审判质量和效率，同时也为司法系统的提质增效奠定了坚实的基础。当然，随着基于人工智能技术的专利技术比对判断机制的构建和不断深入，实际的效果还有待后续的跟踪和反馈。由于人工智能浪潮的普及和运用，基于人工智能技术的专利技术比对判断机制作为新生事物而言将越来越显现出旺盛的生

---

① 刘强：《商标相似性人工智能判断机制研究——以图形商标相似性判断为例》，《西部法学评论》2020 年第 1 期，第 66 页。

命力。总之，该机制顺应了人工智能时代技术变革的新潮流，适应了知识产权司法制度改革创新的发展趋势，能够实现在知识产权案件技术比对的标准化、智能化，从而确保了知识产权案件的高效审理。

（国家知识产权局专利局专利审查协作湖北中心　陈　响）

28

论技术调查官在侵权比对环节
如何合理划分专利文本中的技术特征

一、研究背景及意义

（一）研究背景

中国作为世界第一大工业国，是全世界拥有工业门类最多的国家。但当前中国发展还存在"卡脖子"的技术威胁，发动机、芯片、医疗设备等领域仍存在短板，部分核心部件严重依赖国外进口。一旦受到制裁，我国的经济发展命脉就牵制在他人手里。归根到底，造成这种现象的主要原因是我国自主创新能力不强，对知识产权保护还不够。可以看到，在日渐激烈的国际竞争中，各国均在快速布局重点领域专利，本质是想抢先在关键领域的国际知识产权竞争中取得一定话语权，从而提高国际影响力并在经济竞争中占据优势。

习近平总书记在第十九届中央政治局第二十五次集体学习时，特别强调保护知识产权就是保护创新，要提高知识产权保护水平，为贯彻新发展理念、构建新发展格局、推动高质量发展提供有力保障。当前，我国正由知识产权引进大国向知识产权创造大国转变，知识产权工作也从追求专利申请数量到提高专利质量转变，专利法、商标法、著作权法等相关法律法规逐步完善，知识产权保护工作走上新的台阶。但同时，法院也面临诉讼案件数量提升、技术类知识产权案件比例提高的挑战。在司法实践中，专利侵权诉讼是知识产权类诉讼案件的主要组成。如何维护专利权人的合法权益成为法院审判专利侵权诉讼案件的焦点，因此研究在专利侵权诉讼中对专利的保护问题是有必要且有意义的。

（二）研究意义

专利制度在保护创新、促进创造方面发挥着不可或缺的作用，是我国经济社会发展中重要制度之一。随着我国进入新时代新征程，《知识产权强国建设纲要（2021—2035 年）》的印发和《中华人民共和国专利法》的新修订都体现了我国对知识产权体系建设的重视，未来将进一步提高专利权保护力度，激发社会创新活力。然而，专利权具有垄断性，无论是过度扩张权利保护范围还是过度限缩权利保护范围都会损害各方利益。因此，在司法实践中合理划分专利文本中的技术特征是平衡专利权人利益与公众利益的关键，既能避免专利权人的专利保护范围扩大，保障公共利益；又能防止专利权利保护范围受到限缩，损害专利权人利益。

《中华人民共和国专利法》规定，技术方案是发明专利和实用新型专利的主要保护内容，可以理解为专利权人为了解决现有技术存在的问题，运用自然科学规律所采取的技术手段的集合。技术特征是组成技术方案的必要要素，技术方案可以由多个技术特征组合而成。因此，在专利侵权诉讼中，合理划分专利文本中的技术方案，合理界定专利权利的保护范围及被诉侵权产品技术特征的客观情况，为侵权判定提供坚实的基础，得出客观公正的侵权判定结果，维护科技创新成果，促进技术发展。

二、国外研究发现

（一）美国

在美国专利侵权诉讼侵权判定中存在两种类型判定，分别为"字面侵权"和"等同侵权"。其认定技术特征时主要有两个程序：一是解释权利要求。属于法律问题，由法官负责解释相关技术特征的含义。二是侵权比对。属于事实问题，由陪审团负责将经法官解释得出的权利要求与被诉侵权产品比对，从而进行侵权判定。此外，美国目前使用的法官与专家技术协作模式在专利侵权诉讼中实现技术事实查明也取得了良好成效。[①]

（二）日本

在日本专利侵权诉讼侵权判定中，认定侵害专利权应满足以下条件：被诉侵

---

① ［美］J. M. 穆勒著，沈超、李华、吴晓辉等译：《专利法》（第 3 版），北京：知识产权出版社 2013 年版。

权产品具有涉案专利权利要求在通常用语含义下的全部技术特征以及在适用等同原则下的"置换可能性""置换容易性",而涵盖不属于权利要求通常用语含义下的技术特征。[①] 在划分技术特征时,权利要求记载的技术特征是最关键的要素,说明书及附图仅作为必要的参考对象,其所划分的技术特征必须是权利要求所记载的内容。此外,在案件涉及技术内容复杂时,日本法院可以指派调查官参与技术事实查明,协助法官办理案件。

三、专利文本中"技术特征"的界定

专利法中明确了发明或实用新型专利权的保护范围应以权利要求限定内容为准,由此技术特征划分时需要以权利要求所记载的内容为准,不得随意增加或缩减专利文本中的技术特征。但是,我们也应该注意到目前已申请授权的发明或实用新型专利所涵盖技术领域极为庞大,其专利权利要求书中记载的不同技术领域内容会导致技术特征划分差异性的出现。如权利要求书中记载了"一种包括塑料圆形管的玩具",由于目前没有准确的、规范的划分细则且个人解释存在差异,存在划分"塑料圆形管"为一个技术特征或划分"塑料""圆形管"为两个技术特征的情况。

在侵权诉讼阶段中,专利侵权判定使用全面覆盖原则,主要将涉案专利的权利要求书与被诉侵权产品进行比对,如果被诉侵权产品具备涉案专利权利要求中所记载的所有技术特征即认定侵权,反之则认定为不侵权。因此,涉案专利权人更倾向于认定涉案专利的技术特征划分越少越好,有利于扩大涉案专利保护范围;被诉侵权人则希望认定涉案专利的技术特征划分越多越好,降低涉案产品落入涉案专利保护范围的可能性。因此,为了确保案件审理公平,就要求法院能够正确合理地划分专利文本中的技术特征,通过分解出专利文本中的最小技术单元,以结构、功能、效果作为核心要素来划分专利文本中技术特征,查阅专利文本中权利要求书、说明书、附图等,全面审查相关技术单元对于涉案专利的整体技术方案是否产生影响,最终作出判断。

---

① [日]增井和夫、田村善之著,李扬等译:《日本专利案例指南》(第4版),北京:知识产权出版社2016年版。

四、专利侵权诉讼中对专利文本中的"技术特征"认定的司法现状及存在的问题

（一）专利侵权诉讼中对专利文本中的"技术特征"认定的司法现状

［案例 1］（2014）高民终字第 2044 号[①]

一审法院认为，就独立权利要求 1 而言，其技术特征为：①固定框架，其用于固定接插连接模块和装入接插连接壳体或拧紧在壁板上，固定框架相互面对面的壁板即侧壁上的凹槽做成各个方向都封闭的孔，该固定框架包括两个相互铰接的半框，垂直于框架侧壁分开，铰链设置在固定框架的紧固端上，使得在固定框架拧紧在固定面上时框架体的方向调整成这样，使固定框架的侧壁垂直于固定面；②接插连接模块，其装入固定框架，其上的固定装置与固定框架侧壁上的凹槽共同作用，并具有一个通过固定装置与固定框架的形状贴合的连接；③接插连接壳体，其可装入固定框架。

二审法院认为，对专利技术特征的划分，应当从本领域技术人员的角度，理解专利权利要求整体技术方案的发明目的和所能实现的技术效果，然后分割出实现整体技术效果的各个技术环节。这些技术环节则应当具有体现独立功能的作用，最后通过对被诉侵权技术方案的理解，最终科学地划分出技术特征。任何类型的权利要求都具有主题名称。通常情况下，主题名称的作用是对权利要求包含的全部技术特征所构成的技术方案的抽象概括，是对专利技术方案的简单命名，其代表的技术方案需要通过权利要求的全部技术特征来体现，但主题名称本身并不属于解决技术问题的必要技术特征。在确定权利要求的保护范围时，权利要求中记载的主题名称应当予以考虑，但实际的限定作用应当取决于该主题名称对权利要求所要保护的技术方案本身产生了何种影响。

根据涉案专利说明书的记载，本专利的发明目的在于制造一种固定框架，确保接插连接模块可以方便地装拆等。而本专利权利要求 1 前序部分中，主题名称为"用来固定接插连接模块和装入接插连接壳体或拧紧在壁板上的固定框架"，接插连接模块和接插连接壳体系涉案专利前序部分的特征，该两个技术特征在确

---

① 最高人民法院（2014）高民终字第 2044 号民事判决书。

定专利保护范围时应予考虑，但实际限定作用在于这两个特征对于技术方案产生了何种影响。权利要求 1 前序部分进一步记载"接插连接模块装入固定框架，接插连接模块上的固定装置和设在固定框架相互面对面的壁板即侧壁上的凹槽共同作用，凹槽（11）做成固定框架（1）侧壁（8）上的各个方向都封闭的孔"。由此可见，插接连接模块与固定框架相互配合，对于固定框架发挥其作用、实现发明效果具有密切作用，况且涉案专利从属权利要求 2 对接插连接模块进一步限定其备有卡紧钩，在嵌入固定框架时起预先固定接插连接模块的作用。因此，插接连接模块对涉案专利的保护范围具有限定作用。而接插连接壳体仅在主题名称中出现，未在前序部分及特征部分出现，而且也未对专利技术方案产生任何影响，由"装入接插连接壳体或拧紧在壁板上"这一修饰语可知，其仅仅是对涉案专利的固定框架的装入或紧固位置进行说明，而插接连接壳体或壁板既不是涉案专利的固定框架的组成部分，也没有对涉案专利的固定框架的结构产生影响。因此，接插连接壳体对专利权利要求 1 的保护范围没有限定作用。

基于上述分析，涉案专利权利要求 1 的技术特征为：①接插连接模块装入固定框架，接插连接模块上的固定装置和设在固定框架相互面对面的壁板即侧壁上的凹槽共同作用，凹槽做成固定框架侧壁上的各个方向都封闭的孔；②固定框架由两个相互铰接的半框组成；③固定框架垂直于框架侧壁分开，铰链这样地设置在固定框架的紧固端上，使得在固定框架拧紧在固定面（暂时框架体的方向调整成这样，使固定框架的侧壁垂直于固定面）；④插连接模块具有一个通过固定装置与固定框架的形状贴合的连接。

[案例 2]（2020）最高法知民终 1899 号[①]

一审法院认为，被诉侵权产品也是一种可整体嵌入餐桌的火锅炉，其技术特征可分解为：火力调节片、火力调节片、燃料槽、火力调节钮、铆钉、铆钉 2、螺丝、火力调节钮活动孔、固定支架、炉盘。经比对，其与涉案专利技术方案的区别有：①被诉侵权产品火力调节钮是通过一个孔安装在炉盘上，通过旋转控制火力调节片的开合；不同于涉案专利技术方案中的火力调节钮通过一个活动槽安装在炉盘上，通过左右拨动控制火力调节片的开合；②被诉侵权产品的固定支架中间开孔置放燃料槽，在该固定支架之外没有单独的燃料槽托架，且燃料槽在固

---

① 最高人民法院（2020）最高法知民终 1899 号民事判决书。

定支架的下方；涉案专利技术方案中明确有固定支架和燃料槽托架，燃料槽位于燃料槽托架上方。

对于第一个区别技术特征，不论是活动槽还是孔，其作用均在于安装火力调节钮。通过活动槽拨动控制火力调节片开合，与通过旋转火力调节钮控制火力调节片开合，在被诉侵权行为发生时对于该领域普通技术人员而言，是无需经过创造性劳动就能够联想到的特征，构成等同特征。

对于第二个区别技术特征，涉案专利说明书具体实施方式中写明，火力调节片通过铆钉连接在固定支架上，燃料槽置于燃料槽托架上。而被诉侵权产品只有固定支架，在固定支架中间开孔放置燃料槽，没有燃料槽置于燃料槽托架上的这一技术特征，应当认定没有落入涉案专利权的保护范围。

二审法院认为，被诉侵权产品与涉案专利权利要求存在两个区别技术特征。

关于第一个区别技术特征。经查，涉案专利火力调节钮安装在炉盘上的火力调节钮活动槽内，在实施例中通过左右拨动火力调节钮控制火力调节片的开合；被诉侵权产品火力调节钮安装在炉盘上的火力调节钮活动孔内，通过旋转以齿合的方式控制火力调节片的开合。涉案专利采用"火力调节钮活动槽"限定其保护范围，与被诉侵权产品采用"火力调节钮活动孔"的技术特征并不相同。判断涉案专利火力调节钮活动槽与被诉侵权产品火力调节钮活动孔的技术特征是否为等同技术特征需考虑以下因素：首先，应考虑等同原则与专利权保护范围之间的关系，以及专利法律制度规定等同原则的必要性。本案中，涉案专利权利要求和说明书均记载为火力调节钮活动槽。这表明，江双清在申请涉案专利时将其要求保护的技术方案限定为火力调节钮活动槽，而不是火力调节钮活动孔，而火力调节钮活动槽或火力调节钮活动孔均是涉案专利申请时该领域普通技术人员容易知晓的技术方案，因此，专利权人将权利要求中该技术特征限定为火力调节钮活动槽是将火力调节钮活动孔排除在涉案专利权的保护范围之外。鉴于此，在侵权判定时，不能将技术特征火力调节钮活动槽扩张到火力调节钮活动孔予以保护，否则将有损社会公众对专利权保护范围确定性和可预见性的信赖，从而损害社会公众的利益。原审法院认定两者是等同特征不妥，本院依法予以纠正。

关于第二个区别技术特征。江双清上诉主张，被诉侵权产品的不锈钢板同时起到支撑火力调节片和燃料槽的作用，既相当于涉案专利的固定支架，也相当于燃料槽托架。本院认为，技术特征的划分应当结合专利的整体技术方案，考虑能够相对独立地实现一定技术功能并产生相对独立的技术效果的较小技术单元。本案中，不应当割裂固定支架和燃料槽托架之间的配合关系而将其认定为两个独立的技术特征，本专利并未限定两者是否可以合二为一。涉案专利的固定支架的作用是用两个铆钉固定两个火力调节片，燃料槽托架的作用是定位和固定燃料槽。被诉侵权产品的不锈钢板既可以作为固定支架用两个铆钉固定两个火力调节片，也可以作为燃料槽托架定位和固定燃料槽。因此，被诉侵权产品不锈钢板同时起到了涉案专利的固定支架和燃料槽托架的功能和效果，与涉案专利权利要求中固定支架和燃料槽托架相应技术特征相同。原审判决认定两者不相同也不是等同特征，适用法律错误，本院予以纠正。

（二）专利侵权诉讼中对专利文本中的"技术特征"认定存在的问题

在前述所探讨的那些案例中，我们发现各级法院在不同案例中对涉案专利的技术特征划分存在差异。这种差异在技术特征的认定上表现得尤为明显，因为不同的技术特征划分从而直接影响了涉案专利技术特征与被诉侵权产品技术特征的比对结果。可见，在侵权判定中对涉案专利技术特征的划分主要出现了两种情况：一种是过于狭隘，另一种则是过于宽泛。

在技术特征划分过于狭隘的案例中，主要问题表现为机械性地按照权利要求划分技术特征，以及过度解读权利要求和说明书以细分技术特征。这种情况既没有充分考虑到各个结构之间的关系，也未能遵循"独立的技术功能＋独立的技术效果"的原则进行划分。

在技术特征划分过于宽泛的案例中，核心问题则在于对权利要求的技术特征进行了概括性的划分。在这种情况下，那些能够实现不同"独立的技术功能＋独立的技术效果"的技术特征被概括为较少数量的技术特征。以上差异产生的主要原因是各级法院对涉案专利中描述的技术方案所实现功能、实施手段以及产生的实际效果的理解程度不同。这种理解程度的差异在审判过程中直接影响了技术特征的认定，最终可能导致法律适用的错误。

在专利侵权诉讼中，涉案专利技术方案与被诉侵权技术方案的比对环节尤为关键。这个环节涉及对被诉侵权技术方案的合理划分以及准确理解涉案专利技术方案的核心内容。在司法实践中，这个过程通常被称为技术事实查明。技术事实查明是技术特征认定及侵权判定的前提和基础。法院对技术特征认定产生差异的原因主要在于所查明的技术事实存在差异，从而影响最终的判决。

正确认识对于涉案专利技术所属领域的专业知识，是进行技术特征认定的重要保障基础。但是由于全国各地法院在技术事实查明方面可能存在差异，因此在实践中，技术特征认定出现差异的情况是难以避免的。

总的来说，在对涉案专利技术特征的认定过程中，存在以下几个主要问题：

（1）在专利侵权诉讼中，对被诉侵权产品技术特征的认定存在不准确性。法院需要查明被诉侵权产品具有哪些技术特征，然而在认定被诉侵权产品具有某些特征时，双方当事人对某个技术特征均提出不同解释，争议可能就会出现。由于技术领域的不同，对技术的了解程度成为影响法院认定的因素。解释者对不同领域的理解与认知存在局限性，争议也随之产生。

（2）在考察的相关案件中，被诉侵权产品采用的手段、功能以及效果等因素可能成为影响技术特征认定欠妥的因素。在具备相关的技术特征背景下，如果法院以效果欠缺为由认定被诉侵权产品不落入涉案专利保护范围，显然是不合理的。此外，专利权利人在证明被诉侵权产品具有涉案专利的相关技术特征时，法院可能将不属于被诉侵权产品自身结构实现的功能或效果纳入其存在的技术特征中，这种做法也是需要避免的。

（3）从考察的案件中分析发现，一审法院在分析被诉侵权产品是否具备涉案专利的技术特征时，容易受到涉案专利技术特征的影响，思维上先入为主进行评价被诉侵权产品，对被诉侵权产品的技术功能、手段、效果的实质理解欠缺，在判决中的论证不够深入。反观最高人民法院在论证被诉侵权产品是否具备涉案专利的技术特征时，通常都是从被诉侵权技术方案的技术原理展开分析，理解技术之间的逻辑，最终得出合理、合适的技术特征认定。

五、"技术特征"认定的建议

在专利侵权诉讼中，认定被诉侵权产品是否具备涉案专利相同或等同的技术特征直接影响侵权的裁判结果，而从前述所讨论案例可见，如何理解涉案专利的技术方式是认定技术特征的核心要素，这就要求技术调查官在司法实践中准确分析判断专利文本中的技术方案。但是，专利中涉及的技术领域具有多元性与复杂性，要求技术调查官熟悉目前专利涵盖的所有技术领域显然不合理。基于此，本文对如何合理划分专利文本中的技术特征提出个人建议与展望。

（一）完善技术特征的认定思考

第一，在不正确的划分方式中，对权利要求中技术特征的认定采用概括式划分的方式存在的问题最为值得注意。因专利侵权判定采用的是技术特征全面覆盖的判定规则，需要对权利人主张的保护范围中的全部技术特征与被诉侵权产品中的全部技术特征作对比，概括归纳式的技术特征划分方式无法全面正确得出全部技术特征的数量。实践中采用的最小技术单元划分原则是概括归纳式划分法的最低标准，也就是说只有当其为某些结构具有独立的技术功能及独立的技术效果，才能将其归纳为一个技术特征。此外存在独立功能及独立效果中的独立结构或许在该结构中又具有独立的功能或效果，但是相对于整体的技术方案，其又不具有独立的功能及效果的情形。因此，概括归纳式的技术特征划分所产生的问题最为显著。

第二，在行使依职权划分权利要求中的技术特征时，首先应以权利人主张保护范围进行认定。权利人主张以独立权利要求进行保护时，法院不能将从属权利要求中的限定技术特征纳入独立权利要求的保护范围中，因为专利法中仅规定独立权利要求对从属权利要求具有限定作用，而从属权利要求并不能限定独立权利要求。相同的情况还有在权利要求保护明确的情况下，不能将权利要求未记载的技术方案而说明书记载的技术方案来限定权利要求的权利保护范围，因为说明书的作用是用来解释权利要求，而非增加权利要求的技术特征。

第三，是对技术用语认定的不准确性。专利中涉及的技术用语通常属于技术范畴，对技术用语的理解不能从外行的角度进行主观的理解。在相关案件中发现对权利要求中词语的解释就像文字游戏，不同的解释者总能发现新的角度，给出"相对于……，是……"的结论，造成技术特征认定明显的不稳定性。显然描述技术特征的用语对权利要求的限制需要更客观的评价标准，不能因解释者主观的解释方式产生较大的不同。为保证技术特征认定的合理性，应尽可能以涉案专利领域相对客观的标准进行理解，避免主观的外行评价。

（二）有效利用人民陪审员制度①

人民陪审员制度是实现促进司法公正，提升司法活动公信力的重要制度。自2018年我国正式颁布实施《中华人民共和国人民陪审员法》以来，在知识产权

---

① 任文岱：《人民陪审员在北京知产审判一线落地生根》，《民主与法制时报》，2021年7月9日。

司法审判活动中人民陪审员制度也在不断发展及壮大。如北京知识产权法院在人民陪审员队伍建设上取得了重要发展，充分发挥专业陪审员的技术知识背景，参与技术类案件的审理与调解工作，取得重要、积极的意义。

在司法实践中专业陪审员参与审理专利侵权案件时，能够对技术事实认定发挥其专业优势，其意义如美国的专利法官及德国的技术法官所产生的积极作用。因此，想要解决专利侵权诉讼中技术特征认定存在的问题，可以发挥人民陪审员制度的优势，选任具有不同专业背景的人员，实现人民陪审员队伍的多样性，在审理专利侵权案件时让具有技术专业背景知识的人民陪审员参与案件的审理，实现对技术特征事实认定形成多方意见，为解决技术特征认定难的问题发挥积极作用。

（三）研究探索专家参与案件审理机制①

专利侵权案件往往涉及复杂的法律和技术问题，需要专业的知识和经验才能作出准确的判断。专利侵权案件所涵盖的专业领域广、行业范围深，因此根据案件情况邀请合适的专家参与案件审理不仅可以提供专业、客观、权威的意见建议，帮助法院解决案件关键难题，而且可以提高案件审理效率。同时，专家可以提供技术支持，例如完成分析涉案专利的技术方案、比对涉案专利与产品的技术特征等辅助工作，帮助法院更好地理解技术问题，作出更准确更公平的判决。

（广州知识产权法院　欧阳誉）

---

① 乔文心：《让"技术事实认定"中立、客观、科学——近五年中国法院多元化技术事实查明机制建设发展综述》，《人民法院报》，2019 年 11 月 8 日。

29

计算机领域技术调查官办案思路与技巧

一、引言

由于技术类知识产权案件涉及专业的技术问题，使其一直是审判实务中的难点。在我国，法官的学科背景大多是非理工科背景，在审理涉专业性强的知识产权案件时，难以对案件中的技术事实和技术争议点进行确定。针对上述问题，2014 年 8 月 31 日第十二届全国人民代表大会常务委员会第十次会议审议通过《关于在北京、上海、广州设立知识产权法院的决定》，最高人民法院发布的《关于知识产权法院技术调查官参与诉讼活动若干问题的暂行规定》（以下简称《暂行规定》）第一次确立了我国的技术调查官制度。这一举措打破传统鉴定模式，以我国司法改革需求为出发点，经过多年实践，已成为专利纠纷案件中颇有地位的技术查明手段之一。[①]

在我国目前知识产权强国战略之下，科学技术的迅猛发展，一方面为知识产权的发展提供了土壤，导致知识产权案件日益激增；另一方面也给知识产权审判带来了许多难题。由于技术发展、社会分工逐渐专业化，导致知识产权案件日益复杂，许多涉及物理、生物、化学及计算机等方面的专业技术问题与法律问题相结合，进一步加大了知识产权案件审判的难度。目前针对技术事实调查工作的技术调查官均为理工科背景，有多年相关专业技术领域工作经验的技术型人才，但是并不具备相关法律基础，在面对专业技术问题与法律问题相结合的复杂案件

[①] 杨秀清：《我国知识产权诉讼中技术调查官制度的完善》，《法商研究》2020 年第 6 期，第 15 页。

时，由于缺少知识产权领域的法律经验，会出现对案件关键点把握不清、工作效率低下的问题。针对上述问题，本文从计算机领域出发，按照软件著作权侵权纠纷、技术开发合同侵权纠纷、商业秘密侵权纠纷、集成电路布图设计侵权纠纷、专利侵权纠纷这五种案件类型，对技术调查工作中所遇到的常见问题和应对方法进行总结。

二、软件著作权侵权纠纷案件的办案技巧

软件著作权侵权纠纷案件是计算机领域技术调查官较常遇到的案件类型。以下按照相关办案流程中确权、技术比对、判赔三个阶段对软件著作权侵权纠纷案件的办案要点进行总结。

（一）确权阶段

1. 明确原告主张的软件著作权所对应的软件版本

在软件著作权侵权纠纷案件中，原告通常将其登记的软件著作权作为其权利基础，但在某些案件中发现原告可能将更新后的软件代码作为侵权比对的基准代码。根据《软件登记事项变更或者补充登记指南》的规定，软件表达的变化（即功能增加或修改）不允许修改，因此，上述原告主张的软件著作权基础应该变更为后续更新后的软件代码所属的著作权。

2. 明确开源软件对原告权利的影响

开源即开放源代码。开源在法律意义上并没有统一的定义，目前，现有的常用的软件开源模式协议均是以知名大学、来源社区为主，制定一系列的开源协议。该协议可以认定为一种类型的合同或者要约。①

如图1所示，GPL、LGPL、MOZILLA 许可的软件在售卖时需要同时提供软件的开源代码，用户可以依据开源协议对该开源源代码进行自由修改，而 BSD、MIT、APACHE 则可以在不提供源代码的情况下售卖源代码编译后的可执行代码。因此，需要针对不同的开源类型，进行不同的代码比对程序。

---

① 开源软件协议介绍，专业开发者社区 CSDN，https：//blog. csdn. net/qq_ 38880380/article/details/125706058，2023 年 8 月 1 日。

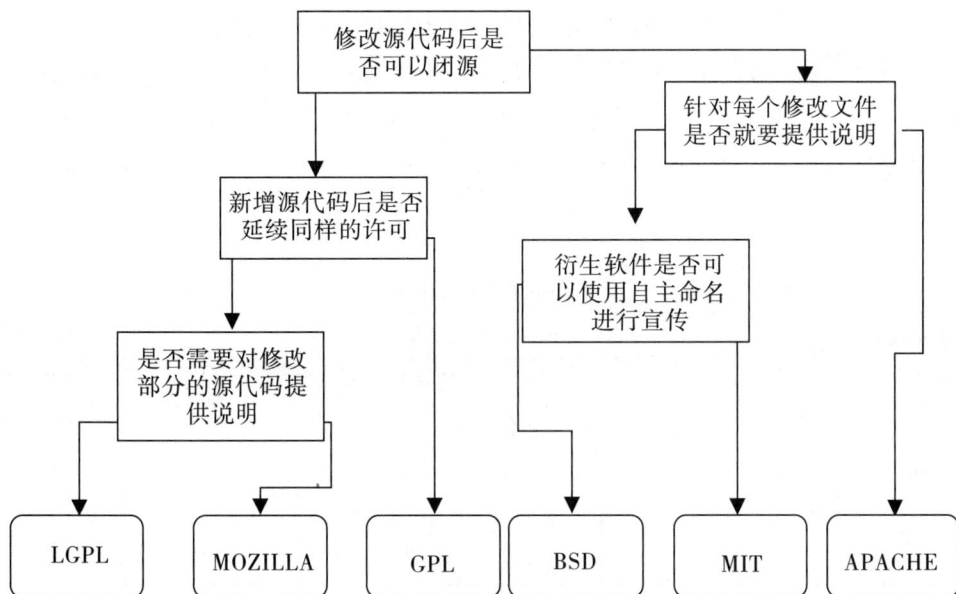

图 1　开源协议说明

（二）技术比对阶段

在确定原告软件著作权所对应的软件版本以及软件所涉及的开源协议后，就进入了软件著作源代码与涉案软件源代码的相似性比对阶段。在实际案件中，较少有原告保存到被告涉案软件的全部源代码的情况，原告提供的证据通常为被告涉案软件的部分网页代码、JS 代码、CSS 代码、文件目录以及相关目标代码，此外原告在提交上述代码证据的同时通常还会提供上述相关代码与软件著作代码的对比结果。面对此类情况，在确定上述代码对比结果相似度高的情况下，需告知被告相关证据已经初步证明涉案软件侵犯原告的软件著作权，当被告提供其相关源代码证据进行抗辩时，则可以启动代码比对。以下针对不同的情况进行比对操作的说明。

第一类情况，开源协议类型为 BSD、MIT、APACHE 等允许闭源的协议或者并未使用开源协议。目前的软件产品几乎都包括有开源代码，如常见的商城系统，目前常用的 9 个 Web 开发 CSS 框架以及对应的开源协议如表 1 所示：

表 1　常见 CSS 框架的开源情况

常见框架	简介	开源协议
Bootstrap	Twitter 的一个用于前端开发的开源工具包	MIT
PatternFly	Red Hat 的开源 CSS 框架	MIT
Material Components for the Web	Google 的开源 CSS 框架	MIT
pure	Yahoo 的开源 CSS 框架	BSD
Foundation	ZURB 的开源 CSS 框架	MIT
Bulma	基于 Flexbox 的开源 CSS 框架	MIT
Skeleton	轻量级的 CSS 框架	MIT
Materialize	基于 Material Design 的 CSS 框架	MIT
Bootflat	一个开源的扁平化的 UI 工具包，基于 Bootstrap 3.1.0 CSS 框架	MIT

在此类情况下，需要原告提供软件著作代码中不属于开源代码的独创部分，将上述独创部分作为侵权对比的源代码基础。

在原告确定独创部分源代码后，需要被告提供比对源代码。在软件开发体系中，通常注重软件代码的复用性，即将某一功能模块的代码进行包装，通过引用的方式进行调用，因此一般技术人员可以较轻易地从涉案软件代码中划分出该开源代码对应的模块。在比对的代码量较少的情况下，可以通过字符比较工具自行比对；在比对的代码量较大时，可以通过第三方鉴定机构进行比对，根据第三方鉴定机构的结果进行相识性判断。

第二类情况，开源协议类型涉及 GPL、LGPL。由于 GPL、LGPL 的特殊性，涉及该协议的软件代码在发布时必须同时发布该源代码，因此需要从功能、逻辑、结构等方面分析开源代码和原告独创部分代码，判断原告独创部分代码是否可以与基于 GPL 开发的代码完全分割，互相独立。[①] 如果两者相互独立，则按照上述第一类情况进行操作；如果两者无法分割，则需要法官结合具体案情进行判断后执行后续操作。

第三类情况，被告没有源代码，只有目标代码。对于该情况，可以进行目标

[①]　工业和信息化部软件与集成电路促进中心、知识产权部：《开源软件涉及的相关知识产权问题分析》，《中国集成电路》2010 年第 10 期，第 77 – 89 页。

代码的比对。由于目标代码的特殊性，其可能无法进行完整的功能性部分划分，在无法划分的情况下，只能将软著件作代码对应的目标代码进行完整比对；而在可以划分的情况下，前期准备部分与第一类情况相同，仅进行独创部分代码对应的目标代码的比对。

（三）判赔阶段

成熟的软件服务提供商通常都提供不同版本的软件服务，不同版本软件对应的功能或服务不同，对应的价格也不同。因此，在确定被告侵权后，通常会根据被告的涉案产品所对应的软件功能确定赔偿额，具体为根据原告提供的售卖合同中软件的功能和价格进行分析比对，量化每个功能模块组合对应的价格，而后根据被诉侵权产品所包含的功能模块与上述功能模块进行比对，给出合理意见。

三、技术开发合同侵权纠纷案件的办案技巧

技术开发合同相对于一般的合同具有专业性强的特点。以下从合同类型、合同纠纷问题以及调查重点内容这三个方面对技术开发合同侵权纠纷案件的办案要点进行总结。

（一）合同类型

技术开发合同中较为典型的是软件开发合同。软件开发合同按照实施行为类型又可以分为服务合同和开发合同。服务合同是开发方无需进行二次开发，直接将现有产品按委托方的需求进行裁剪组合后交付给委托方；开发合同则是开发方的现有产品中无法覆盖委托方的需求，需开发方进行二次开发后交付给委托方。

常见的软件服务项目对应的产品包括有 ERP 系统和 MES 系统。ERP 系统全称为企业资源计划系统，其中的企业资源包括物流资源、资金流资源以及信息流资源，ERP 系统实质上就是针对这三种资源进行集成管理的系统。MES 系统为生产信息化管理系统，与 ERP 系统的区别在于 MES 系统对车间的现场控制更加细致，MES 系统包括批量级的生产控制和调度管理功能。从管理角度看，ERP 系统更关注财务方面的信息，MES 系统则是关注生产过程控制。上述软件服务并不交付软件，而以提供接口的方式供客户使用，如提供网址入口、IP 地址等。

软件开发项目则包括多种类型，比较常见的软件开发产品按照应用场景分类包括 WEB 应用、移动应用、桌面应用、微信小程序等，多以目标代码的形式进行交付。

（二）合同纠纷问题

合同纠纷问题通常由双方需求变化导致，在项目开发过程中委托方通常会对需求进行调整，比如委托方可能根据开发方某一阶段的工作成果或者自身需求的变化需要临时提出修改意见，或者委托方对软件功能的理解随着开发工作的逐步深入发生变化而需要调整，需求调整过程往往涉及合同内容的变更。由于开发方为提供服务的一方，往往考虑到业务合作的关系而不主动要求进行确认，或者在提出要求确认的意思但委托方未表示明确同意的情况下仍继续进行后续开发，由此导致工作量变大或者交付期限超出合同约定、软件开发的结果与原合同约定不同，这就会引发较大的合同争议。

（三）调查重点内容

针对上述合同纠纷案件，在调查过程中需要明确以下内容：

明确当前项目的完成情况，具体为根据双方签订的合同判断开发方是否已经完成整个软件或系统的功能，该软件或系统还存在哪些问题；上述问题是否约定在经双方确认的合同中。如可以根据验收阶段的验收清单或委托方反馈的问题清单进行项目问题的分析，对照双方的合同范围判断开发方是否已经完成项目或者实现产品的基本功能。

在项目进行过程中，委托方提出哪些需求变更，该变化是否已超出在原先的合同约定的范畴或者双方是否重新确认过该变更的需求，该需求的变更是否导致工期延误的主要原因。如通过阅读双方的交互邮件、聊天记录、工作日志等，确定需求的变更内容和提出变更的时间点，并对照合同判断该变更后的需求是否超出双方之前所约定的范围。同时，根据双方的交互邮件、聊天记录、工作日志确定双方反馈的问题和解决问题的反应时间，判断哪一方是工期延误的主要责任人。

四、商业秘密侵权纠纷案件的办案技巧

在涉及计算机领域的商业秘密案件中，原告主张的密点可能包括算法、软件架构等内容，上述算法和软件架构并不同于其他领域的密点，其无法通过产品直接观测获得。[①] 以下从三性判断和同一性判断两个部分对涉及计算机领域的商业

---

① 彭飞荣：《论算法作为商业秘密的侵权认定》，《浙江社会科学》2023 年第 6 期，第 47－56 页。

秘密案件的办案特点进行说明。

（一）三性判断

1. 密点为软件代码的情况

涉及计算机领域的商业秘密案件中，原告主张的密点通常包括软件本身，对于软件本身的三性判断可以参考上述软件著作权侵权纠纷案件中独创性源代码的判断，即排除掉开源软件或第三方代码后将剩余的独创部分的代码作为密点进行三性判断。因为上述开源软件代码和第三方代码均为他人开发的代码。[①]

对于秘密性判断，如果上述软件代码已经上市销售，并且用户可以在前端的使用过程中直接观察得知或者可以从后台代码层面通过一定技术手段获得具体实现路径和方式，则不能认为该代码具有秘密性，如通过 CSS、JavaScript、html 来实现的程序源代码是可以被用户通过浏览器端的开发者模式获取的。此外，自动生成的代码和上市销售后可以通过反编译获得的代码均不具有秘密性。

对于保密性和价值性的判断，保密性则根据原告的保密措施和对应的密点以及载体形式等进行判断，价值性则是使编译后的目标代码在实际环境中运行，并记录其所实现的功能与原告的主张是否符合。如软件已上市销售，原告可提供相应的销售发票或合同，以说明软件的价值性。

2. 算法或软件架构等抽象内容属于密点的情况

算法或软件架构可能存在于软件代码或操作流程文件中，也可能直接记载于文件中，如直接记载于产品说明书、宣传 PPT 等文件。对于存在于软件代码中或操作流程文件中的软件架构或算法，需要先对该软件代码或操作流程文件进行分析，判断该代码或流程文件是否可以抽象出上述算法或软件架构。如在某些案件中，原告提供的密点载体为某一数据库网站的一系列检索界面操作图，原告认为通过该系列的操作图可以反映该数据库的检索算法，包括检索索引的查找过程算法、检索结果的排序算法等，检索索引的查找过程算法、检索结果的排序算法等为数据库设计人员根据一定的算法对检索结果进行筛选和排序显示的流程；检索输入设置中还包括检索式的逻辑设定等，该类的确属于技术信息。但是上述操作图仅能反映某一关键字的输入形式和输入结果，并没有体现输入关键字的分词过

[①] 刘涛、于丰源：《侵犯商业秘密犯罪案件电子数据审查难点及对策》，《人民检察》2022 年第 13 期，第 59 页。

程、排序过程等，因此，上述界面操作图并不能抽象出申请人所主张的包括检索索引的查找过程算法、检索结果的排序算法等密点。又如在某些案件中，同样涉案产品为某一数据库网站，原告提供的密点载体为网站对应的软件著作登记代码，原告认为某一段代码所实现的检索结果排序流程为其密点，通过分析该段代码可以判断该流程的确符合原告的陈述，则可以认为载体可以体现密点。

对于秘密性的判断，如果产品已经对外销售，并且用户可以通过产品的使用或者通过反向工程的手段获取对应的算法流程或软件架构，则认为上述算法或软件架构等抽象内容的秘密性不成立。比如原告主张的密点为一通信协议，包括通信过程中的收发时隙、数据帧的结构等。但是原告已经在被告接触该载体前将对应的设备产品对外销售，现有技术中，如果通过拦截设备间通信数据和拆解设备等技术手段可还原出上述通信协议的内容，则不能认为该通信协议具有秘密性。此外，如果该算法和软件架构属于所属领域的常规算法和常规架构，则同样不具有秘密性。

对于保密性和价值性的判断，保密性同样根据原告的保密措施和对应的密点以及载体形式等进行判断；价值性则是对算法或软件架构的内容进行分析，通过执行体现算法或架构内容的代码，记录代码所实现的功能是否符合原告主张的效果。如产品已上市销售，原告可提供相应的销售发票或合同，以说明软件的价值性。

（二）同一性判断

对于将代码作为密点的同一性判断可以参考软件著作权的侵权对比。对于算法或软件架构等抽象内容作为密点的同一性判断，可以通过运行双方的体现算法或架构内容的代码程序，分析对应程序执行的步骤和每个步骤所得到的结果、对算法的数据模型、逻辑流程等要素进行拆分对比，判断双方执行的算法流程是否相同，还可以通过直接比较双方代码的方式进行同一性判断。

五、集成电路布图设计侵权纠纷案件的办案技巧

集成电路布图设计侵权纠纷案件也是计算机领域较常遇到的案件。根据《集成电路布图设计保护条例》（以下简称《条例》）的规定，集成电路布图设计是指集成电路中至少有一个是有源元件的两个以上元件和部分或者全部互联线路的三维配置，或者为制造集成电路而准备的上述三维配置。申请人在提交集成电路

布图设计登记申请时除了要提交布图图样外，还需要提交集成电路样品。以下针对相关办案流程中比对基础、独创性判断这两个方面进行办案技巧的分析。

在比对阶段，需要将涉案侵权产品与原告登记的布图设计图样进行比对，同时还需要原告说明其集成电路布图设计的独创点，该独创点必须体现在其登记的布图设计图样中。如在（2019）最高法知民终490号案件中，原告赛芯电子提供的证据《司法鉴定意见书》将登记备案的样品芯片与涉案侵权芯片进行比对，造成明显比对不当；原告主张的6个独创点也并未体现在布图设计的图样中，最终造成该证据《司法鉴定意见书》并不被采纳。

此外，原告提供基础电路布图设计及原告所说明的独创点均需要符合《条例》的规定，即布图设计应当包含以下内容：两个以上半导体元件；其中至少一个为有源元件；元件的大小、位置及其互相的空间位置关系。而在某些案件中，原告提供的布图设计图样缺少某些必要图层，如 SAB、P + 源漏注入层、N-well、P-well 等与有源元件结构直接相关的图层，这造成该布图设计不符合《条例》的规定。此外，如原告主张的独创点仅为 Pad 图层、金属图层或者连接图层的排布结构，或者仅涉及版图的长与宽的设计，而未说明该设计中涉及哪些图层并与哪些有源器件的结构相关，该独创性也不成立。

六、专利侵权纠纷案件的办案技巧

计算机领域的专利侵权纠纷案件相较于一般专利侵权纠纷案件具有一定的特殊性。以下从权利要求类型、侵权判定、现有技术抗辩三个方面对专利侵权纠纷案件的办案技巧进行总结。

对于权利要求类型，涉及计算机程序的专利与其他领域类似，其均包括了方法类和产品类的权利要求，如包括计算机硬件内部的模块组成或者电路结构、计算机程序控制对应功能模块处理对应数据实现方法流程等，但是两者还是具有显著的区别。涉及计算机程序的专利技术方案需要通过计算机程序实现，计算机程序是固化在计算机可读存储介质上的，因此相关专利通常还包括有一类特殊的产品权利要求，即介质类权利要求。介质类权利要求与传统的产品权利要求不同，传统的产品权利要求通常包括结构、组件、功能模块等特征；介质类权利要求所包含的特征更类似方法专利权利要求，以流程步骤的方式进行限定。

对于侵权判定，相同侵权则是遵从全面覆盖原则，判断被诉侵权产品是否覆盖了权利要求中限定的全部步骤；等同侵权则是遵从"三个基本"原则，要考虑将被诉侵权的技术构成与专利权利要求书记载的相应技术特征进行比较。对于被诉侵权产品与专利的区别，如果所属技术领域的普通技术人员在面对对应技术问题的启示时，不经过创造性的智力劳动就能够联想到的，则判定为等同侵权。

对于现有技术抗辩，《最高人民法院关于审理侵犯专利权纠纷案件应用法律若干问题的解释》第十四条规定："被诉落入专利权保护范围的全部技术特征，与一项现有技术方案中的相应技术特征相同或者无实质性差异的，人民法院应当认定被诉侵权人实施的技术属于现有技术。"现有技术抗辩中的"现有技术"只能是一项现有技术方案，而不能是多项技术方案的组合，这与新颖性判断中的单独对比原则相类似。但是现有技术抗辩不能使用申请在先公开在后的对比文件，内涵范围要比新颖性判断的内涵更小。此外，对于现有技术方案与公知常识组合进行现有技术抗辩，最终生效的《最高人民法院关于审理侵犯专利权纠纷案件应用法律若干问题的解释（二）》并未明确有相关的规定，但是在其他的司法文件中存在类似的表述：

《最高人民法院印发〈关于充分发挥知识产权审判职能作用推动社会主义文化大发展大繁荣和促进经济自主协调发展若干问题的意见〉的通知》（法发〔2011〕18 号）表述如下："被诉侵权人以一份对比文献中记载的一项现有技术方案或者一项现有设计与公知常识或者惯常设计的显而易见组合主张现有技术或者现有设计抗辩的，应当予以支持。被诉侵权人以实施抵触申请中的技术方案或者外观设计主张其不构成专利侵权的，可以参照现有技术或者现有设计抗辩的审查判断标准予以评判。"

北京市高级人民法院《专利侵权判定指南（2017）》第一百三十七条规定："现有技术抗辩，是指被诉落入专利权保护范围的全部技术特征，与一项现有技术方案中的相应技术特征相同或者等同，或者所属技术领域的普通技术人员认为被诉侵权技术方案是一项现有技术与所属领域公知常识的简单组合的，应当认定被诉侵权人实施的技术属于现有技术，被诉侵权人的行为不构成侵犯专利权。"

上述可以看出现有的司法实务中并不排斥将一项现有技术与公知常识进行结合来判断现有技术抗辩是否成立。

七、结语

上述从计算机领域出发，按照软件著作权侵权纠纷、技术开发合同侵权纠纷、商业秘密侵权纠纷、集成电路布图设计侵权纠纷、专利侵权纠纷这五种案件类型，对技术调查工作中所遇到的常见问题和应对方法进行总结，希望为熟知该专业技术领域的技术调查官提供参考，使能通过自己对诉争技术的了解，为法官的审判提供专业咨询意见，进而提高审判效率。

（国家知识产权局专利局专利审查协作江苏中心　任洪潮）

30

典型计算机类知识产权案件的技术调查思路

一、引言

近年来，我国涉计算机类知识产权案件占知识产权类案件数量的比重较大。从技术调查工作经验判断，大部分的案件争议都可以避免或得到妥善解决。针对计算机类专业性强的知识产权案件，学习文科的法官由于缺乏技术背景，对于技术事实难以作出准确判断，案件审理难度大、核心问题把握不清、案件审理时间长；多数律师不懂计算机专业知识，专业上的知识盲区使其在诉讼过程中无法清晰准确地准备相关证据材料，也为其后面的庭审答辩制造了不小的难度；对于既不懂技术又不懂法律的当事人来说，日常工作中如何保护自己的知识产权，如何避免误用他人知识产权，避免不必要的诉讼是他们现在面临的问题。本文将从四种计算机类型知识产权案件的特点、常见问题及调查思路展开讨论，结合技术调查官对该类案件的办案经验及惯常使用的技术调查手段，为该类案件的技术调查工作提供思路。

二、计算机类案件的分类与简介

在知识产权司法实践中，存在各式各样的计算机类案件。计算机软件包括程序与文档。计算机程序，指为了得到某种结果而可以由计算机等具有信息处理能力的装置执行的代码化指令序列，或可被自动转换成代码化指令序列的符号化指令序列或符号化语句序列。文档，指用来描述程序的内容、组成、涉及、功能规格、开发情况、测试结果及使用方法的文字资料和图标等，如程序设计说明书、流程图、用户手册等。[①] 根据被诉侵权产品涉及计算机程序和起诉案由，包含这些计算机类案件的案由分别为计算机软件开发合同纠纷、侵害计算机软件著作权纠纷、涉计算机程序的发明专利侵权纠纷、涉计算机程序的技术秘密侵权纠纷。下文将根据上述四个案由逐项分析其特点。

（一）计算机软件开发合同纠纷

计算机软件开发合同纠纷是指双方当事人软件开发等相关事宜达成的协议而发生的纠纷，常因开发过程中开发方未按期交付符合约定的开发成果或者委托方没有根据合同的约定进行验收或者支付尾款引发的争议。

软件开发是根据用户要求建造出软件系统或者系统中的软件部分的过程。软件开发是一项包括需求捕捉、需求分析、设计、实现和测试的系统工程。[②] 软件的设计与开发需要具备专业知识，使用特定的程序语言和专业的开发工具进行设计和开发。通常情况下为了降低软件的开发成本，降低项目风险，需求公司会将目标软件通过外包的方式交给专业的软件开发公司进行开发。在计算机软件开发合同纠纷中，双方的争议焦点往往集中在合同签订的效力是否有效、合同约定的项目需求是否明确、合同是否在规定时间内完成并交付、合同是否进行了变更、交付的软件是否符合合同约定的标准、委托方是否依照约定履行验收义务、委托方是否依约履行付款义务、开发方是否应当退还工程款项等。

（二）侵害计算机软件著作权纠纷

侵害计算机软件著作权纠纷是指一方当事人未经软件著作权人同意或授权，非法使用著作权人的计算机软件。根据《计算机软件保护条例》的规定，受保护的软件必须是由开发者独立开发，并且已经固定在某种有形物体上，例如，光盘、硬盘、U盘等。值得注意的是，对软件著作权的保护仅针对程序和文档，并不延及开发软件所用的思想、处理过程、操作方法或数学概念。[③] 另外，著作权只保护作品中作者付出独创性劳动的表达部分，而不保护来自公有领域、抄袭复制他人的作品、不具有独创性的表达部分。

计算机软件著作权的侵权判断普遍遵循"实质性相同＋接触＋排除合理解

---

① 《计算机软件保护条例》第三条。

② 全国计算机专业技术资格考试办公室组编：《信息系统项目管理师教程》，北京：清华大学出版社2023年版。

③ 《计算机软件保护条例》第六条。

释"的规则，其中实质性相同主要通过比对双方源程序或者目标程序来判定。但在司法实践中，经常出现被告拒绝提供源程序或目标程序，且由于技术上的限制等原因，无法获取目标程序的情况，导致侵权认定存在较大难度和争议。[①]

（三）涉计算机程序的发明专利侵权纠纷[②]

涉及计算机程序的发明是指为解决发明提出的问题，全部或部分以计算机程序处理流程为基础，通过计算机执行按上述流程编制的计算机程序，对计算机外部对象或者内部对象进行控制或处理的解决方案。所说的对外部对象的控制或处理包括对某种外部运行过程或外部运行装置进行控制，对外部数据进行处理或者交换等；所说的对内部对象的控制或处理包括对计算机系统内部性能的改进，对计算机系统内部资源的管理，对数据传输的改进等。涉及计算机程序的解决方案并不必须包含对计算机硬件的改变。

涉及计算机程序的发明专利在发明申请的解决方案执行计算机程序的目的通常是解决技术问题、处理一种外部技术数据、改善计算机系统内部性能等。在计算机上运行计算机程序从而对外部或者内部对象进行控制或处理所反映的是遵循自然规律的技术手段，并且由此获得符合自然规律的技术效果；或者按照自然规律完成对该技术数据实施的一系列处理，从而获得符合自然规律的技术数据处理效果；或者通过计算机执行一种系统内部性能改进程序，按照自然规律完成对该计算机系统各组成部分实施的一系列设置或调整，从而获得符合自然规律的计算机系统内部性能改进效果。

（四）涉计算机程序的技术秘密侵权纠纷

涉及计算机程序的技术秘密是指为解决生产所需提出的问题，全部或者部分以计算机程序处理流程为基础的解决方案。该方案不为公众所知，具有经济利益，具有实用性，并且对技术信息与经营信息已经采取了保密措施。

计算机软件程序源代码能够构成技术秘密，取决于该源代码是否符合三个构成要件：一是不为公众所知悉；二是具有商业价值；三是权益人已经采取了合理的保密措施。如果相关源代码符合前述法律规定的三个要件，构成技术秘密。

---

① 法律麦田：《计算机软件案件被告拒不提交源程序的侵权认定问题研究》，https：//www. sohu. com/a/686204545_ 121715232，2023 年 6 月 16 日。

② 中华人民共和国国家知识产权局：《专利审查指南（2010）》，北京：知识产权出版社 2010 年版。

计算机文档与程序中的技术信息均能被认定为技术秘密。但与文档相比，计算机软件编程中的源代码与目标代码是最常被进行司法鉴定的主要检材。

三、计算机类知识产权案件的特点

（一）计算机软件开发合同纠纷存在问题的特点

计算机软件开发合同纠纷常见于因合同签订不规范、项目需求不明确、交付流程不规范、项目验收过程不符合规定、软件交付后培训不到位、项目严重超期等情况而产生争议进而诉诸法院。

计算机软件开发合同纠纷的难点在于因上述原因导致计算机程序无法正常演示或缺少比对文件。

（二）计算机软件著作权纠纷存在问题的特点

计算机软件著作权纠纷常见于原公司员工离职将源代码带走；合伙公司拆分重新组建新公司，使用了未经授权的源代码；先假意合作后窃取对方源代码；通过反向功能获取源代码；以其他非法手段获取源代码。

计算机软件著作权纠纷的难点在于原告很难获取被诉侵权软件的完整目标程序和源代码，缺少完整程序代码导致代码比对工作存在很多困难。

（三）涉计算机程序的发明专利侵权纠纷存在问题的特点

涉计算机程序的发明专利侵权纠纷主要是对计算机程序逻辑和计算机程序代码的综合分析，如何区分涉案软件是属于计算机程序的侵权纠纷抑或是涉计算机程序的发明专利侵权纠纷是该类案件的首要判断方向。

（四）涉计算机程序的技术秘密侵权纠纷存在问题的特点

涉计算机程序的技术秘密侵权纠纷需要检索及判断相关技术秘点是否为不为公众所知悉的技术方案。技术秘密侵权案件审判难度大，涉及技术方案复杂，举证难度高，是四类涉计算机软件侵权案件中难度最大的案件，也是涉及面最广、涉及专业深度最深的案件。

四、计算机类知识产权案件的分析与调查思路

（一）计算机软件开发合同纠纷的分析与调查思路

1. 计算机软件开发合同纠纷产生的常见原因

在我院审理的计算机软件开发合同纠纷中，通常存在以下几种产生纠纷的原因：

（1）合同的签订不规范。也许是基于朋友之间的关系，双方在签订合同时过于信任对方，合同内容简单，合同需求和责任义务未写入合同中，更有甚者双方没有签订书面合同，仅口头达成协议就开始项目开发。

（2）项目需求不明确。虽然签订了项目合同，但未制定项目需求书，项目需求未在项目前期进行确定；项目需求书粗糙简陋，仅设定了大框架，开发需求中的细节没有在项目需求书中体现；双方未在项目需求书上签字确认，庭审比对过程中对项目需求无法达成一致意见；项目需求蔓延严重，在项目需求书的基础之上，通过微信、邮箱等方式不断修改项目需求，却未进行项目需求变更申请，双方对于变更事项不予认可。

（3）交付流程不规范。软件交付时双方未进行确认，交付的源代码、安装包等不是通过光盘、U盘等实体载体进行正式移交，且未填写软件交付交接单；软件通过邮箱、微信、QQ等工具传送交付，且未及时下载，附件超时后无法正常下载；软件直接安装在客户的服务器或电脑上交付，未留下安装包及源代码等；软件直接安装在云服务器上交付，仅通过微信或电话告知客户软件已上线，并未交付源代码、安装包等给客户；软件升级更新后仅在自己电脑上演示给客户看，并未在客户电脑上进行软件的更新，且未正式提交更新后的版本。

（4）项目验收不符合规定。项目验收时项目组成员（包括甲乙双方的项目负责人、工程师等）人员不齐，验收时并未确认所有模块是否全部完成，所有功能是否全部正常使用；验收时发现的软件问题未能及时处理，双方沟通不顺畅。

（5）软件交付后培训存在问题。软件交付后未进行有效的培训，经常出现有相关功能，但是客户却不会使用，也不知道功能模块在哪个位置的情况。

（6）项目超期问题。甲、乙双方因沟通不顺畅导致超期、因项目需求长期未能明确导致超期、因开发人员技术水平导致超期、因需求频繁变更导致超期、因需求严重蔓延导致超期、因其他客观原因导致超期。

2. 计算机软件开发合同纠纷的技术分析及调查技巧

在计算机软件开发合同纠纷案件中，技术调查官需事先分析计算机软件开发合同明确的责任和义务，查看项目需求书，明确合同事项、合同范围、项目需求范围、交付的软件版本、未完成的功能模块、变更范围。

在确定好合同范围后，由双方当事人先明确涉案软件的项目需求范围，整理出已完成的模块、未完成的模块、有缺陷的模块，制作软件比对表。进行现场勘验比对时，技术调查官根据软件比对表对未完成的模块和有缺陷的模块进行比对，确认双方当事人认为需要开发而没有开发的模块是否已经开发完成；对已开发完成的功能模块进行测试，判断相关功能模块是否能够正常运行，存在不能够正常运行的模块分析问题存在的原因。通常情况下，软件功能模块不能够正常运行存在以下三种可能性：程序 BUG、缺少数据、与第三方接口未完成对接或联通。分析涉案软件功能模块存在问题是由上述哪种情况导致，再根据合同规定的责任划分，判断相关模块未完成由哪方当事人担责。

3. 计算机软件开发合同纠纷案件勘验比对中的常见问题和应对方法

在计算机软件开发合同纠纷案件中，进入勘验比对环节，依然存在大量问题导致勘验比对无法正常进行，如缺少合同、缺少项目需求书、缺少变更申请、缺少软件交付签收单等项目文档，导致无法明确比对对象和交付软件的版本；软件开发公司因开发流程不规范，未建立文件版本管理系统，无法查找到已交付软件的历史版本；由于合同履行时间与庭审勘验时间存在较大时间差，勘验时软件部署环境存在无法搭建的情况，或者缺少关键数据接口，必要数据无法获取；软件交付时由于安装在云服务器上，且并未进行相应备份，因各种原因未缴费导致服务器被停机清理，软件丢失，无法勘验已交付的软件。

基于以上问题，法院可以要求双方当事人重新明确项目需求，制作项目需求书，根据项目需求书制作软件比对表，确定已完成模块、未完成模块和有缺陷模块。对于无法提供准确交付时间的软件，可以通过交付记录判断现存最接近交付时间的软件版本，通过该版本进行勘验比对。该思路是基于计算机软件的生命周期进行分析，一款软件短时间内很难做到大量功能模块的修改，在较短时间内一般情况下只会进行小范围的功能调整或软件修复，通过临近版本进行比对可以较为真实地还原交付软件的情况。

（二）侵害计算机软件著作权纠纷的分析与调查思路

1. 侵害计算机软件著作权纠纷产生的原因

在我院审理的计算机软件著作权纠纷中，通常存在以下几种产生纠纷的原因：原公司员工离职将源代码带走；合伙公司拆分重新组建新公司，使用了未经授权的源代码；通过反向功能获取源代码；以其他非法手段获取源代码。

2. 侵害计算机软件著作权纠纷的技术分析及调查技巧

（1）计算机软件及计算机软件代码文件的解释。

计算机软件由计算机软件代码文件组成。计算机代码文件用通俗的语言来解释就像是一篇文章，我们可以把这篇文章制作成两种形态：一种是给人类看的，我们称之为源代码；一种是给机器看的，我们称之为目标代码。我们通过一篇篇的文章串联起来，让音乐、视频、动画、游戏和管理工具可以逐一展现在人们面前，这就是计算机软件。按科学定义，计算机软件代码文件包含源代码和目标代码。

源代码，是指未编译的、按照一定的程序设计语言规范书写的文本文件，是一系列人类可读的计算机语言指令。计算机源代码的最终目的是将人类可读的文本翻译为计算机可以执行的二进制指令，这种过程叫编译，通过编译器完成。

目标代码，是指计算机科学中编译器或汇编器处理源代码后所生成的代码，它一般由机器代码或接近于机器语言的代码组成。目标文件即存放目标代码的计算机文件，它通常被称作二进制文件。目标文件包含机器代码（可直接被计算机中央处理器执行）以及代码在运行时使用的数据，如重定位信息，用于链接或调试的程序符号（变量和函数的名字），此外还包括其他调试信息。目标文件是从源代码文件产生程序文件这一过程的中间产物，链接器正是通过把目标文件链接在一起来生成可执行文件或库文件。目标文件中唯一的要素是机器代码，例如用于嵌入式系统的目标文件可能仅仅含有机器代码。

（2）技术分析。

从技术角度来看，计算机软件著作权纠纷可以分为交互式计算机软件著作权纠纷和嵌入式计算机软件著作权侵权纠纷。

交互式计算机软件指的是人机交互软件，该软件通常有可视化操作界面。交互式计算机软件著作权纠纷通常指的是一方当事人在游戏、应用软件、商城、管理软件等领域内未经对方同意全部或部分使用另一方当事人的计算机代码文件。

在这类案件的技术事实查明中需要获取原、被告双方的软件源代码或目标代码进行比对。

嵌入式计算机软件指的是将由源代码编译生成的目标代码经过特殊的工具转化后烧录到电子芯片中，设备通过控制面板调用芯片中的软件程序进行操作。嵌入式计算机软件著作权纠纷通常指的是一些硬件设备如扫描枪、摇头灯、电饭锅等涉及智能化操作的电子设备。该设备具有存储计算机软件的电子芯片，并且可以通过控制面板运行电子芯片中的软件程序。嵌入式计算机软件著作权侵权，一般情况下需要使用特定的工具获取芯片中的目标代码，再将原告源代码编译成目标代码与被诉侵权产品中的目标代码进行比对或者将被诉侵权产品中的目标代码反编译成源代码与原告源代码进行比对。

（3）调查技巧。

在技术比对中，我们通常使用的比对工具是 Beyond Compare 4。在比对前，先确定原、被告的软件编写的语言是否相同，不相同的语言编写源代码在逻辑结构中是不一样的，这样的源代码是没有可比性的。在代码比对前，需要对原告提供的源代码的真实性进行确定，可以将原告源代码与版权登记的前后 60 页源代码进行同一性比对，比对结果能证明原告源代码与版权登记源代码是否具有关联性。如果被告愿意提供被诉侵权软件的源代码，首先需要对被诉侵权软件的源代码的真实性进行确定，确定方法可以将被告提交的源代码编译成目标代码后与被诉侵权软件目标代码进行比对，比对结果可以证明被告提交的源代码是否真实；再在确定被告提交的源代码真实的前提下与原告版权登记的完整源代码进行比对，判断两款软件的相似性。如果被告不愿提供被诉侵权软件的源代码，可以分两种方式进行证明：①将被诉侵权软件反编译成源代码，使用反编译后的源代码与权利软件进行比对；②将权利软件编译成目标代码，与被诉侵权软件目标代码进行比对。比对前我们需要配置比对环境，比对过程中记录比对情况，比对结束后撰写比对报告。

（4）比对方式。

使用代码比对软件有多种比对方式，其中包括文件夹比对和文件比对，其中文件比对又包括普通规则比对、二进制或十六进制比对等。文件夹比对主要是观察文件夹目录、文件夹排序、文件夹逻辑、文件夹命名规则等情况，判断两款软件文件总体相似程度。文件比对，主要观察文件排序、文件命名规则、文件大小、文件名后缀，分析该程序的开发语言、使用环境等，同时也判断相同文件名的具体数量。代码比对，主要分析代码行的差异性，判断文本之间的差异。二进制或十六进制比对是针对目标代码的比对，比对逻辑与源代码比对略有区别。

对于源代码比对的情况，通常需要结合文件夹比对、文件比对两种比对方式进行综合判断，综合分析涉案软件的命名规则、文件夹逻辑、开发语言和差异文件的差异情况，明确相同文件数量与原告源代码文件总数的比例后作出相同、相似、不相同等结论。同时，对于差异文件，也需要对代码行进行具体分析，查看代码行差异点是什么。如果差异点是代码逻辑，该部分差异不能认为相同或相似；如果差异点仅仅是某字体大小、字体格式、字体颜色、线条粗细等个性化设置，在代码逻辑和整体代码行来看仅占少部分的修改，应认定为相同和相似，因为该部分的修改替换对于软件开发人员来说是轻而易举的。

对于目标代码比对的情况，需要对目标代码进行预处理。判断目标代码是否进行了加壳或者加密，如果目标代码可进行加壳或加密，首先要对目标代码进行脱壳或解密处理。由于加壳技术手段繁多，需要在了解到目标代码的封装技术才能有效地进行脱壳处理。如果目标代码经过特殊工具转化，那么还需要对目标代码进行还原。这部分的内容就涉及芯片代码，在提取目标代码时需要进行相应的转化操作，通过技术手段读取嵌入在芯片中的目标代码，提取后再进行比对。以二进制或十六进制进行代码比对时，通过计算双方目标代码中相同字节占总字节的比例来判断目标代码是否具有同一性。如果目标代码二进制内容相同或相同的字节比例较高，可认为目标代码具有同一性。如果目标代码二进制具有明显的差异，并不能直接证明目标代码的同一性，则需要结合软件的编译环境进行分析判断。这是因为相同的源代码在不同的操作系统上进行编译，或者在不同的编译器下进行编译，都可能会产生不同的二进制内容。因此，在二进制代码具有明显差异的情况下，应结合编译运行环境进行分析，适当采用反编译的技术手段获取反编译代码进行比对。

需要特别指出的是，不同计算机语言反编译的技术、工具及反编译得到的代码，可读性差异较大，并且反编译也是有条件的。当目标代码进行加密或加壳处理，反编译难度增加，甚至无法反编译，这时就需要进行具体的技术处理了。另外，还需单独指出的是，源代码和目标代码无法直接比对，两者没有可比性。

3. 侵害计算机软件著作权纠纷的常见问题和应对方法

在我院审理的计算机软件著作权纠纷中，通常存在以下几种困难：缺少源代码、目标代码；当事人不提供软件开发的语言、工具和代码说明；被诉侵权产品的芯片加密或加壳，当事人不提供加密或加壳的技术手段，导致数据无法正常提取；更有甚者，被诉侵权产品中的芯片型号被磨掉，无法明确芯片型号；鉴定机构缺少提取工具导致无法提取芯片数据影响事实判断。

遇到上述常见问题，在无法进行软件代码比对的前提下，需要依靠证据规则，要求双方当事人履行自己的举证责任，保证案件审查的顺利开展。

（三）涉计算机程序的发明专利侵权纠纷的分析与调查思路

涉计算机程序的发明专利主要是运用了计算机程序的逻辑和运行方法，因此在处理相关发明专利侵权纠纷时应该先明确该专利运用的计算机程序逻辑是什么，该软件是如何运行的。

在我院审理的涉计算机程序的发明专利侵权纠纷中，存在部分当事人以软件的代码作为比对对象，要求判断代码的同一性。在该类案件中这种比对方式是错误的。如果当事人请求保护源代码，这应该归属于著作权的范畴，比对方式如上文所述，不再赘述。如果当事人请求保护计算机程序的逻辑及运行方法，就是我们本节所要讨论的内容。在涉计算机程序的发明专利侵权纠纷案件中，基本上都属于嵌入式计算机软件的范畴，涉及某种产品的功能实现是利用了计算机程序的算法逻辑进行特定的运行方式。

1. 什么是计算机程序的逻辑和运行方法

计算机程序逻辑又可称计算机程序思维逻辑。我们要写出一款软件，使用户能够和机器进行交互，编写的过程我们称为编程，就是让计算机代码解决某个问题，对某个计算机体系规定一定的运算方式，使计算机体系按照该运算方式运行，并最终得到相应结果的过程。实际上通过这种思维逻辑设计出的软件框架我们称之为软件架构，它是构件成计算机软件实践的基础。软件架构为软件系统提供了一个结构、行为和属性的高级抽象，有构件的描述、构件的相互租用、指导构件集成的模式以及这些模式的约束组成。它不仅显示了软件需求和软件结构之间的对应关系，而且指定了整个软件系统的组织和拓扑结构，提供了一些实际决策的基本原理。

为了使计算机能够理解人的意图，人类需要将解决问题的思路、方法和手段通过计算机能够理解的形式告诉计算机，使得计算机能够根据人的指令一步一步去工作，完成某种特定的任务。这种计算机体系之间交流的过程就是编程。编程的过程就是将人的思维逻辑写入到代码中，让代码能够根据人的思维逻辑去运行，使得程序正常运作。使得程序正常运作的运行方法，我们称之为程序算法，它是对计算机上执行的计算过程的具体描述。算法由一系列具体步骤组成，每一步都能够被计算机所理解和执行，它不是抽象和模糊的概念。算法的每个步骤都有确定的执行顺序，即上一步在哪里，下一步是什么，都必须明确，无二义性。

2. 专利审查中对计算机程序的发明专利审查方向

计算机程序的发明专利涉及人工智能、大数据、"互联网＋"以及区块链等的发明专利，一般包含算法或商业规则和方法等治理活动的规则和方法特征。在专利审查中，审查应当针对要求保护的解决方案及权利要求所限定的解决方案进行，不应当简单割裂技术特征与算法特征或商业规则和方法特征等，而应将权利要求记载的所有内容作为一个整体，对其中涉及的技术手段、解决的技术问题和获得的技术效果进行分析。

对一项包含算法特征或者商业规则和方法特征的权利要求是否属于技术方案进行审查时，需要整体考虑权利要求记载的全部特征。如果该项权利要求记载了对要解决的技术问题采用了利用自然规律的技术手段，并且由此获得符合自然规律的技术效果，则该权利要求限定的解决方案属于专利法所述的技术方案。例如，如果权利要求中涉及算法的各个步骤体现出与所要解决的技术问题密切相关，如算法处理的数据是技术领域中具有确切技术含义的数据，算法的执行能直接体现出利用自然规律解决某一技术问题的过程，并且获得了技术效果，则通过该权利要求限定的解决方案属于专利法所述的技术方案。

对包含算法特征或商业规则和方法特征的发明专利申请进行新颖性审查时，应当考虑权利要求记载的全部特征。全部特征既包括技术特征，也包括算法特征或商业规则和方法特征。

对既包含技术特征又包含算法特征或商业规则和方法特征的发明专利申请进行创造性审查时，应将技术特征功能上彼此相互支持、存在相互作用关系的算法特征或商业规则和方法特征与所述技术特征作为一个整体考虑。"功能上彼此相互支持、存在相互作用关系"是指算法特征或商业规则和方法特征与技术特征紧密结合，共同构成了解决某一技术问题的技术手段，并且能够获得相应的技术效果。

3. 如何在案件中区分被诉软件或产品是否使用了涉案发明专利中记载的计算机程序逻辑及运行方法

在本院处理的案件中，有当事人提出直接查看涉案软件的运行模式，当事人认为只要运行模式与涉案专利描述一致，其程序的思维逻辑与涉案专利也必然一致；也有当事人提出需要将被诉侵权软件的源代码进行分析，查看其逻辑结构是否与涉案专利是否一致。对此，哪种才是正确的比对方式呢？

从上文我们可以看出，计算机软件想要解决某个问题，会对某个计算机程序设置一种算法。解决相同的问题不同的人使用的算法不一定一样，因此如果直接比对涉案软件的运行模式无法准确判断出涉案软件的开发逻辑与涉案专利是否相同。在技术比对中，应将被诉侵权软件的源代码进行详细分析，确定被诉侵权软件源代码的运行逻辑和算法与涉案专利是否一致。若一致，则可以确定被诉侵权软件使用了涉案专利技术手段；若不一致，则需判断不一致的地方是否属于公知常识或者本领域技术人员无需经过创造性劳动就可以简单想到的技术手段，且该手段与涉案专利所述基本一致，解决的技术问题和达到的技术效果基本相同，以此来判断该方法是否构成等同。

（四）涉计算机程序的技术秘密侵权纠纷

涉计算机程序的技术秘密与涉计算机程序的著作权和涉计算机程序的发明专利均存在异同。涉计算机程序的技术秘密与发明专利的区别在于是否公开相关技术方案。在此，我们需要注意，在该类案件中，原告请求保护的是计算机程序代码本身还是程序的运行逻辑。无论是计算机程序代码还是程序的运行逻辑，均有可能成为技术秘密中的密点，但两者的判断方式存在差异。

就计算机程序而言，其可称为著作权和商业秘密的保护对象。由于保护目的与法律规制的不同，软件程序作为著作权保护与作为商业秘密保护存在差异。基于对软件著作权的保护不延及开发软件所用的思想、处理过程、操作方法或者数学概念等，故对软件的鉴定主要是外在的表达方式进行鉴定，如对源代码及目标代码进行鉴定；而商业秘密所保护的计算机程序及文本中所蕴含的技术信息秘密，其中也包含程序和文档中开发软件的"思想、处理过程、操作方法或者数学概念"等。商业秘密可涵盖的范围比著作权大，但侵犯商业秘密案件处理需要进行非公知性鉴定和同一性鉴定。[1]

1. 请求保护计算机程序代码本身，如何判断涉案计算机程序代码是否属于非公知技术

判断代码的非公知性，需要我们将代码的前端代码和后台代码区分开来。在程序前端，存在一些能通过直接观察就能够知道该软件的操作流程和功能模块及其实现的步骤，相关的操作流程和功能模块属于已经公开的技术不能认定为技术秘密。而那些普通用户无法在前端通过直接观察得知，需要通过一定的手段获取到后台代码才能掌握的具体事项方式或者运行手段，则能构成为技术秘密。

当前软件行业中最常见的计算机程序架构分别是 B/S 架构（浏览器和服务器模型）和 C/S 架构（客户端和服务器模型）。C/S 架构的安全性更高，除了反编译外，较难获取到程序源代码，一般情况下程序代码在做好保密手段的前提下都具有非公知性。而一般使用 B/S 架构的计算机程序，通过浏览器端（前端）能够获取 CSS、JavaScript、html 等程序代码文件，获取到的该部分程序代码不应当被认为技术秘密，但适用 B/S 架构计算机程序的后台代码普通用户是无法使用一般手段获取到的，通常情况下也需要进行反编译才能获取，因此后台代码在做好保密手段的前提下都具有非公知性。

判断相关代码是否具有非公知性，还需要判断相关核心功能的代码是否为第三方开源代码。第三方开源代码囊括的范围很广，包括但不限于软件框架、调用插件、功能模块等。原告若要证明自己的软件具备非公知性，首先要排除涉案软件使用第三方开源代码的代码文件或代码行，因此第三方开源代码是已公开的程序代码，不能作为技术秘密的密点。最后，需要判断该代码是否为采用一些辅助的软件工具自动生成的代码，而非直接编写形成的源代码，对于自动生成的代码也不应认定其具有秘密性。

2. 如何判断涉案技术秘密中的程序逻辑和运行方法是否为不为公众所知悉的技术

原告若主张保护计算机程序的运行逻辑和运行方法为其所主张的技术秘密，需要从涉案计算机程序中明确该软件核心功能模块的代码文件、软件架构和算法。通常情况下，在明确该软件的核心功能模块后，通过对相关模块的代码文件

---

[1] 何国铭：《侵犯商业秘密罪律师：以涉计算机软件案为例，谈谈司法鉴定问题》，2022 年 7 月 25 日。

进行判断分析，判断该模块的代码文件是否为上述情形的非公知代码。若非非公知代码，则无论是代码文件，抑或是该代码文件所适用、使用的软件架构和算法，均不属于技术秘密。若为非公知代码，则可以分析该代码文件所使用的软件架构和算法。通常情况下，软件代码不一致，软件架构也不一致，因为软件架构也是通过代码编写形成。

代码与算法虽不能直接画等号，但算法和代码是密不可分的，可以说算法是代码的灵魂。算法指的是解决问题的一系列步骤和规则，而代码则是将算法转化为计算机可以理解和执行的指令集合。算法是抽象的，是一种思维方式，是解决问题的方法论，它可以描述解决问题的步骤和规则，但并不关心具体的编程语言和实现细节。代码则是具体的实现，是将算法转化为计算机能够执行的指令，是一种具体的表达方式，使用编程语言的语法和规则来描述算法。算法可以有多种实现方式，而代码则是其中一种具体的实现。因此，在代码具备非公知性的前提下，依然需要分析该代码所使用的算法是否为公知技术，但判断是否为非公知则需要专业的检索。

3. 嵌入式软件代码的技术秘密判断方法

嵌入式软件代码的技术秘密案件难点在于是否能够仅凭相关硬件设备反映出来的相同/近似画面、相同瑕疵（BUG）来判断被诉侵权软件与涉案软件相同。笔者认为，如果仅从上述情形判断两款软件相同或近似是存在问题的，不能排除原、被告双方均使用通用模板/框架，或者使用了第三方开源代码，导致画面相同或者使用过程中出现相同瑕疵，需要结合原、被告更多的证据加以佐证。值得注意的是，在最高院2015年4月15日发布的指导性案例49号中，最高院认为在被告拒绝提供被诉侵权软件的源程序或者目标程序，且由于技术上的限制，无法从被诉侵权产品中直接读出目标程序的情形下，如果原、被告软件在设计缺陷方面基本相同，而被告又无正当理由拒绝提供其软件源程序或者目标程序以供直接比对，则考虑到原告的客观举证难度，可以判定原、被告计算机软件构成实质性相同，由被告承担侵权责任。这是从法律层面解决仅通过技术手段无法解决的裁判问题。

对于嵌入式软件代码，笔者建议对涉案设备进行保全或公证后通过司法鉴定程序。除了上述分析硬件设备反映出的问题外，可以结合计算机程序代码比对的方法，进行双循环、多轮次两两比对，以便确定鉴定材料真实、鉴定结果准确。

五、结语

结合计算机软件开发合同纠纷、侵害计算机软件著作权纠纷、涉计算机程序的发明专利侵权纠纷和涉计算机程序的技术秘密纠纷四种案件类型的技术调查经验和常见问题总结，通过对法官、律师普及计算机程序的基础知识，对技术人员普及知识产权相关法律常识，对普通群众普及保护自身权益的手段，从社会生活到司法程序，提高审判效率，让人民群众感受到公平正义。

（*广州知识产权法院　钟富来*）

31

冲突与衡平：对法官面临相左技术意见困境的思考

一、问题的缘起：从一宗侵害技术秘密纠纷案谈起

（一）两种技术意见的冲突

技术调查官制度在知识产权审判领域运行已将近十年，对提高审判质效的重大意义不言而喻。技术调查官从初期的浅度参与到现在的部分案件深度参与，全面、主动地参与到案件的调查与审理中。① 然而，随着技术调查官深度参与到案件中，部分问题也会随之而来。例如，当鉴定机构已经就案件中的争议技术问题出具了鉴定意见，以前的做法是，在鉴定意见无重大瑕疵的情况下，法官直接采信鉴定意见或者在技术调查官的协助解读下采信鉴定意见，但当技术调查官深度参与案件审理时，经解读鉴定意见后技术调查官出具的技术调查意见不支持甚至否定鉴定意见的结论，那么法官将面临针对同一个技术问题的两种不同意见该如何选择的困境。

在笔者经手的一个侵害技术秘密纠纷案件中就出现了上述困境。该案的部分被告在刑事案件中已被判刑且刑罚已执行完毕，原告在本案中起诉各被告要求民事赔偿，并提交了两份刑事案件中公安机关委托鉴定机构作出的鉴定意见书，主要是对涉案技术秘密是否具有秘密性、保密性和价值性以及侵权技术比对的鉴定，而刑事案件也主要依据这两份鉴定意见而认定被告构成犯罪。然而，该案的

---

① 林奕濠《技术调查官参与诉讼活动权力边界的反思与重构》获第二届技术调查官制度研讨会论文一等奖。

承办技术调查官在审阅该两份鉴定意见书后认为鉴定意见存在问题，原告主张保护的技术信息不具有秘密性以及侵权技术比对的鉴定意见不可采信，并由此出具了技术调查意见书。

（二）法官选择采纳不同技术意见的困境

此时，法官面临两难抉择，面对两份结论截然相反的技术意见，在程序和实体上应该如何决定采纳哪一份意见。当法官决定采纳技术调查意见而否定鉴定意见时，由于鉴定意见是由鉴定机构通过专业仪器、检测设备，以科学的方法和规则，结合一定的本领域专业经验综合考量作出的，首先具备一定的天然科学属性。① 若要否定鉴定意见，除了程序上的问题，还必须对实体上存在的问题进行直接的审查，那么必然涉及对该专业技术问题的剖析，但法官并不具有专业领域的知识储备。法官若不对技术问题经过一定消化理解，直接采纳技术调查意见，则存在一定风险，因为在中国当前的审判体系下，法官是案件审判结果的直接责任人。此外，目前技术调查意见并不对外公开，若法官直接要采信技术调查意见而否定鉴定意见，但该技术争议问题并未经过当事人的充分辩论，则会有突袭审判的嫌疑。当法官决定采纳鉴定意见而否定技术调查意见时，根据部分法院内部规定，法官需要作出书面说明不采纳技术调查意见的理由，甚至可能还需要将案件提交专业法官会议讨论。② 实际上，并非所有的鉴定意见都无懈可击。但是，由于承办法官很难在会议期间的短时间内让其他法官都能理解该技术问题以期达到同意其意见的效果，故若会议的结论是多数人同意技术调查意见，则承办法官又面临直接采纳技术调查意见还是重新启动鉴定的困境。

二、问题的根源：技术调查意见与鉴定意见产生冲突的解构

（一）两种技术意见本质特性上的差异

我国法律虽然没有明确规定，但理论和实务界均认为鉴定意见书属于科学证据，这并不存在争议。③ 鉴定意见书之所以被认为是科学证据，是因为鉴定意见

---

① 陈瑞华：《鉴定意见的审查判断问题》，《中国司法鉴定》2011 年第 5 期。

② 周鸿焕、江国华：《论专利诉讼开放型科学证据体系的构建》，《中南民族大学学报（人文社会科学版）》2023 年第 5 期。

③ 台治强、冯乐鹏：《专家辅助人视阈下二元化鉴定意见审查模式之重塑》，《中国人民公安大学学报（社会科学版）》2022 年第 5 期。

是经过具有专业知识的鉴定人通过专业的仪器、设备，以科学的方法，再结合鉴定人的专业知识储备所综合得出的，因此相较其他证据，鉴定意见通常更为科学。司法鉴定机构作出的鉴定意见书首先属于证据，是诉讼法和证据法所规范的范围，必须符合诉讼法和证据法的相关规定。当事人应当按照程序规定提出鉴定申请，法院对是否允许该申请依法作出判定，或者法院依职权主动提起司法鉴定，这就赋予了当事人一定的主动权去保障自己的合法权益，避免了因举证不能而导致败诉的风险。鉴定机构和鉴定人则应按照诉讼法的规定合法合规开展鉴定，并形成符合法律形式的鉴定意见。鉴定意见书是第三方鉴定机构提供的技术服务，不但在技术层面是科学可靠的，在程序上也是中立客观的。对比其他技术事实查明机制，司法鉴定因专业设施的齐全而更能解决一些复杂技术事实争议问题。[①] 正是因为鉴定意见的证据属性，故鉴定意见书必须经过双方当事人的充分质证后，法官才能决定是否采信。

技术调查意见书是由法官提出申请，技术调查官按照法官要求对争议的技术问题进行分析并得出结论的书面文件。技术调查意见书一般仅是技术调查官根据专业知识及经验得出，通常技术调查官并不配备专业的检测设备和仪器，即使有也仅为通用的小型工具。关于技术调查意见的性质，学界对此不断进行探索和研究，并形成了三种学说，分别是证据说、鉴定意见说和内部参考说。[②] 尽管学界对此有争议，但是最高人民法院出台的技术调查相关规定已明确，技术调查意见书不对外公开，可以作为合议庭认定技术事实的参考，合议庭对技术事实认定依法承担责任。由此可知，在我国实务界并不将技术调查意见书当作证据，技术调查意见无法向双方当事人出示，更无需经过质证，最终若被采纳则将通过裁判文书中本院认为部分的观点予以公示。

综上，正是由于技术调查意见和鉴定意见存在启动方式、作出主体、法律性质、是否公开等方面的差异，导致两者存在矛盾和冲突的可能性。

（二）技术调查官制度设计导向的必然结果

从深层次看，技术调查意见与鉴定意见的冲突是技术调查官制度设计导向的必然结果。由于司法鉴定制度早于技术调查官制度存在，技术调查官制度在设计

---

① 张俊涛：《一案多个鉴定意见的处理对策》，《人民法院报》，2022 年 7 月 28 日。

② 张爱国：《评技术调查意见的不公开——以民事诉讼法的基本原理为视角》，《知识产权》2019 年第 6 期。

细节上的导向直接引发了两者冲突的产生，如技术调查官的定位以及职责等，具体涉及了技术调查官是否需要懂法律、法官决定不采纳技术调查意见的处理以及技术调查官参与案件的范围等问题。

1. 技术调查官只懂技术不懂法律

有观点认为，技术调查官只需要懂技术，不需要懂法律，甚至没有法律背景知识的技术调查官更切合实际需求。持有该观点的一方认为，若技术调查官既懂法律又懂技术，那么技术调查官可能代替法官行使裁判权，即业界经常提到的"影子法官"，僭越了其原有的协助法官查明事实问题的职责范围，具备法律知识还可能会影响到技术调查官对技术问题的纯粹审查。笔者不同意该观点，在本文开头提及的案例中，技术调查官不同意鉴定意见的其中一个理由是，鉴定机构对原告主张保护的技术信息进行检索不充分，且凭借其作为本领域技术人员的知识认为原告主张保护的技术信息不构成技术秘密。因笔者有理工科背景，因此对鉴定意见进行了深入研读并理解，认为鉴定意见不存在问题，鉴定意见及补充意见中均清楚记载了鉴定检索的数据库以及检索的全过程，且被告作为该领域的专业人员，从未对此提出异议更未提出相反证据。但是，技术调查官由于法律知识的欠缺且仅从技术角度分析问题，在听取了笔者的意见后仍坚持其意见。本案提交专业法官会议讨论后，技术调查官参会并当场发表意见。在短暂的会议时间内，想让其他法官理解技术问题并不现实，但由于技术调查官天然的专业属性，其他法官更容易倾向同意技术调查官意见。因此，会议上的大部分法官听取技术调查官介绍后均表示同意其意见，导致该案一度可能要推翻原来的鉴定意见甚至重新鉴定，这可能未必会改变案件结果，但将极大拖延审判进程。最终，承办法官在深入研判吃透鉴定意见的基础上，采纳了该鉴定意见后作出裁判，此后被告并未提起上诉。从这个案件中我们可以看到，单纯仅有理工科背景知识，对法律知识一窍不通的技术调查官有时可能会对技术问题作出以偏概全的判断而影响裁判顺利推进，对高效裁判起到反作用。

同样地，在专利侵权案件中也存在类似争议，有观点认为专利等同侵权判定属于法律问题，① 技术调查官不应当对此问题出具意见。笔者认为，专利等同侵权审判中的法律与技术问题的边界往往并不那么分明，两者通常是交融在一起

---

① 邹享球：《技术调查官制度的理论设计及现实困惑》，《知识产权》2021 年第 4 期。

的，而专利与被诉侵权产品的技术手段、功能、效果是否基本相同，以及这种替换是否本领域人员容易联想到的都与技术息息相关，且是否等同存在一定的裁量空间，对于没有技术背景的法官来说难以把握该裁量范围的度。因此，上述涉及等同侵权的诸如手段、功能、效果是否基本相同以及该替换是否容易联想到等问题则应当属于技术调查官的工作范围，在技术调查官针对上述问题给出意见后，法官再根据技术调查官的意见综合判定是否构成等同侵权。

综上，技术调查官若没有法律知识，则可能连法官提出的问题都无法理解，更别谈给出具体的意见。故技术调查官具有一定的法律知识背景为佳，则可以在充分理解法官提出的问题的基础上，结合其掌握的法律和技术背景知识，全方位地为法官提供经深入分析的科学意见，更好地服务法官查明技术事实，充分发挥其审查辅助角色的作用。对于法官来说，则应在尽量理解技术调查意见的基础上，将技术调查意见转为为法官自己的观点，最终体现在裁判文书的本院认为部分中。

2. 法官决定不采纳意见的处理方式

部分法院内部设置规定，当法官拟不采纳技术调查意见时，应当对此作出不采纳的书面说明，必要时还应将案件提交专业法官会议或审判委员会议讨论。有学者指出，从规范规定而言，部分法院规定的这种繁复的技术调查意见否决机制，实质上已经变相逼迫合议庭接受调查意见的结论，技术调查官俨然成为"影子法官"，司法失去其应有的中立性。[①] 有观点认为，当鉴定意见与技术调查意见冲突时，若存在这种规定，则法官为此需要花费额外的时间和精力，还可能导致该案无法及时作出裁判。由于法官才是案件的裁判者，应当允许法官直接决定是否采纳技术调查意见。笔者认为，对于技术事实的审查，技术调查官通常来说应当比法官更加专业，这也是引入技术调查官制度的初衷。因此，法官作为一个法律专业的人想要否定技术调查官作为一个理工科专业的人对于技术问题的意见，则其应当具有完备科学的理由才能令人信服。此外，技术调查官的引入可以对法官起到一个侧面监督的作用，避免法官随意作出一个不公正的裁判，促进技术案件的审判更加客观公正，故部分法院规定法官不采纳技术调查意见时需作出说明或提交上专业法官会议讨论是合理的，也是必要的。但是，需要注意的是，

---

① **魏丽丽**：《我国专利诉讼中技术调查官制度实证分析与检视——以 691 份裁判文书为样本》，《中国发明与专利》2022 年第 10 期。

虽然法官决定不采纳技术调查意见时需要作出说明或提交上专业法官会议讨论，但是法官作为案件的裁判者，其有权最终决定是否采纳技术调查意见。若因不采纳技术调查意见而导致出现改判或错案等问题，则法官应承担相应的责任。

3. 技术调查官参与案件的范围

最高人民法院出台的规定明确，技术调查官参与诉讼是以法官申请为原则，技术调查官不得主动参与到案件诉讼中，这也是当前大部分法院的做法。但是，有法院内部规定，部分疑难案件的审理必须指定技术调查官参与，无论法官本人是否提出申请，例如限定侵害发明专利权纠纷案或其他涉及高精尖技术的重大疑难复杂案件在立案时，系统自动分配一名技术调查官。因为这种情形的存在，对于已经委托司法鉴定的重大疑难复杂案件，由于技术调查官是被指定必须参加，因此就可能出现技术调查意见与鉴定意见冲突的问题。有观点认为，法官作为案件的直接责任人，"让审理者裁判"不是一句空话，法官有权自行决定是否引入技术调查官协助参与诉讼，技术调查官无权主动要求加入诉讼中，法官也不能被强制要求加入技术调查官参与其裁判，这既缺乏法律依据也与客观现实不符。笔者认为，在部分疑难案件的审理中，无论法官是否提出申请，指定技术调查官参与是有必要且符合客观现实的。对于侵害发明专利权纠纷等案件，由于涉及的技术问题往往比较高精尖，技术调查官对技术问题的判断具有天然优势，且技术事实的查明对案件的审判至关重要，强制要求技术调查官的参与可以让该类案件的审判结果更加公正、高效和科学。此外，技术调查官参与诉讼的时刻往往也意义重大，如有部分案件法官等开完庭发现技术问题争议较大才申请技术调查官出具意见，则技术调查官因为没有参与到案件的勘验、比对或庭审，无法充分了解双方当事人的意见，不利于技术调查官更加高效客观地出具技术调查意见。但是，若从立案就分配技术调查官，则技术调查官可以参与到案件的全环节诉讼活动中，确保对案件的整体把控，不错失或遗漏重要的信息，确保技术调查意见的科学和公正，保障了重大疑难复杂案件的质量。

三、化解的路径：协调冲突技术意见的重构与出路

（一）法官处理冲突技术意见的原则

对于鉴定意见，在保证鉴定程序合法公正的前提下，经过双方当事人的充分质证，法官可以直接根据诉讼证据审查的基本逻辑，以真实性、合法性和关联性

审查为基础，决定是否采纳鉴定意见作为认定案件事实的依据。[①]

对于技术调查意见，法官在决定是否采纳时，目前实务界主要有三种做法：①法官在对技术调查意见进行充分理解吃透的基础上决定是否采纳。该种做法将耗费法官大量时间精力，在当前人案矛盾突出的形势下，难以保障每案都做到。②在无特别明显问题的情况下，法官不对技术调查意见进行理解，直接采纳技术调查意见的结论。该种做法能让法官从技术问题中抽离出来，更多地投入案件其他问题的处理上，但也会让人诟病技术调查官成为"影子法官"。在当前法官对技术事实认定依法承担责任的背景下，法官也不敢大胆直接不管不顾地采纳技术调查意见。③实践中存在因法官团队没有转交当事人提交的专利审查档案材料给技术调查官，导致技术调查官对权利要求中的技术特征解释出现偏差而被改判的。因此，第三种做法是法官对涉案技术问题以及相关证据材料作初步的梳理及审查，对于可以采纳作为案件认定事实依据的证据及时提供给技术调查官，避免技术调查官因未能全面审查全案证据材料而作出不周全甚至错误的技术调查意见；对于不能采纳作为案件认定事实依据的证据则不提供给技术调查官，避免技术调查官耗费无用的精力。该种做法是前两种做法的折中，法官并非不管不顾，也不是全盘理解，而是确保技术调查官在全面掌握在案可以采纳的所有证据的基础上出具技术调查意见，但是法官对于技术调查意见也不作深入理解而直接采纳。

由于鉴定意见和技术调查意见性质上的差异，导致法官在决定是否采纳这两种意见时采取了截然不同的方式。因此，当这两种技术意见发生冲突时，法官在决定采纳哪一种意见时，应当根据两种意见各自的特性，以公正与效率为基础，坚持以法官为主、技术调查官为辅，同时兼顾充分听取当事人意见的原则，确保审判结果的公信力。

1. 公正与效率

公正司法，是现代社会政治民主、进步的重要标志，是现代国家经济发展和社会稳定的重要保证，是中国式现代化的必然要求。因此，法官应当秉承公正的理念，在充分理解技术问题的基础上决定采纳哪一种技术意见。

效率是开展司法工作的保障和指标。没有效率，公正也就大打折扣，这是衡

[①] 李明：《证据证明力研究》，北京：中国人民公安大学出版社 2013 年版，第 27 页。

量司法工作"快"的一面。因此，法官在面临两种意见冲突时，应当将效率作为重要考量因素之一。鉴定意见相较技术调查意见，显然周期更长，更可能拖延审判进度。因此，只有在经审查认为鉴定意见存在程序违法或结论上明显有问题时，法官才有必要依职权或依申请启动重新鉴定，否则应直接采纳鉴定意见。

2. 以法官为主、技术调查官为辅

审判是一种国家审判机关以国家名义依照法律规定对民事、刑事、行政等案件进行审理和裁判的活动。审判权是一种法定授权、不可转让的国家权力，具有很强的专属性。[①] 所谓不可转让，主要是基于国家审判机关与其他外部组织的关系而言，即审判权只能由国家审判机关即法院行使，其他任何的政府行政机关、社会团队或个人都不能代为行使。具体而言，审判权里的最终行使者只能是法官，而不能是其他主体，如法官助理、书记员、鉴定人或技术调查官等。我国实行的是大陆法系国家的职权主义审判模式，法官在案件审理全过程中起主导作用，案件的裁判结果也只能是由法官掌控，法院对案件裁判结果直接负责。

同时，技术调查官作为法官的"技术助手"，应当在知识产权技术案件的技术事实查明中对法官起到重要的辅助作用。技术调查官应当充分发挥其技术背景的专长，同时具有一定的法律基础知识，在重大疑难复杂案件中协助法官查明技术事实。

综上，当技术调查意见和鉴定意见产生冲突时，应当以承办法官的意见为主，以技术调查官的意见为辅，由法官决定是否采信技术调查意见，在此基础上再决定下一步的行动。但是，应重视技术调查意见，若不采纳技术调查意见则应有相应的程序规定，履行程序规定后最终还是由法官决定是否采纳技术调查意见。

3. 充分听取当事人意见

对于需要进行司法鉴定的案件通常会涉及专业的技术争议问题，所谓术业有专攻，故而法官即使能力再强毕竟也有专业领域知识的欠缺，那么在面对专业的技术争议问题时，则必须充分调动当事人进行充分辩论和举证，并在多种技术事实查明机制的辅助下，全力查明争议的技术事实。

---

① 王利明：《也谈审执分离》，《中国司法》2017 年第 9 期。

（二）协调冲突技术意见的当前与长远出路

1. 目前解决该问题的具体方法

（1）当法官不同意技术调查意见时。

有观点认为，此时应当公开与鉴定意见不同的技术调查意见，并听取双方当事人的意见。① 笔者认为，若鉴定意见书已经过双方充分质证，法官经审理后初步认为并无相反证据足以推翻鉴定意见书的情况下，则无需再公开与鉴定意见不同的技术调查意见。

首先，法官有能力对于是否采信技术调查意见作出判断，一是部分知识产权法官具有理工科背景，部分案件涉及的技术争议问题甚至具备中学理工科基础知识的人也能理解，仅有极少数部分案件会涉及高精尖的前沿复杂技术问题；二是大部分知识产权法官具有扎实和丰富的审判经验，经验的积累对法官理解技术调查意见具有较大作用；三是鉴定意见书对于同一技术争议问题已作出鉴定意见，法官通过审阅该鉴定意见已对该问题有了初步的理解和判断，故而可以对技术调查意见是否相较鉴定意见更为科学可信直接作出判定。

其次，技术调查意见不属于证据，通常情况下不应当对外公开。技术调查意见的公开可能会影响案件的正常审理，甚至会对技术调查官个人产生不利影响。若公开技术调查意见并听取双方当事人意见，则双方当事人很可能据此要求给予一定时间补充理由或提供反证的时间，于是必然会给予双方当事人新一轮举证、质证的机会，如此循环反复，则势必会大大降低技术类案件的审理效率。

最后，在当前司法终生责任制度下，法官是案件的直接责任人，技术调查官无需对案件审判结果承担责任，而鉴定机构需要对其出具的鉴定意见承担民事甚至刑事责任，法官采纳鉴定意见更有底气。

综上，当法官不同意技术调查意见时，履行相关程序规定后，如说明理由、提交上专业法官会议讨论等，若专业法官会议上多数人同意承办法官意见，则承办法官可以直接采信鉴定意见而不采信技术调查意见，从而实现科学高效审结技术类案件；若专业法官会议上多数人同意技术调查意见，则承办法官可以将案件提交审判委员会讨论决定。

---

① 陈治儒：《专利诉讼中技术调查意见的适用研究》，四川轻化工大学硕士学位论文，2021 年。

（2）当法官同意技术调查意见时。

若法官经审理同意针对同一技术争议问题作出不同于鉴定意见结论的技术调查意见，此时法官不宜直接采信技术调查意见进行裁判。法官应当组织双方当事人及鉴定人到场，由技术调查官及当事人依次对鉴定人进行发问，技术调查官发问时应着重针对其意见与鉴定意见不同的关键点进行询问。在此过程中，也可以进一步加深法官对鉴定意见的理解，从而使法官更有自信地决定采纳哪一种意见。经过当庭询问鉴定人的程序，实际上通过技术调查官的发问，法官也在一定程度上公开了技术调查意见的部分内容或者倾向。经过上述程序后，双方对技术争议焦点问题均已充分发表了意见，法官对技术问题也已经有了足够深入的理解，在此基础上，法官在判决中论述采纳技术调查意见的理由时则更加胸有成竹，也避免了突袭审判的嫌疑。询问结束后，法官应根据不同情况进行相应处理：第一，若技术调查官经过当庭询问当事人和鉴定人之后决定更改技术调查意见，则此时技术调查意见与鉴定意见已经一致，故法官可以直接采纳鉴定意见；第二，若鉴定机构在技术调查官询问后，决定更改鉴定意见书并有合理理由，则应当允许，并组织双方当事人对变更后的鉴定意见书进行重新质证；第三，若技术调查官和鉴定机构均仍坚持其原来的意见，则若法官经审查认为鉴定意见结论正确且不存在程序违法，可以直接采纳鉴定意见，但若法官经审查认为鉴定意见程序违法或结论不正确导致鉴定意见不能被采纳，即法官赞同技术调查意见的结论，此时法官可以依职权或依申请决定重新进行司法鉴定。

2. 从长远来看的解决方法

（1）适度公开技术调查意见。

正如上文分析的，适度公开技术调查意见有其必要性和可行性。实际上，技术调查官制度开始实施以来，法官、学者、律师和社会各界呼吁公开技术调查意见的声音并不少见。[①] 技术调查意见作为法官查明技术事实的重要依据，不对外公开受到了一定质疑。笔者认为，技术调查意见的公开应当围绕设立技术调查官制度的初衷，即提升技术类案件审查的效率性、客观性和科学性，不应当在每一个案件中都公开技术调查意见，也没必要将技术调查意见的全部内容予以公开，而是以适当的方式有选择性地将技术调查意见对当事人公开，具体公开哪些内容

---

① 仪军、李青、温国永等：《我国知识产权审判中技术审查意见公开机制的研究》，《电子知识产权》2019 年第 6 期。

由法官决定。具体来说，若技术调查意见中所依据的事实和证据，当事人均已充分发表过意见，不存在当事人尚未发表意见的争议点，则该技术调查意见可以不予公开。若技术调查意见中所依据的事实及论述，双方当事人均未发表过意见，且与已有其他技术事实查明机制得出的结论有冲突，如前述与鉴定意见相冲突的情形，如果法官经审查认为技术调查意见有可能推翻鉴定意见结论，则应当让双方当事人就技术调查意见中所涉及的争议点有针对性地发表书面意见，必要时补充相应的证据。此时可以通过技术调查官向当事人或鉴定人等询问的方式，或者法官将技术调查意见中涉及的争议点所依据的事实和论述以争议焦点方式向当事人公开。

（2）设立技术法官。

鉴于技术调查官作为审判辅助人员，充当法官"技术助手"的定位，技术调查官对案件裁判结果不具有表决权，所以才导致法官采信技术调查意见而不采信鉴定意见时会被诟病为审判权的让渡。为了解决该问题，其中的一个化解路径是参照德国模式，将技术调查官提升为技术法官，让技术法官直接行使审判权，负责查明技术事实并作出裁判。[①] 法官通常并非理工科背景出身，对于技术问题的理解天然存在缺陷。当然，通过后天临时的弥补，法官也能对技术问题有一定的理解，但这需要花费大量的时间精力成本。社会分工越来越细化是人类社会发展的必然趋势，是社会的进步和科技创新所引发的人类生产和生活方式的变革。通过设立技术法官，将法官从复杂的技术问题中抽离出来，让法官集中注意力到案件的其他问题审理上，能减少法官在法律和技术问题上的转换审理时间，更易于在工作方法和专业化上有所突破。技术法官应当要求同时具备法律及技术双重专业背景，知识产权审判中技术问题与法律问题的边界往往并不十分清晰，具有双重专业背景的技术法官直接查明技术事实更加游刃有余，具有一定的合理性和可行性，也可以从根本上解决技术调查意见与鉴定意见冲突的问题。

四、结语

当前，加强知识产权保护的理念已逐步深入人心。技术调查官作为提升知识产权审判专业程度的重要保障，如何让技术调查官制度与其他技术事实查明机制

---

① 易玲：《我国专利诉讼中技术法官制度及挑战》，《中国知识产权法学研究会 2015 年年会论文集》。

更加流畅协调共同运行，对知识产权审判意义重大。着眼当前，期待最高人民法院能够在技术调查官制度设计上对相关问题予以明确，例如对技术调查官的职责边界、参与案件的范围以及法官不采纳技术调查意见的处理等问题予以进一步的明确规定，那么技术调查官制度的运行将更加顺畅。放眼未来，将技术调查官升格为技术法官，让法律法官与技术法官各司其职，则知识产权审判中的技术事实查明问题将迎刃而解。

（广州知识产权法院　谭海华　林奕濠）

32

电学领域技术合同纠纷案件办案思路与技巧

一、助力司法保护，激发创新活力

党的二十大提出了全面推进中国式现代化的重大战略部署。在二十大报告中提出"增强自主创新能力，加快实现高水平科技自立自强""加快实施创新驱动发展战略"，这充分表明我国矢志不移建设创新型国家的坚定决心。

"加强知识产权法治保障"对知识产权司法保护提出了具体要求，而法院对各类侵权案件的审理则为知识产权提供了法治保障。通过加大对知识产权的保护力度，能够严厉惩治侵权行为，有助于形成平等、公正、诚信等守正创新的环境。特别是通过加强对重点领域、新兴产业和关键核心技术的知识产权司法保护力度，能够支持引导"专精特新"等企业提升核心竞争力，促进国家重点产业发展，推动"卡脖子"技术攻关，从而激励高质量创新。

高质量的创新离不开高水平的科技自立自强，法院在助力高质量发展中遇到越来越多的技术类案件，[①] 由于知识产权法官通常不具备理工科背景，我国也没有如德国专利法院的技术法官，故为增强法官对涉技术类案件技术事实的查明能力，可以在上述案件的审理中按需引入技术调查官，为法官提供技术辅助。

可见，技术调查官制度的引入目的是确保司法公正与效率。案件的审判质量处于司法保护最重要的位置，必须牢牢把握公正这一根本要求。引入技术调查官

---

① 北京知识产权法院组织编写：《技术调查官制度创新与实践》，北京：知识产权出版社 2019 年版，第 4 – 9 页。

帮助技术事实的查明，无疑体现出公正是审判的生命线。知识产权的时效性决定了审判效率关乎权利人创新权益能否及时实现、关乎创新活力迸发、关乎营商环境营造，技术调查官帮助厘清技术事实能够满足创新主体对权利救济便捷高效的期待与诉求。由此可知，技术调查官制度对于知识产权司法保护而言，能够最大程度地帮助法院实现知识产权价值，最大限度地激发创新活力，有效推动高质量发展。

二、技术调查官参与技术合同纠纷的理论依据

最高人民法院《关于知识产权法院技术调查官参与诉讼活动若干问题的暂行规定》（以下简称《暂行规定》）规定，知识产权法院配备技术调查官，技术调查官属于司法辅助人员，并且具体规定了技术调查官参与诉讼活动的内容，包括有关专利、植物新品种、集成电路布图设计、技术秘密、计算机软件等专业技术较强的民事和行政案件。

而技术合同纠纷是指合同当事人之间就技术开发、转让、咨询或者服务订立的确立相互之间权利和义务的合同而发生的纠纷。[①] 按照《民事案件案由规定》，技术合同纠纷包括技术委托开发合同纠纷、技术转化合同纠纷、技术转让合同纠纷、技术服务合同纠纷等十三种具体案由。

虽然《暂行规定》中没有明确规定技术调查官参与技术合同纠纷，但判断何为技术合同纠纷的标准在于当事人之间发生争议的法律关系的客体是否为技术成果或技术秘密。2005 年《最高人民法院关于审理技术合同纠纷案件适用法律若干问题的解释》（以下简称《合同案件解释》）中第一条的规定技术成果，是指利用科学技术知识、信息和经验作出的涉及产品、工艺、材料及其改进等的技术方案，包括专利、专利申请、技术秘密、计算机软件、集成电路布图设计、植物新品种等；技术秘密，是指不为公众所知悉、具有商业价值并经权利人采取相应保密措施的技术信息。同时 2023 年《中华人民共和国民法典》对各类技术类合同进行了具体定义，如技术转让合同是合法拥有技术的权利人，将现有特定的专利、专利申请、技术秘密的相关权利让与他人所订立的合同；技术许可合同是合法拥有技术的权利人，将现有特定的专利、技术秘密的相关权利许可他人实

---

① 《审理技术合同纠纷案件面临的主要问题与对策》，山东省东营市中级人民法院官网，www. sd-court. gov. cn/dyzy/551590/551592/5674294/llyj0/5712537/index. html，2019 年 10 月 15 日。

施、使用所订立的合同；技术转让合同和技术许可合同中关于提供实施技术的专用设备、原材料或者提供有关的技术咨询、技术服务的约定，属于合同的组成部分。可见，技术合同中涉及专利、专利申请、技术秘密等技术内容，属于《暂行规定》规定的技术调查官参与的诉讼活动内容，并且技术合同，顾名思义，其合同主要载体在于技术成果、技术秘密等技术内容，合同的约定也基于技术内容，有技术合同纠纷时，重点与难点也在于合同内涉及的技术事实查明。可见，技术调查官参与技术合同纠纷是依托于《暂行规定》内容的。

同时，笔者作为电学领域的专利审查员，于2023年7月聘任为苏州中级人民法院的技术调查官，主要从事涉及电学领域案件的司法辅助，在7月份累计提供11件案件的技术咨询，其中除6件侵害计算机软件著作权纠纷之外涉及技术合同纠纷2件。根据苏州中级人民法院技术咨询的相关数据，2022年技术合同纠纷案件数量仅次于侵害实用新型专利权及发明专利权，位居第三位。同时，就具体技术合同纠纷类型而言，包含技术开发合同、技术服务合同等，又以涉及计算机软件合同为主，同时还涉及半导体领域，可见在国家加快高水平科技自立自强和产业结构调整的指引下，涉及战略性新兴产业的高新技术不断涌现，技术合同纠纷开始出现新的变化，电学领域的技术合同纠纷往往涉及计算机、半导体等前沿的高新技术，特别是如Micro LED这种近些年才出现的具备较高技术难度的新技术，给案件的审判带来了一定的难度，给技术事实的查明也带来了较大的困难。

三、技术合同纠纷常规办案流程

虽然《合同案件解释》给出了技术合同纠纷案件审理的指导性意见，但其主要从法律及程序角度对法官进行指导，并未涉及技术合同纠纷中技术内容的指导。因此，有必要以技术调查官的视角梳理技术合同纠纷中涉及技术内容的常规审查流程，特别是基于电学领域技术合同纠纷的常规审查流程。

（一）技术合同纠纷的程序审查

对于技术合同纠纷的办案实践而言，《合同案件解释》中规定了"与审理技术合同纠纷有关的程序问题"，其主要涉及管辖权、技术合同的成立及效力。

对于管辖权，技术合同法律关系主要由合同法进行规范。当事人之间发生争议时，往往忽略或者难以确定争议是否属于技术合同纠纷，有的当事人因为不了解相关法律规定而错误选择了管辖法院,① 因此管辖权的确定是技术合同纠纷案件审理的基础。虽然技术问题与程序问题通常是无法完全切割的,但在实践中,审理中的程序问题往往是主审法官所要考虑的,作为技术调查官更多考虑的应该是技术问题。

除了管辖权之外,法官还应当确认技术合同的成立及效力。技术合同是当事人就技术开发、转让、咨询或者服务订立的确定相互之间权利和义务的合同。当事人依照合同法的规定,本着有利于科学技术进步,加速科学技术成果的转化、应用和推广的原则,自愿订立的技术合同依法成立。

对于技术合同效力的认定,除了原《中华人民共和国合同法》第五十二条第(五)款一般无效事由之外,该技术合同部分还特别规定了非法垄断技术、妨碍技术进步或者侵害他人技术成果的技术合同无效。另外,技术转让合同中,限制技术竞争和技术发展的技术转让合同无效。在司法实践中,合同无效情形一般多见于技术转让合同,技术开发合同一般不存在无效情况。

(二)技术合同纠纷的技术内容审查

在法官确认相关的程序性问题无误、技术合同成立后,技术调查官可以从明确技术合同纠纷的原、被告在技术合同中的身份、关注技术合同的时间问题、关注技术合同中约定的技术内容与验收标准、庭前听证与庭审环节出发处理技术合同纠纷。技术调查官在技术合同纠纷中的事实查明主要为了帮助确认技术合同的解除条件是否满足,以及技术合同纠纷中当事人法律责任的确定,以确定双方是否存在违约责任。那么技术调查官在技术合同纠纷中的事实查明通常可以按照以下步骤进行。

1. 明确技术合同纠纷的原、被告在技术合同中的身份

在技术合同中会约定由乙方提供技术开发、技术服务等技术性内容给甲方,甲方按照合同约定的时间节点给予乙方相应的报酬,由此技术合同纠纷产生的原因可能在于:第一,乙方认为在已经完成约定的相应内容后,甲方未如期支付相应报酬;第二,甲方认为乙方并未完成约定的内容,要求乙方承担违约责任。相应地,存在以下诉讼缘由:第一,乙方作为原告起诉甲方按照合同约定承担违约

---

① 《审理技术合同纠纷案件面临的主要问题与对策》,山东省东营市中级人民法院官网,www.sd-court. gov. cn/dyzy/551590/551592/5674294/llyj0/5712537/index. html,2019 年 10 月 15 日。

责任；第二，甲方作为原告起诉乙方按照合同约定承担违约责任；第三，乙方作为原告起诉甲方按照合同约定承担违约责任后，甲方作为反诉原告起诉乙方未完成技术合同约定的内容，要求乙方承担违约责任。虽然在技术合同纠纷案件审理中，原、被告双方在技术合同中的身份较为明确，但在实际审理过程中往往会涉及第三方，较为常见的第三方来源是甲方与第三方签订合同后，甲方再与乙方签订技术合同，其技术合同的技术内容实质是为甲方与第三方签订合同服务的，并且甲乙双方纠纷的起源通常也涉及甲方与第三方签订合同并未能够如实履行，那么第三方在诉讼过程中基于自身利益考虑，会提出相关的证据举证及对原、被告的证据进行质证、陈述。该部分证据、质证、陈述内容更多的是第三方期望获得符合自身利益的审判结果，可能会对技术调查官的技术事实查明造成一定干扰。技术调查官在进行技术事实查明时，其事实依据必须是基于原、被告技术合同所约定的技术内容，避免引入与案件无关的被原、被告与第三方之间的合同内容，从而影响技术事实查明结果。

2. 关注技术合同的时间问题

通常在技术合同中，如技术开发合同中会记载开发得到技术内容的交付时间，甲方给乙方支付报酬的时间节点，这些时间节点涉及合同中甲、乙双方应尽义务的时间，也是技术调查官查明技术事实中应当考虑的时间节点。然而在技术合同纠纷中，合同双方在纠纷发生前，双方的沟通及沟通记录会处于较为和谐的境地，在纠纷发生之后，原、被告双方基于自身利益考虑，提供的沟通记录等证据内容会更多地具有倾向性。因此，技术调查官在查明技术事实时，对于证据内容的采信、筛选、考量，需要基于纠纷发生前后作出合理判断。

对于技术合同中的时间问题，值得注意的是，如在技术开发合同纠纷中，提供技术内容的乙方往往提供证据乃至产品来证明自己具备相应的技术能力、完成了合同规定的技术内容，然而应当注意乙方提供的证据、产品产生的时间，是在技术合同约定的时间内，还是为了诉讼活动而产生的。

3. 关注技术合同中约定的技术内容与验收标准

通常如技术开发合同中约定乙方交付给甲方的交付成果为专利、产品、设备等，或者如技术服务合同中约定乙方给甲方提供软件服务并完成定制化的软件开发，因此技术合同中约定的技术内容才是技术调查官应当查明的技术内容之一，甚至是最主要的技术内容。

在技术合同中，除了约定提供的技术内容之外，为了验收，合同中通常会约定考量相应技术内容完成度的指标，即交付标准、验收标准，如生产设备的平整度、构分解能力等性能指标，软件开发合同中软件各模块能够实现的相应功能等。即使上述完成度的指标在技术合同中并未约定，合同双方也会在后续过程中签订或者协商相关的验收标准，验收标准通常涉及一系列参数、性能指标等，验收标准是技术调查官应当查明的技术内容之一，其能够表明乙方是否真实地完成了技术合同约定内容。应当注意的是，当技术合同中约定了验收标准，后续双方又产生新的验收标准，那么由于验收标准是双方协商后确定的，应当以双方确定的验收标准为准。

因此对于技术合同中约定的技术内容与验收标准，技术调查官在卷宗查阅过程中，必须针对合同内容及双方确定的验收标准，一项项地梳理乙方应当交付给甲方的技术内容与验收标准。为了更好地帮助梳理，可以采用如表1的方式更为清晰地梳理合同约定的技术内容与验收标准。

表1　合同约定的技术内容与验收标准

生产工艺流程				
合同约定内容	无相应内容	具备相关内容	不能实现相应功能	备注
A				
B				
C				
D				
E				
F				

表1中第一列用于记载合同约定应当交付的技术内容，第二、第三列用于记载乙方是否完成相应技术内容，第四、第五列用于评估交付内容是否达到验收标准及未能达标的原因。

4. 庭前听证与庭审环节

在阅览卷宗明了原、被告的证据、质证过程、合同约定的技术内容与验收标准后，应当罗列存在的疑问点，如时间节点、合同约定的技术内容与验收标准，有疑问的地方可以当庭向原、被告发问，如所要交付的产品、软件处于何种状态。若产品或软件处于已完成状态，可以提出现场查看或者后续提出勘验请求。同时，针对共同约定的技术内容与验收标准，可以一项项地对原、被告提问以明确是否完成相应内容，以此帮助后续的技术事实查明。

四、技术合同纠纷中的技术事实查明注意点

由于技术事实的查明是一个非常复杂的问题，且涉及法院与当事人诉讼权利的正当行使，然而技术调查官的来源不同，受工作经验及职业思维的影响他们对同一技术事实的判断可能存在差异，如来源于专利行政管理部门及审查协作中心的技术调查官，其专利法律和科学技术的双重思维在一定程度上影响其出具的技术调查意见的质量。[①]

（一）关于技术事实认定与合同约定费用之间的关系

值得注意的是，山东省东营市中级人民法院发布的《审理技术合同纠纷案件面临的主要问题与对策》给出了审判实务中应当注意的几个问题，如多种合同内容交织在一起时的案由确定、转让的技术为公有技术时技术转让费的处理、合同效力与合同履行问题的区别对待等，对于技术调查官查明技术事实具备参考意义。特别需要注意的是，当事人一方以技术转让的名义提供已进入公有领域的技术，或者在技术转让合同履行过程中合同标的技术进入公有领域，但技术提供方进行技术指导，传授技术知识，为对方解决特定技术问题符合约定条件的，按照技术服务合同处理，约定的技术转让费可以视为提供技术服务的报酬和费用，但法律、行政法规另有规定的除外。技术转让费视为提供技术服务的报酬和费用时明显不合理的，人民法院可以根据当事人的请求合理确定。[②] 从上述内容可以看出，对于技术合同纠纷中的技术转让合同纠纷，需要对于合同内约定的技术内容是否已经转入公有领域进行审查，该技术事实的查明对于合同约定的报酬与费用所产生的争议具有较大的影响。

---

① 杨秀清：《我国知识产权诉讼中技术调查官制度的完善》，《法商研究》2020 年第 6 期，第 15 页。

② 《审理技术合同纠纷案件面临的主要问题与对策》，山东省东营市中级人民法院官网，www. sd-court. gov. cn/dyzy/551590/551592/5674294/llyj0/5712537/index. html，2019 年 10 月 15 日。

（二）对于多个技术合同纠纷的关联性考虑

对于技术合同，涉及较为前沿的技术时，为了适应技术发展水平，甲、乙双方基于相同领域的技术会连续签订多个技术合同，其合同约定可能基于某个特定的技术内容。如在计算机软件开发、服务合同中，通常签订合同的技术内容是基于乙方拥有的著作权、计算机软件等基础技术，进而为甲方开展定制化服务，那么会存在以下两种情况：第一，连续技术合同之间是相互独立的；第二，连续技术合同之间具备关联性，关联性在于后期技术合同实现的技术基础基于前期技术合同产生的技术成果。这两种情况产生的不同违约责任、违约金额认定是诉讼过程中原、被告诉争的重点，并且在司法实践中，该类型的案件为数不少，如广东亿润网络技术有限公司、广州镭风信息科技有限公司计算机软件开发合同纠纷民事二审民事判决书［（2021）最高法知民终1961号］中涉及一期、二期两份合同关联性的事实认定，赫徕森漫游有限公司、深圳市宜联畅游技术有限公司技术合同纠纷民事二审民事判决书［（2021）最高法知民终1039号］涉案六份合同相互关联、相互影响的技术事实认定。

在涉及多个技术合同纠纷时，如何判定多个技术合同之间的关联性成为案件审理的重点之一，而技术合同之间的关联性除了与其在合同中约定的技术成果直接相关，更为体现直接关联性的理由应当是多个合同内约定的交付内容的关联度。技术调查官参与此类案件审理时，对于技术事实的认定除了考虑各个技术合同约定的技术成果的关联性之外，还必须考虑各个合同约定的交付内容，否则容易陷入只考虑技术关联性而对事实认定存在错误。

以下以（2021）最高法知民终1961号案件的审理过程为例，阐述多个技术合同之间关联性的考虑。原告认为"《一期产销技术合同》和《二期展销技术合同》彼此独立，双方签订的《二期展销技术合同》系在《一期产销技术合同》的基础上融合、开发的，最终交付后，交付成果仅有1项，且不可分割"，被告认为"一期开发内容和二期开发内容完全是两个独立的模块。双方签订的《一期产销技术合同》的附件一中有明确的开发项目内容，第一阶段为'商城功能'，第二阶段为'会员卡系统功能'，第二阶段的开发内容与《二期展销技术合同》中约定的开发内容并不一致"。原审法院认为"根据《一期产销技术合同》与《二期展销技术合同》的内容，可以认定两合同指向的是同一平台的两个不同开发阶段，两阶段成果彼此联系、相对独立，第一阶段成果应可独立使用，第二阶段成果配合第一阶段的功能。根据双方签订的《补充协议书》可知，一期工程已开发完成，镭风公司交付了开发成果，亿润公司支付了开发费用，双方对该合同主要权利义务履行完毕。因此两个合同无直接关联"。最高人民法院认可了原审法院认定的两合同无直接关联的结论，并指出"在第一阶段验收交付以后，亿润公司可决定是否开发第二阶段，并以书面形式通知镭风公司。如亿润公司决定不再开发第二阶段的，则亿润公司无需向镭风公司支付第二阶段费用，且不构成违约"。

从上述判决书给出的启示可以看出，如果技术调查官仅从技术角度考虑问题，展销技术合同的事实必须依赖于产销技术合同中乙方交付的技术成果，那么从技术成果关联性角度考虑，会陷入两个技术合同之间的实施存在无可分割的关联性这样的误区。然而技术合同作为合同，其是否产生违约行为必须基于合同约定的内容，正如最高人民法院所述的"涉案软件系统第一、第二阶段的开发成果具有关联性，但第一、第二阶段是相互独立的开发阶段，且第一阶段的成果单独交付、单独验收也可以独立使用"，多个技术合同之间的关联性，应当更多地取决于多个合同内所约定的内容，而不是技术成果之间的关联性。

从上述最高人民法院的判决书可以看出，如果只考虑多个连续的技术合同之间的技术关联性，甚至忽略了合同约定的技术成果交付情况，将会导致事实认定错误。因此，作为技术调查官，必须在从技术事实角度解读多个技术合同之间的关联性时，考虑合同具体内容，有效帮助法官查明多个技术合同纠纷的事实真相。

（三）审查员担任技术调查官参与技术合同纠纷时的注意点

对于从事专利审查的审查员而言，其具备较为深入的理工科背景知识、较强的技术能力、接触着最前沿的技术，这是审查员作为技术调查官的优势。但是，长期的专利审查工作容易让审查员形成事无巨细的审查习惯，对于案件信息过分关注技术内容而忽视法律规定、双方约定内容等。在技术调查官参与技术合同纠纷的实践中，必须仔细区分技术合同约定的技术内容是什么，原、被告约定交付的标的物具体是什么。如果在卷宗查阅、听证环节被原、被告带入了超过合同约定的技术内容的范围，则容易导致司法实践中技术调查官可能超出技术事实范围作出法律判断。当法官依据该技术调查意见，转化为判决书中作为判决依据的事实认定时，容易给出不适当的判决结论。

在某一涉及汽车设计图纸的技术合同纠纷案中，合同内规定乙方交付给甲方的是一份设计图纸，然而在案件审理过程中忽略了合同签订的前因后果、合同订立的目的，特别是作为完整的合作环节中的一环，合同约定交付的内容仅涉及某一阶段性的目标。仅从技术角度考虑问题，仅关注技术问题并对该技术问题扩大化，会被甲方陈述的意见引导带入超出合同约定的技术内容，在技术事实查明环节，对技术内容的比对过于翔实并且使得经过技术事实查明后的内容偏向于汽车的整体制造而明显超出了双方合同内规定的内容，导致虽然对于技术事实查明的结果非常细致，却偏离了技术事实查明的目的的结果。

同时，在技术合同纠纷审理过程中，基于合同纠纷审查主要是查看合同内约定的条款。因此，技术合同纠纷中涉及的技术内容也需要基于合同约定内容来看技术事实。在某一涉及半导体领域的技术合同纠纷案中，合同中约定的技术内容是在产线投产两年后实现争议器件的量产，由于该合同因为双方纠纷而导致未能继续执行下去，如果仅从技术角度考虑争议器件在当前阶段量产的可能性，显然偏离了审查合同条款应当考虑的范畴。

因此，技术调查官在参与技术合同纠纷时，查明的技术事实必须是技术合同内约定的技术内容。在技术合同纠纷的技术事实查明中，必须以合同内规定的义务为准，避免过度注重技术内容导致技术事实查明的内容超出了合同规定的义务范围，即应当避免过分纠结技术内容而忽视法律问题，影响整个案件的走向。

五、结语

技术调查官制度在知识产权审判中在弥补法官专业技术知识之不足、协助法官查明技术事实方面发挥着举足轻重的作用。随着社会主义法治建设的不断推进，社会公众的法治意识不断增强，越来越多的公众通过合同签订的方式去保障自身的合法权益，体现了社会主义法治建设的成果。随着高水平自立自强的要求，涉及战略性新兴产业、"专精特新"的技术合同纠纷也越来越多，特别是涉及计算机软件合同纠纷、半导体领域技术开发合同纠纷的案件数量正逐年上升，且由于其通常涉及较新的高精尖技术，对于案件中的技术事实查明存在一定难度。作为电学领域的技术调查官，在处理上述技术合同纠纷时，能够梳理出适合于电学领域技术合同纠纷的通用办案流程，整理出技术合同纠纷中的难点和注意点，为电学领域技术合同纠纷案件的公正审理提供技术支撑，还能够提升案件审理的效率，从而让司法实践适应现代高科技的迅猛发展及在法律规范的调整，提高审判的专业化水平。

（国家知识产权局专利局专利审查协作江苏中心　徐俊伟）

33

技术调查官办案思路与技巧

一、引言

等同技术特征的判定标准比较苛刻，在实践中很少存在争议。由于等同技术特征的法定构成要件是"三基本一普通"——与权利要求所记载的技术特征以基本相同的手段，实现基本相同的功能，达到基本相同的效果，并且本领域普通技术人员在被诉侵权行为发生时无需经过创造性劳动就能够联想到的技术特征。[①] 但"基本相同"应如何判断，现有法律法规和司法解释并无明文规定，审判实践中亦缺乏相应理论指导，更多的是依赖于裁判者的知识储备和实践经验作出判断。现实中的任何人都不可能是"本领域普通技术人员"，但判断者却又必须以该角色的身份作出判定，这就使得等同判定的法律规范处于既不像法律原则又不像法律规则的模糊地位，造成了法律适用的不确定性。实践中，知识产权保护机关对等同技术特征的判定拥有巨大的自由裁量空间。[②]

可见，如果仅仅是通过"三基本一普通"的标准进行等同侵权判定，将会使得等同判定的适用缺乏约束，判定过程中难免容易带入过多的个人主观因素。为了尽可能地弥补等同技术特征判定过程中存在的主观随意性过大的缺陷，司法实践中又逐渐确立了诸如禁止反悔原则、捐献原则、符合发明目的原则和可预见性规则等约束理论对其进行补充和限制，以防止专利权人利用等同原则将专利权

---

① 最高人民法院：《最高人民法院关于审理专利纠纷案件适用法律问题的若干规定》，《司法业务文选》2001年第24期，第130-132页。
② 梅若鸣：《专利侵权判定规范的反思与重构》，《学术交流》2022年第7期，第55页。

的保护范围肆意扩大化甚至模糊化，以及防止司法行政权的滥用。

目前鲜有文献对专利侵权分析尤其是等同判定的流程架构，以及具体的判断方法进行过综合性梳理；也鲜有文献从等同技术特征的构成要件之一"本领域普通技术人员无需经过创造性劳动就能够联想得到的"展开研究。在等同侵权认定的过程中存在着不少律师或行政/司法裁判者仅从"三基本一普通"这一角度进行分析认定的现象，不仅不利于准确界定权利要求的保护范围，而且也容易导致分析过程的说理性不强。

上述问题对专利侵权分析的结果影响极大，因此有必要对等同侵权分析流程和方法进行梳理；并针对其中存在的主观随意性过大的问题进行研究，探求减少主观干扰的客观判断依据。这对于专利侵权纠纷案件的公正审理具有重要价值和意义。

二、专利侵权分析的流程及具体方法

（一）专利侵权分析的基本流程

在专利侵权分析中，首先审查"被诉侵权技术方案的主体"与"涉案专利主题名称所指定的应用领域和技术主题"是否相同。如果不相同，则被诉侵权技术方案自然也就不会落入涉案专利的保护范围，也就没必要再去判断具体的技术特征是否相同或等同。例如在胡涛与摩拜公司侵害发明专利权纠纷一案中，权利要求 1 的主题名称为"一种电动车控制系统"，被诉侵权产品使用于自行车，不属于专利主题名称所指定的应用领域和技术主题，因此不落入涉案专利的保护范围。① 如果相同，接下来便是判断被诉侵权技术方案与权利要求技术方案的发明构思是否相同。如果不相同，则被诉侵权技术方案自然也就不落入涉案专利的保护范围，也就没必要再去判断具体的技术特征是否相同或等同；如果相同，接下来便是在遵循全面覆盖原则的框架下依次进行相同和等同侵权判定，具体而言，将某项权利要求中的各个技术特征与被诉侵权技术方案中的相应结构特征分别从手段、功能和效果三个方面进行比对。三个方面都相同时则认为两者构成相同技术特征；如果两者不构成相同技术特征，则进一步根据等同判定的相关规则审查两者是否构成等同技术特征；甚至当被诉侵权技术方案缺少该权利要求记载的一

---

① （2017）沪民终 369 号，（2018）最高法民申 2954 号。

个以上技术特征时，还会在"技术特征的合并与分解"的基础上再审查被诉产品是否具有与该权利要求中某技术特征构成等同的技术特征。[①] 直至所有技术特征都比对完成，才会作出被诉侵权技术方案是否构成相同侵权或等同侵权或因缺少某些技术特征而不构成侵权的结论。

（二）基于构成要件分析的等同侵权判断方法

专利权作为一种无形的财产权，其保护范围以权利要求书为准。但受限于语言的局限性，如果严格按照文字的记载去界定专利的保护范围，很容易导致专利权人应有的利益难以得到切实有效的保护。因为他人只需对专利技术方案稍作非实质性的改动就能轻而易举地规避侵权风险，例如将权利要求中的描述"连杆与机架焊接固定"改写成"连杆与机架铆接固定"。为了更好地维护和实施专利制度，我国在《最高人民法院关于审理专利纠纷案件适用法律问题若干规定》明确了"等同原则"的适用，其中规定等同技术特征的四个构成要件为引言所述的"三基本一普通"。从此，基于构成要件分析的等同侵权判断方法开始在我国司法实践中应运而生并逐渐演化，目前又细分出多种具体的判断方法。

第一种判断方法：依次判断两个技术特征的手段、功能、效果是否基本相同，以及最后判断两者之间的相互替换是否属于本领域普通技术人员无需经过创造性劳动就能够联想到的。[②] 其中手段是否基本相同是等同判断的考察起点和基础，只有四个构成要件全部满足，才能认定两个技术特征构成等同技术特征。其间但凡有一个构成要件不符合，则可以终止判断过程并作出两者不构成等同技术特征的结论。"基本相同的手段"的判断方法又有以下两种。[③]

第一，采用的是"实质性相同"的判断标准。一方面，要求两者的工作原理相同或基本相同。另一方面，具体的技术手段并无实质性差异。但是，由于技术的复杂性，两者的相似度需要达到何种程度方可认定为基本相同？况且"无实质性差异"的标准依然不够具体明确。因此有时即使是本领域技术人员也难以准确判断，更多地依赖其知识储备和实践经验。

---

① 曹克浩、刘婷婷：《自由心证在判断化学工艺中"技术特征合并与分解"的考量》，《专利代理》2015年第2期，第4页。

② 北京市高级人民法院知识产权审判庭：《北京市高级人民法院〈专利侵权判定指南（2017）〉理解与适用》，北京：知识产权出版社2020年版，第202–203页。

③ 北京市高级人民法院知识产权审判庭：《北京市高级人民法院〈专利侵权判定指南（2017）〉理解与适用》，北京：知识产权出版社2020年版，第207页。

第二，两个技术特征的工作原理完全不同，但是两者属于惯用手段的直接置换，此时认定两者构成基本相同的技术手段即可。例如提供动力的"内燃机"和"电动机"。该方法其实是参考了《专利审查指南（2010）》中有关新颖性的判断标准。

第二种判断方法：无需首先进行"基本相同的手段"这一步骤的判断，也无需判断两个技术特征的相互替换是否属于本领域普通技术人员无需付出创造性劳动即可想到的，而是直接从功能或者效果不构成基本相同或显著不同进行反向判断，进而得出两者不构成等同技术特征的结论。[①] 该方法的逻辑依据在于两个技术特征要构成等同，则四个构成要件必须同时满足。由于手段是否构成基本相同的判断涉及工作原理和具体的结构，因此"基本相同的手段"的判断相对而言比较复杂，且主观随意性较大。而由于技术特征的功能和效果具有外在、显性和客观的特点，实践中较容易判断，因此直接从功能和效果不构成基本相同或显著不同这一角度进行反向判断会简单很多。

（三）附加约束理论的等同侵权判断方法

（1）产生背景。

基于构成要件分析的方法仅从技术角度认定，但司法活动维护社会公平正义的价值取向决定了其需要考虑的因素是多样的。在等同侵权认定过程中仅考虑技术因素有时候是不公平的，甚至可能严重违背司法活动的目的。例如当涉案专利说明书已经明确声明将某个技术方案排除在保护范围之外；又或者专利权人在审查授权阶段已经明确将某个技术方案放弃了，但获得专利权后又通过适用等同原则重新主张该技术方案。

法律应具有确定性和可预测性，司法机关不仅要合理保护权利人的利益，而且要充分考虑权利要求的公示作用并兼顾社会公众的信赖利益。如果任由专利权人通过基于构成要件分析的等同侵权判断方法对其专利保护范围进行无边界的扩张，会使得公众难以适应，破坏权利要求的公示作用，造成显失公平的后果。因此，有必要对等同原则的适用进行约束。在此背景下相关约束理论在个案中被提出，并被不断积累和完善。

---

① 张晓阳：《等同特征判断标准在专利侵权纠纷案件中的适用问题》，《专利代理》2016 年第 1 期。

（2）司法实践中常用的约束理论。

目前各级法院通过积极探索，已经确立了多种约束理论对等同原则的适用进行约束，使得等同技术特征的判断逐渐被改善。司法实践中比较常用的有：禁止反悔原则、捐献原则（又称贡献原则）、数值和数值范围特征的等同判定规则、等同替换的具体性、可预见性规则、符合发明目的原则、明确排除的技术方案和背景技术方案等。

由于论文篇幅有限，本文不再对上述各个约束理论的具体内容和适用的司法案例进行详细论述，希望深入研究学习的读者可以另行阅读其他资料文献，例如北京市高级人民法院编写的书籍《北京市高级人民法院〈专利侵权判定指南（2017）〉理解与适用》和裁判文书如（2017）粤73知民初2176号、（2019）最高法知民终48号、（2020）沪73知民初716号、（2021）最高法知民终1558号、（2020）闽02民初1256号、（2021）最高法知民终399号、（2015）民申字第740号、（2015）包民知初字第15号、（2017）内民终269号、（2019）最高法民再279号。

（3）该方法的具体适用。

附加约束理论的判断方法更多的是在法律层面进行认定，因此在具体案件的办理过程中并不要求一定要先使用基于构成要件分析的方法判定两个技术特征是否构成等同。有些案情是可以直接适用附加约束理论的方法，得出两个技术特征不构成等同或被诉侵权技术方案不构成等同侵权的结论，从而避免进行复杂烦琐的"三基本一普通"的判断，有效提高司法效率。例如在涉及数值特征的等同判定时。

这也就意味着在有些情况下即使通过基于构成要件分析的方法进行分析后发现两个技术特征构成等同，也并不意味着判决书上就必须得出构成等同侵权的结论，只有当同时使用两个方法得出的结论不发生冲突时，才能得出最终结论。例如在（2017）粤73知民初2176号和（2019）最高法知民终48号案中，在判断两技术特征"PCB电路板紧贴面板内侧面"与"PCB电路板先贴附在导光板上，导光板再贴附面板内侧"是否构成等同时，法院基于构成要件分析的方法认为两者构成等同技术特征，但随即又基于附加约束理论的判断方法认为此案应当适用禁止反悔原则，最终的裁判结果是不构成等同侵权。因此在具体的案件办理中，可以同时适用两种方法进行判定，有利于增强裁判说理的深度和说服力，进而提高一审息诉率。

但是最高人民法院《关于技术调查官参与知识产权案件诉讼活动的若干规定》中写明技术调查官就案件所涉技术问题履行职责，因此对于技术调查官能否主动适用附加约束理论的判断方法进行等同侵权判断，实践中存在一定的争议。有观点认为该方法更多属于法理释明，技术调查官不应就法理部分发表意见，否则属于越权审判；也有观点认为该方法并不完全脱离技术问题分析，例如在涉及"是否符合发明目的"的判断时，此时其本质上仍是技术事实查明而非直接进行审判，技术调查官就应发挥自身专业特长，主动适用该方法履行职责，对技术事实进行调查。[①] 但这并不妨碍当事人主动运用这两种方法进行辩护，甚至有时候辅以约束理论进行说理会更有说服力。

三、创造性比较法

（一）提出背景

基于构成要件分析的方法存在天然的不足，主要体现在以下几个方面：

（1）判断标准不明确，主观随意性大。

单从等同特征的定义就可知其明显缺乏确定的判断标准，因为"基本"一词的判断是缺乏客观标准的，技术手段之间要达到什么样的相似程度才可以定义为"基本相同"？在没有明确的客观标准可供参考的情况下，实操过程中更多的只是依赖判断者的自身知识储备和经验进行判断，这就很容易导致判断结果过多地受个人主观因素的干扰，不利于公正司法的实现。

（2）判断主体不适格，难以保证结果的客观公正。

当判断步骤来到"本领域普通技术人员无需付出创造性劳动即可想到的"这一步时，除了一些比较常见的简单替换，例如将提供动力的内燃机替换成电机，很多时候也是难以准确作出判断的，原因在于：第一方面，现实中没有人能称得上是本领域普通技术人员[②]，但实践中却又要求其站位"本领域普通技术人员"进行判断，故无法保证每个案件都做到客观准确也就无可厚非。第二方面，由于判断者是在了解了专利内容以及被诉侵权技术方案后才作出判断，通常也会

---

① 陈颖澍：《技术调查官的角色错位及其矫正》，《山东法官培训学院学报（山东审判）》2022 年第 6 期，第 127 页。

② 本领域普通技术人员：是指一种假设的"人"，假定他知晓申请日或优先权日之前发明所属技术领域所有的普通技术知识，能够获知该领域中所有的现有技术，并且具有应用该日期之前常规实验手段的能力，但他不具有创造力。

很容易对被诉侵权技术方案的创造性的评估偏低，从而犯"事后诸葛亮"的错误。试想一下，如果事先只阅读涉案专利，难道判断者真能轻而易举地就想到往被诉侵权技术方案的方向去改造吗？

（3）反复适用性差。

该方法从技术层面对案情进行分析判断，但在分析判断前并没有将案情进行归类总结。技术方案往往是比较复杂的，而且极少存在完全相同的案情。因此，即使是针对同一技术特征，在不同的案件中，判断的过程和结果完全有可能是不一样的。这就导致了该判断方法不能被反复适用，不利于提高司法效率。

综上可知，在基于构成要件分析的方法中，各个构成要件的判断过程中均存在着难以完全克服的缺陷，因此有必要对该方法进行完善。

（二）案情背景简介

在实务中，经常会遇到这样的案情：在专利说明书并没有明确写明两个技术特征可以一体成型的情况下，专利权人将被诉侵权产品中某个独立的、一体化的零件进行虚拟划分为两个部分，将其中一部分主张为对应于专利的某个技术特征，将另一部分主张为对应于专利的另一个技术特征。例如涉案专利包括 A、B 和 C 三个技术特征，被诉侵权产品由 a 和 b 两个零件组合形成。在 a 和 A 已经构成相同技术特征的情况下，专利权人将 b 零件虚拟划分成 b_1 和 b_2 后认为"b_1 相当于 B，b_2 相当于 C"，也即认为被诉侵权产品的 b 零件等同于涉案专利的 B 和 C 技术特征。

在专利技术方案与被诉侵权技术方案之间的比对过程中，两者的技术特征之间并非完全一一对应关系，也可以是一对多或者多对一的对应关系。只要在被诉侵权技术方案中能够找到与专利权利要求相对应的技术特征，就不影响等同的认定。[①] 这也就意味着，在类似前述案情"表面上看缺少技术特征"的等同侵权判定中，不能简单粗暴地根据"全面覆盖原则"认定不构成侵权，还需对被诉侵权产品的零部件结构或者权利要求进行技术特征的重新划分，在"技术特征的合并与分解"的基础上，再适用等同原则进行侵权判定。

从前文已有的论述可知，在专利技术方案与被诉侵权技术方案的技术特征以

---

① 北京市高级人民法院知识产权审判庭：《北京市高级人民法院〈专利侵权判定指南（2017）〉理解与适用》，北京：知识产权出版社 2020 年版，第 224 页。

"一对一"的对应关系进行对比的案情下，等同侵权判定都已有较大的主观随意性的缺陷。如果在被诉侵权技术方案表面上看缺少技术特征的情况下，还需先进行"技术特征的合并与分解"，再适用等同原则进行判定，无疑会使得等同侵权判定的难度和不确定性进一步加大。但实务中确确实实存在着大量此类案情，因此如何解决这个问题显得尤为重要。

（三）创造性比较法的具体内容

如前分析，基于构成要件分析的等同侵权判定方法存在"基本相同"的判定标准不够具体明确、主观随意性大、反复适用性差等缺陷。在复杂的法律实践中，难以做到客观、公正与效率三者相统一。作者通过分析总结上述案情，发现此类案情与专利审查阶段中关于"要素省略发明"的创造性评价存在很大的相似性——都是在"缺少"技术特征的情况下进行评价，借鉴其评价方法有利于弥补现有该等同侵权判定方法的缺陷。

《专利审查指南（2010）》第二部分第四章中专门规定了如何评价"要素省略的发明，是指省去产品或者方法中的某一项或多项的发明"的创造性：

（1）如果发明省去一项或多项要素后其功能也相应地消失，则该发明不具备创造性。

例如一种涂料组合物发明，与现有技术的区别在于不含防冻剂。由于取消防冻剂后，该涂料组合物的防冻效果也相应消失，则该发明不具备创造性。

（2）如果发明与现有技术相比，发明省去一项或多项要素（例如，一项产品省去了一个或多个零、部件或者一项方法发明省去一步或多步工序）后，依然保持原有的全部功能，或者带来预料不到的技术效果，则具有突出的实质性特点和显著的进步，该发明具备创造性。

参照《专利审查指南（2010）》中"要素省略发明"的创造性评价方法，在原告主张某个零件等同于涉案专利中某两个技术特征的情况下，采用创造性比较法进行判断的步骤和具体内容如下：

第一步：先按照专利权人的划分方式进行技术特征比对，比对的过程中重点关注其他零部件之间的位置、连接关系等技术特征是否会与权利要求记载的相互矛盾。如果矛盾，则说明专利权人的主张不能成立；如果不矛盾，则进行下一步。

第二步：判断专利说明书是否明确说明"两个技术特征可以熔为一体/一体成型，以朝着被诉侵权技术方案的方向变形"；或者站位普通技术人员的角度思考判断前述变形是否很常规。

例如，图1示出了涉案专利技术方案中的吸液管接头，权利要求对其的限定为"吸液管接头包括接头本体及连接在接头本体上并且相通的第一接头和第二接头"。如图2和图3所示，被诉侵权技术方案中的吸液管接头一体成型，而且其形状与涉案专利说明书附图所示的略有不同，因此原告和被告就被诉侵权技术方案是否具有"第一接头"存在分歧。原告主张将图2中与第二接头相连的部分虚拟划分为两部分，一部分为"接头本体"，另一部分为"第一接头"。被告主张被诉侵权技术方案只有相连接且内部相连通的接头本体和第二接头，没有第一接头，如图3所示。针对这种案情，此时就应该核实专利说明书是否明确说明接头本体和第一接头可以熔为一体/一体成型，或者站位普通技术人员的角度思考判断接头本体和第一接头可以熔为一体/一体成型是不是很常规的。

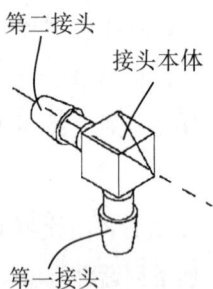

图1 涉案专利技术方案及其技术特征的划分

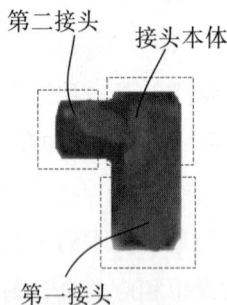

图2 被诉侵权技术方案及原告主张的技术特征划分

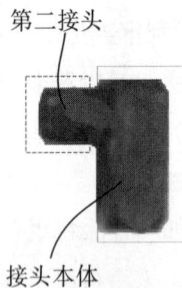

图3 被诉侵权技术方案及被告主张的技术特征划分

若前述判断的答案为"是"，则认为两者构成相同或者基本相同技术手段，接下来再判断功能和效果是否相同或基本相同，进而可以直接得出最终结论；若前述判断的答案为"否"，例如涉案专利说明书给出的是相反的技术启示，则进行下一步。

第三步：判断被诉侵权技术方案中该零件是否同时具备涉案专利的两个技术特征的功能，如果答案为"是"，则认为两者不构成等同的技术特征；如果缺少某个技术特征的功能，则认为被诉侵权技术方案缺少该技术特征。

（四）该方法的正当性和合理性分析

本文新提出的创造性比较法，有利于在复杂的法律实践中做到客观、公正与效率三者相统一，具有正当性和合理性。具体体现在以下几个方面：

1. 符合法理要求

首先，《专利审查指南（2010）》作为国家知识产权局制定的部门规章，是专利审查和授权的法律依据之一。该方法借鉴引用《专利审查指南（2010）》的相关规定，不仅具有法理依据，而且有利于统一行政程序和司法程序中关于创新方案的认定尺度，有利于专利制度的深入实施；其次，该方法通过判断被诉侵权技术方案相较于涉案专利技术方案是否具备创造性，从而考量是否应该通过适用等同原则将被诉侵权技术方案纳入涉案专利的保护范围。实际上，该方法是着眼于等同特征的四个法定构成要件之一"两者的相互替换是本领域普通技术人员无需付出创造性劳动即可想到的"，并未脱离现行的法定标准。

2. 符合专利制度要求

专利制度的初衷是通过赋予创新者对其创新成果的独占权，鼓励发明创造，推动发明创造的应用，提高创新能力，促进科学技术的进步和经济社会的发展。国家知识产权局在专利审查过程中，专利申请相较于现有技术是否具有创造性是其能否被授予独占的专利权的决定性因素。在专利侵权诉讼中，涉案专利本身就构成被诉侵权技术方案的现有技术。该方法通过判断被诉侵权技术方案相较于涉案专利是否具有创造性，进而再考量决定其是否构成对涉案专利的等同侵权，能够有效避免对技术发展作出了贡献、具有创造性的技术方案被不适当地认定为侵犯他人专利权，避免了新的创新成果被扼杀。因此，该方法符合专利制度鼓励创新、保护创新的初衷，避免在先专利权对后续创新成果的无情扼杀，从而更好地维护知识产权秩序，推动专利制度促进科技创新和经济发展，提高国家的综合竞争力。

3. 判断标准更客观和更具实操性

在等同侵权判定过程中，最复杂、最难的步骤是判断两者是否构成基本相同的技术手段，因为依赖的标准不够具体明确，判断主体也并非真正意义上的本领域普通技术人员。因此基于构成要件分析判断方法在类案中难以被直接反复适用，判断结果也很难做到客观公正。然而，本文针对特定案情提出的创造性比较法，判断结果更加客观公正，并且可以在类案中被直接反复适用，原因在于：一方面，运用该方法进行等同侵权判定，无需进行"基本相同的技术手段"这一复杂步骤的判断，功能和效果的判断又比较简单，因此可以最大程度地确保判断结果公正客观。另一方面，判断的标准具体明确、方法步骤固定并可在类案中被直接反复适用，具有很强的可操作性，有利于实现客观、公正和效率的有机统一。

四、案例分析

如图4所示，涉案专利技术方案是一种缓冲纸垫成型机的导纸装置，其功能作用是在成型机生产缓冲纸垫的过程中引导纸张的输送。权利要求对该技术方案的描述为：一种缓冲纸垫成型机的导纸装置，其特征在于，包括分离组件和支撑组件，所述的分离组件包括若干层分离件，所述的分离件之间均设有空隙，所述的空隙对应的两个侧面中一个为开口设置，另一侧面连接相邻的两个分离件，所述的支撑组件包括若干个支撑杆，所述的支撑杆的一端与分离件连接，所述的支撑杆的另一端设有导纸轮。

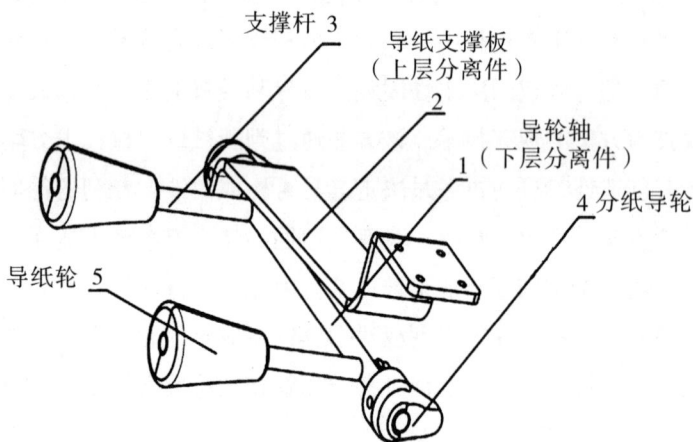

图4　涉案专利技术方案

根据专利说明书对技术效果的描述，分离件的作用是将多层的卷纸进行层间的分离，导纸轮的作用是增大层之间的空隙。当缓冲纸垫成型机所加工的卷纸具有多层折叠层时，在纸垫的加工过程中，卷纸先经过导纸装置再进入成型装置（图中未示出）。在导纸装置中，导轮轴和导纸支撑板穿过卷纸的层间。原先为一层的卷纸在进入导纸装置后被导轮轴和导纸支撑板分离成三层。之后卷纸继续向前运动并在导轮轴的上下面流过，导轮轴将不同层之间的纸的空隙增大。

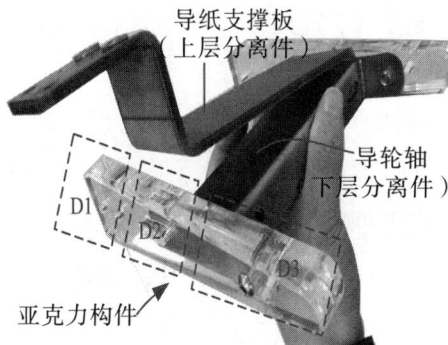

图 5　被诉侵权技术方案　　　　　图 6　被诉侵权技术方案

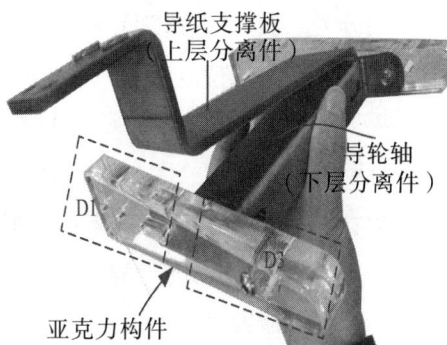

如图 5 和图 6 所示，被诉侵权技术方案也是一种缓冲纸垫成型机的导纸装置，其功能作用与涉案专利技术方案的相同。原告和被告双方的争议焦点仅在于技术特征"所述的支撑杆的一端与分离件连接，所述的支撑杆的另一端设有导纸轮"。

图 5 中，原告将亚克力构件虚拟划分成 D1、D2 和 D3 三段，认为 D1 段起到的作用与权利要求中"导纸轮"的作用一样，视为"导纸轮"；D2 段到的作用与权利要求中"支撑杆"的作用一样，视为"支撑杆"。因此主张被诉侵权技术方案中的"亚克力构件"等同于技术特征"所述的支撑杆的一端与分离件连接，所述的支撑杆的另一端设有导纸轮"。

被告则认为，被诉侵权技术方案只有支撑杆（也即亚克力构件），支撑杆的一端没有导纸轮。因此被诉侵权技术方案缺少涉案专利的技术特征，不落入其保护范围。

接下来，运用创造性比较法判断被诉侵权技术方案的"亚克力构件"能否等同于涉案专利的"所述的支撑杆的一端与分离件连接，所述的支撑杆的另一端设有导纸轮"。

第一步：先按照专利权人最先在图 6 的划分方式进行技术特征比对——将亚克力构件虚拟划分为两段，D1 段为导纸轮，D3 段为支撑杆。比对时发现支撑杆、导纸轮和分离件三者的位置和连接等关系与权利要求规定的"支撑杆的一端与分离件连接，所述的支撑杆的另一端设有导纸轮"并不一致。因为 D3 段（支撑杆）的同一端同时连接分离件和导纸轮，而不是两端分别连接分离件和导纸轮；后面专利权人重新按照图 5 的划分方式进行技术特征比对——将亚克力构件虚拟划分为三段，D1 段为导纸轮，D2 段为支撑杆，此时不再出现矛盾的情形，其主张得到初步支持。继续下一步的判断。

第二步：第一，专利说明书并没有明确说明"导纸轮和支撑杆可以一体成型，并朝着被诉侵权技术方案的亚克力构件方向进行改进"。第二，专利限定的是支撑杆一端设有导纸轮，按通常理解，轮子是可以转动的，而被诉侵权技术方案的 D1 段和 D2 段是固定的、不可活动的。这说明涉案专利给出的是相反的技术启示，本领域普通技术人员在该启示下很难将涉案专利技术方案往被诉侵权技术方案的方向改进。第三，若将涉案专利的支撑杆和导纸轮的结构往被诉侵权技术方案的亚克力构件的方向改进，至少需做三个方面的改进——导纸轮和支撑杆固定连接/一体成型，将支撑杆和导纸轮的纵截面设计成具有锥度的长条形，以及支撑杆连接分离件的一端延长。这一连串的改进显然不是很常规的，需要付出一定的智力劳动。因此，继续下一步的判断。

第三步：涉案专利并没有限定支撑杆的具体形状，故将杆状的亚克力构件认定为支撑杆完全合理，此时被诉侵权技术方案缺少导纸轮；或者，按照专利权人的逻辑"D1 段起到了导纸轮的作用，所以 D1 段应认定为导纸轮"，但实际上整个亚克力构件都起到了导纸轮的作用，那就应该把整个亚克力构件认定为导纸轮，此时被诉侵权技术方案缺少支撑杆。可见，相比涉案专利技术方案，被诉侵权技术方案用一个亚克力构件，同时实现涉案专利两个零件的功能。也即，被诉侵权技术方案省去了一个零件后，依然保持了原有的全部功能。

综上，被诉侵权技术方案相较于涉案专利技术方案具备突出的实质性特点和显著的进步，具有创造性。被诉侵权技术方案的"亚克力构件"并不等同于涉案专利的"所述的支撑杆的一端与分离件连接，所述的支撑杆的另一端设有导纸轮"。被诉侵权技术方案不落入涉案专利的保护范围。

五、结语

本文对专利侵权判定流程及方法进行了归纳总结，还提出了一种新的判定方法，主要贡献体现在以下几个方面：第一，对专利侵权分析流程尤其是等同侵权判断思路进行了归纳整理，将判断方法划分成可单独或者组合适用的两大类——基于构成要件分析的方法和附加约束理论的分析方法。第二，归纳总结了基于构成要件分析的方法中又细分出的具体判断方法。第三，针对基于构成要件分析的方法存在判定标准不够具体明确、主观随意性大、反复适用性差等急需克服的缺陷，借鉴《专利审查指南（2010）》中关于要素省略发明的创造性评价标准，提出一种细分的判断方法——创造性比较法。该方法主要针对"三基本一普通"中的最后一步"两者的相互替换是本领域普通技术人员无需付出创造性劳动即可想到的"进行，判断结果的依据是被诉侵权技术方案相较于涉案专利技术方案是否具有创造性。

当然，等同侵权判定体系存在的问题，并非任何一个理论就可以完美解决的，需要前仆后继的改进。本文新提出的创造性比较法仅针对某一类案情，并且仍需实践检验和改进，方可使我国等同侵权判定的理论更为丰富、规则更为完善。

（广州知识产权法院　钟瑞洲）

34

技术调查官撰写《技术调查意见书》之探讨

为提高知识产权审判水平，适应加强知识产权司法保护的需要，2014 年最高人民法院探索建立了知识产权法院，并相应建立了技术调查官制度，明确了该制度下新生的技术调查官参与诉讼活动的工作职责。

《技术调查意见书》就是关于技术调查官在参与诉讼活动中履行的工作职责，它是对技术类案件中技术问题的分析意见，能协助法官理解案件的专业技术问题，是作为法官认定技术事实的重要参考。虽然它对案件不具有表决性，但对法官审判起着重要的前提作用。鉴于技术调查官的设立初衷，要求办案的技术调查官不受任何一方左右，必须独立地从专业技术角度分析案件技术事实，用通俗易懂的语言撰写《技术调查意见书》，所以它具有很强的专业性、中立性和科学性，体现了较强的技术价值；并且由于调查速度快、成本低，相比其他技术事实查明方式更便捷高效，因此它也展示出在司法审判中重要的应用价值。

有鉴于此，如何写好一篇《技术调查意见书》应该是技术调查官的一项重要的基本功。下面，本文将从三个方面谈谈这个问题。

一、撰写《技术调查意见书》的一般步骤

撰写《技术调查意见书》应当实事求是，遵循发现问题、提出问题、分析问题、解决问题的社会规律，因此意见形成不应该是拍脑袋想出来的，而是按照一定的科学步骤撰写出来的。

（一）阅读案卷，梳理争议

阅读案卷中与技术相关的内容，包括起诉状、答辩状、庭审对比文件、专利、合同的技术条款等，逐条梳理原告、被告对各自技术方案和技术特征所持观点及依据，重点归纳技术争议焦点，为技术调查意见指明方向，做好铺垫，避免遗漏。同时，对案卷中晦涩难懂的专业术语和原理，应当查阅专业工具书后准确记录备注下来。对行业的相关信息可通过某宝、某音做一些粗略的了解，将自身带入该细分技术领域，形成对现有技术的感性认知。

（二）查看被诉侵权产品，熟悉技术特征

先整体查看被诉侵权产品外观，了解其应用环境、结构、功能、用途，熟悉工作原理，然后通过使用或运转来加深理解。其中，对于某些必须通过拆解才能透析各部件的产品，还需使用相应工具进行拆解；对于不能直观查看的特征，应采用工具设备进行检测检验；对结构、组分蕴含某些特定功能效果的应通过替换、增减等方式考察测评，最终完整显露庐山真面目——这是技术调查官在技术事实查明深度上要明显区别于法官的重要表现之一。

（三）比对特征，厘清事实

查看完被诉侵权产品实物后，逐一核对争议焦点所涉及的各个技术特征，结合专业技术知识和生产实践经验，对原告和被告的观点和论据进行科学的评议、判断，厘清事实真相。整体上要从是否实现相同的发明目的，是否采用相同的技术方案入手，细节上要对可能涉及等同侵权的特征，从等同原则入手，把握"以基本相同的手段，实现基本相同的功能，达到基本相同的效果，并且本领域普通技术人员在被诉侵权行为发生时无需经过创造性劳动就能够联想到的特征"这一等同判定标准①，细化被诉侵权产品中是否存在部件的简单换位、方法步骤顺序的简单变换以及对专利必要技术特征的简单替换、分解、合并等手段，逐一进行比对认定。

（四）阐释评议，形成意见

对技术争议焦点的评议要理性客观、专业可靠、严谨到位，经得起正反推敲，能揭示原告、被告观点和论据中混淆视听的本质所在。评述中，可能会出现一些在专业人士看来已经可以理解接受的内容但也许对法官等非专业人士而言仍

---

① 《最高人民法院关于审理专利纠纷案件适用法律问题的若干规定》第十七条。

是晦涩难懂的情形。所以，为了"尽可能达到非专业技术人员能够理解的程度"①，需要技术调查官将科学评议进一步阐述、解释为通俗易懂的内容，借助图形、声音、视频、模型等技术或者实验手段予以配合说明，最终形成一份分析透彻、科学易懂的《技术调查意见书》。

二、《技术调查意见书》的结构和写法

2016 年 2 月 22 日，周强主持最高人民法院审判委员会会议，审议通过了关于民事诉讼文书样式的两个文件，共修订、起草诉讼文书样式 568 个，其中人民法院用文书样式 463 个、当事人参考文书样式 105 个。然而，在这些文书样式中暂时还没有《技术调查意见书》的样式。可见，《技术调查意见书》的样式还有待研究讨论，这也正说明撰写本文的必要性。

《技术调查意见书》的样式属于人民法院用文书样式，需要逻辑结构清晰，易于法官阅读。同时，由于《技术调查意见书》是一种科学评价，因此其所包含的重要术语或原理还应具有技术说明出处，以彰显其权威可靠性。根据案情和法官要求，技术调查官应当以相关科学理论和专业实践为基础，以技术领域之外非专业人员能够理解为标准进行撰写，其结构建议由首部、正文、尾部三个部分组成。

（一）首部

首部包括标题、主审法官、技术调查官、当事人的基本情况，公开注意事项。标题由法院名称、文书名称和案号构成。技术调查官的基本情况可简单提示专业背景、学历或其他资质。公开注意事项主要指审查意见是否可以向当事人公开的情况。

（二）正文

1. 前言

首先，列明法官赋予技术调查工作的主要任务，指出是针对所有特征进行全面审查，还是仅针对某些争议焦点重点审查。然后，说明权利人的保护范围，例如：明确主张的权利项数、秘点数量；提示物证选取情况，明确比对对象；介绍被告抗辩意见概况。接着，介绍技术调查官是否对无争议的技术特征作了审查，以及是否发现新的值得审查的要点。最后，说明本意见书是基于法官采信的哪些

---

① 《广州知识产权法院关于技术调查官参与诉讼活动的暂行办法》第八条。

证据而出具的，哪些证据不作为考察依据。

2. 技术调查意见

针对一个权利的所有争议焦点形成一个问题，采用三角色各自阐述的方式予以回答。即，针对一个技术问题，先后详细列出原告所持观点和理由、被告所持观点和理由、技术调查官的分析判断。对于原、被告的理由和观点要注明出处。而对技术调查官的分析判断，则采用两阶层的方式展开。第一层，通常是引入争议点所在的权利要求或秘密点原文，然后结合专利说明书及附图，从实现发明目的出发，对争议的技术特征进行解释。解释特征时，可以从内涵和外延的两个角度阐释，有意识地为后续比对做好铺垫；如有审查档案材料，也可以进一步强化技术特征的解释。第二层，则是将被诉侵权产品与前述特征作比对。首先对被诉侵权产品的相应技术特征进行白描，说清结构、工作方式、功能效果等情况，然后与所解释的特征内容作比较，此时即可得到是否相同或等同的认识。如果仍有区别特征，则进一步从专利或技术秘密的整体考虑，结合专业知识对手段功能效果展开充分评述。

意见中，除了针对各个争议焦点进行明确的判断，还要说明审查过程中所用的剖析手段（如拆解观察实物、实际运行测试）和剖析方法（如试验法、反证法、枚举法、归谬法）等。由于意见是技术调查官的主观专业论断，所以为了提高其公信力，剖析手段应有影像记载或图解说明辅助解释，剖析方法应力求科学合理，关键技术要点应说明出处，语言表述要简洁易懂，指向说明要准确清晰。在表述过程中，允许一些常见的专业术语出现，但不应有复杂晦涩的专业表述，力求法官一看就懂。意见通常都要有明确肯定的观点，倘若无法给出明确肯定的观点，必须说明原因和相应措施。

（三）尾部

尾部包括附件、技术调查官署名和日期。附件包括调查意见中的影像资料、图解说明、技术参考文献、公知常识介绍等，这些内容主要是为了更好地辅助解释技术调查意见。

三、撰写《技术调查意见书》应注意的问题

《技术调查意见书》是服务于法官的，主要目的是提升法官认清技术事实的效果，然而相当一部分以解决权利争议为目的的裁判文书缺乏对案件审理、争议

焦点、裁判理由的充分说明或论述，没有很好地发挥使当事人"服判息讼"的作用；还有一部分法官对技术调查官的意见存在过分依赖或者持忽略、怀疑、不接受的态度等，其中原因有多种：既有司法审判权让渡的问题，也有技术调查官的不称职导致的技术事实查明不清楚、说理不到位的问题，当然也有双方权责边界模糊的问题。这就需要我们必须注意以下几个方面的问题：

（一）要实事求是

实事求是，主要从意见的形成和表述两方面抓起；换句话说，就是从输入和输出抓起。技术调查意见的形成，要基于对案件事实的深入解剖，从认知理解到分析判断都要来源于实际，要同时结合专业理论知识和实践经验，客观解释权利，从证据中完整细致地挖掘所需素材。审查意见的表述，其文字语言中对涉及事实的名称要指代准确，做到彼此分明；结构、形状、功能、效果等特征的描述要采用白描的方式，一五一十地陈述，尤其对不确定的内容不能简单假设、推导演绎。可以先用专业术语描述，然后用通俗的文字加以描绘，最后视情补充，以澄清易混淆之处。

（二）要注意公开尺度

虽然目前《技术调查意见书》原则上不向当事人公开，但随着司法改革的不断发展，不能保证今后始终不会公开。而且，笔者认为，《技术调查意见书》是在法官赋予的工作范围内辅助查明事实的，要求做到专业而正确，就应该具有很强的公众信服力。虽然相对于具有客观属性的证据而言，《技术调查意见书》具有一定的主观属性，但是《技术调查意见书》中关于对事实和规律的描述同样具有一定的客观属性。因此，对于《技术调查意见书》是否公开，以及公开的尺度，笔者认为应该由经办的技术调查官根据自己所撰写的意见是否自认为达到实事求是的标准来作出决定。

（三）要重视行业背景

技术调查工作中很大部分是处理专利技术。那么专利产品、被诉侵权产品的行业应用背景应该要通过多种渠道予以充分了解。法官对于这些工作是不会有太多时间去探索的，甚至根本没有时间去了解，法官掌握的绝大多数情况通常仅仅来自双方当事人的书面和口头介绍，以及自己的常识。这就很有必要要求我们的技术调查官主动地去了解行业状况，深入到生产实际当中去。

（四）技术特征要逐一核对比较

比较技术特征时，要明确地对每一个争议焦点中的每一个要点作出分析判断，指出双方当事人的真假命题。只有这样，才有利于法官清晰地理解和把握技术调查官在事实查明过程中的脉络，完整合理地得出分析结果。在这一过程中，不能小觑技术特征的划分。很多案件的改判正是因为技术特征的划分不恰当，造成比对错误。

（五）结论不能逾越职权范围，也不能受制于法官和案情

技术调查官制度是我国司法改革中的新成果，它的设立目的就是弥补法官在技术事实查明能力方面的不足。然而，该制度下诞生的《技术调查意见书》就如司法鉴定意见一样，也可能造成法官将司法审判权让渡给技术调查官。近年来，就这一的问题的争议颇受关注。笔者认为，技术调查意见在结论用语上应该清晰明确，把握分寸，不应作出法律适用方面的结论，而应仅仅定格在法官探讨技术问题的范畴。虽然大多数法官不具备技术背景，但司法审判中的技术事实终将需要他们将其转化为法律事实，而适用法律实施转化的功能是法官行使司法裁判权定分止争的职责所在。知识产权法官随着审判经验的不断丰富，最终必将成为能够全面胜任将技术事实向法律事实转换的能工巧匠。技术调查官不能越俎代庖，不应把自己摆在法官的位置上，过早代替法官得出结论。值得提醒的是，技术调查意见的形成不应受到法官的暗示和引导，不应受到案件发展情节的诱导。

（六）体现以审判为中心，突出不同审级特点

《技术调查意见书》样式的制定同样应该符合我国最新诉讼文书新样式修订的原则，就是坚持以审判为中心，从优化司法资源配置、提高审判质效出发，配合法院完善审级制度。所以，针对一审案件应当把《技术调查意见书》的重点放在查明案件事实上，做到实事求是；二审案件要把重点放在解决事实争议的说理上。这样，可以响应 2016 年来最高人民法院实施民事诉讼文书最新样式的要求，发挥诉讼文书在推进案件繁简分流方面的积极作用；可以满足法官需求，努力以较小司法成本取得最大法律效果，实现公正与效率更高层次的平衡。

（广州知识产权法院　赵　军）

35

计算机软件著作权侵权问题研究

——基于南知法庭案件的实证分析

南京市中级人民法院南京知识产权法庭（以下简称南知法庭）自 2017 年 1 月至 2022 年 12 月共受理计算机软件著作权侵权纠纷案件 280 件，年受理案件数量呈波动态势（见图 1）。①

单位：件

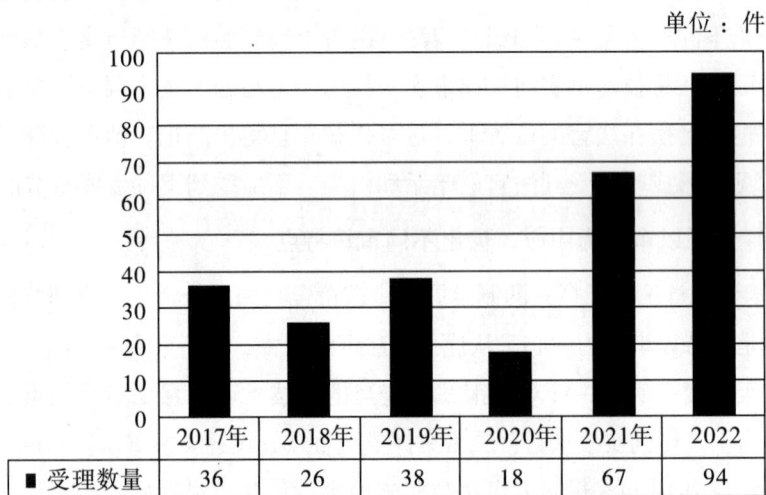

■ 受理数量	2017年	2018年	2019年	2020年	2021年	2022
	36	26	38	18	67	94

图 1 计算机软件著作权纠纷案件受理数量年度分布图

---

① 对于直接使用盗版软件引起的侵权诉讼，如外国当事人起诉国内企业使用盗版软件侵害计算机软件著作权的案件不作讨论，仅进行数量统计（如微软公司的 Windows、Office、Serves 软件，欧特克公司的 CAD 软件，米拓公司的网站建站软件等）。

此类案件呈现出以下特点：首先，从纠纷诉讼主体看，原告为外方当事人的案件在 2020 年以前占比略高，但随着国内企业知识产权保护意识的提高和软件行业的高速发展，近两年国内企业维权的案件数量大幅增加，涉外权利人的案件比例下降显著（见图 2）。

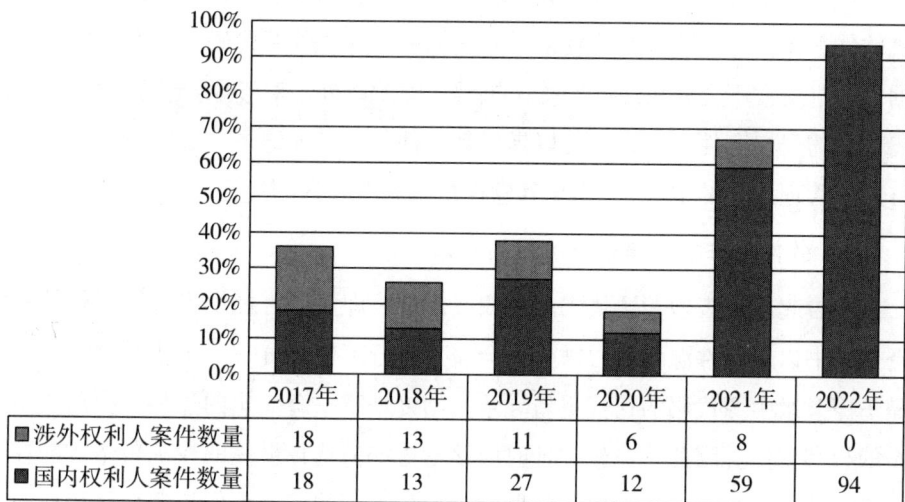

	2017年	2018年	2019年	2020年	2021年	2022年
■ 涉外权利人案件数量	18	13	11	6	8	0
■ 国内权利人案件数量	18	13	27	12	59	94

图 2　涉外权利人案件年度比例图

从案件标的额看，立案标的额在 100 万～500 万的案件 137 件，500 万～1 000万的 23 件，1 000 万以上的 12 件，其中 2021 年 1 000 万以上的案件达到 8 件，均为国内当事人之间的诉讼。这一定程度上反映了国内软件行业的蓬勃发展。

最后，从审理结果看，判决 46 件、调撤 187 件，占比分别为 16.43% 和 66.79%，也反映出此类案件调撤率较高。

通过上述案件的审理，南知法庭发现计算机软件著作权侵权纠纷始终是企业维权和知识产权案件审判的难点，集中体现在以下几个方面：①权利基础的证明；②侵权主体的确定；③侵权证据的取得；④侵权认定的判断。南知法庭自 2017 年首创聘用制专职技术调查官制度以来，在上述计算机软件著作权侵权纠纷案件的审理中积累了较为成熟的经验。本文拟在南知法庭审理的案例的基础上，对当前计算机软件著作权侵权纠纷案件所涉问题进行实证分析研讨。

一、软件著作权权利基础的确定

（一）软件著作权权属的证明要求

计算机软件著作权案件审理的前提是原告拥有涉案计算机软件的著作权或经过授权获得了相关权利。实务中原告证明其拥有著作权的最佳方式是同时提供计算机软件著作权登记证书及与登记时提交相一致的软件源代码。若原告提供上述证据，被告通常不会就权属问题提出抗辩。除此以外，对于原告认为被告涉及源代码抄袭的侵权案件，原告还可以提供其软件版本管理记录（如 SVN 或 Git 等第三方版本管理工具的记录），强化其软件从无到有开发的过程。

（二）软件著作权权属审查的相关问题

在原告起诉被告抄袭源代码的侵权案件中，即使原告提供了计算机软件著作权登记证书以及软件源代码，被告仍会着力进行不侵权抗辩。主要原因在于软件产品不停升级中源代码的迭代更新导致其始终处于一个变化的过程，会形成多个版本的权利软件。因此，原告举证时应该考虑如何选择最优的权利版本才能在诉讼中事半功倍。具体应注意以下问题：①原告举证的软件著作权源代码形成时间应早于被诉侵权软件的上市或完成时间；②原告如果主张离职员工带走源代码供被告使用，则源代码的形成时间应早于员工离职时间。在傅某某等人侵犯著作权一案中，[①]就存在因软件著作权人提供的源代码时间晚于傅某某等人的离职时间，导致软件同一性的鉴定报告证据效力受到影响，不得不进行二次鉴定；③原告主张的权利软件版本应与软件著作权登记证书的版本一致。如果原告明确主张的权利软件系软件著作权登记证书中的软件版本，则应提供开发时间、版本一致的权利软件。实践中，因我国计算机软件著作权登记仅登记软件的名称、版本及部分源代码，此后若因软件更新迭代导致源代码中登记的部分发生了变化，被告通常会抗辩原告主张的权利软件源代码与其提供的软件著作权登记证书的源代码不一致。对于这种情况，如果原告可以提供第三方版本管理工具软件的记录，证明其软件的开发过程，即可证明其权利软件版本源自其软件著作权登记证书中的版本。或者，原告应明确所主张的系计算机软件著作权登记证书中软件的迭代版

---

① （2019）苏 01 刑终 251 号，傅某某等侵犯著作权罪刑事案件，权利人在该案审理过程中，同时提起了（2017）苏 01 民初 2141 号民事诉讼。

本，登记证书仅是辅助证明。总之，权利人在进行诉讼准备时，应慎重审查和选择主张权利的软件，一旦提起诉讼就应明确所主张的权利软件内容和版本，尽量避免在诉讼中变更权利，导致侵权鉴定时间和资源的浪费。

此外，法院还应注意审查原告提供的软件是否为合作作品、委托作品、职务作品等，排除原告并非实际权利人的情况。在南京合荣欣业信息技术有限公司诉南京百一自联信息技术有限公司等计算机软件著作权侵权案件中①，原告主张被告为第三方中信银行开发维护的软件侵害了其为中信银行开发的软件著作权；被告则辩称涉案软件系第三方中信银行委托原告开发，著作权并非原告享有。经法院审查后发现，在原告与中信银行的委托开发合同中，已明确约定软件的著作权归属于中信银行。虽然原告对母版计算机软件著作权进行了登记，但其对于中信银行二次开发的版本已不享有著作权。

（三）软件著作权侵权与侵害技术秘密的路径选择

计算机软件程序可以同时成为著作权法中计算机软件著作权侵权和反不正当竞争法中商业秘密侵权的保护对象。著作权法保护软件程序的表达，而商业秘密保护的是软件程序和文档中可能存在的构成商业秘密的信息，对计算机软件的保护相对宽泛。尽管商业秘密的保护范围较为宽泛，但实践中如果权利人主张大段的代码作为商业秘密，首先需要区分出其中哪些信息是具备商业秘密构成要件，即秘密点；然后依法分析判断这些秘密点是否不为公众所知悉，是否具有价值性和实用性，以及权利人是否采取了保密措施。在此基础上，对秘密点信息与被告获取、披露、使用的信息进行侵权比对。在商业秘密案件中，通常会主张多个秘密点的比对，比对的结论要求两者一致才能构成侵权。相对而言，软件著作权的侵权比对中，可以是整体源代码的一致，也可以是部分源代码的一致。整体上的判断仅要求实质性相同即可。因此，从举证责任的轻重来看，两种路径中选用侵害计算机软件著作权是"性价比"较高的诉讼策略。南知法庭审理的案件中权利人也基本选择了软件著作权的保护路径。② 从损害赔偿的结果看，两种路径法定赔偿数额上限一致，如果依据侵权损失或获利计算赔偿额，则两者差别不大。

---

① （2017）苏01民初1136号，该案原告撤回起诉。
② （2021）苏01民初1772号南京爱唯光石信息技术有限公司与中国电信股份有限公司江苏分公司、江苏省公用信息有限公司侵害商业秘密纠纷案件撤诉，在高院以侵害计算机软件著作权案由进行诉讼。

二、侵害软件著作权主体的类型及确定

侵害计算机软件著作权诉讼中，侵权主体的确定是侵权之诉是否成立的关键。在审判实践中，侵权主体的类型通常有以下几种情况：①离职员工及其离职后入职的企业；②购买软件的客户；③原告的行业竞争者；④原告的代理销售商。其中，离职员工作为侵权主体的案件在 2020 年前占比较高，约占 2017—2020 年间国内权利人案件数量的 25.7%。

此外，被诉侵权软件的使用方是否作为被告，也是原告应注意选择、确定的问题。因为计算机软件侵权的隐蔽性、证据获取困难，将第三方使用者作为共同被告，一般会有利于侵权证据的获取和案件事实的查明。但第三方很可能也是原告的客户，这就需要原告在维系客户与打击侵权中做好选择和平衡工作。

在米健公司诉医优米公司、刘某、卢某、南京鼓楼医院一案中（以下简称米健案）①，医院作为共同被告，较为配合法院的证据保全和勘验比对。如果原告未将医院作为共同被告提起诉讼，医院可能会以数据安全等多种理由拒绝配合勘验比对，给技术事实的查明带来障碍。

针对权利人的诉讼，不同的被告通常会作出不同的抗辩，其中被告主体不适格抗辩也是重要的抗辩内容。在比萌公司诉优和公司的软件著作权侵权纠纷案件中②，被告提出其在政府采购网站公开的营业执照被第三方盗用，涉案软件系他人伪造被告相关证书后上传于应用平台，其并非实际侵权主体。法院审理确认了上述事实后驳回了原告诉讼请求。

对于网站侵权类案件，仅依据 ICP 备案信息不能确定侵权主体。因 ICP 备案信息不进行实质审查，如果网页内容与被告经营范围和联系方式不一致，从表象即可判断并非被告经营网站。如果备案信息显示网站负责人与被告信息存在矛盾，也不应认定为侵权主体。在长沙米拓信息技术有限公司诉扬州舜晨服饰有限公司、邰某某一案中③，法院通过开具调查令查明了备案登记信息，原告撤回起诉。

---

① （2019）苏 01 民初 2895 号，双方达成调解。
② （2017）苏 01 民初 1784 号，判决驳回原告诉讼请求。
③ （2023）苏 01 民初 1005 号，原告撤回起诉。

三、侵害软件著作权证据的取得

（一）取证的内容及方式

被诉侵权软件的取得和确定，是侵害计算机软件著作权纠纷案件中原告举证的难点。按举证证明责任要求，原告应取证被诉侵权软件的源程序或目标程序。在司法实践中，原告通常有以下取证方式。

（1）原告自行取证。

原告自行取证时，应通过公证的方式固定被诉侵权软件的相关情况，具体的取证内容和操作方法一般由原告自行确定。根据南知法庭审理的案件情况，原告自行取证的内容一般为：①被诉侵权软件的用户界面或者网站系统的前端页面及页面代码；②从被告销售的第三方处获得软件目标程序等内容。

（2）申请法院调取证据。

在原告提供了初步证据证明其权利软件存在被侵害的事实后，如发现与认定侵权成立或者确定赔偿数额的重要证据，而该证据可能灭失或者以后难以取得，且权利人因客观原因无法自行收集的证据时，可以向法院申请证据保全。如在米健案中，原告提交了初步证据证明其前员工设立了被告医优米公司，被告公司销售的两款软件用户界面与原告主张权利的软件界面相似、功能相同。原告向法院申请至南京鼓楼医院调取以下证据：①被告销售给第三方的软件目标程序；②被告销售给第三方的文档；③合同。法院依原告申请调取了上述内容，最终被告承认侵权事实。

（3）被告披露相关证据。

除了原告自行取证以及申请法院调取证据两种途径以外，目前获取被告软件的途径还包括：①为了尽快确定不构成侵权，被告应诉后主动提交软件源代码；②被告应法院举证责任的分配，提供软件的源代码、可执行文件等内容。在实践中，原告通常可能会不认可被告自行提供的软件信息。对此，法院可以根据原告和法院已取得的证据，对被告提供的源代码进行验证，最简单的方法即对被告提供的源代码进行编译运行，查看运行结果与已取得的证据是否相同。

（二）取证中存在的问题

上述取证方式均存在一定困难和风险。首先，原告自行取证时，一般只能取得被告公开的被诉侵权软件信息，难以获取被诉侵权软件源代码。其次，法院调取被诉侵权软件源代码证据，也需要被告或使用方的配合，即使保全现场能够调取到被告的源代码，但因现场无法编译打包、安装验证，依然存在不能确定保全内容是否为被诉侵权软件的源代码的风险。最后，在司法实践中，即便法院依法进行调取，部分被告或使用方依然可能会拒绝提供源代码，并作出较为隐蔽的证明妨碍行为。

上述问题存在均是因该类纠纷侵权行为隐蔽、源代码为被告持有，证据偏在导致其他人难以获取。如果初步证据证明双方软件相似，被告依然拒绝提供源代码，是否可以适用证明妨碍推定被告构成侵权需要针对具体情况进行分析、考量。如需要对网页代码中变量的命名习惯和页面整体样式布局、风格是否相似进行专业分析和判断。

四、侵权认定的判断

（一）具体侵权行为的表现

根据分析，被告侵害软件著作权的行为一般有以下几种情况：

（1）离职员工复制原东家软件源代码被诉侵权。

由于源代码的电子文档本身易于修改，且离职员工通常较为理解源代码的逻辑流程和结构，可以根据新的软件需求对权利人的软件源代码进行修改；且离职员工会抗辩称其系两份软件的开发者，由于编程习惯、行业惯例以及网络开源代码等原因导致软件相似。例如在一起侵害计算机软件著作权纠纷案件中，被告称其系涉案权利软件及被诉侵权软件的主要开发人员，由于个人编程习惯导致两份软件有相似，但在庭审中对于具体相似之处，被告未能回答具体内容，也未给出合理解释，庭后被告表示愿意调解。

（2）软件购买方抄袭代码被诉侵权。

在上海聚算数字科技有限公司与徐州赛诚网络服务有限公司侵害计算机软件著作权纠纷案件中，原、被告双方曾签订合同，约定双方投入各自资源合作建设项目。被告为项目的使用方，原告负责部署项目相关软件，项目软件的所有权归原告所有。双方合同解除后，原告发现被告销售与其相似的软件。法庭通过比对源代码，认定双方代码构成实质相同。

（3）非法破解反编译权利软件被诉侵权。

侵权者通过原告软件的可执行文件，通过反向工程修改其中署名页等内容，发行侵权软件。这种情况在手机小游戏上更易发生。

（4）开源软件的商业化使用被诉侵权。

权利人为销售商用版软件源代码，将简化的试用版源代码公开，但声明"试用版仅用于学习和试用、禁止商用"。他人利用开源代码模板进行二次开发后形成的软件被诉侵权。2021年以前，该类案件仅有4件；自2021年起，数量大幅增加。2021—2022年，南知法庭共受理该类案件78件，占该两年国内权利人案件总数的50.9%。

（二）侵权判定的一般原则

目前而言，"实质性相似+接触"是对计算机软件著作权侵权判定普遍适用的司法实践认定原则，即原、被告的计算机软件表达相同或实质相似，并且有证据能够证明被告具备接触原告软件的条件，则应当认定存在软件侵权行为。①

在实践中，有以下几种情况被认定为被告存在"接触"的事实：①原告的离职研发员工到被告企业继续担任研发工作；②被告购买过原告的软件；③原告在先公开发表过软件，被告在后的软件界面与原告的一致。

（三）侵权比对的方式

计算机软件的侵权比对是认定侵权软件与权利软件是否构成"实质性相似"的关键环节。我国现行法律、法规或司法解释对此并未有明确规定，但在司法实践中，存在以下几种比对方式：

1. 软件源程序比对

对软件源程序的比对是最直接、最可靠的实质性相似认定方法。这种比对方式使用的前提是，确定双方用于比对的软件源代码的版本与案件事实具备合理的一致性，则可以使用该比对方式。

源代码可以通过专业工具进行比对，如果被诉侵权软件直接拷贝过原告的源代码，通过该方式能快速判断双方源代码是否一致，从而认定是否构成侵权。但在具体操作中，由于软件源代码易于修改以及软件更新迭代的需求，导致被诉侵权的软件源代码与最初拷贝的权利软件源代码相比会存在明显的变化。如果使用比对软件比对后，发现双方软件的源代码文件结构不完全相同，则可以以人工比对的方式对以下几个方面综合分析判断：①通过对比双方代码的文件组织结构进

---

① 宋健、顾韬：《计算机软件侵权认定若干问题论述》，《人民司法》2014年第13期，第85页。

行初步分析，例如文件目录、文件数目、文件名称、文件类型；②通过比对双方软件的运行方式与结果判断双方软件的相似程度，包括运行界面、功能设置、输入和输出等方面；③通过将软件分解为不同的功能、部件、模块等对应具体的程序代码，在相同层次上进行相似性分析，然后进行综合评价。①

在南知法庭审理的聚算案中，技术调查官即采用了该方法。具体步骤如下：①比对双方源代码的目录结构，通过"文件名、功能模块"确认文件比对检验范围；②对双方源代码的"目录结构、文件名、文件内容、变量、函数、宏定义"等进行逐行检验比对，使用先机器再人工或者全部人工比对，统计出"相似行数、差异行数"等，对于原告主张具有独创性的部分重点进行比对。对于非源代码，则对文件的"文件名、文件 MD5 值、文件内容、文件结构和文件属性"等进行综合比对。最后根据相似行数计算出代码的相似度；③对于"公司名称、账号密码、软件 bug"等关键敏感信息进行重点检索。经过技术调查官综合分析，得出了软件系统、前端代码相同的结论。法官最终采用了技术调查官的上述比对结论，认定侵权成立，判决被告赔偿原告 566 550 元。

2. 软件目标代码直接比对

根据《计算机软件保护条例》第三条规定，同一计算机程序的源程序和目标程序为同一作品。目标程序是软件投放到市场中的形式，是存储在磁盘等载体中的数字和符号，购买使用软件接触到的便是这种形式。② 因此，在实务操作中，被诉侵权软件的目标程序是比其源代码更易于获取的侵权证据，原告通常可以自行取证获得。对于目标程序可以使用比对工具软件对二进制形式进行比对，也可以通过安装目录的文件目录结构综合分析。这种方式仅适合于完全复制的侵权行为。

3. 软件目标代码通过反向工程后进行比对

这种比对方法存在一定的局限性，仅适用于 C#、JAVA 以及一些脚本语言编写的软件。其他如 C 语言编写的软件，反编译后得到的是汇编语言，可读性差，实践中难以进行比对分析。这种反编译形成的源程序与正常开发的源程序具有较大的区别，因为在编译的过程中，编译程序对源程序进行了处理，因此反编译后目标程序比对通常是对程序的逻辑及缺陷进行比对分析和判断。在实际审理中，南知法庭已有多个案件利用反向工程进行了比对。

---

① 龚德忠：《软件侵权计算机取证方法的法律推理》，《中国司法鉴定》2012 年第 2 期，第 4 页。

② 李维：《浅析计算机软件著作权技术鉴定》，《科技与法律》2008 年第 6 期，第 4 页。

4. 软件设计缺陷比对

软件设计缺陷又称为软件的特征性缺陷。所谓特征性缺陷，是指一套软件本身所特有的，不具备普遍意义的缺陷。这种缺陷的产生带有很强的偶然性，不同软件之间产生相同特征性缺陷的概率几乎为零，引入这一对比方式的主要原因在于解决原告的举证困难。[1] 另外，在双方源代码不完全相同，离职员工抗辩由于编程习惯导致双方代码存在相似之处时，也可以通过对比双方源代码中是否存在特征性缺陷或者原告特有标识，审查抗辩理由是否成立。

5. 软件存储介质内容、安装过程、安装目录、运行状况比对

该种比对方式一般包括比对存储双方软件的光盘内容，如目录、文件数量、名称及文件大小；比对原、被告软件安装过程的屏幕显示内容，如提示信息、安装流程、界面整体设计风格等；比对原、被告软件安装后的运行状况，如界面整体设计风格、菜单功能、运行提示、帮助信息等。[2] 该方式适合需要安装的软件。一般情况下，软件的安装过程包含了复制文件的过程，通常包括软件的目标程序、库文件资源文件等内容。因此，上述比对项目的相似程度越高，软件实质性相同的可能性也越大。

需要指出的是，后两种比对方法的意义在于：一是作为辅助手段，增强法官的内心确信；二是被告无正当理由拒不提供软件源程序以供比对时，可以作为对被告进行不利推定的事实基础。

在司法实践中，上述比对方法并非只能择一使用，在被诉侵权软件并非权利软件的直接拷贝的情况下，可以根据不同情况综合适用上述比对方式，才能充分查明侵害计算机软件著作权纠纷案件的基础技术事实。

（四）侵权认定的其他情况

一般而言，将"实质性相似＋接触"作为侵权认定的原则，结合上述侵权比对方式在具体案件侵权比对中的适用，以及适当情形下举证证明责任的分配，如证明妨碍等证据规则的适用，即可以得出被告是否侵权的结论。

---

[1] 顾韬、李嵘、石磊：《〈石鸿林诉泰州华仁电子资讯有限公司侵害计算机软件著作权纠纷案〉的理解与参照——计算机软件设计缺陷对比在侵权判定中的运用》，《人民司法（案例）》2016 年第 26 期，第 26 页。

[2] 北京市第一中级人民法院知识产权庭：《知识产权审判分类案件综述》，北京：知识产权出版社 2008 年版，第 53 页。

但是，以下几种被诉侵权软件是否构成侵权的情况，依然需要法院在具体的侵权判定中对侵权认定标准进行明确，进而作出是否侵权的判断。

（1）软件界面、功能相同，是否构成侵权。

正如我国的《计算机软件保护条例》第六条也明确规定，对计算机软件著作权的保护不延及开发软件所用的思想、处理过程、操作方法或者数学概念等。在赵某某诉南京回路教育科技有限公司及深圳市腾讯计算机系统有限公司的案件中①，原告认为被告微信小程序界面与原告相似，而且实现的功能也相同，抄袭了原告的创意，但经过比对，双方小程序源代码实际并不相同，故双方在法院主持下进行了调解。当然，如果创意与软件界面密切相关，而软件界面构成独特的表达内容，也可以对网页的 UI 界面作为汇编作品进行著作权的保护，或者对软件独特的算法进行技术秘密的保护。如南京铁路运输法院审理的"尚居"著作权案件，此案由最高人民法院公布为 2018 年第一批涉互联网典型案例。②

（2）界面不同，实现用户界面的源代码部分相同，是否构成侵权。

在聚算案中，双方界面不相同，但技术调查官对双方代码分模块进行比对，认为双方前端代码目录结构相同，源代码的部分段落存在高度的相似，对各模块比对的结果及相同比例出具了详细的技术调查意见。最终，法院判决认为，一般而言，两个独立开发的软件出现如此大比例的相同点，特别是代码中具有独创性的语句构成相同的可能性是极低的，故双方代码构成实质性相似。

除此以外，对于前后端代码分别实现的网站系统，如果前端代码相同，能否认为软件系统构成侵权。长沙米拓信息技术有限公司在全国范围内提起了大量侵害计算机软件著作权纠纷诉讼，其提交的证据均为被诉侵权网站网页页面代码。对此，在被告不认可侵权且不提交其代码的情况下，法院根据原告提交的证据进行比对，判断被告侵害了原告权利软件的软件著作权。

（3）只有核心代码相同，是否构成侵权，如何计算抄袭的比例。

金智公司诉达科公司及傅某某等人侵犯计算机软件著作权的案件中③，被告等人抄袭的内容主要在于几个主要功能模块的 Java 代码文件，而构成整个软件系统的除了 Java 代码文件以外，还有 jsp、xml 等文件。虽然在计算机行业中，认

---

① （2018）苏 01 民初 1229 号。
② （2017）苏 8602 民初 564 号。
③ （2017）苏 01 民初 2141 号。

为 jsp 主要作用为前端页面的实现，软件系统的核心功能由 Java 代码完成，但是在 jsp 和 xml 的代码量明显多于 Java 代码的情况下，是否构成侵权，以及侵权的比例如何计算？在该案中，二审法院认为，[①] "Java 系高级编程语言，由其编写的涉案软件模块的代码，属于为了得到某种结果而可以由计算机等具有信息处理能力的装置执行的代码化指令序列，符合《计算机软件保护条例》第三条中关于程序的规定，其亦系本案中金智公司明确主张权利的软件著作权内容，因此，262 号司法鉴定意见书对 Java 代码文件进行比对并无不当。至于 jsp 等其他文件，其并不在禁止公司主张的软件范围内，亦不在委托鉴定的范围之内，鉴定机构并无进行比对之必要。同时，鉴定人员选择比对的文件夹系其基于工作经验对比对方法的选择，且亦证明了通过此种方式选择的文件夹中的文件确具有一定的同一性，因此，被告据此主张否定鉴定结论缺乏依据"，二审法院认定核心代码具有同一性，构成侵权。

部分代码相同的情况，还可以考虑对软件功能进行分割，划分实现界面部分的软件在整体软件中的价值比例，仅认定实现界面部分的软件构成侵权，并以此确定赔偿数额。在聚算案中，法院即通过划分侵权部分在整个平台中的占比，确定具体的侵权损害赔偿数额。

（4）开源软件的著作权保护问题。

随着开源产业的发展，开源软件漫卷全球，使用开源协议是软件开发者将其软件开源最常见的方式，开源协议对软件行业的影响深远巨大。在当前加大知识产权司法保护的背景下，如何平衡开源技术与知识产权保护之间的利益和关系是近年来的一个新问题。在南京未来高新技术有限公司与江苏云蜻蜓信息科技有限公司、刘某某侵害计算机软件著作权纠纷一案中[②]，技术调查官在源代码比对过程中，发现原、被告在软件源代码中均存在多个遵守 GNU GPLV2 开源许可证的开源代码，且原、被告均进行了闭源处理，未进行开源。针对上述情况，比对后查明，涉案软件包括主程序和预览程序；GPL 开源代码实现的压缩功能系涉案软件不可或缺的功能；经试验，主程序和预览程序能够相对独立运行。最终，法官根据查明的技术事实，在考量开源协议的法律效果，同时平衡保护原告作为软件著作权人的合法权利的前提下，认为被告云蜻蜓公司的 GPL 开源抗辩成立，虽

---

① （2021）最高法知民终 1677 号，维持一审判决。
② （2021）苏 01 民初 3229 号。

未侵害原告涉案权利软件应遵循的开源协议主程序部分的著作权，但是侵害了涉案软件预览程序部分的著作权。由此，法院认定，被告故意、重复侵权，适用惩罚性赔偿以其获利的 3 倍确定赔偿额。这也是国内第一起明确支持了基于 GPL 开源协议的不侵权抗辩的案件。

五、结语

随着计算机技术的快速发展及在各行业的广泛应用，涌现出大量计算机软件，司法实践中涉及计算机软件侵权的案件也呈现日益增长的趋势，此类案件的审理也面临各类新问题的挑战。如何更有效、准确地对相关知识产权进行保护，还需要通过案件审判不断加以探索和检验。

（南京市中级人民法院　刘方辉　赵瑞琪）